명화로 보는

단테의 신곡

La Divina Commedia

명화로 보는

단테의 신곡

단테 알리기에리 지음 | 이선종 편역

미래타임즈

머리글

『신곡』의 원제목은 Commedia 즉 '희곡' 또는 '희극'이다. 참으로 비참하고 고통스러운 내용을 다루고 있는 〈지옥 편〉에 비해 〈연옥 편〉과 〈천국 편〉은 매우 쾌적하고 행복한 내용을 다루고 있기 때문에 '슬픈 시작'에서 '행복한 결말'에 이른다 하여 이 같은 제목이 붙여진 것이다. 그런데 보카치오가 다시 이 제목에 형용사 Divina를 덧붙임으로써 단순한 희곡 차원을 넘어 숭고하고 성스러운 뜻을 가진 Divina Commedia(신성한 희곡)라고 불리게 된 것이다.

표면상으로 볼 때 『신곡』은 '사후 세계를 중심으로 한 단테의 여행담'이라고 볼 수 있다. 그러나 아홉 살의 나이에 만나 연정을 품었던 베아트리체를 향한 순수한 사랑, 현실 정치에 본격적으로 발을 들여놓으면서 겪어야 했던 고뇌에 찬 오랜 유랑 생활, 그리고 또 망명 이후 심각한 정치적, 종교적 문제들로 인해 계속 고민해야 했던 단테가 자신의 양심과 고민 속에서 그 해결 방법을 찾아내기까지의 이야기라고도 볼 수 있다.

그의 나이 33세가 되던 해의 성(聖)금요일 전날 밤, 그가 길을 잃고 어두운 숲을 헤매며 번민의 하룻밤을 보낸 뒤 빛의 언덕으로 나가려 했으나 표범과 사자, 늑대가 차례로 길을 가로막아 서서 올라갈 수가 없었다. 여기서 표범은 정욕을, 사자는 교만을, 늑대는 탐욕을 상징하고 있다.

그때 고대 로마의 시인 베르길리우스의 영혼이 나타나 단테를 지옥과 연옥의 산으로 안내한 뒤 산꼭대기에서 작별하게 되는데, 그의 뒤를 이어 그가 아홉 살 때부터 흠모하고 사랑했던 여인 베아트리체의 안내를 받아 천국까지 이르게 되고, 또다시 성 베르나르도란 세 번째 안내자의 도움을 받아 마침내 이 숲에서 벗어나 지상 낙원에 이르게 된다.

『신곡』에서 아홉 개의 구역으로 분류된 지옥은 영원한 슬픔과 괴로움의 세계를 나타내고, 일곱 개의 구역으로 구성된 연옥은 구원받은 영혼이 천국에 들어가기 전에 그 죄를 깨끗이 씻어 내는 곳이다. 그리고 열 개의 구역으로 되어 있는 천국은 인간들이 하느님에게로 이르는 길을 제시하고 있으며 그 결말은 기쁨으로 끝이 난다.

이처럼 단테는 세 명의 안내자에게 인도되어 지옥과 연옥, 천국을 차례로 돌아보면서 자연스럽게 마음이 정화되어 가는데, 그런 점에서 볼 때 『신곡』은 가톨릭교회의 교화서(敎化書)라고도 할 수 있다.

이 책은 주석 없이도 읽어 갈 수 있도록 가능한 한 쉽고 재미있게 풀어 썼다. 그리고 한 권으로 펴내기 위해 원작을 압축하여 정리했음을 밝힌다. 그러지 않고 원작을 그대로 풀어쓸 경우 이 책의 서너 배 분량은 될 것이고, 그러다 보면 그 모든 내용을 읽어낼 독자가 없겠다는 생각에서였다. 또한 독자들이 이해하기 쉽게 사진과 해설을 함께 실었다.

단테의 『신곡』은 윤리의 필요성, 선과 악의 개념, 신앙, 사랑, 인간 공동체의 연대, 영원한 생명의 기쁨, 독창성 등이 완벽하여 이탈리아어의 기초로까지 이어진 작품이다. 이 책이 현대 사회를 살아감에 있어 가치관의 혼란과 미래의 불확실성을 겪으며 인간의 가치를 잊고 사는 우리에게 어느 것이 참다운 길인가를 제시해 주는 사랑의 메시지가 될 것을 믿어 의심치 않는다.

명화로 보는 『신곡』은 많은 시간과 노력을 들여 편역하였으나 독자들로부터 칭찬을 받든 질타를 받든 그 평가에 연연하고 싶지는 않다. 단지 처음으로 단테의 『신곡』을 접하는 독자들이 다소나마 이 책으로부터 깨달음을 얻고 새로운 삶을 살아갈 수 있게 된다면 그것만으로도 그동안의 노력이 헛되지 않음을 생각하고 감사히 여기겠다.

편역자 이선종

차례

지옥편

차례

연옥편

차례

천국편

차례

부록

La Divina Commedia

제 1 편

지옥

Inferno

멀고도 험한 암흑 속으로의 여행

인생길 반고비(단테의 나이 35세 되던 1300년을 나타낸다.)에서 정도를 벗어난 단테는 어두운 숲(숲은 하느님의 빛이 들지 않는다는 뜻으로 '악'이나 '죄'의 의미로 쓰였다.)에 있었다. 때는 1300년, 부활절을 사흘 앞둔 성(聖)금요일 저녁 무렵, 단테는 자신이 참으로 잔혹하고 혼란스러우며 통과하기에 힘든 곳에 서 있음을 느끼면서 두려움에 온몸을 떨었다.

'어쩌다가 내가 이렇게 어두운 숲에 들어오게 되었단 말인가?'

공포로 가득 찬 계곡의 끝에 다다른 단테는 하느님의 인도를 알리는 푯말이 태양 빛에 빛나는 것을 보았다. 점차 두려운 마음을 진정시키면서 새로운 힘과 용기를 얻은 단테는 앞으로 나아갔다. 단테가 계곡의 비탈길을 막 돌아서 언덕에 올라섰을 때 점박이 가죽 망토를 뒤집어쓴 표범(정욕을 상징한다.) 한 마리가 그의 앞을 가로막으며 가는 길을 방해했다.

단테가 가던 길을 포기하고 되돌아가려 했을 때 동이 터 오르기 시

단테 앞에 나타난 괴수들_ 신비주의의 화가 윌리엄 블레이크의 작품
단테가 어두운 숲을 헤멜 때 그의 앞에 표범과 사자, 늑대가 길을 막아 방해한다.

작했다. 떠오르는 아침 해를 바라보며 표범에 대한 두려움에서 겨우 벗어날 만하자 이번에는 굶주림에 광폭해진 사자(교만을 상징한다.) 한 마리가 으르렁거리며 나타났다. 사자의 울음소리에 공기조차도 두려움에 떠는 듯했다. 그리고 다른 한편에서는 깡마른 늑대 한 마리가 허기진 배를 채우려는 탐욕스러운 눈빛으로 그를 집어삼킬 듯이 노려보며 어슬렁어슬렁 다가왔다.

단테는 앞으로 나아갈 수도 없고 뒤로 물러설 수도 없는 길목에서 그만 정신을 잃고 쓰러졌다. 그러고 나서 얼마나 지났을까? 어렴풋이 정신을 차리고 눈을 떴을 때 그의 눈앞에 환상처럼 모습을 드러내는

베르길리우스가 새겨진 모자이크 그림

정체불명의 사내가 서 있었다.

깜짝 놀란 단테가 소리쳤다.

"제발 저를 좀 구해 주십시오. 당신은 사람인가요, 아니면 유령인가요?"

단테의 말에 그 정체불명의 사내가 대답했다.

"지금은 인간이 아니지만 예전에는 인간이었다네. 나의 부모님은 롬바르디아 사람이셨고 두 분 모두 만토바 출신이셨네. 나는 말년의 율리우스 황제 치하에 태어나서 위대한 아우구스투스 황제 치하의 로마에서 살았지. 나는 시인으로 트로이 전쟁의 ≪아이네이스(Aeneis)≫를 노래하기도 하였다네. 자랑스러운 나의 트로이성이 불타 버렸기 때문이지. 그런데 자네는 어째서 모든 기쁨의 시작과 근원인 저 기쁨의 산에 오르지 않고 고통으로 가득 찬 골짜기로 돌아가려 하는가?"

"그렇다면 당신이 바로 그 주옥같이 아름다운 언어들을 강물처럼 세상에 쏟아부으셨던 저 유명한 로마 최고의 시인 베르길리우스님이란 말씀인가요?"

단테는 기쁨과 반가움을 금치 못하고 감격에 겨운 소리로 말을 이었다.

"오! 모든 시인의 영광이며 빛이신 분이시여! 당신은 저의 스승이시며, 제가 특히 사랑하고 존경하는 최고의 시인이십니다. 제게 영예를 안겨 준 그 아름다운 문장들은 오직 당신께로부터 배운 것입니다. 스승님, 저를 삼키려 하는 저 사나운 짐승들을 좀 보십시오. 저 짐승들로부터 저를 좀 구해 주십시오. 험하고 낯선 곳에서 저놈들의 위협을 받고 보니 피와 살이 떨립니다."

그러자 그는 단테를 바라보며 말했다.

아우구스투스의 청동 흉상

고대 로마의 초대 황제. 내정의 충실을 기함으로써 41년간의 통치 기간 중에 로마의 평화 시대가 시작되었으며, 베르길리우스, 호라티우스, 리비우스 등이 활약하는 라틴 문학의 황금시대를 탄생시켰다.

단테 앞에 나타난 세 마리의 괴수와 베르길리우스
단테가 괴수들로부터 공포에 싸여 있을 때 그가 평소 학문의 스승으로 존경하던 고대 시인인 베르길리우스의 도움을 받고 그와 함께 동행하게 된다.

"이 숲을 벗어나려면 다른 길을 택해야 할 걸세. 저 짐승들의 본성은 모두 하나같이 흉악하고 잔인해서 이곳을 사람들이 지나가지 못하도록 방해할 뿐만 아니라 끝내는 잡아먹기까지 한다네. 피에 굶주린 놈들이라서 아무리 많이 먹어 대도 배부른 줄을 모르며, 먹기 전보다 먹고 난 후에 더욱 허기를 느끼는 별난 놈들이라네."

베르길리우스는 조용한 목소리로 단테를 안심시켰다.

"하지만 염려 말게나. 장차 그 숫자는 더욱 많아지겠지만 결국 사냥개(사냥개가 구체적으로 무엇을 상징하는지는 여러 견해가 있지만, 심판과 평화를 가져올 구세주를 상징한다는 설이 유력하다.)가 나타나서 저놈들을 쫓아내 지옥으로 돌려보낼 걸세. 이 사냥개는 돈이나 권력이 아닌 지혜와 사랑과 덕으로 양육될 것이고, 그의 출생은 비천하고 낮은 혈통이 될 것이네. 자, 그럼 지금부터 내가 자네를 영원한 곳으로 인도할 테니 나를 따르게나. 그곳에서 자네는 사악한 자들의 절망하는 외침 소리를 듣게 될 것이며 두 번째 죽음을 요구하며 고통받고 있는 옛 영혼들을 보게 될 것일세. 그리고 또 연옥에 이르러서는, 때가 되면 자신도 천

단테와 괴수_ 요제프 안톤 코흐의 프레스코 작품
로마, 빌라 마시모 단테 전시실에 그려진 벽화이다. 단테는 중년의 나이에 인생의 무상함을 체험하면서 숲속 같은 어둠 속을 헤멜 때 표범, 늑대, 사자 등이 나타나 앞을 막아서며 그를 시험케 한다.

국에 올라 축복받은 영혼들과 함께 있게 될 것이라는 희망을 가지고 고통 중에도 불평불만하지 않고 열심히 속죄하는 무리를 보게 될 것일세. 그리고 그 후 자네가 축복받은 영혼들이 살고 있는 천국으로 더 오르고자 한다면 나보다 더 가치 있는 영혼, 즉 베아트리체에게 자네를 맡기고 떠날 것이네. 왜냐하면, 천국에 계신 하느님께서는 그분의

법을 따르지 않은 내가 그곳에 오르는 것을 원하시지 않기 때문일세."

"베르길리우스 스승님!"

단테는 벅찬 가슴을 겨우 가라앉히며 입을 열었다.

"스승님이 세상에 계실 때 미처 알지 못하셨던 하느님의 이름으로 간청하오니 저를 이곳에서 벗어나게 하여 성 베드로 문(연옥의 문을 말한다.)과 당신이 말씀하신 그 슬픈 영혼들을 만날 수 있게 해 주십시오."

베르길리우스가 몸을 움직이자 단테는 곧 그를 뒤따랐다.

날이 저물어 주위에 어둠이 깔리기 시작하자 단테는 자신을 돌아보며 마음의 준비를 단단히 하였다. 그리고 베르길리우스에게 간청했다.

"오, 뮤즈여, 지극히 높으신 시인이시여! 지금이야말로 당신의 힘이 절실히 필요하오니 부디 도움을 베풀어 주소서."

단테는 계속해서 말을 이었다.

"하지만 스승님, 이 험한 길을 떠나기 전에 과연 제게 그만 한 덕이 있는지 평가해 주십시오. 스승님께서 노래하셨던 ≪아이네이스≫에서 아이네이아스(Aeneias)가 육체를 가진 채로 영겁의 세계를 여행했다고 기록하고 있고, 또 성 바오로도 믿음을 전하기 위하여 지옥에 내려갔다고 하지만, 저는 사실 아이네이아스도, 성 바오로도 아니지 않습니까? 세상의 어느 누가 제게 그만 한 자격이 있다고 생각하겠습니까? 하오니 스승님을 따라나서는 것이 저의 철없고 죄스러운 행위

◀**베아트리체_** 단테 가브리엘 로세티의 작품
단테의 생애를 통하여 사랑과 시혼의 원천이 되었던 여성이다.

트로이를 탈출하는 아이네이아스_ 페데리코 바로치의 작품
《아이네이스》는 베르길리우스가 트로이 전쟁의 영웅인 아이네이아스를 주인공으로 하여 만든 장편 서사시이다.

가 아닐는지요?"

"자네는 지금 부질없는 두려움에 사로잡혀 있네. 영혼이 연약하여 잔뜩 겁에 질려 있단 말일세. 마치 제 그림자를 보고 놀라는 짐승처럼 말이야. 그로 인해 자신이 해야 할 일을 포기하는 우를 범해서는 안 되네."

베르길리우스는 단테를 위로하면서 자신이 왜 단테에게 보내어졌는지를 설명했다.

"나는 하느님을 모르던 시대에 살았으므로 천국도 지옥도 아닌 림보(죽은 자들의 영혼이 잠시 머무는 장소)에 머물고 있었는데, 그때 하느님의 은총으로 빛나는 베아트리체의 음성이 들려왔지. '오, 만토바의 친

림보에 계신 그리스도_ 피테르 브뤼헐의 작품
림보는 '선조 림보'와 '유아 림보'로 구분된다. 전자는 예수께서 오시기 전의 의인들이 죽어 머물던 장소이며, 후자는 사산된 영아나 영세를 받지 못하고 죽은 영아들이 머무는 장소를 말한다.

절한 영혼이여! 당신의 명성은 아직도 세상에 지속되고, 또 그 명성은 이 세상이 끝날 때까지 지속될 것입니다.' 하고 말일세."

베르길리우스는 허공을 바라보며 말을 이었다.

"그녀는 별빛보다도 더 빛나는 눈빛과 천사처럼 부드럽고 감미로운 목소리로 내게 말했네. '나의 친구가 안타깝게도 어두운 숲속에서 길을 잃고 두려워하며 되돌아가려 합니다. 하늘에서 내가 그 소식을 듣고 이렇게 그를 구하고자 달려왔건만 너무 늦지 않았을까 두렵습니다. 그러니 빨리 그곳에 가셔서 당신의 귀한 말씀을 그에게 들려주시고 모든 수단을 동원하여 그를 구해 주신다면 제게 큰 위안이 되겠습니다. 저는 당신께서 가시고자 열망하는 기쁨 가득한 곳에서 온 베아트리체라고 합니다. 친구에 대한 사랑의 힘에 이끌려 이렇게 당신께 찾아와서 간청하는 것입니다. 제가 하느님께로 돌아가면 당신의 공에 대해 잘 말씀드리겠습니다.' 하고 말이야. 그래서 나는, '오, 미덕의 여인이여! 오직 그 미덕으로만 인간은 세상의 모든 것으로부터 벗어날 수 있습니다. 무슨 말씀이신지 잘 알겠으니 더 이상 말씀하시지 않으셔도 됩니다.' 하고 말했지."

베르길리우스는 계속해서 말했다.

"그러면서 내가, 천국에 계셔야 할 분이 어떻게 겁도 없이 이곳까지 내려오게 되었느냐고 묻자 그녀는 이렇게 설명했지. '남을 해치는 권력을 갖고 있는 것이 아닌 한 그 어떤 것도 두려워할 필요가 없습니다. 나는 하느님의 사랑으로 창조되었어요. 따라서 그 어떤 불행도 나를 건드리지 못하고 지옥의 어떠한 불도 나를 해치지 못합니다.

하늘에 계신 성모 마리아께서 성 루치아를 불러 말씀하시기를, 너를 믿고 따르는 자가 너를 찾으니 이제 네게 그를 맡긴다고 하셨어요. 루치아는 단테가 지극히 흠모하는 성녀지요. 그분이 내게 성모 마리아의 말씀을 전해 주셨어요. 단테의 울음 섞인 고통의 소리를 듣지 못하느냐고, 바다조차 감당하지 못할 죄악의 강물에서 죽음이 단테를 집어삼키는 것을 보지 못하느냐고요.' 이렇게 말하는 베아트리체의 눈에서 눈물이 별처럼 반짝거렸지."

그러면서 베르길리우스는 단테에게 용기를 북돋아 주었다.

성 루치아_ 파르메스의 작품
시칠리아섬 시라쿠사에서 로마 황제 디오클레티아누스의 박해 시절에 순교하였다. 병든 모친의 치유를 빌기 위하여 같은 시칠리아의 순교 성녀 아가다 묘에 갔던 바, 어머니는 치유되고 루치아는 순교의 예고를 받았다. 그녀는 신앙을 위하여 약혼을 파기했고 그때 스스로 두 눈알을 파냈다고 한다. 그녀는 단테가 흠모하는 성녀로 『신곡』 속에서 성모 마리아의 부름으로 단테를 돕고자 한다.

"축복받은 세 여인이 그렇게 천국에서 자네 편을 들어 주며 마음 쓰고 있고, 또 내가 이처럼 자네에게 무한한 행복을 약속하고 있는데 자네는 그렇게 두려워하며 떨고만 있을 텐가? 어찌하여 자네는 그렇게 겁을 잔뜩 집어먹고 정작 마음속에 열정과 담대함을 갖지 못하는가?"

그 말을 듣고 나자 단테는 마치 밤의 추위에 움츠렸던 꽃잎들이 아침 햇살을 받아 활짝 피어나듯이 용기를 얻었다. 베아트리체, 그 이상으로 그가 힘을 얻을 수 있는 것이 이 세상에 또 있을까!

"스승님의 말씀에 힘과 용기가 솟구칩니다. 그럼 떠나겠습니다. 우리 두 사람은 모두 같은 것을 원하니, 이제부터 스승님은 저의 인도자시며 주인이십니다."

단테가 말을 마치자 베르길리우스는 걸음을 옮기기 시작했다. 단테도 그의 뒤를 따라 황량하고도 거친 길로 첫걸음을 내디뎠다.

단테와 베아트리체
단테는 자신이 짝사랑한 여인 베아트리체를 『신곡』 작품 속에 등장시킨다.

지옥으로 들어가는 문

'나를 통해 슬픔의 세계로 들어가리라.
나를 통해 영겁의 고통으로 들어가리라.
나를 통해 저주받은 영혼들의 세계로 들어가리라.

정의는 지존하신 하느님을 움직여
성스러운 힘과 최상의 지혜, 그리고
태초의 사랑으로 나를 이루셨도다.

나보다 먼저 창조된 것은 영원한 존재인
천사 이외는 없으니 나는 영원토록 남으리라.
여기 들어오는 너희는 온갖 희망을 버릴지어다.'

단테는 지옥문 위에 어두운 색으로 적힌 문구를 바라보며 두려움에 온몸을 떨었다.

"스승님, 이 글의 의미가 끔찍합니다!"

베르길리우스는 단테의 손을 잡고 미소로써 힘을 실어 주며 단테를 신비한 세계로 이끌었다.

"자, 여기는 아무런 의심도, 두려움도 필요치 않네. 이제부터 자네는 성스러운 지성의 빛을 잃어버린 저주받은 무리가 어떻게 지내고 있는지를 보게 될 것일세."

단테는 베르길리우스의 뒤를 따라 어둠 속으로 발걸음을 옮겼다.

지옥문을 들어서자 칠흑 같은 어둠이 그들을 감싸면서 뼛속을 찢는 듯한 한숨, 비통, 통곡 소리가 별이 없는 깜깜한 공간에 울려 퍼졌다. 저마다 다른 이상한 언어와 저 끔찍한 대화들, 무시무시한 비명 소리들, 말 못 할 고통을 호소하는 신음 소리와 성내면서 울부짖는 저

지옥의 문을 향하는 단테

고함 소리, 그리고 손바닥을 치며 발을 구르는 저 소리들은 대체 무엇이란 말인가? 그것들은 크나큰 소란을 만들었고, 그것은 흡사 태풍이 몰아칠 때의 모래알처럼 영원히 뒤엉킨 채 어두운 하늘에 계속 울려 퍼졌다.

지옥문을 들어서는 단테와 베르길리우스
_루틸리오 디 로렌초 마네티의 작품

단테는 어리둥절한 표정을 지어 보이며 스승인 베르길리우스에게 물었다.

"스승님, 지금 들려오는 저 소리들은 무엇이며 고통으로 슬퍼하는 저 영혼들은 대체 누구입니까?"

베르길리우스가 조용히 입을 열었다.

"수치도 명예도 없이 일생을 살아온 가엾은 영혼들이라네. 저들 가운데는 하느님에게 충성도 반역도 하지 않고 오직 자기 욕심만을 위해 살아온 천사들도 섞여 있지. 하늘은 하늘의 빛을 가리는 그들을 내쫓았는데 깊고 깊은 지옥에서도 그들을 받아들이지 않았어. 지옥의 영혼들이 그들의 존재를 보고 자만하기 때문이지."

단테가 스승에게 물었다.

"도대체 얼마나 고통을 받기에 저토록 울부짖는 것이죠?"

LASCIATE OGNE SPERANZA
VOI CH'INTRATE

◀단테와 베르길리우스
베르길리우스가 단테를 지옥의 문으로 안내하는 장면이다.

"저들은 이처럼 별빛 하나 없는 어두운 곳에서 언제까지나 미로를 헤매느니보다 차라리 지옥의 구멍에라도 틀어박혀 죽어 버리고 싶은 심정인데 그것마저 뜻대로 되지 않기 때문이지. 저들에게는 천국에 가는 사람들은 물론 지옥으로 가는 사람들마저 부러운 존재일세. 자, 이제 그만 자리를 이동하세나."

베르길리우스의 말에 따라 단테가 다시 발걸음을 옮겼을 때 만장(輓章)을 선두로 하여 걸어가고 있는 기나긴 행렬과 마주쳤다. 그것은 죽음의 행렬로 바람처럼 빠르게 단테 앞을 지나쳐 갔다. 그들은 모두 하느님의 가르침대로 살지 않아 지옥행인 자들로서 몸에 아무것도 걸치지 않고 있었다. 그들은 알몸 상태로 벌 떼들에게 쫓기며 피를 흘리고 있었는데, 그들의 얼굴은 흘러내리는 눈물과 피로 범벅이 되었고, 벌 떼들이 온몸을 뒤덮어 형상조차 알아볼 수 없는 참담한 모습을 하고 있었다.

흰 만장을 따라가는 영혼들

카론의 배_ 알렉상드르 카바넬의 작품
카론은 바닥이 없는 쇠가죽 배에 죽은 자들을 태워 아케론강에서 스틱스강까지 건네주었는데, 장례를 치르고 통행료를 내는 사람들만 저승으로 이끌었다고 한다.

어느덧 죽음의 세계로 들어서는 입구에 있는 큰 강, 슬픔과 탄식의 강으로 불리는 아케론 강가에 거의 이르렀을 때 단테는 많은 사람이 강변에 앉아 있는 걸 보고 스승에게 물었다.

"스승님, 저 사람들은 누구이며 어찌하여 저렇게 이 강을 건너려고 합니까?"

"좀 더 가까이 가 보면 알게 될 걸세."

단테는 묵묵히 베르길리우스를 뒤따라갔다.

그때 백발의 뱃사공 카론이 배를 저어 오며 외쳤다.

“이 저주받을 영혼들아! 하늘을 다시 보리라고는 꿈에도 생각지 말아라! 나는 네놈들을 저쪽 강기슭에 있는 불과 얼음 가득한 지옥에 처넣으려고 왔노라!”

입에서 거품을 뿜어내며 호통을 치던 카론이 단테를 보더니 말했다.

“웬놈이냐! 너는 살아 있는 영혼이 아니더냐! 죽은 자들로부터 냉큼 떠나지 못할꼬?”

단테가 머뭇거리자 카론이 또다시 소리를 질렀다.

“네놈들은 다른 나루터로 가서 건너도록 해라. 그곳에는 여기보다 가벼운 배가 있으니까.”

그때 베르길리우스가 나서며 말했다.

“여보게 카론, 그렇게 화를 내지 마시게나. 우리는 지금 거룩하신 하느님의 뜻에 따라 이곳을 통과하고자 하니 더 이상 묻지 말고 지나가게 해 주면 고맙겠네.”

베르길리우스가 조용히 타이르자 눈에 불꽃을 담고 있던 카론은 겨우 성난 눈길을 가라앉히며 잠잠해졌다. 그러나 벌거벗고 가엾은 죽음의 무리는 카론의 잔인한 말에 안색이 변하여 이빨을 부닥치며 저주스러운 비명을 토해 내기 시작했다. 하느님과 그들의 부모, 또 온 인류와 그들이 태어났던 장소와 시간까지 저주하고 있었다.

카론은 이글거리는 눈과 손짓만으로 그들을 배에 몰아세우고는 우물쭈물 늑장 부리는 자들을 사정없이 노로 후려쳤다.

죽음의 영혼들이 갈색빛으로 흐르는 강 물결을 헤치고 강기슭에 닿기도 전에 강 저편에서는 또 다른 영혼들이 울부짖으며 몰려들었다.

베르길리우스가 단테에게 말했다.

카론에 의해 지옥으로 떨어지는 영혼들_ 미켈란젤로 작품
〈최후의 심판〉 중의 한 부분이다.

"저기를 좀 보게나. 하느님을 분노케 하여 죽음을 맞이한 자들은 모두 이곳으로 오게 되지. 저들이 저렇게 서두르며 배를 타려는 것은 이미 구원받을 희망이 없음을 알고 모든 걸 단념했기 때문이야. 그러니 빨리 지옥에나 가서 형벌을 받고 보자는 식이지. 죄 없는 영혼이 이곳을 건너는 일은 절대로 없지. 그러니 자네도 카론의 잔소리를 괘념치 말게나."

베르길리우스가 말을 마치자 갑자기 눈물의 대지가 강한 바람을 일으켰고 붉은 빛이 번쩍하면서 단테는 그만 정신을 잃고 그대로 쓰러졌다.

림보Limbo

갑작스러운 천둥소리와 함께 깊은 잠에서 깨어난 단테는 자리에서 일어나 진정된 시선으로 주위를 둘러보았다. 그들은 고통의 비명 소리가 끊임없이 들려오는 지옥의 나락 끝, 가장자리에 있었다. 그곳은 어둡고 깊고 안개까지 자욱해서 깊은 곳(첫 번째 고리, 즉 림보를 말한다.)을 둘러보려고 안간힘을 써 보았지만 아무것도 볼 수 없었다.

"자, 이제 눈먼 세계로 한번 내려가 보세나."

베르길리우스가 새파랗게 질린 모습으로 말하자 단테는 온몸이 오그라드는 것만 같았다.

단테는 그의 얼굴빛을 보고 걱정하며 말했다.

"스승님만 의지하며 가고 있는데 스승님께서 그렇게 두려워하시니 어찌 제가 마음 놓고 따라갈 수 있겠습니까?"

그러자 베르길리우스는 자신의 얼굴색이 그런 것은 두려워서가 아니라 그곳에 머물고 있는 자들이 너무도 불쌍해서 그런 것이라며 걸음을 서둘렀다.

단테는 지옥계를 깔때기 모양으로 묘사하고 있다. 위에서부터 차례로 제1옥(獄), 제2옥, 제3옥……, 이런 식으로 점점 깊어지면서 제9옥까지 이른다.

여기서 제1옥을 '림보'라고 부르는데 이곳은 지옥에 속하지 않으며, 제2옥부터 제5옥까지를 '상부 지옥', 제6옥에서부터 제9옥까지를 '하부 지옥'이라고 부른다. 세상에 살면서 무거운 죄를 지은 자일수록 더욱 깊은 곳으로 떨어지고, 제9옥에는 모든 지옥을 관장하는 마왕 루

지옥의 지도

단테의 『신곡』 '지옥 편'을 보고 감명을 받은 보티첼리가 그린 〈지옥의 지도〉라는 작품이다. 보티첼리는 〈비너스의 탄생〉을 그린 르네상스 회화의 거장이다. 그는 이 작품을 그려 낸 후 화가로서 파멸의 길을 걷게 되었다고 한다. 그림은 단테가 안내자인 베르길리우스와 함께 지옥의 문 바깥에서 점점 아래로 내려가 지옥의 아홉 고리를 거친 끝에 마왕 루시퍼를 만난다는 내용이다.

림보를 방문한 그리스도_ 안드레아 만테냐의 작품
림보는 그리스도를 믿을 기회를 얻지 못했던 착한 사람들의 영혼이 머무는 곳이다.

시퍼(사탄의 우두머리로, 원래는 천사였으나 하느님에게 반항하여 지하에 떨어졌다고 한다.)가 군림하고 있다.

베르길리우스는 첫 번째 지옥, 즉 림보로 단테를 이끌고 들어갔다. 여기에서 들리는 것은 울음소리가 아닌 불멸의 세계를 두려워하는 한숨 소리뿐이었다. 수많은 남녀노소의 영혼이 모여 신체적인 학대 없이, 천국에 오를 희망이 없기 때문에 정신적인 고통을 당하는 것이었다.

"단테, 이곳은 림보라는 곳일세. 이곳에 있는 자들은 죄를 지은 자들이 아니라 세상에 살면서 공적은 있지만 그것만으로는 충분하지 않은 경우의 영혼들이지. 이들은 자네와 같이 그리스도교 신앙을 갖지 못해 세례를 받지 못했던 것이지. 세례는 자신이 믿는 신앙의 세계로 들어가는 관문이라 할 수 있지. 물론 그리스도가 세상에 태어나기 전에 태어남으로써 올바른 방법으로 하느님을 공경하지 못한 사람들도 이곳 림보에 머무는데, 나 또한 그중 하나일세. 비록 세상에서 훌륭한 삶을 살았다 하더라도 창조주 하느님을 믿거나 숭배하지 않던 자들은 천국에 계신 하느님을 대면할 수 없기 때문에 이곳에 머물러 있는 것이라네. 이것이 여기에 있는 사람들의 크나큰 슬픔이고 아무런 희망도 없이 살아가야 하는 까닭이라네."

단지 일찍 태어났다는 이유만으로 그토록 훌륭한 사람들이 천국에 가지 못하고 이곳 림보에서 한숨을 내쉬며 살아가야 하는가를 깨달은 단테는 슬픔에 잠겨 스승에게 다시 물었다.

아담의 창조

미켈란젤로의 〈천지 창조〉 중 최초의 인간인 아담을 창조하는 그림이다. 아담과 그의 후예들은 그리스도 이전의 인물이라 림보에서 지냈으나 후에 그리스도에 의해 천국으로 인도된다.

림보를 방문한 그리스도_ 프라 안젤리코의 작품
림보는 이미 죽은 사람들의 영혼이 지옥에서 벌을 받고 있지는 않은 상태에서 머무르는 곳을 말한다. 거품 또는 경계(境界)처럼 무엇인가 주변에 덧붙여지는 것을 의미하는 튜튼족의 말 림보(limbo)에서 유래되었다. 그리스도가 강생하여 이 세상을 구할 때까지 구약의 조상들이 기다리던 곳과 명오(明悟)가 열리지 않은 상태에서 세례를 받지 못하고 죽은 어린이들이 머무르는 곳이다. 한편 메시아를 기다리던 구약의 조상들(아담과 그의 후예들)은 그리스도를 통하여 구원을 받았다. 그림은 구약의 선지자들이 그리스도의 방문으로 림보에서 천국으로 인도되는 장면을 묘사하였다. .

"스승님, 자신이나 다른 사람의 도움으로 축복을 받아 여길 벗어난 자는 없었는지요?"

"이곳에 온 지 얼마 지나지 않아 나는 승리의 왕관을 머리에 쓴 전능하신 분(예수 그리스도를 말한다. 그리스도가 부활했을 때 그는 림보에 있는 영혼을 선별하여 천국으로 올려 보냈다.)이 이곳에 임하시는 것을 보았네. 그 분은 인류 최초의 아버지인 아담의 영혼과 그의 아들이신 아벨, 노아, 모세, 아브라함, 다윗, 이스마엘의 영혼 그리고 그 후손들과 라헬 등 수많은 영혼을 구원하셨네. 그들은 전능하신 구세주가 세상에 임하시기를 고대하며 기도하였기 때문에 모두 구원받은 것인데, 인간의 영혼으로서 이들보다 먼저 구원받은 이는 아무도 없지."

두 사람이 이야기를 나누며 좀 더 깊숙이 들어가니 아득히 먼 곳에서 어둠을 쫓는 한 줄기의 빛이 흘러나왔다. 그 빛은 그리스도는 알지 못했지만 지혜가 뛰어났던 학자와 시인 들의 빛이었다.

"아, 이처럼 어두운 곳에서도 학문과 예술이 뛰어난 영혼들의 빛은 언제까지 저렇게 빛나는 것인가 봅니다."

단테의 감탄에 스승 베르길리우스가 대답했다.

"세상에서 떨쳤던 저분들의 명성은 천상에서도 은총을 받아 저렇게 돋보이는 것일세."

바로 그때 한 음성이 들려왔다.

"저 위대한 시인을 찬미할지어다. 이곳을 멀리 떠났던 그의 영혼이 다시 돌아왔노라!"

이 소리와 함께 주위가 조용해지면서 네 사람의 그림자가 그들을 향해 가까이 다가오고 있었다. 그들의 얼굴에는 슬픔도 기쁨도 나타나지 않았다.

베르길리우스가 단테를 바라보며 설명하기 시작했다.

“맨 앞에서 손에 칼을 들고 임금처럼 다가오는 이를 보게나. 그가 바로 그리스 최고의 시성 호메로스일세. 그다음이 풍자 시인 호라티우스, 세 번째가 오비디우스, 그리고 맨 마지막이 루카누스라네.”

단테는 세상 모든 시인의 우상인 이들을 보고는 주체할 수 없을 정도로 황홀감을 느꼈다. 잠시 베르길리우스와 환담을 나누고 난 그들은 단테에게도 인사를 건네며 영광스럽게도 단테를 그들의 동료로 인정해 주었다. 단테는 이들 다섯 명에게 예를 갖추고는 그들의 배려로써 자신이 여섯 번째 성현이 되는 영광을 부여받게 되었다며 감격에 겨워했다.

이윽고 단테는 그들과 함께 ‘학문의 성’이라 불리는 커다란 성곽 아래에 도착했다. 성곽 주위에는 아름다운 시냇물이 흐르고 있었다. 그들은 성벽과 시냇물을 건넌 후 일곱 개의 성문을 지나 한 아름다운 초원에 도착했다. 그곳에는 많은 학자와 위인이 한가롭게 뜰을 거닐며 이야기를 나누고 있었다.

단테는 꿈속을 거니는 듯한 황홀감을 느꼈다. 그곳에는 헥토르와 아이네이아스, 엘렉트라, 율리우스 카이사르,

호메로스 흉상

세계 최고의 문학 작품으로 손꼽히는 〈일리아스〉와 〈오디세이아〉의 저자.

림보의 네 성인과 만나는 단테_ 니콜라 콘소니의 작품
단테가 고대의 시성인 네 인물과 만나는 장면을 묘사한 그림이다.

카밀라와 펜테실레이아, 그리고 맞은편에는 그의 딸 라비니아와 함께 앉아 있는 라티누스 대왕, 부르투스 등에 이르기까지 수많은 위인이 있었는데, 이들과 함께 어울리지 못한 아이유브 왕조의 살라딘이 혼자서 멀찍이 떨어져 있었다.

정원 한복판으로 고개를 돌리자 철학자들의 모습이 눈에 들어왔다. 그 중심에는 모든 현자의 스승이자 철학의 족보에서 최고 권위를 차지하는 아리스토텔레스가 뭇사람들의 존경을 받으며 앉아 있었다. 그리고 그 옆에 소크라테스와 플라톤, 데모크리토스, 디오게네스, 아낙사고라스, 탈레스, 엠페도클레스, 헤라클레이토스, 제논 등과 식물의 특성을 진지하게 조사한 디오스코리데스, 오르페우스와 키케로, 리노스와 도덕학자인 세네카, 기하학의 창시자 에우클레이데스, 프톨레마이오스, 히포크라테스, 아비센나, 갈레노스, 그리고 『위대한 주해』를 썼던 아베로에스가 보였다.

여러 성인들을 만나는 단테
단테가 위대한 영웅들과 뛰어난 철학자들을 만나는 장면이다.

아직 가야 할 길이 먼 단테와 베르길리우스는 네 명의 시인과 작별 인사를 나누었다.

두 사람은 성을 빠져나와서 다른 길로 접어들었다. 그곳은 빛 한 점 없고 공기마저 부르르 떠는 게 느껴지는 그야말로 무시무시하고 끔찍한 곳이었다.

쾌락의 늪

단테는 베르길리우스의 인도를 받고 제2옥으로 내려왔다. 그곳은 제1옥인 림보에 비해 훨씬 더 비좁았고 비통에 이르게 하는 크나큰 고통이 있었는데, 들어가는 입구에는 미노스(그리스 신화에 나오는 크레타섬의 왕. 고전 문학에서, 총명하고 뛰어난 판단력을 가지고 있는 지하 세계의 심판관으로 자주 등장한다.)가 흉악한 모습으로 이를 악물고 서 있었다.

미노스는 그곳에 들어오는 자마다 하나하나 조사하고 판단하여 그들의 영혼을 어디로 보낼 것인지를 결정하였다. 저주받은 영혼들이 이곳에 들어오면 우선 그의 앞에 서서 자신들의 죄를 고백하게 되는데, 그때마다 미노스는 꼬리로 제 몸을 휘감고 감긴 횟수만큼 영혼들의 죄를 헤아려 제 몇 옥으로 보낼 것인가를 결정하였다. 단테 일행을

미노스와 단테▶

미노스는 그리스 신화에 나오는 크레타의 왕으로 제우스와 에우로페 사이에서 태어난 아들이며 라다만토스와 사르페돈의 형제이다.

단테를 만나는 미노스_ 윌리엄 블레이크의 작품. 미노스는 죽어서 지옥의 심판자가 되었다.

본 미노스는 하던 일을 멈추고 눈을 부라리며 소리쳤다.

"너는 어떻게 여길 들어왔는가? 누굴 믿고 여기에 들어온 것이냐? 문이 넓다고 해서 너희 마음대로 드나들 수 있을 줄 아느냐?"

베르길리우스가 미노스를 막아서며 대답했다.

"무슨 말을 그렇게 하는가? 거룩하신 하느님의 뜻에 따라 먼 길을 여행하는 이 사람을 방해하지 말게나. 전지전능하신 하느님께서 원하시는 일이니 더 이상 긴 말 말고 어서 썩 물러나지 못할까!"

바로 그때 귀를 갈가리 찢어 놓는 듯한 비탄의 통곡 소리가 들려왔다. 모든 빛이 침묵하는 곳, 바람이 서로 맞부딪치며 싸우는, 폭풍이 휘몰아치는 바다가 으르렁거리는 곳에 단테 일행은 와 있었다. 끊임없이 휘몰아치는 지옥의 태풍은 이 죄 많은 영혼들을 사정없이 휘두

바빌론을 건설하는 세미라미스_ 에드가 드 가스 일레르 제르망의 작품
세미라미스는 고대 오리엔트의 전설적인 여왕으로 그녀는 여왕으로 군림하며 메소포타미아 · 이란 등지에 도시 · 도로 · 하수도 공사 등 대대적인 건설 공사를 벌였는데 바빌론 축성으로 유명하다.

르고 회오리바람으로 후려치며 괴롭히고 있었다.

그런 와중에도 이 영혼들은 허물어진 벼랑 끝에 다다를 때마다 비명과 통곡을 쏟아내면서 하느님을 향해 저주의 말을 퍼붓곤 했다. 이들은 세상에 살면서 욕망에 사로잡혀 이성을 저버리고 사음(邪淫)을 일삼던 자들로 육욕의 죄에 대한 벌을 단단히 받고 있는 중이었다. 마치 기러기들이 구슬픈 노래를 부르며 무리 지어 날아가듯이 지옥의 태풍이 몰아쳐 아래로 위로 쫓고 후려치므로 이들은 휴식도 없이 끊임없는 고달픔에 시달리고 있었다.

단테는 폭풍에 이리저리 휩쓸려 다니는 그들을 바라보며 스승에게 물었다.

"스승님, 캄캄한 질풍 속에서 저토록 시달리고 있는 자들은 대체 누구입니까?"

◀**단테와 세미라미스_** 파쿠타드 데 벨라스의 작품
쾌락을 법으로 인정한 세미라미스가 지옥에서 벌을 받는 장면을 묘사하였다.

"잘 보게나. 맨 앞의 여인이 아시리아의 여왕 세미라미스라네. 그녀는 음욕으로 가득 차 쾌락을 법으로 허용하기까지 하였네. 그리고 그녀와 함께 있는 저 여자는 디도인데 그녀는 남편 시카이오스와의 언약을 지키지 못해 자살을 했지. 그 뒤를 따르는 자가 클레오파트라일세. 저기 헬레네의 모습도 보이는군. 또 그녀로 인해 오랜 싸움을 하여 사랑 때문에 몸을 망친 아킬레우스도 보이고 말일세."

베르길리우스는 그 밖에도 파리스와 트리스탄 등 수많은 영혼을 가리키면서 애욕 때문에 고통받는 그들의 사연을 들려주었다.

"스승님, 그렇다면 바람에 실려서 날아가는 저들 두 영혼과 이야기를 나누고 싶습니다."

"저 두 사람은 프란체스카와 파올로의 영혼이네. 저들이 이곳을 지나가거든 저들을 이곳으로 떨어뜨린 사랑의 이름으로 불러 보게나. 그러면 멈출 걸세."

잠시 후 거센 폭풍에 휩쓸려 그들이 되돌아오자 단테가 다정히 불러 보았다.

"오, 고통 속의 슬픈 영혼들이여, 괜찮다면 이곳에 잠시 멈추어 나와 함께 이야기를 좀 했으면 하오."

파올로와 프란체스카
_ 로댕의 조각 작품

파올로와 프란체스카
단테와 베르길리우스가 파올로와 프란체스카를 만나는 장면이다.

그러자 프란체스카와 파올로의 영혼이 공중을 헤매는 무리로부터 떨어져 나와 단테에게로 날아왔다.

파올로의 영혼이 단테에게 말했다.

"오, 친절하고 자비로운 세상 사람이여! 어찌하여 이 어두운 곳을 헤매면서 피로써 세상을 더럽혔던 우리를 찾아 주셨습니까? 당신이 사악한 우리 영혼들을 위해 동정을 아끼지 않으셨으니 우리도 당신을 위해 주께 평안을 빌겠소이다. 궁금하신 것이 있으면 무엇이든 물어보시오. 지금처럼 바람이 잠잠히 머무는 동안에 말이오."

그러고는 길게 한숨을 내쉬며 말했다.

"내가 태어나고 자란 고장은 고요한 태양이 길을 따라 흐르는 강기슭이었지요. 다정한 가슴속에 갑작스레 꽃을 피우는 것이 사랑이기에

파올로와 프란체스카_ 윌리엄 다이스의 작품
시동생과 형수의 관계에서 사랑을 하게 되는 파올로와 프란체스카.

그 사랑의 정열이 내 육체를 사로잡았지요. 사랑이란 것은 본래 주고 받는 것인지라 그가 기쁨에 못 이겨 나를 사로잡으니 우리는 지옥을 가더라도 함께 가고자 했습니다. 결국 그 사랑은 우리 두 사람 모두를 죽음으로 이끌었지요. 우리는 이곳에서 카인이 자신의 아우 아벨을 죽인 것 같이 우리를 죽음에 이르게 한 자를 기다리는 중입니다."

이 말을 들은 단테가 고개를 숙이고 괴로워하자 스승이 그 연유를 물었다.

"무엇을 그리 생각하는가?"

"이야기를 듣고 보니 이들의 사랑은 참으로 달콤하고 정열적인데, 그런 사람들이 이런 고통스러운 곳에 빠져야 하다니요."

단테는 몸을 돌려 그들을 바라보며 말했다.

"프란체스카여, 당신이 그토록 고민하는 걸 보니 참으로 가슴이 아픕니다. 미안하지만 사랑이 어떻게 당신을 유혹하여 이처럼 치명적인 길로 이끌었는지 말씀해 주실 수 있겠소?"

그녀가 대답했다.

"당신의 스승님께서는 잘 아시겠지만, 이처럼 비참할 때 행복했던 날들을 떠올리는 것만큼 커다란 고통은 없습니다. 하지만 우리를 불쌍히 여겨 우리의 사랑 이야기를 듣고 싶으시다면 기꺼이 들려 드리지요. 우리는 어느 날 두 랜슬롯의 사랑 이야기(아서왕의 전설 중 하나로, 아서왕의 기사 랜슬롯과 왕비 귀네비어의 사랑 이야기다.)를 읽고 있었습니다. 정말이지 우리는 그때 서로에게 아무런 사심도 거리낌도 없었어요. 그런데 책을 읽는 동안 우리는 여러 번 눈을 마주쳤고, 그에 따라 두 사람의 얼굴색이 점차 변해 갔어요. 그러다가 어느 한 순간에 우리는 이

▲**파울로와 프란체스카_** 낭만주의 화가인 아리 셰퍼의 작품 (52쪽 그림)
1275년, 이태리 라벤나의 군주의 딸 프란체스카는 리미니 영주의 아들 지안조토와 정략결혼을 하게 된다. 그런데 이 아들은 추남인 데다 절름발이였고 성격 자체도 포악하였기 때문에 신붓감인 프란체스카가 이 사실을 알면 결혼이 성사될 수 없었다. 그래서 프란체스카가 마음에 든 영주는 결혼을 성사시킬 마음으로 맞선을 보는 자리에 둘째 아들인 파울로를 내보낸다. 파울로는 불구자인 형을 대신해 프란체스카와 결혼하기 위해 집안에서 시키는 대로 만난다. 그리고 그 둘은 첫눈에 사랑에 빠진다. 결혼식 다음 날 프란체스카는 자신 옆에 지안조토가 누워 있는 걸 보고 모든 것이 계략임을 알게 된다. 이미 사랑이 싹트기 시작한 파울로와 프란체스카는 어느 날 책을 읽다가 키스를 하는 장면이 나오자 책을 떨어뜨리고 그 둘은 깊은 키스를 한다. 한편 이를 지켜본 남편이 이 둘을 죽이고 이 두 연인은 지옥에서 죽어도 헤어지지 못하는 형벌을 받는다.

◀**단테를 만나는 파울로와 프란체스카_** 귀스타브 도레의 작품
파울로와 프란체스카의 슬픈 관계를 아는 단테는 그들이 지옥에서 고난을 겪고 있는 모습에 당황한다.

정신을 잃고 쓰러지는 단테_ 아리 셰퍼의 작품
비극적인 연인의 이야기를 듣고 잠시 기절하는 단테를 묘사하였다.

성을 잃고 말았습니다. 그 책의 내용 중에 여주인공이 애인의 키스를 받는 대목이 나오는데, 그곳을 읽던 중에 갑자기 나와 함께 있던 분이 내게 가슴 떨리는 키스를 진하게 퍼부었지요. 그러니까 그 책의 저자가 우리의 중신아비가 된 셈이지요. 그날 우리는 그 책을 더 이상 읽을 수 없었습니다."

그녀의 이야기를 듣고 있던 파울로의 영혼이 어찌나 애처롭게 우는지 단테는 그들이 너무도 불쌍해서 마치 죽어 가는 사람처럼 정신을 잃고 말았다.

탐욕과 분노, 인색, 낭비의 늪

단테가 마음의 안정을 되찾고 정신을 차렸을 때 그는 제3옥에 와 있었다. 몸을 움직여 주위를 둘러보니 눈에 보이는 것마다 온통 새로운 고통들과 새로운 죄인들뿐이었다.

그곳은 차갑고 잔인한 비가 줄기차게 퍼붓고 있었다. 그 빗속에는 주먹만 한 우박덩어리가 섞여 있었는데 어두운 하늘에서 쏟아져 내리는 더러운 빗물과 눈보라로 인해 악취가 진동하였다.

제3옥의 어느 한 길목에 들어서자 잔인한 괴물 케르베로스가 진흙땅에 가라앉은 죄인들 위에서 개처럼 짖어 댔다. 세 개의 머리는 개의 형상이고 꼬리는 뱀의 모양을 한 이 괴물은 영혼들이 지상으로 탈출하지 못하도록 파수를 보고 있는 중이었다. 그러다가 자기의 맘에 들지 않으면 길고 날카로운 발톱을 세워 저주받은 영혼들을 할퀴고 살가죽을 벗겨 갈기갈기 찢어 놓기도 하였다.

두 사람을 본 괴물은 시뻘겋게 충혈된 눈알들을 이리저리 굴리고 송

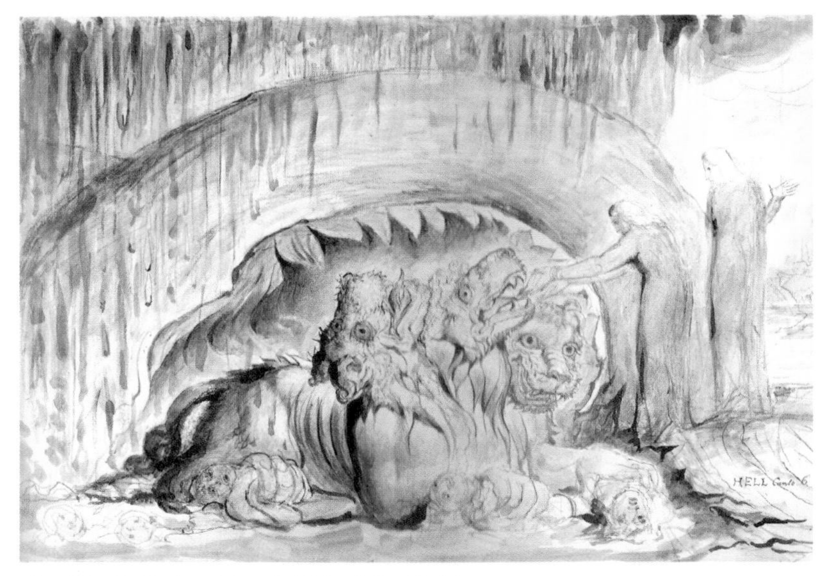

케르베로스를 만나는 단테_ 윌리엄 블레이크의 작품
지옥의 입구를 지키는 머리 셋 달린 개 케르베로스를 달래는 베르길리우스.

곳니를 드러내며 잡아먹을 듯이 으르렁거리며 그들에게로 다가섰다.

이를 본 베르길리우스는 두 손에 흙을 한가득 집어 들었다. 그러고는 괴물의 커다랗게 벌린 입 속에다가 냅다 처넣어 버렸다. 그러자 마치 굶주려서 사납게 짖어 대던 개가 먹이를 입에 물고 급하게 삼켜 버리기 위해 잠잠해지듯이 조용해졌다.

단테와 베르길리우스는 무겁게 떨어지는 비를 흠뻑 맞고 있는 영혼들, 인간의 형태를 가지고 있으나 실체가 없는 그 영혼들의 몸 위로 발길을 내디뎠다.

바로 그때 그 영혼들 중의 하나가 벌떡 일어나 앉더니 말했다.

"지옥 여행을 하시는 분들이여! 나를 알아보겠소? 당신은 내가 죽기 전에 피렌체에서 태어났소."

단테는 깜짝 놀라며 발걸음을 멈췄다.

"죄송합니다만 나는 당신이 전혀 기억나지 않습니다. 당신이 누구인지, 왜 이리 모진 형벌을 받고 있는지 말씀해 주시겠소?"

그러자 그 영혼은 자신의 이름을 자코모라고 밝히면서 말했다.

"당신이 살고 있는 피렌체 사람들이 나를 가리켜 치알코(돼지라는 뜻)라고 불렀지요. 내가 이렇게 빗속에서 고통받고 있는 것은 탐욕 때문이지요. 여기에 있는 다른 이들도 모두 나처럼 그 탐욕 때문에 벌을 받고 있는 중이오."

또 단테가 피렌체 시민들이 둘로 나뉘어 싸우는 이유와 그 결과가

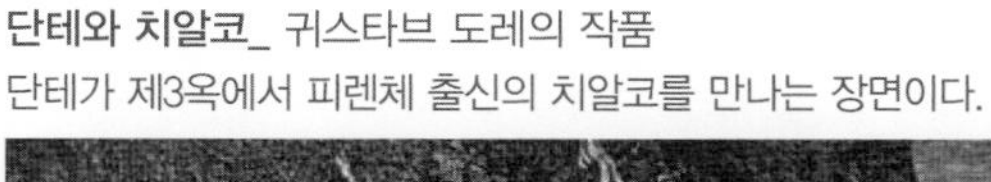
단테와 치알코_ 귀스타브 도레의 작품
단테가 제3옥에서 피렌체 출신의 치알코를 만나는 장면이다.

3옥을 여행하는 단테와 베르길리우스

단테와 베르길리우스가 음산한 비가 내리는 제3옥의 처참한 광경을 목격하는 장면이다.

어찌될 것인지를 묻자 그가 대답했다.

"피비린내 나는 내전은 앞으로 3년 동안 계속될 겁니다. 시민들의 마음속에 있는 오만, 시기, 탐욕이라는 세 개의 불꽃이 그렇게 전쟁의 불길을 타오르게 하고 있지요."

단테가 물었다.

"사람들에게 인정받았던 화리나타와 테기아이오, 선을 행하는 데 노력했던 이아코포 루스티쿠치, 아리고, 모스카 등은 지금 어디에 있는지 알고 싶습니다."

그러자 치알코가 대답했다.

"그들은 다른 영혼들보다 더욱 사악하지요. 따라서 나보다 더 깊은 지옥에서 고통을 받고 있소. 더 깊숙이 내려간다면 그들을 볼 수 있을 것이오."

그 모습을 보고 베르길리우스가 말했다.

"하늘에서 천사의 나팔 소리가 울려 퍼지는 최후의 심판 날까지 저들은 일어서지 못할 걸세. 그러나 그날이 오면 누구나 자기의 무덤을 찾아가 육체와 몰골을 되찾고 영원한 심판을 받게 될 걸세."

단테와 베르길리우스는 영혼들의 신음 소리와 비가 뒤섞여 질퍽거리는 더러운 늪을 천천히 헤쳐 나갔다.

단테가 스승에게 물었다.

"그럼 한 가지 여쭙겠습니다. 이들의 고통은 최후의 심판 이후에 더욱 커질까요, 작아질까요? 아니면 지금과 같을까요?"

단테가 묻자 베르길리우스가 대답했다.

"기쁜 일에는 더욱더 기쁨을 느끼게 될 것이고 괴로운 일에는 더욱

더 심한 고통을 느끼게 될 걸세."

다시 내리막길에 들어섰을 때 그들은 그곳에서 탐욕의 상징인 하데스를 발견했다.

세상에 살면서 참으로 인색했던 수전노들과 낭비를 일삼았던 무리가 머물고 있는 제4옥의 길목에서 하데스가 쉰 목소리로 "오, 사탄이시여, 마왕이시여……."를 부르짖고 있었다.

베르길리우스는 단테가 겁먹지 않도록 위로하면서 노기에 찬 목소리로 그를 향해 소리쳤다.

"닥쳐라, 이 저주스러운 늑대야! 분노로써 네 자신을 불태우는 놈아! 우리가 저 깊은 지옥을 여행하는 데에는 반드시 이유가 있노라! 오만한 반역에 대해 벌을 줬던 대천사 미카엘이 있는 그곳, 하늘에 계신 분께서 바라시는 바로다!"

그러자 잔인하고 사나운 하데스는 마치 바다에 떠 있던 배가 거센 바람을 맞아 돛대가 부러지고 돛폭이 휘말려 배 위로 떨어지듯 힘없이 쓰러지고 말았다.

HADES

하데스(로마 신화의 플루톤)**의 청동상**

지옥의 지배자 하데스_ 아고스티노 카라치의 작품
하데스가 지옥의 수문장 케르베로스와 함께 있는 그림이다.

단테는 지금까지 자신이 보았던 죄악과 고통과 벌을 생각하고 몸서리치며, 하느님의 정의가 무엇인지, 그리고 왜 이 같은 죄악들이 인간을 파멸로 이끄는지 두려워하며 제4옥의 골짜기로 접어들었다.

단테는 또다시 그곳에서 경악을 금치 못할 광경을 목격했다. 그곳에는 헤아릴 수 없을 만큼 많은 무리가 세차게 부딪쳐서 함께 부서지는 거대한 파도의 소용돌이에 휘말린 채 큰 소리로 고함을 질러대고 있었다.

그들은 '인색'과 '낭비'라는 두 패로 나뉘어 자신의 몸보다도 더 무거운 금화 주머니를 가슴으로 굴려 대고 있었다. 왼편에서는 인색한 자들이, 오른편에서는 방탕한 자들이 짐을 굴려 가다가 서로 맞부딪칠 때마다, "야, 이 짠돌이야, 왜 그렇게 모으기만 하는 거야?" 하고 소리치면, "웃기지 마라. 그런 너는 왜 그렇게 낭비를 일삼는 거야?" 하면서 서로 모욕적인 말들을 퍼붓고는 다시 육중한 짐을 가슴으로 굴려 가고 있었다.

그들은 이러한 행위를 끊임없이 되풀이하고 있었다. 그 '육중한 짐'이란 세상에 사는 동안 그들이 그토록 아끼던 재물이었다.

이 광경을 목격한 단테는 갑자기 슬퍼져서 스승에게 물었다.

하데스와 만나는 단테와 베르길리우스
하데스 앞에서 공포에 떨던 단테를 베르길리우스가 보호하는 장면이다.

제4옥을 여행하는 단테와 베르길리우스_ 무거운 금화 주머니를 굴리는 형벌을 받는 장면이다.

"스승님, 저들은 누구인가요? 왼편의 삭발한 영혼들은 성직자들로 보이는데 저 사람들은 왜 여기에 와 있는 것입니까?"

"저들 모두는 세상에 살면서 재물을 지나치게 낭비했거나 너무도 인색하여 베풀 줄을 몰랐던 사람들일세. 저들은 자신들과 상반되는 죄를 저지른 자들을 만나게 되면 저렇게 목소리를 높여 상대방을 험담해 대지. 저자들은 저 구덩이 속에서 영원히 저렇게 서로 밀치고 부딪칠 것일세. 그러다가 결국 인색한 자들은 두 주먹을 쥐고 낭비한 자들은 머리가 삭발된 채 최후의 심판을 받게 될 걸세."

그러고는 단테를 바라보며 말했다.

무거운 금화 주머니를 굴리는 영혼들

타락한 성직자_ 쿠엔틴 메치스의 작품
성직자의 신분을 이용하여 재물을 탐닉하는 장면을 묘사한 그림이다.

"저 모습을 보면서 자네는 무엇을 느꼈는가? 인간의 운명과 재화는 순간적 헛됨에 지나지 않음을 깨닫지 않았을까 싶네. 세상의 금은 보화를 전부 준다 해도 이 지친 영혼들 중 하나를 잠깐이라도 쉬게 할 수 있을까?"

베르길리우스의 말에 따르면, 전능의 하느님께서 일찍이 하늘을 창조하시고 세상의 영화를 다스릴 자를 세우셨는데, 그가 쓸데없이 재화를 이리저리 옮김으로써 한 민족이 흥하면 또 다른 한 민족은 망하게 되는 법칙이 생겨났으며, 인간의 지식으로는 결코 운명을 알 수 없으니 결국 하느님이 모든 걸 관장하고 판단하신다고 했다.

베르길리우스는 어느덧 성(聖)토요일이 되었음을 깨닫고 단테에게 길을 재촉했다.

"지금은 더 큰 고통이 있는 곳으로 내려가야 할 시간이네. 내가 떠났을 때 떠올랐던 모든 별이 이미 져 버렸으니 더 머물 시간이 없네."

제4옥을 가로질러 다섯 번째 지옥인 제5옥의 골짜기로 들어서자 그 기슭의 샘터로부터 검은 물줄기가 치솟고 있었다. 그 검은 물줄기가 흘러가는 계곡을 따라 험준한 길 아래로 내려서자 시냇물이 구슬픈 소리를 내며 벼랑 아래로 떨어지더니 이내 늪 속으로 사라져 버렸다.

늪 속에는 진흙투성이가 된 영혼들이 있었다. 모두가 벌거벗고 성난 얼굴이었다. 그들은 서로의 살을 조각조각 물어뜯고 손뿐만 아니라 머리, 가슴, 발로 서로를 때리면서 난투극을 벌이고 있었다.

제5옥의 늪

단테와 베르길리우스는 제5옥의 진흙탕 속에서 아우성치는 영혼들을 만난다.

제5옥의 늪에서 고통받는 영혼들_ 귀스타브 도레의 작품
제4옥에서 벗어나 제5옥의 골짜기 늪에서 고통받는 영혼들의 모습이다.

"분노에 사로잡힌 저 영혼들을 보게나! 자네도 보다시피 이 늪 속에 있는 영혼들이 푹푹 내쉬는 한숨으로 인해 물이 저렇게 부글부글 끓고 있다네. 저들은 진흙 속에서 무슨 말인가를 하려고 중얼대지만 목구멍에 가득 찬 진흙 때문에 그르렁 소리만 낼 뿐이지."

단테가 스승에게 물었다.

"스승님, 지금 저 소리가 무슨 소린지 아시겠습니까?"

베르길리우스가 늪을 바라보며 말했다.

"저들은 지금, '햇빛 부드럽고 향기로운 하늘 밑에서도 우리 마음속에서 분노의 불길이 타올라 죄스러웠거늘, 이젠 검은 수렁 속에서

저승의 강을 건너는 단테와 베르길리우스
단테와 베르길리우스가 플레기아스가 모는 배에 올라 저승의 지옥을 방문하는 장면이다.

슬퍼하고 있어야만 하는 신세인가.' 하고 자신의 신세를 한탄하고 있다네."

어느새 단테와 베르길리우스는 성벽 위로 높이 치솟은 어느 탑 아래에 다다랐다. 그들은 이곳에 도착하기 오래전부터 탑 꼭대기를 바라보고 있었다. 그곳에서 타오르는 불꽃에 호기심이 일었기 때문이었다. 그중 하나는 간신히 알아볼 수 있는 정도로 아주 멀리 보였는데, 마치 멀리서 신호를 보내며 화답을 하는 것과도 같았다. 단테가 저것이 무슨 신호냐고 묻자 베르길리우스는 우리의 등장을 알리는 신호라고 대답했다.

바로 그때 조그만 배 한 척이 안개 속에서 물살을 가르며 그들을 향해 다가오는 것이 보였다. 활시위를 떠나 창공을 날아가는 화살도 아마 이처럼 빠르지는 않을 것이다. 그 배에는 뱃사공 한 명만 타고 있었는데 그가 노를 저으며 단테 일행을 향해 외쳤다.

"이 사악한 영혼들아, 뭘 하다가 이제야 왔느냐?"

베르길리우스가 근엄한 목소리로 말했다.

플레기아스
그리스 신화에 나오는 인물로 아레스와 크리세스 사이의 아들이다. 옛 신화학자들은 불경건한 신성모독의 상징으로 썼으나 단테는 분노의 상징으로 제5옥의 수장으로 세웠다.

단테의 배_ 낭만주의 회화의 대표적인 작가 들라크루아의 작품
단테와 베르길리우스가 플레기아스의 안내를 받아 지옥의 성벽을 둘러싼 강을 건너는 장면이다. 붉은 두건을 쓴 사내가 단테이고 그 옆에 베르길리우스가, 그리고 노를 젓는 플레기아스가 있다. 이들의 배에 지옥에 떨어진 영혼들이 구원을 바라며 매달리고 있다.

"플레기아스, 이번에도 또 그렇게 외치는구나! 이곳을 건너기 위해 네 신세를 좀 져야겠다."

플레기아스는 크게 속기라도 한 것처럼 화난 얼굴로 그들을 배에 태웠다.

그들이 배에 오르자 배가 물속에 가라앉으며 잠기려고 했다. 이제까지 죽은 영혼들만 실어 나르다가 체중이 있는 살아 있는 사람을 태웠기 때문이다. 그들을 태운 배가 수면을 깊이 가르며 죽음의 늪을 지나

단테의 배와 필리포 아르젠티_ 귀스타브 도레의 작품
피렌체의 악명 높은 필리포 아르젠티가 단테를 붙잡으려 하자 이를 내치는 베르길리우스.

단테의 배_ 윌리엄 블레이크의 작품
플레기아스의 배에 오르려는 필리포 아르젠티를 내치는 베르길리우스.

고 있을 때 갑자기 진흙투성이의 그림자가 앞을 가로막으며 소리쳤다.

"아직 죽을 때도 안 됐는데 이곳에 온 너는 대체 뭐 하는 놈이냐?"

단테는 애써 침착함을 유지하며 말했다.

"나는 이곳에 오래 머물 사람이 아니오. 대체 그토록 흉측한 몰골로 묻고 있는 당신은 누구요?"

"저주스러운 어둠 속에서 울고 있는 나를 보라."

흉측한 물체가 배를 전복시키기 위해 양손을 뻗어 배를 움켜잡으려는 순간 베르길리우스가 재빨리 그를 밀쳐 냈다. 그는 피렌체에서 심술궂기로 악명 높았던 필리포 아르젠티의 영혼이었다. 그는 자신의 의도와는 다르게 늪 속으로 나가떨어졌고, 진흙투성이의 다른 무리가 그를 갈기갈기 찢어발기기 위해 달려들었다. 그러자 분에 못 이긴 필리포 아르젠티의 영혼은 제 몸을 이빨로 물어뜯고 있었다.

베르길리우스는 리스성이 가까워졌음을 단테에게 알렸다. 그들은 버림받은 땅을 둘러싼 깊은 골짜기에 도달했는데 그곳에서 바라본 성벽은 마치 철벽으로 둘러싸여 있는 듯했다.

그들은 한 바퀴 크게 돌다가 "이곳이 입구이니 내리시오." 하는 뱃사공의 소리를 들었다.

바로 그때 단테는 성벽 위에 있는 수천 마리의 마귀를 보았다. 그들은 모두 지옥의 마왕 루시퍼와 함께 천국에서 쫓겨난 천사들이었다. 놈들은 몹시 화를 내며 소리쳤다.

"죽지 않고 누가 감히 이 죽음의 왕국을 지나다니는가!"

베르길리우스가 그들에게 따로 말하고 싶다고 말하자 그들은 거만함을 잠시 가라앉히고 말했다.

"그럼 당신만 오시오. 하지만 저 사람은 돌아가도록 하시오."

타락 천사상

타락 천사란 하늘나라에서 추방당한 천사를 일컫는다.

단테는 그 말을 듣고 낙담을 금할 수가 없었다. 이 험한 길을 어떻게 혼자서 되돌아가란 말인가! 단테는 두려운 시선으로 스승을 바라보며 말했다.

"스승님, 스승님은 그동안 저를 이곳까지 안전하게 이끌어 주셨고 제 앞에 놓인 큰 위험으로부터 무사히 구해 주셨습니다. 저를 버리지 말아 주십시오. 더 이상 지나갈 수 없다면 우리가 지나온 길로 함께 돌아가시지요."

그러자 베르길리우스가 단테를 위로하며 말했다.

"두려워 말게나. 하느님께서 원하시는 일이기에 그 어떤 자도 우리의 여행을 방해할 수 없네. 어떤 시련이 닥쳐도 우리는 이겨 낼 걸세. 길잡이 없이 혼자서 우리가 지나온 골짜기를 지나 이곳에 오시는 분이 계실 것인즉 그분의 능력으로 이 성문이 열리게 될 것일세."

겁에 질려 떨고 있는 단테에게 스승이 말했다.

"어찌됐든 우리는 이 싸움에서 이겨야만 하네. 그러지 않으면……. 그런데 어찌하여 하늘의 사자께서는 이리도 늦게 오신단 말인가!"

단테는 두려움에 휩싸인 채 몸을 떨며 말했다.

"구원의 희망을 가질 수 없는 형벌을 받고 있는 첫 번째 지옥의 영혼이 더 낮은 지옥으로 내려온 적이 있습니까?"

"그것은 극히 드문 일이지. 하지만 나는 작은 자의 영혼을 다시 그들의 몸으로 불러들이는 잔인한 마녀 에리톤[루카누스의 『파르살리아(Pharsalia)』에 등장하는 인물이다. 마법으로 어느 죽은 병사의 영혼을 불러서 폼

단테의 길을 방해하는 악마_ 귀스타브 도레의 작품
타락 천사들이 단테와 베르길리우스의 길을 막아서고 있는 장면이다.

페이우스에게 파르살루스 전쟁의 결과를 알려주었다.]의 요술에 걸려 이곳에 한 번 와 본 적이 있다네. 그때 나는 예수를 배반한 유다가 머물고 있는 제9옥의 가장 깊은 곳으로부터 한 영혼을 구하기 위해 성 안으로 들어간 적이 있는데, 그때에도 성문을 통과할 때 이 정도의 시련은 있었네. 그곳은 모든 것을 지배하는 하늘에서 가장 먼 곳에 있고 지옥 중에서도 가장 낮고 어두운 곳이지. 하지만 내가 그 길을 잘 알고 있으니 힘을 내게나."

예수를 배반한 유다_ 윌리엄 블레이크의 작품
유다는 예수를 적대시하는 제사장들로부터 은화 30전을 받고 예수를 팔았다. 그러나 최후에 가서는 후회하여 돈을 돌려주고 목매어 죽었다. 그는 지옥의 가장 깊은 제9옥에 떨어졌다.

베르길리우스는 다른 것도 말해 주었지만 단테는 그 말을 알아듣지 못했다. 그때 단테의 시선은 벌겋게 타오르는 탑 꼭대기로 향해 있었기 때문이다.

바로 그때, 복수의 여신이라 불리는 피로 얼룩진 세 악녀가 나타났다. 그들은 모두 여인의 형상을 하고 있었는데, 초록색의 히드라가 그들의 몸을 휘감고 있었고, 작은 뱀과 뿔난 뱀 들로 된 머리카락이 이마를 둘러싸고 있었다. 베르길리우스의 말에 의하면 그들은 바로 영

지옥의 성
단테는 깊어지는 지옥의 성에 다다를수록 겁에 질리나 베르길리우스의 배려로 용기를 낸다.

원한 눈물의 여왕(지옥의 왕 하데스의 아내 페르세포네를 일컫는다.)의 시녀들이라고 했다.

"저 표독스러운 복수의 여신들을 보게나. 왼쪽이 메두사이고 오른쪽이 알렉토, 그리고 가운데서 울고 있는 것이 티시포네일세."

그녀들은 저마다 손톱으로 자신의 가슴팍을 쥐어뜯고 제 몸을 주먹으로 두들기며 크게 소리를 질러 댔다.

그 모습을 본 단테는 무서움에 떨며 스승의 앞쪽으로 바싹 달라붙었다. 그녀들 중의 하나가 아래를 내려다보며 소리쳤다.

"메두사, 저놈을 돌로 만들어 버리자. 페르세우스의 습격에 복수하

단테 앞에 나타난 복수의 여신_ 귀스타브 도레의 작품
복수의 여신들은 단테에게 위해를 가하려 한다.

지 못했던 것이 원통한데 말이야.”

베르길리우스는 재빨리 단테의 눈을 자기의 손으로 가려 주며 메두사를 보고 돌로 변하지 않도록 도왔다. 그러고 나서 잠시 후에 단테의 눈을 풀어 주면서 말했다.

“저 앞의 안개 자욱한 수면과 물거품이 일어나는 모습을 자세히 보게나.”

그 순간 큰 지진과 세찬 폭풍우가 몰아쳐 오는 듯한 엄청난 굉음과 함께 땅이 크게 흔들렸고, 그와 동시에 독사 앞에서 놀란 개구리들과도 같이 저주받은 무리가 사방팔방으로 흩어지며 정신없이 도망치기 시작했다. 바로 그때 한 천사가 그 표독스러운 무리를 연기처럼 손으로 흩날려 보내며 다가오고 있었는데, 발바닥에 물도 적시지 않고 스

메두사_ 루벤스 작품
메두사는 원래 아름다운 여인이었으나 해신 포세이돈과 함께 여신 아테나의 신전에서 정을 통하던 중 아테나 여신에게 들키게 되면서 여신의 저주로 흉측한 괴물로 변하게 되었다. 아테나 여신은 영웅 페르세우스를 시켜 메두사를 처단했다. 메두사의 얼굴을 직접 보면 돌로 변하기 때문에 페르세우스가 청동 방패에 비친 메두사의 모습을 간접적으로 보고 그녀의 목을 단칼에 잘라 죽였다.

고르곤 세 자매 악녀와 악마들을 혼내는 천사
단테는 깊어지는 지옥의 성에서 복수의 여신을 만나게 되는데 천사가 나타나 그들을 혼내고 있다.

틱스 늪을 건너오고 있었다. 단테는 그분이 천국에서 보낸 천사임을 금세 알아차렸다.

천사에게 공손히 머리 숙여 인사를 올리고 난 베르길리우스는 단테에게도 인사드리라고 손짓을 했다.

노여움에 가득 찬 천사는 성문 앞으로 다가갔다. 그리고 지팡이로 성문을 쿵쿵 두드리자 어떠한 저항도, 반항도 없이 문이 스르르 열렸다.

"하늘에서 추방된 이 더러운 자들아!"

천사가 성문 입구에 서서 큰 소리로 외쳤다.

"어찌하여 이런 거만을 너희 안에 살게 하는가? 어찌하여 너희가 하느님의 뜻을 거역하여 스스로 더 큰 고통을 자청하는가? 그분의 뜻이 성취되지 않았던 예는 일찍이 없었거늘, 여러 차례 혼쭐이 난 너희가

지옥의 성문을 열어 주는 천사_ 귀스타브 도레의 작품
복수의 여신들이 방해하자 천사가 나타나 그녀들을 쫓아내고 지옥의 성문을 열어 주는 모습이다.

그 사실을 잘 알고 있을 터인즉, 이처럼 하느님의 뜻을 거슬러서 무슨 유익을 보겠다는 것이더냐? 명심할지니, 그 때문에 너희 동료인 케르베로스는 그렇게 턱과 목의 털이 한 올도 없이 모두 뽑혀 버렸느니라."

말을 마친 천사는 마치 아무 일도 없었다는 듯이 진흙탕 위를 걸어서 되돌아갔다.

단테와 스승은 천사의 거룩한 말 덕분에 어떠한 방해도 받지 않고 성안으로 들어갔다. 성채에 에워싸여 있던 내부의 광경을 보고 싶던 단테는 안으로 들어서자마자 주위를 둘러보았다. 그의 오른편에도 왼

지옥 성채 초입에 들어선 단테와 베르길리우스_ 귀스타브 도레의 작품
지옥 성안에 들어서자 황폐한 무덤들이 즐비한 가운데 처량하고 한숨 어린 소리만 넘쳐 난다.

편에도 끔찍한 고통과 괴로움으로 가득 차 있었다.

이탈리아의 북쪽 끝 국경을 적시는 쿠아르나로만(灣) 근처의 폴라에 수많은 무덤이 덮여 있듯이 이곳 또한 온통 무덤으로 덮여 있었다. 무덤과 무덤 사이에서 불꽃이 일고 그로 인해 무덤이 모두 불길에 휩싸여 있었는데, 아마 대장간에서도 이처럼 벌겋게 쇠를 달굴 수는 없으리라. 활짝 뚜껑이 열린 무덤 속에서는 비참하게 상처 입은 영혼들의 목소리가 쉴 새 없이 흘러나오고 있었다.

"스승님, 무덤 속에 묻혀서 저렇게 애처로운 소리로 울어 대는 자들은 대체 누구입니까?"

베르길리우스가 대답했다.

"이단자들과 그들을 따르던 제자들이라네. 어느 종파에 속하건 그들은 모두 여기에 모여 있지. 무덤에 갇힌 자들의 수는 자네가 상상하는 것 이상일세. 이곳에는 서로 비슷한 자들끼리 묻혀 있는데, 묻힌 자에 따라서 무덤이 더 뜨겁기도 하고 덜 뜨겁기도 하지."

말을 마친 베르길리우스가 오른편으로 방향을 잡자 단테는 불꽃이 일고 있는 무덤과 높은 성벽 사이를 말없이 조심스럽게 지나쳐 갔다.

우상과 이교도들의 성

천사의 보살핌으로 단테와 베르길리우스는 이교도들의 성인 디테의 성문을 무사히 통과하여 마을로 들어섰다. 마을 양쪽으로 넓은 벌판이 장관을 이루고 있었으나 그곳에는 온통 무수한 고통과 혹독한 형벌로 가득 차 있었다. 그곳의 형상은 마치 론강 가의 공동묘지와도 같았다. 무덤들은 모두 뜨겁게 달구어진 채 뚜껑이 열려 있었고 그 안에서부터 슬픈 통곡 소리가 끊임없이 흘러나오고 있었다.

단테가 베르길리우스에게 물었다.

"저 뜨겁게 달궈진 무덤 속에서 끊임없이 탄식 소리를 내뱉는 자들은 누구인지요? 뚜껑이 모두 열려 있지만 어느 누구도 그들을 감시하지 않는군요."

베르길리우스가 대답했다.

"그들은 이교도의 두목들과 그 추종자들, 그리고 이단자들일세. 그들이 겪는 고통은 상상하는 것보다 몇 곱절 더 무겁지."

두 사람은 다시 오른편으로 돌아서 애끓는 탄식 소리가 끊임없이 흘러나오는 무덤과 높은 성벽 사이를 지나갔다. 단테는 걸음을 걸으면서 재차 물었다.

"저 무덤 속에 누워 있는 자들은 대체 어떤 사람들이며, 도대체 저 무덤 뚜껑은 언제까지 저렇게 열려 있는 것입니까?"

"대체로 저 무덤 속에 묻힌 자들은 육신과 함께 영혼도 죽는다고 믿었던 에피쿠로스와 그 추종자들이지. 그리고 저 뚜껑은 '최후의 심판'이 끝나고 육신이 부활하기 위하여 되돌아올 때에야 비로소 닫히게 될 걸세. 좀 더 지나가다 보면 자네의 궁금증도 점차 풀리게 될 것이네."

에피쿠로스
그리스의 철학자이다. 그의 철학은 대개 물질주의, 쾌락주의다. 그러나 신의 존재는 부정하지 않았다. 신은 인간과는 무관하다고 생각했으며, 신들에 대한 두려움과 죽음에 대한 공포를 제거하려고 했다.

그때 홀연히 한 무덤 속에서 사람의 목소리가 들려왔다.

"오, 당신은 피렌체와 가까운 토스카나 출신이시군요! 당신의 말투가 그걸 말해 주고 있습니다. 그곳은 나를 참으로 괴롭게 했던 곳이지요. 살아 있는 자로서 지옥의 도시를 지나고 계신 분이여, 잠시만 이곳에 머물러 주시겠습니까?"

깜짝 놀란 단테가 두려움에 몸을 떨며 베르길리우스 옆으로 다가서자 베르길리우스가 단테를 위로했다.

"두려워하지 말게나. 그저 정중하게 대답해 주면 되네. 저자가 화리

나타(13세기 초 피렌체에서 태어났다. 기벨린당의 탁월한 지도자로 정치적인 인물이다. 그는 1264년에 죽었고 1283년 종교 재판에서 이단자로 선고되었다.)일세."

스승의 말에 용기를 얻은 단테가 자세를 바르게 하고 그의 앞에 섰다. 그런 단테를 잠시 쳐다보더니 깔보는 말투로 화리나타가 물었다.

"당신의 조상은 누구요?"

단테는 숨김없이 대답해 주면서 자신은 화리나타가 속했던 기벨린당의 반대당인 겔프당에 속했다는 사실도 말해 주었다.

그러자 그가 거만한 표정을 지으며 말했다.

"당신의 조상들은 나와 내 조상, 그리고 우리 당에 상당히 거슬리는 정적이었소. 그래서 내가 두 번이나 그들을 쫓아냈지요."

무덤의 망령과 만나는 단테와 베르길리우스

그러자 단테가 쏘아붙였다.

"그분들이 쫓겨나긴 했지만 두 번 다 다시 돌아왔지요. 하지만 당신의 조상들은 고향으로 돌아오는 방법을 몰랐던 모양입니다."

그때 그들의 이야기를 옆에서 듣고 있던 자가 두리번거리며 일어나더니 울먹이는 목소리로 물었다.

"아니, 피렌체의 지성인 단테 아닌가! 자네와 친구지간인 내 아들 구이도는 어떻게 하고 자네 혼자만 이렇게 이곳을 지나가고 있는가? 왜 자네와 함께 있지 않은 건가?"

"저 혼자서 이곳에 온 게 아니라 저쪽에서 기다리고 계신 분이 날 이리로 인도해 주신 것입니다. 구이도의 행방은 아마 살아생전에 구이도로부터 멸시를 당했던 저분께서 알고 계실 것입니다."

그는 단테의 친구인 구이도 카발칸티[그는 단테보다 몇 년 앞서 태어났으며, 피렌체의 새로운 서정시를 보다 더 활발하게 소개하였다. 그는 단테와 함께 청신체파(淸新體派)로 젊은 시절을 보냈고 단테의 절친한 친구이기도 하다.]의 아버지였다.

"아니, 그럼 내 아들도 이미 죽어 버렸단 말인가?"

탄식을 토해 내며 뒤로 쓰러진 구이도의 아버지는 두 번 다시 무덤 밖으로 모습을 드러내지 않았다.

그런 후에도 단테는 계속해서 화리나타와 대화를 이어 나갔다. 화리나타는 왜 자신이 단테와 대화를 나누고 싶었는지를 설명해 주면서, 죽음으로 인해 미래의 문이 닫히는 순간부터 인간의 지혜는 종말

단테가 친구 아버지의 영혼을 만나는 장면이다.

단테와 구이도 카발칸티

카발칸티는 이탈리아 시인으로 피렌체에서 태어났다. 교황파인 겔프당에 속한 피렌체의 한 영향력 있는 가문에서 태어났으며, 단테의 스승이었던 철학자 브루네토 라티니 밑에서 공부했다. 겔프당과 경쟁 관계에 있었던 황제파 기벨린당의 지도자 화리나타 델리 우베르티의 딸과 결혼했으나 1300년 겔프당이 흑 · 백 양파로 분리되자 백(白)겔프당에 가담했다. 한편 카발칸티를 가리켜 자신의 '최고의 친구'라고 일컬었던 단테는 그에게 여러 편의 시를 헌정하기도 했다. 사르차나에서 망명 생활을 하던 카발칸티는 말라리아에 감염되어 피렌체로 돌아올 수 있는 허락을 받아 피렌체에서 일생을 마쳤다.

을 고하고 인간의 지성은 헛된 것이 되어 한 치 앞을 볼 수 없게 될 뿐만 아니라 세상사 모든 것이 의문투성이뿐이라며 하소연을 했다.

단테는 그의 말을 듣고 마음이 아파서 말했다.

"아까 나와 함께 대화를 나눴던 당신의 친구에게 전해 주십시오. 그분의 아들은 아직 세상에 살아 있다고 말이오. 아까 그분이 내게 물어 오셨을 때 확실히 대답해 주지 못한 것은 잠시 내가 다른 생각에 잠겨 있었기 때문입니다. 그리고 한 가지 묻고 싶은 것이 있는데, 이 무덤에는 어떤 사람들이 묻혀 있습니까?"

무덤의 화리나타 망령
화리나타는 단테의 물음에 대해 자세히 알려 준다.

화리나타가 대답했다.

"여기에는 수많은 영혼이 누워 있지요. 페데리코 2세[시베비아의 황제인 페데리코 2세이며 나폴리의 왕이었다(1194~1250)]와 추기경(오타비아노 혹은 아타비아노 델리 우발디니로 1240년까지 볼로냐의 주교로 알려졌다. 1244년에 추기경이 되었고 1273년에 죽었다.)도 여기에 있소. 다른 자들에 대해서는 말하지 않겠소."

그러고는 다시 무덤 속으로 들어갔다.

베르길리우스가 단테 옆으로 다가오면서 조용히 입을 열었다.

"어찌하여 자네는 그토록 혼란스러워하는가? 베아트리체의 맑은 눈이 자네를 보살피고, 그녀의 보살핌으로 자네의 나아갈 길이 활짝 열릴 텐데 말일세."

두 사람은 성벽을 뒤로하고 좁은 길을 따라 제7옥의 골짜기로 들어섰다. 골짜기 벼랑에 서서 아래를 바라보자 처참한 몰골을 하고 있는 영혼들이 우글거리고 있었다. 두 사람은 골짜기에서 솟구치는 역겨운 냄새에 몸서리치며 무덤 뚜껑 뒤로 몸을 피했다. 무덤 뚜껑 위에는 '포티누스에게 이끌려 바른 길(정통 교리, 즉 그리스 정교를 가리킨다.)에서 벗어난 교황 아나스타시우스(496년부터 498년까지 교황으로 있었던 아나스타시우스 2세다.) 여기에 묻히다'라고 묘비명이 적혀 있었다.

베르길리우스는 역겨운 냄새에 익숙해질 때까지 단테에게 제7옥 이하의 하부 지옥에 대해 설명해 주었다. 그의 설명에 따르면, 하부 지옥은 커다란 돌무덤 형태로 세 개의 원을 이루고 있는데 그 원들은 내려갈수록 조금씩 작아지면서 좁아진다고 했다. 그리고 그 속에는 저주받은 영혼들로 가득 차 고통을 받고 있으며, 하느님은 악한 행위 가운데에서도 특히 남을 속이는 기만행위를 가장 사악하게 보시기 때문에 그들은 더욱더 큰 고통을 받게 된다고 했다.

"제7옥은 폭력배들이 갇혀 있는 곳인데, 그곳은 세 개의 작은 지옥이 층층이 존재하고 있지. 첫 번째 지옥은 살인자와 중상모략자, 불한당, 날도둑 들이 벌을 받는 곳이고, 두 번째 지옥은 자살하거나 자해

◀**단테와 망령들의 만남_** 구글리엘모 지라르디의 작품
단테가 자신의 고향 피렌체에 살았던 영혼들과 만나 이야기하는 장면을 담은 그림이다.

지옥의 골짜기에서 단테와 베르길리우스

행위를 한 자들, 그리고 노름으로 재산을 탕진한 자들이 슬프게 지내고 있는 곳이지. 그리고 마지막으로 가장 깊은 지옥인 세 번째 지옥은 마음속으로 하느님을 멸시하거나 비웃고 증오의 말들을 하는 사람들을 낙인찍어 표시하는 곳일세. 또한 제8옥은 양심을 거역하고 사랑의 매듭조차 풀어 없애는 위선자들과 이기주의자들, 그리고 사창가의 포주들이 웅크리고 있는 곳이며, 마지막 지옥인 제9옥은 모든 반역자의 무리가 운집해 있는 곳일세."

두 사람은 발걸음을 재촉하며 제7옥의 가파른 비탈길을 내려갔다. 그곳에서 만난 우두인신(牛頭人身)의 괴물은 단테로 하여금 몸서리치게 만들었다. 머리는 소, 몸뚱이는 인간 모양을 한 미노타우로스라는 괴물이 분노에 휩싸여 단테에게 달려들자 베르길리우스가 벼락같이 호통을 쳤다.

"네 이놈! 네 놈은 지금 네 놈을 죽였던 아테네의 테세우스를 만난 것으로 아느냐? 어서 썩 물러나지 못할까! 이분은 네 누이의 사주를 받아 이곳에 온 것이 아니라 네 놈들의 고통을 알아보기 위해 이곳을 지나가고 있는 것이니라."

치명적인 일격을 받은 괴물은 마치 고삐 풀린 황소가 도망갈 줄을 모르고 허둥대듯이 이리저리 허우적대며 날뛰었다.

미노타우로스 피규어

미노타우로스의 공격에 당황해하는 단테_ 윌리엄 블레이크의 작품
괴물 미노타우로스가 베르길리우스의 호통에 날뛰고 있다.

단테와 스승이 그곳을 빠져나와 계곡을 지나가자 지옥 전체를 감싸 안은 것같이 둥글게 휜 활 모양의 거대한 웅덩이가 보였다. 그 속에서 활과 화살을 가진 반인반마(半人半馬)의 켄타우로스(그리스 신화에 나오는 괴물로, 폭력과 약탈, 눈먼 탐욕, 미친 분노 등을 상징한다.)들이 무리 지어 날뛰고 있었다. 그러다가 벼랑을 타고 내려온 두 사람을 보자 무리 중에서 세 놈이 활과 화살을 비껴들고 나서며 소리쳤다.

"네놈들은 무슨 죄를 지었기에 예까지 왔느냐? 어서 그 자리에 멈춰 서서 대답해 보거라! 그러지 않으면 네놈들의 몸뚱이를 고슴도치로 만들어 버릴 테다."

그러자 베르길리우스가, "그 대답은 네 곁에 있는 케이론에게 할 것이니 성급하게 나서지 말거라." 하고 쏘아붙이고는 단테를 바라보며 말했다.

"저놈이 바로 헤라클레스의 아내인 데이아네이라를 납치하려다 헤라클레스에게 죽임을 당한 네소스라네. 죽는 순간의 간교한 거짓말로 훗날 독으로 오염된 자신의 피에 의해 헤라클레스를 죽게 함으로써 결국 원수를 갚던 놈이지. 그리고 저 한가운데서 머리를 숙이고 깊은 생각에 잠겨 있는 자가 케이론이네. 저자는 현명하고 갖가지 예도에 통달해서 아킬레우스를 교육하기도 했다네. 또 그 옆에 있는 자는 폴로스란 인물일세. 이들은 수천 명씩 강 주변을 순찰하면서 죗값을 치르도록 정해진 경계를 넘어 피의 강물 위로 몸을 내미는 영혼이 있으면 활을 쏘는 것일세."

켄타우로스와 단테
성질이 급하고 거친 켄타우로스들이 단테 일행에게 활을 쏘려 하고 있다.

베르길리우스와 케이론의 대화
케이론은 거칠고 사나운 반인반마 종족인 켄타우로스족의 하나이지만 의술 · 궁술 · 예술에 모두 능하고 예언의 능력도 지닌 현자로서 그리스 신화에 나오는 숱한 영웅들을 가르쳤다.

단테와 베르길리우스가 그들을 향해 가까이 다가가자 케이론이 무리를 향해 소리쳤다.

"저것 좀 봐라! 너희도 알아보겠느냐? 저 뒤에 있는 자가 발로 돌멩이를 건드릴 때마다 돌멩이가 저렇게 움직이고 있잖은가. 죽은 자의 발이라면 돌멩이가 저렇게 움직일 리 없을 텐데 말이야."

베르길리우스가 재빠르게 케이론 앞으로 가서 말했다.

"잘 봤다. 저분은 살아 있는 사람이지만, 나는 길잡이가 되어 저분께 이 암흑의 골짜기를 보여 주어야만 한다. 이것이 나의 사명이다.

이는 할렐루야 노랫소리가 울려 퍼지는 천국에서 보내신 분, 즉 베아트리체가 내게 맡기신 일이다. 이토록 험난한 길을 따라 발길을 움직이게 하신 하느님의 존귀하신 이름으로 청하노니, 너희 중의 하나가 길잡이가 되어 저분을 등에 업고 가 주었으면 한다. 저분은 공중으로 날아다닐 수 있는 영혼이 아니기 때문이다."

그러자 케이론이 그의 오른편에 있는 네소스에게 명령을 내렸다.

"네가 저분들을 안내하고 도중에 다른 놈들을 만나게 되거든 쫓아버리도록 해라."

이로써 듬직한 호위병을 얻게 된 두 사람은 그와 함께 붉게 끓어오르는 '피의 강'을 향해 나아갔다.

피의 강과 비탄의 숲

단테와 베르길리우스는 네소스의 안내를 받으며 벌겋게 불타오르는 언덕을 따라, 영혼들이 부글부글 끓어오르는 시뻘건 강물에 삶아지고 태워져 비명 소리가 진동하는 피의 강까지 별다른 어려움 없이 나아갔다. 네소스가 손가락으로 그들을 가리키며 설명했다.

"저자들은 세상에 사는 동안 다른 사람들로 하여금 피를 흘리게 하고 재산을 약탈했던 폭군들입죠. 지금 저 비명 소리는 자신들의 죗값을 받으며 고통에 못 이겨서 울부짖는 소리입니다. 저쪽에 있는 영혼은 알렉산드로스 대왕과 시칠리아섬의 폭군 디오니시우스, 그 옆의 새까만 머리털에 이마 부분만 보이는 놈은 잔인하기로 소문난 아첼리노, 그리고 그 옆에 보이는 금발 머리 저놈은 약탈을 일삼던 에스테(오비초 3세 디 에스테이다. 페라라이 군주로 매우 잔인했다고 한다.)입죠. 세상에 살면서 잔인하고 난폭한 행동을 서슴지 않았던 이놈은 결국 제 의붓자식에게 살해당했습죠."

좀 더 앞으로 나아가자 부글부글 끓어오르는 시뻘건 핏물 위로 목만 삐죽이 내밀고 있는 자들이 보였고, 그다음에 보이는 자들은 가슴팍까지 내놓고 있었다. 이처럼 피의 강은 갈수록 수심이 얕아져서 나중에는 발목 부분만 잠길 정도였다. 네소스의 말에 의하면, 이쪽에서 얕아진 피의 강물이 저편에서 다시 깊어지기 시작하여 폭군들이 슬피 우는 제9옥의 심연 속으로 빠져들게 된다고 했다.

네소스는 계속해서 말을 이었다.

"저들 가운데에는 신의 채찍이라 불리던 흉노족의 우두머리 아틸라와 그리스 왕 피로스, 폼페이우스의 아들 섹스투스, 해적 라니엘, 그리고 실벤세 주교를 살해하여 파문을 당했던 강도 파초 등도 여기서 자신의 죗값을 치르기 위해 고통을 당하면서 눈물을 흘리고 있습죠."

어느덧 단테와 베르길리우스는 제7옥의 두 번째 원 안으로 접어들게 되었다.

켄타우로스의 피의 강
역사적으로 이름을 떨친 폭군과 살인자 들이 피의 강물 위로 머리를 내밀거나 물에서 벗어나려고 하면 켄타우로스들이 화살을 쏘고 있다.

비탄의 숲에 들어서는 단테_ 귀스타브 도레의 작품
하르피아 괴물 새가 운집하고 있는 숲은 통곡의 비명 소리가 끊이질 않고 단테는 두려움에 베르길리우스의 뒤를 바짝 붙어 따라 들어선다.

그들은 오솔길도 없는 숲속으로 들어갔다. 그곳의 나뭇잎들은 검붉은색을 띠고 있었는데 나뭇가지들은 뒤틀린 채 온통 마디투성이였다. 열매도 매달리지 않은 그 가지들은 독을 품고 있는 가시로 뒤덮여 있었다.

이처럼 거칠고 삭막한 숲속은 미생물조차 제대로 살 수 없는 곳이었지만 오직 몰골사나운 새[鳥] 하르피아(그리스 신화에 나오는 괴물로, 날개 달린 정령 또는 여자 얼굴을 한 새로 묘사된다.)만이 살고 있었다. 그 괴조(怪鳥)는 여인의 얼굴에 새의 몸뚱이를 하고 날카로운 발톱을 숨긴 채 그 뒤틀린 나무 위에 앉아 슬피 울고 있었다.

단테는 섬뜩했다. 숲속 깊숙한 곳에서 통곡 소리는 끊임없이 들리는데 그 주인공의 모습은 보이지 않았기 때문이다.

비탄의 숲_ 윌리엄 블레이크의 작품
피의 강을 지나 비탄의 숲에 들어서는 단테와 베르길리우스.

나뭇가지를 꺾는 단테_ 귀스타브 도레의 판화 작품

당황하여 어찌할 바를 모르는 단테에게 그의 스승이 말했다.

"작은 나뭇가지를 하나 꺾어 보게나. 그럼 통곡 소리의 주인공을 금방 알게 될 걸세."

단테가 스승의 말대로 나뭇가지를 꺾자 나무가 울부짖으며, "왜 내 몸을 그렇게 꺾는 거요?" 하고 소리쳤다. 꺾인 곳에서는 검붉은 피가 철철 흘러나오고 있었다.

"왜 나를 해치는 것이오? 당신은 일말의 자비심도 없단 말이오? 비록 지금은 이렇게 나무로 변해 있지만 나 또한 옛날에는 당신과 같은 인간이었소. 설령 우리가 뱀의 영혼이라 하더라도 당신은 살아 있는 자로서 더욱더 자비로워야 하는 것이 아니오?"

그 영혼이 말하는 대로 부러진 곳에서는 피가 철철 흘러나왔다.

단테는 그 자리에서 몸이 굳어 버렸다.

베르길리우스가 앞으로 나서며 피 흘리는 나무를 향해 입을 열었다.

"이 사람이 내가 지은 시의 구절을 기억했더라면 당신의 몸을 상케 하지 않았을 텐데 일이 생각지도 않게 되어 참으로 가슴 아프오. 이 사람은 다시 세상으로 돌아갈 몸이오. 그러니 당신의 명예가 새롭게 펼쳐질 수 있도록 당신이 누구였는지 이 사람에게 말해 보시오."

그러자 나무가 피를 흘리며 대답했다.

"그처럼 달콤한 말로 구슬리시니 입을 열지 않을 수 없구려. 나는 세상에 사는 동안 신성 로마의 프리드리히 황제를 위해 살았던 사람으로 황제의 마음을 마음대로 움직일 수 있었다오. 모든 사람을 황제의 비밀로부터 떼어 놓는 영예로운 임무를 수행하느라 잠을 제대로 못 잘 정도였소. 그러나 나의 충성스러운 임무를 시기하는 궁중의 음탕한 여인들이 황제와 나 사이를 이간질하는 바람에 나의 영예로운 임무는

나뭇가지를 꺾는 단테
나뭇가지에 깃든 망령은 아픔에도 불구하고 베르길리우스의 구슬림에 자신에 대한 이야기를 들려준다.

슬픈 탄식으로 변해 버리고 말았소. 그래서 나는 모멸감을 씻고자 자살을 시도했지요. 그런데 그게 오히려 나를 이처럼 불행하게 만들었으니 이보다 더 비탄스러운 일이 어디에 있겠소? 이 나무의 뿌리를 향하여 맹세하건대 나는 절대로 황제의 신의를 배반한 적이 없소. 그러니 세상으로 돌아가게 되거든 아직도 사람들의 질투의 불길 속에 파묻혀 있는 나의 명예를 좀 되찾아 주시오."

베르길리우스는 단테에게 더 알고 싶은 것이 있으면 물어보라고 권했다.

"너무도 측은하여 입술이 떨어지지 않으니 스승님께서 질문해 주시지요."

베르길리우스가 나무를 바라보며 다시 물었다.

"가엾게도 나무에 갇혀 버린 영혼이여, 당신이 간청한바 그 일을 이 사람이 기꺼이 이루어 줄 것이니 좀 더 자세히 말씀해 주시오. 어찌하여 당신의 영혼이 이처럼 마디투성이의 나무 안에 갇히게 되었는지를 말이오. 그동안 이곳에서 벗어난 영혼은 없었는지요?"

나무는 한숨을 몰아쉬며 바람을 일으켰다. 그 한숨 소리는 곧 말소리로 변하여 단테의 귀에 들려왔다.

"그럼 아주 짤막하게 대답하리다. 자신의 몸에 폭력을 가하여 영혼이 몸으로부터 떠나게 되면 그 순간 그 폭력적인 영혼은 육신의 형태를 완전히 잃어버리게 됩니다. 하느님께서 주신 육신을 잘 유지하지 못하고 제멋대로 훼손한 까닭이지요. 미노스는 그런 영혼을 일곱 번째 지옥으로 보냅니다. 그러면 영혼은 숲에 떨어지게 되는데 떨어질 곳은 자신이 선택할 수 없지요. 정해진 운명대로 자리를 잡고 잡초 씨앗처럼 싹을 틔우게 된다오. 그래서 새순이 돋고 실가지가 피어올라 야생나무로 자라나면 하르피아들이 그 잎을 뜯어 먹으면서 고통을 안겨 주니, 이러한 고통은 새로운 잎이 돋아날 때마다 끊임없이 반복되지요. 다른 영혼들처럼 우리도 마지막 심판 날이 오면 부활을 꿈꾸며 지상으로 육신을 가지러 가겠지만 우리의 영혼이 육신과 합쳐지는 일은 아마 없을 거요. 일단 자신이 버린 것에 대해서는 권리가 없으니까요. 그 때문에 우리의 저주받은 영혼들은 이 숲속에 와서 이렇게 가시나무에 매달린 채 슬픈 고통의 숲을 이루고 있는 것입니다."

다른 나무들도 뭔가 이야기하고 싶은 게 있지 않을까 싶어 그곳에 계속 서서 귀를 기울이고 있는데 갑자기 우당탕거리는 소리가 나면서 두 사람을 당황스럽게 했다. 그 소리는 마치 사냥개에 쫓기던 멧돼지가 궁지에 몰리게 되자 난폭하게 울부짖는 소리와도 같았다. 단테가 소리 나는 쪽으로 고개를 돌리자 벌거벗은 채 상처투성이가 된 두 영혼이 숲속을 휘저으며 달아나고 있었다. 어찌나 황급하게 달아나는지 숲의 나뭇가지를 모조리 부러뜨릴 기세였다. 앞쪽에서 달려가는 자가 외쳤다.

"자, 어서 오라, 죽음이여!"

하르피아
나뭇가지의 영혼들은 새순을 틔우면 하르피아 괴조들에게 잎이 뜯기는 고통의 벌을 반복적으로 받는다.

비탄의 숲_ 윌리엄 블레이크의 작품
비탄의 숲에 울려 퍼지는 절규의 목소리에 단테가 당황하는 모습이다.

그러자 뒤따라가는 자가 소리치며 쫓아갔다.

"라노(시에나 출신의 에르콜라노 마코니를 가리킨다. 그는 토포에서 벌어진 시에나와 아레초의 전쟁에서 전사했다.), 토포에서 싸울 때에도 이처럼 당신이 빨리 달리진 못하지 않았소?"

그들은 곧 숨을 헐떡이며 덤불 속에 쓰러졌다. 그러자 숲속에 숨어 있던 검은 암캐들이 떼를 지어 나타나더니 그들에게 달려들어 몸통을 갈기갈기 찢었다. 그러고는 아직도 고통스러워하는 조각난 살점들을 물고 쏜살같이 사라져 버렸다.

이 광경을 보고 크게 놀란 베르길리우스와 단테는 다시 숲속으로 들어갔다. 단테는 숲속에서 피 흘리며 괴로워하는 가엾은 피렌체 출

비탄의 숲의 격랑

정체 모를 두 사람이 달려가다 쓰러지자 암캐들이 나타나 산산조각으로 물어뜯어 버린다.

신의 영혼이 갇혀 있는 나무에서 꺾여 나간 가지들을 나무 밑에 가지런히 모아 주었다. 자신의 고향인 피렌체에 대한 연민의 정이 벅차올랐기 때문이다.

그곳을 벗어나 제7옥의 세 번째 골짜기의 가장자리에 도달한 단테 일행은 그곳에서 정의의 심판이 펼쳐지고 있는 두려운 광경을 목격했다. 그 앞은 풀 한 포기도 돋아나지 않는 메마른 사막과도 같은 허허벌판이었고 둘레는 자살자들의 영혼이 갇혀 있던 비탄의 숲이 둘러싸고 있었지만 그것은 마치 음침한 운하가 성을 감싸고 있는 것처럼 보였다. 바짝 마른 모래층으로 형성된 땅은 마치 먼 옛날 카론의 발에 짓눌렸던 리비아 사막과도 같았다.

단테는 삭막하고 음침한 기운이 맴도는 이곳에서 펼쳐지는 하느님

황량한 사막과도 같은 제7옥의 세 번째 골짜기의 영혼들

불꽃 송이들이 쏟아지는 가운데서 처절하게 절규하는 영혼들을 단테와 베르길리우스가 바라보고 있다.

의 응징을 보고 그 형벌이 얼마나 무서운 것인가를 새삼스레 깨달으며 몸서리쳤다. 이곳에서는 수많은 영혼이 벌거벗은 채 무리를 지어 흐느끼며 저마다 다른 형태로 벌을 받고 있었다. 세상에 사는 동안 하느님을 모독했던 영혼들은 벌렁 나자빠진 채 누워서 하늘을 향해 경멸스러운 눈을 치뜨고 있었고, 하느님과 인간에게 포악하게 굴었던 고리대금업자들은 그 옆에 쪼그려 앉아 있었으며, 또한 정욕에 사로잡혀 혼음과 동성애에 빠졌던 자들은 방랑자 신세가 되어 줄곧 서성대고 있었다.

그들은 모두 하늘에서 불덩이가 무수히 떨어져 모래땅이 부풀어 오를 정도로 뜨거운 가운데서 비명 소리와 함께 몸을 버둥거리며 참혹

뜨거운 불길 속에서도 아랑곳하지 않는 카파네우스_ 윌리엄 블레이크의 작품
그리스 신화에 등장하는 테바이 공략 7장군 중의 한 명이다. 테바이를 공격할 때 제우스도 자신의 테바이 입성을 막을 수 없으리라고 큰소리를 치다 제우스의 벼락에 맞아 죽었다.

한 형벌을 받고 있었다.

불꽃 송이들은 마치 바람 한 점 없는 날에 내리는 알프스의 굵은 함박눈처럼 끊임없이 퍼부어 댔고, 이로 인해 모래밭은 마치 장작불이 지펴진 아궁이처럼 벌겋게 이글이글 불타오르고 있었는데, 불쌍한 영혼들은 저마다 머리 위로 쏟아지는 그 불꽃 송이들을 손으로 떨쳐내랴 발바닥의 뜨거움을 견딜 수 없어 펄쩍펄쩍 뛰랴 어쩔 줄을 모르고 있었다.

그런 와중에도 죽은 듯이 꼼짝 않고 누워 있는 한 거인을 발견한 단테가 베르길리우스에게 물었다.

"스승님, 저렇게 끔찍한 형벌을 받으면서도 불길을 피하지 않고 시체처럼 누워서 눈을 흘겨 대고 있는 자는 누구인지요?"

그러자 스승이 대답하기 전에 거인이 나서며 말했다.

"내게 있어서 이 정도의 고통은 아무것도 아니오. 나는 죽은 자이지만 살아 있을 때와 다름없소이다. 성난 제우스가 자신의 대장장이인 헤파이스토스를 시켜 나를 다시 한번 더 죽인다 해도, 그리고 또 테살리아(Thessalia, 그리스 북부 에게해에 면하여 있는 지방. 신화와 전설이 많이 전한다.)의 골짜기에서 화산이 폭발하여 내게 쏟아져 내린다 해도 난 눈 하나 깜짝하지 않을 것이오."

카파네우스를 꾸짖는 베르길리우스
고대 그리스의 서정시인 스테시코로스에 따르면 제우스로부터 죽임을 당한 카파네우스는 의술의 신 아스클레피오스에 의해 다시 소생했다고 한다. 그는 지옥에 와서도 하느님을 부정했으며 형벌도 마다하지 않았다.

그러자 베르길리우스가 그동안 볼 수 없었던 큰 목소리로 그를 꾸짖었다.

"카파네우스, 너의 그 오만방자함은 아직도 수그러들 줄을 모르는구나! 너의 그 광포한 교만함과 못된 분노에 이곳만큼 어울릴 곳도 없을 듯싶구나!"

난데없이 성난 스승의 얼굴을 놀란 표정으로 바라보는 단테에게 베르길리우스가 입을 열었다.

"저놈은 테베를 공격했던 일곱 왕 중의 하나로 예나 지금이나 하느님을 섬기기는커녕 경멸하는 놈일세… 마음속에 경멸로 가득 찬 저놈의 분노는 제 가슴에 가장 어울리는 장식일 뿐일세. 자, 이제부터 나를 뒤따르면서 불구덩이 모래밭에 발을 들여놓지 않도록 정신을 바짝 차려야 하네. 가능한 한 숲 언저리를 벗어나지 않도록 주의하게나."

단테는 베르길리우스의 뒤를 조심스럽게 따라갔다.

두 사람은 곧 숲속의 시냇물이 흘러내리는 곳에 다다랐다. 자살자의 숲을 지나 이곳으로 흐르는 시냇물은 온통 핏빛으로 물들어 있었다.

"우리가 지옥문을 통과한 이후로 이 시냇물처럼 기이한 것을 본 적이 없을 걸세. 이 시냇물은 모든 불꽃을 집어삼켜서 꺼뜨리는 힘이 있다네."

단테가 안도의 숨을 내쉬자 베르길리우스는 좀 더 자세히 설명해 주었다.

"자네도 알겠지만 지중해 한가운데에 크레타라는 섬나라가 하나 있었다네. 그 섬나라는 크로노스왕과 레아 사이에서 제우스가 태어난 유서 깊은 땅이지. 그곳에 '이다'라고 하는 작은 산이 하나 있었는데 예전에는 맑은 샘물과 초목이 우거져 있었지만 지금은 황폐하여 쓸모없이 되어 버렸지 뭔가. 이 산은 제우스의 어머니인 레아가 자신의 아들을 숨기기 위한 안전한 요람으로 선택했던 곳이기도 하지. 크로노스왕이 아들에게 왕의 자리를 빼앗기고 살해된다는 예언이 두려운 나머지 자신의 아이들을 차례차례 삼켜 버리고 제우스까지 삼켜 버리려고 했기 때문이야."

베르길리우스는 단테의 얼굴을 바라보며 말을 이었다.

"이곳에서 레아는 자신의 아들인 제우스가 울면 자신도 함께 소 울음소리를 내어 제우스의 울음소리를 감추었다고 하네. 이 이야기 말고도 이 산에는 전해지는 이야기가 하나 더 있어. 이 산속에서 나이 든 거인 하나가 이집트의 옛 도시인 다미에타를 등지고 서서 마치 거울을 관찰하듯 로마를 바라보고 있었다네. 그의 머리는 순금이었고 양팔과

제우스의 어린 시절_ 로비스 코린트의 작품
제우스의 아버지 크로노스는 자신의 권좌를 자식들에게 빼앗길까 봐 태어나는 대로 모두 배 속으로 삼킨다. 그러나 제우스는 어머니 레아에 의해 빼돌려져 이다산의 님프들에게 맡겨진다. 그림은 어린 제우스가 울자 크로노스가 아이의 울음소리를 듣지 못하도록 악기를 치고 노래를 불러 울음을 희석시키는 장면이다.

플레게톤강
불의 강 플레게톤은 슬픔의 강 아케론, 탄식의 강 코키투스, 망각의 강 레테, 증오의 강 스틱스와 함께 하계의 나라를 아홉 물굽이로 감싸고 흐른다.

가슴은 은이었으며 하체는 무릎까지 동, 그리고 그 아래로는 모두 쇠붙이로 되어 있으나 오른발만은 진흙으로 이루어져 있었다네. 그럼에도 불구하고 이 거인은 온몸의 무게를 진흙으로 된 오른발에만 실어 지탱하고 있었다지 뭔가. 결국 순금으로 된 부분 외에는 모두 금이 쩍쩍 가 있었는데 그 갈라진 틈새로 눈물이 방울방울 떨어져서 바위에 구멍을 뚫게 되었다네. 그 물줄기는 바위 주위를 돌아 이 계곡에까지 이르렀고 아케론강, 스틱스강, 플레게톤강을 이룬 다음 좁은 물길을 따라 내려가다가 더 이상 내려갈 수 없는 마지막 지점에 이르러서 지옥의 맨 밑바닥 연못인 코치토의 늪을 이루었다고 하네. 이제 곧 자네가 직접 두 눈으로 확인하게 될 테니 더 이상의 설명은 생략하겠네."

단테는 베르길리우스의 긴 설명을 듣고 나서도 다시 물었다.

"스승님께서 말씀하신 것처럼 이 시냇물이 그렇게 세상과 연결되어 있다면 어찌하여 이 숲 근처에서 우리에게 나타난 것입니까?"

"자네는 이곳이 동굴인 줄 알고 있지만 지옥은 원래 이처럼 둥근 것이라네. 지금까지 우리는 지옥의 밑바닥으로 내려가기 위해 왼쪽으로 돌고 돌면서 여기까지 오게 된 것일세. 우리는 아직도 그 둘레를 다 돌지 못했지. 그러니 새로운 것이 나타났다고 해서 그다지 놀랄 일은 못 되지 않겠는가."

다시 한번 단테가 말했다.

"그렇다면 스승님께서 말씀하신 플레게톤강과 망각의 강이라고 불리는 레테의 강은 어디에 있는지요? 플레게톤강은 거인이 흘린 눈물로 만들어졌다고 말씀하셨지만 레테의 강에 대해선 한 말씀도 없으시군요."

플레게톤강의 영혼들

플레게톤은 물이 아니라 불이 흐르는 강으로, 영혼들은 이 강을 지나는 동안 불에 의해 정화되어 지옥으로 들어간다.

베르길리우스가 얼굴에 미소를 띠며 대답했다.

"자네의 물음이 퍽 마음에 드네그려. 앞선 내용은 끓어오르던 붉은 핏물의 모습이 해답을 줄 것이지만 그다음 질문인 레테의 강에 대해선 이 웅덩이 밖에서 보게 될 걸세. 그곳은 죄를 뉘우친 자들이 죄 사함을 받는 날 그들의 영혼이 몸을 씻으러 가는 심연이니까 말일세."

베르길리우스는 계속해서 말을 이었다.

"자, 이제 숲을 빠져나가야 하니 정신 똑바로 차리고 내 뒤를 따르도록 하게나. 불에도 타지 않는 강기슭이 저 앞에 있네. 그곳은 모든 불꽃이 꺼지게 되어 있어."

단테는 베르길리우스의 뒤를 따라 숲에서 상당히 떨어진 강둑을 걸어가다가 한 무리의 영혼들을 만났다. 그들은 마치 어스름한 달밤에 상대방의 얼굴을 확인하려는 것처럼 단테의 얼굴을 뚫어져라 쳐다보았다. 무리 가운데 한 명이 단테의 옷자락을 부여잡으며 소리쳤다.

단테와 브루네토와의 만남
단테는 지옥의 숲을 지나 강기슭에 다다랐을 때 그의 동향인 브루네토를 만나게 된다.

"아, 이게 누구야!"

단테가 그를 좀 더 자세히 살펴보니 얼굴이 불에 그슬리긴 했지만 누군지 금세 알아볼 수 있었다. 단테는 깜짝 놀라며 부르짖었다.

"아니, 브루네토 선생님! 선생님께서 이곳에 계시다니 이게 대체 어찌된 일입니까?"

"오, 단테! 무리들을 먼저 보내고 돌아와서 잠시만이라도 자네와 함께 이야기를 나누고 싶으니 꺼려하지 말게나."

단테가 고개를 끄덕이자 그는 다시 말을 이었다.

"아직 말세의 심판 날이 많이 남았는데 자네를 이곳으로 불러들인 이유는 대체 무엇일까? 그 어떤 운명 때문인지, 아니면 그 어떤 신의 노여움 때문인지 모르겠구나. 자네를 여기로 인도하신 저분은 누구시지?"

단테가 겸손한 목소리로 나지막하게 말했다.

"저 위 평화로운 세상에서의 제 삶이 정점(인생의 반을 의미한다. 아직 35세를 채우지 못했다는 의미이다.)에 도달하기도 전에 저는 어느 골짜기에서 길을 잃고 말았습니다. 그때 옆에 계신 이분께서 나타나셔서 저

브루네토를 만나는 단테

단테가 브루네토의 진심 어린 충고를 듣고 감동하는 장면이다.

를 구해 주시고 지금까지 이렇게 올바른 길로 인도해 주고 계십니다."

단테의 훈훈한 말을 듣고 나서 브루네토는 감격에 북받쳐 옛날이야기와 더불어 앞날에 대한 예언까지 곁들였다.

"지난날 우리의 아름다운 삶을 잘 알고 있기에 나는 자네가 운명의 별자리를 따라 영광스러운 항구에 꼭 도달하리라 믿어 의심치 않네. 내가 그렇게 일찍 죽지만 않았더라도 자네가 하느님의 가호 아래 있음을 목격한 이상 자네의 앞날을 격려해 주었으련만……. 하지만 그 옛날 피에졸레에서 내려와 아직도 산과 바위에 쪼그리고 앉아 있는 저 비열하고도 악독한 피렌체 백성들은 자네의 선한 행실을 눈으로 확인하고서도 오히려 자네를 원수로 대할 것이야. 자네는 절대로 그들처럼 오염돼선 안 되네. 운명은 자네에게 명성을 가져다주겠지만 저

브루네토 라티니(Brunetto Latini)
이탈리아의 시인 · 정치가. 피렌체에서 출생. 정치 관계로 24년간 프랑스에 망명, 파리에 체재하면서 문학 · 철학 등을 교수하고 백과전서적(百科全書的)인 『만물의 보고』를 저술, 단테의 『신곡』 구성에 영감을 주었다. 후에 고향에 돌아와 사망. 피렌체에서 철학 · 문학을 강의할 때 단테는 그의 제자였다고 한다.

들처럼 오염되면 파멸을 면치 못하게 될 걸세. 그러니 인색하고 질투심 많은 눈 먼 무리들의 행위로부터 벗어나 자신을 지켜야만 한다네. 비록 양쪽 편 모두에서 자네를 끌어들이기 위해 안달을 하겠지만 초목은 산양으로부터 멀리 떨어져 있어야 한다는 사실을 명심하게나."

단테는 그의 충고를 고맙게 받아들이면서 대답했다.

"저의 소망이 이루어졌다면 아마 스승님께서는 여전히 세상에서 명예를 누리며 살고 계셨을 겁니다. 인간의 도리를 가르쳐 주시던 어버이 같은 인자하신 모습이 아직도 마음속에 새겨져 있어 저를 감동시키고 있습니다. 스승님께서 가르쳐 주셨던 것들과 스승님께 대한 감사의 마음은 마음속 깊이 간직해 두었다가 저의 사랑인 베아트리체 곁에 가게 되면 모두 다 털어놓겠습니다. 지금 제가 스승님께 말씀드리고 싶은 것은, 양심의 가책을 받지 않는 한 운명의 뜻에 따를 각오가 되어 있다는 것입니다. 아무튼 운명의 바퀴를 힘껏 돌리는 것이 농부가 쇠스랑질을 열심히 하는 것이나 다를 게 없지 않을까 싶습니다."

그때 단테의 오른편에서 걷고 있던 베르길리우스가 단테를 바라보며 말했다.

"잘 듣는다는 건 마음속에 깊이 새겨 놓는다는 것과 마찬가지지."

단테는 두 스승과 함께 걸으면서 브루네토를 바라보며 물었다.

"스승님과 함께 있는 영혼들 가운데 유명한 사람이 또 계신지요?"

브루네토가 대답했다.

"많은 사람에 대해 얘기하자면 시간이 너무 짧을 테니 몇 사람만 이야기해 보겠네. 저들은 모두 살아생전에 성직자들이거나 위대했던 문인, 학자로서 이름을 떨쳤던 자들이네. 하지만 세상에 사는 동안 혼음

브루네토와 이별하는 단테
단테는 자신의 스승이었던 브루네토와의 짧은 만남을 아쉬워하며 이별을 한다.

과 동성애 등의 죄를 범했지. 문법학자 프리시아누스와 법률학자 프란체스코 다 코르소도 마찬가지야. 자네가 만나고 싶다면 만날 수도 있을 걸세. 저들은 교황에 의해 아르노강에서 바킬리오네강으로 추방당한 자들로 모두 가정이나 나라에 해악을 끼치던 자들일세. 좀 더 이야기하고 싶지만 저 앞에 모래사장에서 연기가 솟아오르는 것이 보여서 더 이상 동행도 대화도 할 수 없구나. 내가 저술했던『태소로』라는 책을 한번 읽어 보길 바라네. 그 외 달리 부탁할 말은 없네."

말을 마친 브루네토는 무리를 따라잡기 위해 베로나의 들녘을 향해 재빨리 뛰어갔다. 마치 육상 선수가 우승을 하기 위해 달리듯이 힘찬 모습이었다.

똥물 구덩이 속의 영혼들

단테는 스승을 따라 제7옥의 세 번째 고리에 이르렀다. 그곳은 플레게톤강 물이 끓는 소리를 내며 절벽 아래로 떨어져 폭포수를 만들어 내는 장관이 펼쳐지고 있었다. 그 모습은 마치 포우강의 상류에 있는 몬테베소산으로부터 동쪽으로 흘러 이탈리아반도를 양편으로 갈라놓는 아펜니노산맥의 왼편 기슭을 훑어 내리는 강물과도 같았다. 그 강물은 로마 평원까지 흘러가지만 상류는 아콰퀘타, 즉 '조용히 흐르는 강'이라는 이름으로 불리다가 마침내 포를리에 이르러 그 명칭이 자취를 감추게 된다. 알프스의 성 베네딕트 수도원이 자리 잡고 있는 몬테네가(家)에 이르러 거대한 폭포를 이루게 되기 때문이다.

폭포수는 깎아지른 듯한 벼랑 아래로 소리쳐 울 듯이 괴성을 내지르며 떨어졌다. 단테는 지옥의 저주를 담은 핏빛 물줄기가 쏟아내는 소리에 귀청이 찢어지는 듯한 고통을 느꼈다.

수도승들이 사용하는 '절제의 허리띠'를 허리에 매고 있던 단테가 그

게리온

그리스 신화에 등장하는 상상의 동물로, 머리와 몸이 각각 세 개인 괴물이다. 게리오네스 또는 게리오네우스라고도 한다. 게리온은 포세이돈과 메두사의 아들인 크리사오르와 오케아노스의 딸인 칼리로에 사이에서 태어난 아들로, 지구의 서쪽 끝에 위치한다는 에리테이아섬에서 살며 많은 소를 기르고 있었는데, 헤스페리데스의 아들인 에우리티온이 소를 몰았고, 케르베로스와 같이 티폰의 자손인 두 개의 머리를 가진 개 오르토스가 소들을 지켰다.

것을 풀어서 베르길리우스에게 둘둘 말아 건네주자 그는 오른편으로 돌아서서 벼랑 건너편의 깊은 골짜기로 그것을 던져 버렸다.

단테는 그의 그런 행동에 의아심을 품었다. 그러나 자기의 스승이 이상한 소리가 들리는 곳을 주시하면서 신호를 보내는 걸 보면 분명히 그 어떤 새로운 일이 벌어지게 될 것이라고 믿었다.

베르길리우스가 말했다.

"이제 곧 내가 기대하는 것이 나타날 것이고, 또한 자네가 마음속으로 생각하는 것이 떠오를 걸세."

바로 그때 무겁고 어두침침한 허공을 향하여 헤엄쳐 올라오는 형체가 보였다. 그것은 아무리 심장이 강한 사람이라 할지라도 까무러칠 정도로 무시무시한 형상을 하고 있었다. 그 괴물은 마치 암초에 걸린 닻을 끌어 올리기 위해 바닷속에 들어갔다가 떠오르는 뱃사공처럼 양 팔을 벌리고 다리를 웅크린 자세를 취하고 있었다.

그 모습을 보고 베르길리우스가 말했다.

"저걸 좀 보게나. 뾰족한 꼬리가 달린 저 괴물은 산을 넘고 성벽과 무기를 부수고 온 세상에 악취를 퍼뜨리는 놈이지."

베르길리우스는 괴물을 향해 그들이 서 있는 강둑 가까이로 오도록 손짓을 했다.

더럽고 흉악한 괴물이 그들에게로 다가왔다. 머리와 가슴은 강둑에 내밀었으나 꼬리는 그대로 두었다. 자세히 살펴보니 얼굴은 분명히 사람이었다. 겉으로 보이는 피부는 온전히 사람의 것이었으나 나머지 몸통은 꼭 뱀과 닮아 있었다. 두 앞발에서 겨드랑이까지에는 털이 많았다. 그리고 등과 가슴, 양 옆구리에는 매듭과 작은 동그라미(사기꾼들이 사용하는 올가미, 즉 속임수를 뜻한다.)가 그려져 있었는데, 타타르 사람이나 터키 사람이 짠 직물도 그보다 더 화려하고 곱지는 못할 것이다.

단테와 베르길리우스 앞에 나타난 게리온

게리온의 출현_ 귀스타브 도레의 작품
단테는 베르길리우스로부터 괴물 게리온에 대한 설명을 듣는다.

베르길리우스는 단테를 데리고 강둑 위 오른쪽으로 돌면서 뜨거운 모래와 떨어지는 불꽃을 피해 가장자리로 열 걸음 정도 걸어갔다.

"자네는 이곳에서 얻은 경험을 토대로 하여 저곳에 있는 자들의 동태를 살펴보고 오게나. 다만 이야기는 간단히 나누고 오게. 그동안 나는 이놈을 구슬려서 그 강인한 어깨를 좀 빌려야겠네."

단테는 혼자서 제7옥의 가장자리로 걸어 들어갔다. 그곳에 모인 사람들은 극심한 고통을 당하고 있었다. 그들은 고통에 못 이겨 눈물을 펑펑 쏟아 내고 있었고, 공중에서 퍼붓는 불꽃 송이와 벌겋게 타들어 가는 모래를 피하느라 정신이 없었다. 그 모습은 마치 여름날에 강아지가 벼룩이나 파리, 빈대에 물려 쩔쩔매는 모습과도 흡사했다. 그들은 하나같이 돈주머니를 목에 매달고 있었는데, 그것들은 제각각의 색깔로 구분되어 있었다. 그 돈주머니는 고리대금업자들이 세상에 사는 동안 갖고 다니던 것으로 저마다 가문의 문장을 새긴 것들이었다.

단테와 고리대금업자의 만남
단테가 제7옥 가장자리에서 유명한 사채업자들을 만나는 장면이다.

단테는 좀 더 가까이 다가가서 그들 사이를 지나다가 하늘색 사자 머리 형상이 새겨진 노란 돈주머니를 발견했다. 그것은 겔프당의 잔필리아치 가문의 문장을 나타내는 것이었다. 그 옆으로 눈길을 돌리자 핏빛보다도 더 붉은 바탕에 버터보다도 더 흰 거위 모양이 새겨진 돈주머니가 보였다. 바로 그때 흰 바탕에 살찐 암퇘지를 파란색으로 그려 넣은 돈주머니를 목에 맨 사내가 단테를 향해 큰 소리로 외쳤다. 그 주머니는 그가 파도바 지방의 스크로베니 가문임을 말해 주었다. 스크로베니는 파도바에서 사채업을 하여 막대한 부를 축적한 가문이었다.

"지금 이곳에서 무엇을 하고 있는 건가? 어서 물러가지 못할까! 당신은 아직 살아 있는 몸으로, 기억해 둘 것이 있다. 촌뜨기 비탈리아노(악랄한 고리대금업자이다.)는 여기에서도 내 왼쪽에 앉게 될 것이다. 여기에 있는 영혼들은 모두 피렌체 사람들이지만 나는 파도바 사람이다. 저들은 가끔 내 귀가 떨어져 나갈 정도로 크게 소리쳐 나를 부르고는 '주둥이 셋 달린 주머니를 가져올 지엄하신 기사여, 어서 오시라.'고 외쳐대곤 했지. 그들 역시 머잖아 내 옆자리로 오게 될 것을 믿어 의심치 않는다."

단테는 자신이 이곳에 오래 머물면 스승이 걱정할 것 같아 고통에 지쳐 있는 영혼들을 뒤로하고 베르길리우스 곁으로 돌아왔다.

베르길리우스가 단테를 바라보며 말했다.

"자, 용기를 갖고 기운을 내게나. 이제 우리는 이 괴물을 사다리 삼아 저 아래로 내려갈 걸세. 자네가 이 괴물의 등에 올라타면 내가 뒤에서 자네의 몸에 이 괴물의 꼬리가 닿지 못하도록 조치하겠네."

단테는 두려움에 떨며 괴물의 등에 올라탔다.

게리온의 등에 올라탄 단테와 베르길리우스_ 윌리엄 블레이크의 작품
베르길리우스와 단테가 게리온의 등에 올라타고 지옥의 절벽 아래로 내려가고 있다.

베르길리우스는 단테를 꼭 껴안고 안심시켜 주면서 괴물에게 명령했다.

"게리온, 이제 가자꾸나! 원을 크게 그리면서 서서히 내려가야 한다. 네가 등에 태운 분은 고귀하신 분이니 다치지 않도록 조심하거라."

단테를 등에 태운 게리온은 마치 선착장에 정박해 있는 나룻배가 뒤로 물러나듯이 천천히 뒤로 물러섰다. 그리고 자유롭게 움직일 수 있을 정도가 되자 가슴 쪽으로 꼬리를 향하더니 마치 뱀장어처럼 꼬리를 펴고 이리저리 흔들며 앞발로 공기를 몸 쪽으로 끌어모았다. 그러고는 천천히 헤엄치듯이 둥근 원을 그리며 아래로 내려갔다.

게리온의 등에 올라탄 단테는 공포에 질린 나머지 밑에서 올라오는 바람만을 간신히 감지할 뿐 거의 정신을 잃을 지경이었다. 오른쪽 아래의 깊은 수렁으로 굉음을 내며 떨어지는 물소리를 듣고 간신히 정신을 차린 단테는 그곳에서 이글이글 타오르는 시뻘건 불꽃과 고통의 신음 소리를 듣고는 몸을 부들부들 떨다가 하마터면 괴물의 등에서 떨어져 낭떠러지로 곤두박질할 뻔하기도 했다.

괴물 게리온은 마치 먹을 것이 없어서 화가 난 새처럼 골짜기 밑 깎아지른 절벽 근처 바닥에 그들을 내팽개치다시피 내려놓고는 쏜살같이 달아나 버렸다.

그곳은 제8옥에 해당하며 말레볼제[여덟 번째 지옥의 열 개 구역들을 가

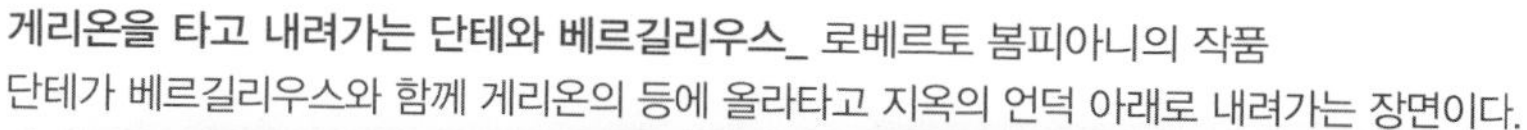

게리온을 타고 내려가는 단테와 베르길리우스_ 로베르토 봄피아니의 작품
단테가 베르길리우스와 함께 게리온의 등에 올라타고 지옥의 언덕 아래로 내려가는 장면이다.

리키기 위해 단테가 만든 용어로, '사악한 사람들이 머무는 고리'라는 뜻이다. '잔인함', '사악함', '악'을 의미하는 '말레(male)'와 '주머니', '가방'을 의미하는 볼제(bolge, bolgia의 복수형)의 합성어이다. 이곳은 열 개의 볼제로 이루어졌다.], 즉 '악의 주머니'라고 불리는 지옥이었다. 그곳은 무쇠 빛깔을 띤 바위들로 둘러싸여 있었고 열 개의 깊은 구덩이들이 둥그렇게 원을 그리며 나뉘어 있었다.

베르길리우스는 게리온이 내려 준 곳에서 왼쪽으로 방향을 잡았다. 서둘러 내려간 첫 번째 길목에는 제1못이 있었다. 오른쪽에는 새로운 고통을 겪는 자들과 새로운 처벌 방식, 새로운 형 집행자들이 보였는데, 첫 번째 구덩이는 이들로 가득 차 있었다.

제8옥 제1못의 처참한 광경

구덩이 밑바닥에는 죄지은 영혼들이 벌거벗은 채 떼를 지어 걸어가고 있었다. 한 열은 단테를 향해 오고 있었고 다른 한 열은 단테와 같은 방향으로 걷고 있었는데 단테보다 걸음이 훨씬 빨랐다.

여기저기 시커먼 바위 위에서 뿔 달린 마귀들이 죄인들을 향해 잔혹하게 채찍질을 가했다. 불쌍한 영혼들은 채찍질을 피하기 위해 발뒤꿈치를 들고 달아났다.

바로 그때 단테는 채찍을 맞고 신음하는 한 영혼과 눈이 마주쳤다.

"저 사람은 어디선가 본 듯합니다."

단테가 좀 더 자세히 확인하기 위해 걸음을 멈추자 베르길리우스도 걸음을 멈추고 잠시 둘이서 이야기를 나누도록 자리를 비켜 주었다.

채찍질을 당한 영혼은 고개를 숙여 자신을 숨기려 했지만 헛수고였다.

단테가 이미 그의 신분을 파악해 버렸기 때문이다.

단테가 그에게 말했다.

"당신이 누군지 이미 알아 버렸으니까 그렇게 머리를 숙여 봤자 소용이 없소. 당신은 베네디코 카치아네미코(1260년부터 1297년까지 볼로냐 겔프당의 수장이었으며, 이몰라, 밀라노, 피스토이아 등의 집정관을 역임하기도

제8옥 첫 번째 길목의 형벌_ 귀스타브 도레의 작품
단테가 베르길리우스와 함께 제8옥 제1못에 들어서자 뿔 달린 마귀들이 휘두르는 채찍에 죄지은 영혼들이 무참히 얻어맞고 있다.

했다. 당시 페라라를 다스리던 에스케 가문의 환심을 사기 위해 오피초에게 돈을 받고 자신의 누이 기솔라벨라를 건네주었다.)가 틀림없죠? 그런데 어찌하여 이런 곳에 와서 고통을 겪는 것이오?"

그가 자신 없는 목소리로 대답했다.

"별로 이야기하고 싶지 않지만, 당신의 말투를 들으니 예전에 내가 살던 저 위의 세상이 생각나는군요. 이 이야기가 당신의 귀에 어떻게 들릴지 모르겠소만 나는 후작에게 여동생을 팔아 그의 환심을 사려 했던 자요. 이곳에서 울고 있는 자 가운데 볼로냐 사람은 나뿐만 아니라 아주 많지요."

그때 마귀가 험상궂은 표정을 지으며 다가오더니 채찍으로 사내를 후려치며 소리쳤다.

"꺼져라, 이 뚜쟁이야! 여기에 돈줄 당길 계집은 없다!"

단테는 다시 베르길리우스에게로 되돌아갔다. 그리고 두 사람이 몇

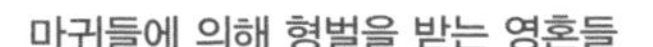

마귀들에 의해 형벌을 받는 영혼들

걸음 앞으로 나아갔다. 절벽에서 뻗어 나온 돌다리 하나가 앞을 가로막았다. 그 돌다리를 딛고 언덕에 올라 자갈이 깔린 윗길로 들어서자 영겁의 동굴은 더 이상 보이지 않았다.

그들은 어느덧 비좁은 길이 두 번째 언덕을 가로지르고 또 다른 아치형 다리가 시작되는 지점에 도착하였다. 거기서 그들은 다른 구덩이 속에서 울려 나오는 신음 소리와 거칠게 숨을 몰아쉬며 제 몸을 두들기는 소리를 들었다.

양쪽 기슭은 온통 곰팡이로 가득했고 아래에서 올라오는 역겨운 냄새가 눈과 코를 찔렀다. 바닥이 매우 깊어서인지 아치형의 다리 위로 올라가지 않고는 바닥을 제대로 볼 수 없었다.

두 사람은 악취를 참아 내며 다리 위로 올라갔다. 그리고 아래쪽을 내려다보니 인간 세상의 변소에서 가져온 듯한 똥물 속에 수많은 영혼이 잠겨 있었다. 단테는 이곳저곳을 자세히 살펴보았는데, 속인인지 성직자인지 알 수 없는 한 사람이 머리에 더러운 똥을 뒤집어쓰고 있었다. 단테가 이맛살을 찌푸리며 그 모습을 바라보자 그 영혼이 소리쳤다.

"당신은 어째서 그렇게 다른 놈들보다 나를 더 유심히 쳐다보고 있는 거요?"

단테가 그에게 대답했다.

"당신의 머리칼이 그처럼 오물에 절어 있지 않을 때 한두 번 본 듯하기 때문이오. 당신은 루카 태생의 알레시오 인테르미네(이탈리아 중부 피사 근처의 도시인 루카 출신이다. 인테르미네 가문은 루카의 백당을 이끌었다.)가 아니오?"

똥물 구덩이 속의 영혼들

악취가 진동하는 똥물 구덩이 속에서 단테는 안면이 있던 자를 만나게 된다.

지옥의 구덩이
제8옥의 많은 구덩이 중에서 똥 구덩이 속의 매춘부 타이데.

그러자 그는 제 머리통을 후려치며 말했다.

"나를 이 지경으로 만든 것은 나의 혀 때문이오. 이 혀가 쉬지 않고 아부를 떤 탓에 내가 이렇게 이 깊은 곳에 떨어지게 된 것이오."

베르길리우스가 단테에게 조용한 목소리로 말했다.

"눈을 들어 좀 더 앞을 바라보게나. 더럽고 흐트러진 머리에 똥 묻은 손톱으로 제 몸을 긁적이며 앉았다 일어섰다 하는 저 여자의 얼굴을 말일세. 저 여자가 매춘부 타이데(로마의 희극작가 테렌티우스의 〈화관〉에 등장하는 인물이다. 타이데의 대답은 아첨하는 자들이 늘어놓는 과장된 표현의 전형으로 쓰인다.)이지. 자, 이제 이곳의 구경은 이쯤에서 마치도록 하세."

똥물 구덩이 속의 영혼들
단테는 똥물 구덩이 속에서 창녀 타이데를 발견한다.

두 사람은 두 번째 구덩이를 벗어나 세 번째 구덩이에 도착했다. 그곳은 성직이나 성물을 매매하거나 하느님을 모독한 사이비 신자들이 벌을 받는 곳이었다. 단테는 그곳에서 시 한 수를 읊었다.

오, 마술사 시몬이여! 가여운 추종자들이여!
마땅히 선의 신부가 되어야 할 하느님의 물건들을
너희는 탐욕스러운 본성을 억누르지 못하고
금과 은으로 팔아먹고 말았다.
이제 이 세 번째 구덩이에 갇히고
너희에게 나팔이 울려야 온당하리라.

어느덧 그들은 네 번째 구덩이에 도착했고 단테는 그곳에서 다시 한번 시를 읊었다.

오, 최고의 지혜여,
하늘과 땅, 또 악의 세계에
나타내시는 당신의 그 권능은 얼마나 위대하며
당신의 힘을 얼마나 의롭게 드러내시는가!

마술사 시몬
사마리아의 마술사인 시몬은 예수의 제자들이 성령의 힘으로 기적을 일으키는 것을 보고는 그 능력을 돈으로 사려고 했다. 이로써 성직이나 성물을 매매하는 죄를 시모니아(simonia)라고 부르게 되었다.

불 구덩이 밖으로 솟아오른 영혼들의 다리_ 귀스타브 도레의 작품
단테가 유황불 구덩이 위로 솟은 영혼들의 다리를 보고 경악하는 모습이다.

그곳의 가장자리와 밑바닥에 깔린 거무스름한 바위에는 크기가 같은 둥근 구멍이 수없이 뚫려 있었다. 그 구멍들에는 저마다 망령들이 거꾸로 처박혀 있었는데, 발과 무릎과 허벅지는 거꾸로 튀어나와 있었고 몸통과 얼굴은 구멍 속에 묻혀 있었다. 그런 상태로 발바닥에서 불이 붙어 활활 타오른 까닭에 영혼들은 두 다리를 어찌나 세차게 파닥거리는지 밧줄이나 쇠사슬도 능히 끊을 수 있을 정도였다.

"스승님, 저들은 대체 무슨 죄를 얼마나 많이 지었기에 저토록 다른 영혼들보다 더 발버둥을 치며 고통스러워하고 또 시뻘건 불꽃이 발바닥을 잔인하게 지져 대는 것입니까?"

"좀 더 아래로 내려가 보면 저자들의 입을 통해 그 죄상이 낱낱이 밝혀질 걸세."

베르길리우스는 단테를 데리고 네 번째 구덩이의 언덕에 올라 작은 구멍이 수없이 뚫린 골짜기 아래로 내려갔다. 그러고는 두 다리를 파닥거리며 울부짖는 한 영혼의 곁으로 단테를 인도했다.

"오, 말뚝처럼 거꾸로 처박혀 있는 영혼이여! 당신이 누구인지 내게 말해 줄 수 있겠소?"

단테가 한 영혼에게 정중한 어조로 말을 건넸다. 단테의 그런 모습은 마치 사형선고 받은 죄수의 죽음을 조금이라도 늦추기 위해 참회의 변을 들어 주는 사제와도 같았다.

불쌍한 영혼은 고통에 못 이겨 두 다리를 파닥거리며 울음 섞인 목소리로 대답했다.

"당신이 원하는 게 무엇이오? 내가 누구인지 알고 싶어서 이곳을 찾아왔다면 숨김없이 말해 주리다. 세상에 있을 때 커다란 망토[교황의 법의(法衣)를 일컫는다.]를 걸쳤던 사람이오. 사실 난 니콜라우스 3세이자 오르시니(Orsini) 가문의 아들로서 자손들을 위해 재물을 좀 모았소. 그러다 보니 그 죄로 인해 여기에 이렇게 처박혀 고통의 나날을 보내게 된 것이오. 내 머리 밑에는 나보다 앞서서 성직을 모독한 교황들이 끌려와 처박혀 있지요. 나 역시 곧 저 아래로 떨어지게 될 것인즉, 내가 여기에 온 지도 꽤 오래되었기 때문이오."

단테는 어쩌면 어리석을지도 모를 질문을 그에게 던졌다.

"말해 보시오. 주님께서 사도 베드로에게 천국 열쇠를 맡기시기 전에 돈을 요구하셨소? 그분은 단지 '나를 따르라'고만 말씀하셨소. 죗값을 치러야 할 가룟 유다가 사라진 그 자리에 마태가 뽑혔을 때도 베드로나 다른 제자들은 금이나 은을 요구하지 않았소. 그걸 생각하면 이런 벌을 받음이 마땅하오. 그리고 샤를에게 대항하여 부정하게 얻은 검은돈이나 잘 간직하시오. 행복했던 세상에서 당신이 갖고 있던 귀중한 열쇠에 대한 존경심이 내게 아직 남아 있소. 그것만 아니었다면 이보다 훨씬 더 심한 말을 했을 거요.

당신의 탐욕은 선인을 짓밟고 악인을 추켜세워 세상을 슬프게 만들었소. 당신은 하느님을 금과 은으로 섬겼으니 우상 숭배자들과 다른 게 무엇이란 말이오!"

샤를
나폴리와 시칠리아의 왕 앙주의 샤를 1세이다. 이탈리아 말로는 카를로 단조 1세이다.

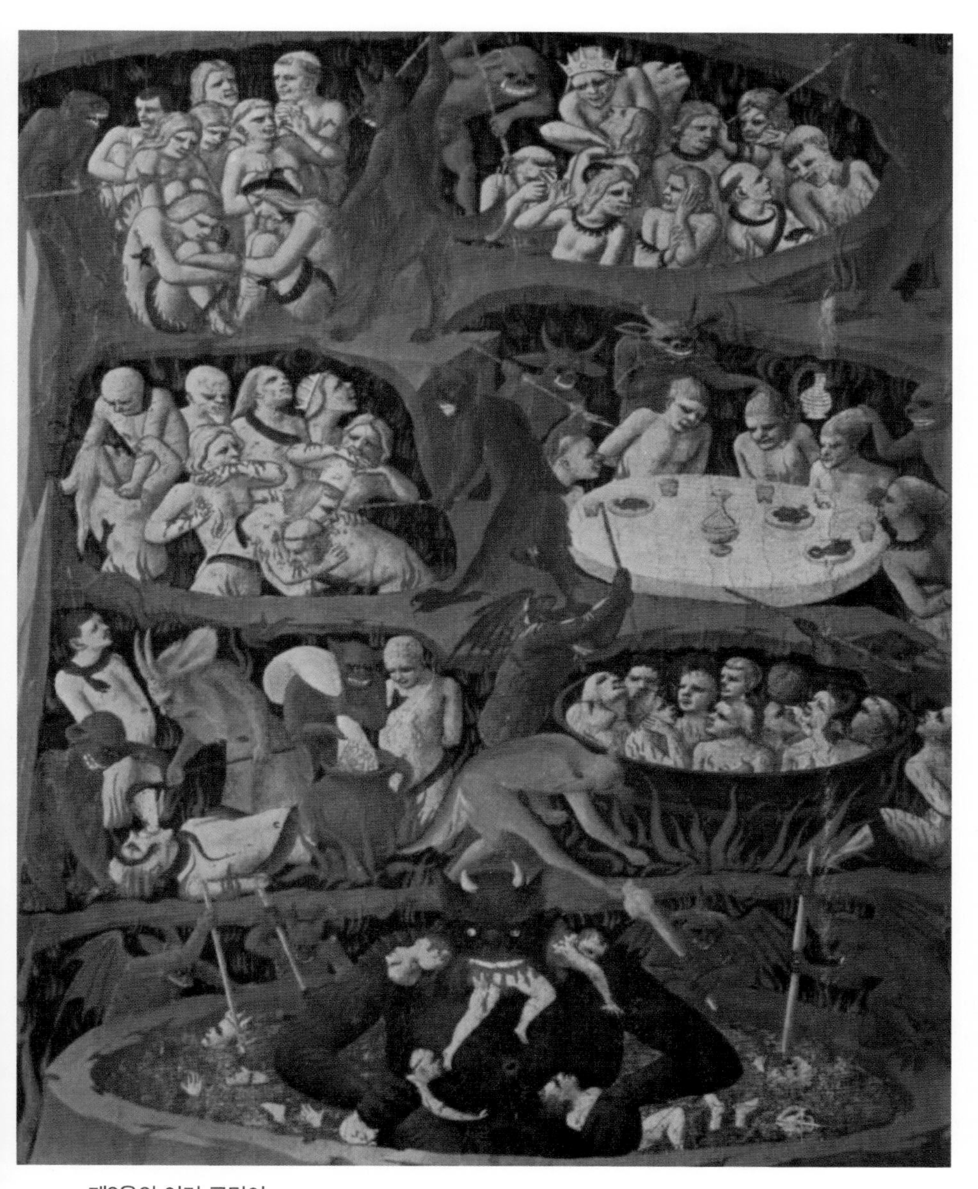

제8옥의 여러 구덩이

제8옥은 똥물 구덩이를 비롯하여 아홉 개의 구덩이가 존재하고 있다. 그 구덩이 하나하나마다 죄 많은 영혼들이 빽빽이 들어서 있다.

단테가 흥분하여 저주의 말을 퍼붓자 그는 화가 났는지 아니면 양심의 가책을 느꼈는지 두 발을 몹시 떨고 있었다.

단테의 말에 귀를 기울이고 있던 베르길리우스는 만족스러운 미소를 짓고 있었다. 그는 다시 단테를 꼭 껴안고 가슴 위로 힘껏 들어 올리더니 내려왔던 벼랑길을 되돌아가서 네 번째와 다섯 번째 구덩이의 언덕을 연결하는 아치형 다리의 꼭대기까지 올라갔다. 거기서 그는 산양들조차 지나기 어려워 보이는 비좁고 가파른 길을 지나 단테를 살며시 내려놓았다. 그곳에서는 또 다른 구덩이가 입을 벌리고 있었다.

역청瀝青 속에 던져진 영혼들

단테는 이미 고통의 눈물로 흥건한 저 아래 밑바닥까지 들여다볼 수 있는 곳에 와 있었다. 그는 그곳에서 말없이 눈물을 흘리며 지나가는 한 무리를 발견했다. 좀 더 자세히 관찰하던 단테는 그들의 기괴한 형상을 보고 섬뜩하여 놀라지 않을 수 없었다. 그들은 모두 사람의 이목구비를 갖추고 있었지만 그 위치가 제멋대로 돌아가 있었다. 얼굴은 가슴 위가 아니라 등을 향하고 있어서 앞을 바라볼 수가 없었고 걷는 모습이 마치 뒷걸음질을 치는 것처럼 어색하기 짝이 없었다. 사고나 병으로 인해 사지가 뒤틀린 경우를 본 적은 있지만 이처럼 기괴하게 생긴 모습은 본 적이 없었다.

단테는 그들이 쏟아 낸 눈물이 앞으로 흘러내리는 것이 아니라 등줄기를 타고 엉덩이를 적시는 참상을 목격하면서 눈물을 참을 수가 없었다. 그가 딱딱한 바위 모서리에 기대어 흐느끼고 있을 때 베르길리우스가 다가와 그를 책망하며 설명하기 시작했다.

"자네는 어째서 그렇게 눈물을 흘리고 있는가? 하느님의 엄정한 심판을 받은 사람들에 대해 그렇게 연민을 느끼는 것처럼 불경한 짓도 없다네. 이제 그만 머리를 들고 저 사내를 보게나. 저 영혼은 그 옛날 테베 사람들이 보는 앞에서 땅이 갈라지자 감쪽같이 사라졌던 암피아라오스라네. 자신의 예언을 과신했던 나머지 운명을 비껴가려고 얕은 수를 썼다가 이 지옥의 골짜기로 떨어지고 말았지. 죄인이라면 누구든지 예외 없이 잡아들이는 미노스의 손아귀를 벗어나지 못했던 거라네. 암피아라오스는 너무도 앞을 보려고 했기에 이제는 뒤를 보며 뒷걸음치는 신세가 되어 버린 걸세."

베르길리우스는 계속해서 몇몇 점쟁이의 신원을 밝히면서 말을 이어 나갔다. 그 가운데는 교미 중인 두 마리의 뱀을 회초리로 후려친 대가로 여성으로 바뀌었다가 7년 후에 남성으로 되돌아오기 위해 뒤엉켜 있는 두 마리의 뱀을 또다시 지팡이로 후려쳐야 했던 테베의 점쟁이 테이레시아스, 그리고 루니지아나 산 위에 있는 동굴을 거처로 삼고 별들과 바다를 자유롭게 바라보면서 점성술에 막힐

암피아라오스

그리스 신화에 나오는 예언자이자 테베를 공격한 일곱 장군 중의 한 명이다. 전해지는 말에 의하면, 그는 테베를 공격하다가 자신이 죽을 것을 미리 알고 숨어 지내다가 아내의 책략으로 어쩔 수 없이 전쟁에 참여하게 되었다. 화가 난 제우스는 벼락을 쳐서 땅을 갈랐고, 그는 그 사이로 떨어져 죽었다고 한다.

것이 없었던 에트루이아의 점쟁이 아론타, 또한 아버지인 테이레시아스가 죽었다는 소식을 듣고 흐트러진 머리칼을 가슴까지 늘어뜨린 채 오랫동안 세상을 떠돌다가 만토바에 와서 거처를 마련한 만토에 이르기까지 설명은 계속되었다. 만토의 이름에서 유래한 만토바는 알프스의 호숫가에 자리 잡은 이탈리아의 도시로 베르길리우스의 고향이기도 하다.

그 밖에도 베르길리우스는 단테와 함께 쉬지 않고 걸어가면서 그리스의 점쟁이 칼카스, 스코틀랜드의 천문학자이자 마술사인 미켈레 스코토, 이탈리아 포를리에의 점성술사 귀도 보나티, 자신의 아버지를 젊어지게 하기 위해 풀잎즙을 내어 마시게 했던 마술사 메데이아 등을 열거하였다.

그사이에 그들은 제8옥의 다섯 번째 구덩이에 이르는 다리 꼭대기에 올라가서 아래 골짜기의 구덩이를 바라보았다. 하지만 괴이한 신음 소리만 들릴 뿐 어둠의 장막으로 뒤덮여 있어 아무것도 보이지 않았다. 그곳은 마치 베네치아의 선창에서 배의 갈라진 틈을 메우기 위해 역청을 끓여 내는 것과도 같이 이곳에서도 전능하신 하느님의 말씀으로 역청이 부글부글 끓어올라 구덩이 양쪽의 둑을 새까맣게 칠해 놓고 있었다.

단테가 그 속을 자세히 살펴볼 생각으로 구덩이 쪽으로 몸을 기울이자 베르길리우스가 단테의 소매를 잡아끌며 급박하게 소리쳤다.

"위험하니 조심하게나!"

단테는 자세를 바로잡으며 위를 올려다보았다. 시커먼 마귀 한 놈이 돌다리 위를 달려오고 있었다. 그놈의 얼굴이 어찌나 무섭고 사납게 생겼던지 단테는 겁에 질려 부들부들 몸을 떨었다. 우람한 덩치에 비해 다리가 짧고 팔은 땅까지 늘어져 있었으며 살갗은 울퉁불퉁하고 얼굴은 잔뜩 일그러진 상태였다. 한눈에 봐도 무시무시했다. 마귀는 죄인의 두 다리를 움켜잡은 채 어깨 위에 둘러메고 있었다. 녀석은 다리 위에서 큰 소리로 외쳤다.

"오, 말레브란케여(Malebranche, 단테가 지어낸 말로, '사악한 앞발'이라는 뜻을 갖고 있으며, 다섯 번째 구덩이에 있는 마귀들을 가리킨다.)! 보라, 루카의 산 시타를 다스리던 행정관 한 놈을 잡아 왔다. 이 자를 저 역청 지옥에 처넣어라. 아직 그 마을에는 이런 놈들이 우글거려서 나는 다시 그들을 잡으러 가야 한다. 본투로(14세기 초 루카의 대표적인 탐관오리이다. 여기서는 역설적으로 표현했다.)를 제외하고는 모두가 도둑놈들이야. 그

영혼의 도시로 들어서는 단테와 베르길리우스_ 윌리엄 블레이크의 작품
부글부글 끓어오르는 역청의 형장이 펼쳐지는 제5구덩이로 단테와 베르길리우스가 들어서고 있다.

돌다리 위의 마귀
돌다리 위에 선 마귀가 '사악한 앞발'의 말레브란케에게 큰 소리로 외치고 있는 장면이다.

놈들은 돈만 주면 모두 '아니오'를 '네'로 대답하는 고약한 놈들이지."

마귀는 말을 마치자마자 자신의 어깨에 둘러메고 있던 영혼을 아래로 내동댕이치고 돌아가 버렸다. 그 영혼이 물에 풍덩 잠겼다가 다시 뒤집힌 채로 떠오르자 다리 아래에 있던 마귀들이 마구 고함을 질러 댔다.

"여기선 산토 불토('성스러운 얼굴'이라는 뜻이다. 검은 나무로 만들어진 예수 십자가상으로 루카 사람들이 숭상했다고 한다.)도 소용없고, 네가 있던 셀키오(루카 근처에 있는 작은 강)에서처럼 헤엄칠 수도 없다. 작살 맛을 보고

마귀들로부터 작살에 찔리는 영혼들

싶지 않으면 이 역청 속에서 춤을 추되 절대로 머리를 위로 내밀어서는 안 된다."

그러고 나서 놈들이 백 개도 넘는 작살로 그 영혼들을 쿡쿡 찔러 대는데, 그 광경은 마치 요리사가 커다란 주걱으로 가마솥 안의 고기를 휘젓는 것과도 같았다.

베르길리우스가 단테에게 말했다.

역청 속에 던져지는 영혼들
마귀들에 의해 역청의 늪 속으로 던져져 작살에 찔리는 형벌을 받는 장면을 묘사하고 있다.

"자네는 바위 뒤에 숨어 있게나. 그리고 혹여 내가 그들에게 공격을 당하더라도 두려워하지 말게나. 예전에도 그런 일을 많이 겪어서 잘 대응할 수 있으니 안심하게나."

베르길리우스는 다리를 가로질러 여섯 번째 구덩이가 있는 언덕으로 걸어갔다. 그러자 마귀 떼가 나타나 그를 향해 작살을 휘둘러 대기 시작했다.

베르길리우스가 큰 소리로 외쳤다.

"함부로 행동하지 마라! 작살로 날 공격하기 전에 너희는 내 말을 들어야 할 것이다. 너희 중에서 누구든지 한 명만 나서라. 그리고 내 얘기를 들어 보고 난 다음에 나를 찌를 것인지 말 것인지를 결정해도 늦지 않을 것이다."

단테의 길을 방해하는 마귀들_ 귀스타브 도레의 작품
마귀들이 단테의 여정을 방해하기 위해 단테 일행의 앞을 가로막고 있다.

마귀들이 서로의 얼굴을 바라보며 쑥덕거리다가 이구동성으로 소리쳤다.

"말라코다('사악한 꼬리'라는 뜻이다.)를 내보내자!"

그들 중의 한 놈이 앞으로 다가오자 베르길리우스가 말했다.

"말라코다, 너희는 어찌하여 이렇게 우리의 앞길을 막는 것이냐? 너희는 정녕 우리가 하느님의 뜻을 받들어 이 어두운 지옥을 순례하고 있다는 사실을 모른단 말이더냐? 어서 길을 열라! 내가 인도해야 할 분이 저기 있으니 어서 길을 열란 말이다!"

하느님이란 말에 기가 꺾인 그놈은 손에 들고 있던 작살을 땅에 떨어뜨리며 부하들을 향해 큰 소리로 외쳤다.

"너희도 들었다시피 하느님의 뜻이라는구나. 그렇다면 이분들의 가는 길을 돕지는 못할망정 방해하진 말아야 하지 않겠느냐?"

그제야 베르길리우스는 바위 뒤에 숨어 있는 단테를 향해 말했다.

"이제는 괜찮으니 마음 놓고 이쪽으로 나오게나."

단테가 재빨리 몸을 움직여서 스승에게로 다가가자 다른 마귀들도

말라코다와 마귀들

마귀들 중의 하나인 '사악한 꼬리'라는 뜻을 가진 말라코다는 베르길리우스의 말에 설복되어 부하 마귀들에게 길을 열어 줄 것을 명령한다.

우르르 앞으로 튀어나오며 한마디씩 중얼거렸다.

“이걸로 저놈의 어깨를 한번 찔러 줄까?”

“그래, 한번 맛을 보여 주자.”

그러자 말라코다가 재빨리 몸을 돌리며 그들에게 큰 소리로 외쳤다.

“그만둬라, 스카르밀리오네!”

그러고는 베르길리우스와 단테를 향해 말했다.

“여섯 번째 구덩이에 이르는 돌다리는 바닥이 붕괴되어 더 이상 지나갈 수가 없소. 그래도 지나가기를 바란다면 이 바위 언덕을 따라가시오. 가다 보면 돌다리가 있을 거요. 어제 이맘때보다 다섯 시간이 더 지났을 때가 바로 이 길이 무너진 지 일천이백 하고도 육십육 년이 지난 시간이었소. 나의 부하 가운데 몇 명을 그쪽으로 보내서 혹시라도 역청 위로 머리를 내밀고 있는 놈이 있는지 살펴보도록 할 것이니 당신들도 그들과 함께 가시오.”

그는 또 자기의 부하들을 향해 말했다.

말라코다의 부하 마귀들
알리키노(장난꾸러기 요괴), 칼카브리나(안개를 짓밟는 자), 카냐초(크고 사나운 개), 바르바리치아(곱슬 수염), 리비코코(뜨거운 바람), 드라기냐초(커다란 괴물 용), 치리아토(멧돼지), 그라피아카네(할퀴는 개), 파르파렐로(프랑스의 전설에 등장하는 인물), 루비칸테(빨강).

"알리키노와 칼카브리나, 앞으로 나오너라. 그리고 카냐초와 바르바리치아, 네가 이들을 이끌고 가라. 리비코코, 드라기냐초, 날카로운 송곳니의 치리아토, 그라피아카네, 파르파렐로, 그리고 미치광이 루비칸테도 앞으로 나와라."

호명된 마귀들이 앞으로 나오자 말라코다가 말했다.

"지금부터 너희는 부글부글 끓고 있는 저 구덩이들을 가로지르는 돌다리까지 이분들을 모셔다 드리고 다음 언덕까지 무사히 지나가시도록 보살펴 드리도록 해라."

이를 지켜보고 있던 단테는 꺼림칙한 기분을 떨쳐 버리지 못하고 베르길리우스에게 걱정스러운 표정으로 말했다.

"스승님, 저 앞에 보이는 게 무엇인지요? 길을 아신다면 저자들을 뿌리치시고 우리끼리 가면 안 되겠습니까? 지금 저들이 부득부득 이빨을 갈며 우리를 위협하고 있잖습니까?"

그러자 베르길리우스는 단테를 안심시켰다.

역청의 늪에 빠져 있는 영혼들과 이를 지켜보는 단테

"저들이 저렇게 이빨을 가는 것은 역청 속에 잠겨서 괴로워하는 영혼들 때문이니 신경 쓰지 말게나."

두 사람은 마귀들의 안내를 받아 역청이 들끓는 다섯 번째 구덩이의 왼쪽 언덕을 향해 걸음을 옮겼다. 떠나기 전에 말라코다와 졸개들은 그들만의 이상한 신호를 주고받으며 작별 의식을 나누었다.

스승인 베르길리우스의 말에도 불구하고 단테는 마귀들과의 동행이 영 마땅치 않았지만 어쩔 도리가 없었다.

마귀들을 따라 베르길리우스와 함께 다섯 번째 굴을 지나던 단테는 오직 역청이 부글부글 끓어오르는 구덩이에만 관심이 가 있었다. 구덩이의 모양과 그 안에서 불타고 있는 영혼들의 모습들을 보고 싶었기 때문이다.

역청의 강

역청은 석유를 정제할 때 잔류물로 얻어지는 고체나 반고체의 검은색이나 흑갈색 탄화수소 화합물을 말한다.

그들의 모습은 참으로 가관이었다. 마치 돌고래들이 둥근 등을 수면 위로 내밀었다가 다시 물속으로 사라지는 것과도 같이 역청으로 인한 고통을 줄이기 위해 어떤 죄인은 등을 밖으로 내밀었다가 번개같이 빠른 속도로 다시 역청 속으로 자취를 감추어 버리곤 했다.

또 한편에서는 마치 물웅덩이 속에서 개구리가 코끝만 살짝 수면 위로 내놓고 발목과 몸뚱이는 물속에 감추고 있듯이 죄인들이 그런 모습을 취하고 있기도 했다. 그러다가 마귀 바르바리치아가 가까이 다가가면 부글부글 끓는 늪 속으로 숨기에 바빴다.

단테는 그 가운데에서도 다른 마귀들과 달리 혼자서 뭔가를 기다리며 어정쩡한 자세를 취하고 있는 한 사내를 발견했다.

그의 모습은 마치 다른 개구리들은 모두 위험을 피하기 위해 물속으로 뛰어드는데도 혼자만 남아 눈을 껌뻑이고 있는 개구리와도 흡사했다. 그는 곧 마귀 그라피아카네의 작살에 목덜미가 찍혀 끌려 나왔다. 역청으로 뒤덮인 모습이 시커먼 물개를 연상시켰다. 그 모습을 본 다른 마귀들이 합창하듯 외쳤다.

"오, 루비칸테, 저놈의 등줄기를 작살로 찔러서 껍질을 확 벗겨 버려라."

단테는 소름 끼치는 광경을 바라보며 베르길리우스에게 간청했다.

"스승님, 저 야만스러운 마귀 놈의 손에 잡힌 불쌍한 자가 누구인지 알아봐 주실 수 있는지요?"

베르길리우스가 사내에게 다가가서 어느 나라 출신인가를 묻자 사내가 대답했다.

"나는 나바라 왕국에서 태어난 치암폴로라는 사람입니다. 아버지가

작살에 찔리는 형벌을 받는 치암폴로의 영혼_ 귀스타브 도레의 작품
마귀들을 깔보던 치암폴로는 그들의 작살 형벌을 거뜬히 받아 낸다.

방탕한 생활로 재산을 모두 탕진하고 자살로 생을 마감하자 어머니는 그동안 숨겨 왔던 연인과 결혼하면서 나를 어느 귀족의 하인으로 보냈지요. 그러다가 나는 우여곡절 끝에 자비로운 테오발도왕(1253년부터 1270년까지 나바라를 통치했던 테오발도 2세)의 신하가 되었는데, 그곳에서 왕의 환심을 사기 위해 아첨을 일삼았을 뿐만 아니라 왕궁의 재산 관리인으로서 아주 비열한 방법으로 재산을 축적했기에 이렇게 지옥에 떨어져 벌을 받고 있는 것입니다."

베르길리우스가 다시 사내에게 물었다.

"저 역청 속에 혹시 당신이 알고 있는 이탈리아 사람이 있소?"

사내가 대답했다.

"방금 전에 나와 함께 있던 자가 이탈리아인 수도승이었습죠. 난 저

마귀들이 갖고 있는 작살쯤은 하나도 두렵지 않소이다."

그러자 옆에서 보고 있던 마귀 리비코코가 "우리가 너무 많이 참았군!" 하며 작살로 그의 팔을 찍어 살점을 떼어내고 뒤이어 드라기냐초도 그의 다리를 찌르려고 달려들었다.

미친 듯이 날뛰는 그들의 모습을 바르바리치아가 험악한 표정을 지으며 노려보았다. 이에 마귀들이 흥분을 가라앉히고 잠잠해지자 베르길리우스가 치암폴로에게 물었다.

"그 수도승의 이름이 무엇이오?"

치암폴로가 자신의 상처를 감싸며 대답했다.

"그 자는 사르데냐섬 출신의 수도사인 고미타라는 사람입지요. 그는 갈루라의 영주 밑에서 일하며 신임을 얻었으나 자신이 모시던 영

마귀들에게 작살에 찔리고 있는 영혼_ 윌리엄 블레이크의 작품
작살 형벌을 받고 있는 치암폴로의 영혼.

주의 포로들을 손아귀에 넣고 그들로부터 돈을 갈취한 뒤에 그들을 모두 놓아준 자였소. 이는 그의 입으로 직접 말한 것입니다. 그는 다른 일을 하면서도 엄청나게 해먹은 탐관오리였습죠."

그러면서 그는 말을 이었다.

"아이고, 저기 이빨을 갈며 나를 쳐다보고 있는 마귀들을 좀 보십시오. 더 이야기하고 싶지만 저 마귀들이 나의 가려운 데를 긁어 주려고 나설까 봐 겁이 나는군요."

치암폴로의 말에 마귀 하나가 금방이라도 달려들 듯이 두 눈을 부릅뜨자 마귀 대장이 소리쳤다.

"썩 물러나라, 이 날짐승아!"

성급한 마귀들이 계속해서 자신을 공격하려고 하자 치암폴로는 그 자리에서 빠져나갈 속셈으로 마귀들에게 말했다.

"토스카나인이나 롬바르디아인을 만나고 싶다면 내가 그들을 불러

치암폴로의 영혼을 괴롭히는 마귀들
마귀들이 자신들을 깔보는 치암폴로를 작살로 여러 형태의 형벌을 가하지만 치암폴로는 담담히 받아 낸다.

내겠소. 휘파람을 불어 역청 속에 있는 죄인들을 여기로 불러낼 것이니 당신들은 잠시 뒤로 물러나 있도록 하시오. 그들은 보복을 두려워하기 때문이오. 그러면 곧바로 이 자리에서 일곱 명쯤은 너끈히 불러올 수 있습죠. 내가 휘파람만 불면 나올 겁니다. 이건 우리가 세상에서 상대를 부를 때 사용하던 신호였습죠."

마귀 카냐초가 입을 삐죽거리며 말했다.

"기껏 생각해 낸 것이 저 모양이라니! 우리가 저만치 물러나 있으면 잽싸게 도망치겠다 이거지?"

그러자 그의 동료 마귀 알리키노가 카냐초에게 말했다.

"저놈이 역청 속으로 뛰어들기 전에 내가 잽싸게 낚아챌 수 있으니 걱정 붙들어 매고 조금 뒤로 물러나 있게나."

그것은 도망치는 치암폴로를 낚아채기 위한 사냥꾼의 장난과도 같은 것이었다. 그러나 두려움에 쫓기는 자의 행동을 앞지르는 날개는 존재하지 않는 법! 마귀들이 뒤로 물러나자 치암폴로는 순식간에 역

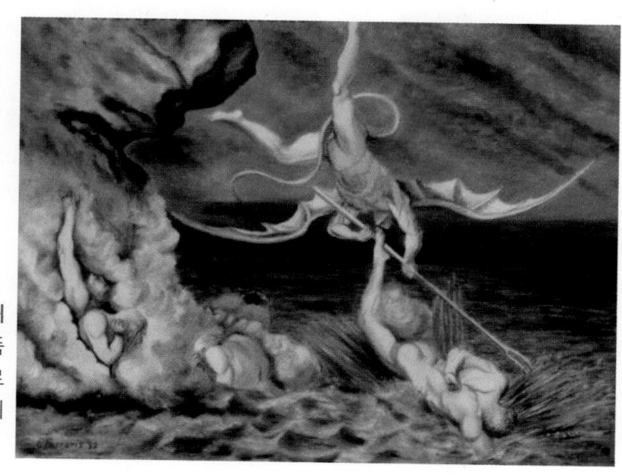

치암폴로와 마귀
_ 귀스타브 도레의 작품
치암폴로가 뜨거운 역청 속으로 잽싸게 도망치자 마귀가 그 뒤를 쫓고 있다.

역청 속에 빠진 마귀들_ 귀스타브 도레의 작품

치암폴로의 속임수에 넘어가 화가 난 두 마귀는 서로 책임을 전가하며 다투다가 결국 역청 속으로 빠지고 만다. 그림은 역청의 뜨거움에 날개가 붙어서 날 수 없게 된 마귀를 구하려는 동료 마귀들을 묘사하고 있다.

청 속으로 뛰어들며 사라졌고, 그와 동시에 쏜살같이 그를 뒤쫓던 알리키노는 빈손으로 다시 솟구쳐 올라야만 했다. 그 모습은 마치 뒤쫓던 들오리가 잽싸게 물속으로 숨어들자 실망한 매가 맥없이 날아오르는 것과도 같았다.

속임수에 걸려들어 화가 난 칼카브리나는 탐관오리가 역청 속으로 사라진 것을 내심 고소하게 여기면서도 날개를 펴고 그를 뒤쫓았다. 하지만 닭 쫓던 개 지붕 쳐다보는 꼴이 되어 버리자 칼카브리나는 알리키노에게 날카로운 발톱을 치켜세웠다.

구덩이 위에서 한동안 뒤엉켜 맹렬히 싸우던 두 마귀는 마침내 힘을 잃고 역청 위로 떨어졌다. 그 순간, 뜨거움에 놀란 두 마귀가 다시 날아오르려 했으나 끈적끈적한 역청이 날개에 달라붙어서 옴짝달싹할 수가 없었다.

단단히 화가 난 대장 바르바르치아는 함께 있던 부하들 중 네 놈에게 곧장 작살을 들고 날아가서 그들을 구하도록 지시했고, 양쪽 기슭으로 내려간 그들은 이미 역청 속에서 익어 버린 마귀들을 건져 내기 위해 안간힘을 쓰고 있었다.

단테와 베르길리우스는 그런 그들을 그대로 남겨 두고 여섯째 구덩이를 향해 발걸음을 옮겼다.

위선자들의 행렬

단테와 베르길리우스가 도착한 여섯 번째 구덩이는 위선자들의 영혼으로 가득 찬 곳이었다. 그들은 마치 한여름의 긴긴 하루해를 힘겹게 넘기듯이 지친 모습으로 울부짖으며 느릿느릿 걷고 있었다. 그들은 눈까지 가릴 수 있는 모자가 달린 망토를 입고 있었는데 그 망토는 클뤼니(프랑스 동부 부르고뉴 지방의 도시)의 수도사들의 것과 비슷했다. 겉은 휘황찬란한 금빛이었는데 속은 납으로 되어 있어서 엄청나게 무거워 보였다. 프리드리히 2세가 반역자들에게 입혔던 외투(시칠리아 국왕 프리드리히 2세는 죄인들을 벌거벗기고 두꺼운 납 옷을 입힌 뒤 끓는 물에 집어넣어 사형시켰다고 한다.)는 오히려 지푸라기에 불과할 정도였다. 영혼들의 발걸음이 그토록 무겁고 느렸던 데에는 다 그만한 이유가 있었던 것이다. 단테와 베르길리우스는 그들과 보조를 맞추기 위해 천천히 걷고 있었으나 그들의 눈에는 엄청나게 빠른 걸음으로 보였다.

단테가 그들을 바라보며 스승에게 물었다.

"스승님, 이들 가운데 이름이 널리 알려진 영혼들이 있습니까?"

바로 그때 단테의 토스카나 특유의 억양을 알아듣고 등 뒤에서 외치는 자가 있었다.

"어둠에 싸인 이 지옥 길을 그토록 빠른 걸음으로 지나가는 당신들은 대체 누구시오? 부탁건대 발걸음을 좀 늦추시고 알고 싶은 게 있다면 한번 말씀해 보시오."

그러자 베르길리우스가 단테에게 말했다.

"속도를 좀 늦추고 저자들과 함께 보조를 맞추도록 하세."

위선자 영혼들의 행렬
단테와 베르길리우스는 음산한 기운이 도는 곳에서 끝없이 이어지는 위선자들의 영혼을 만나게 된다.

단테 일행이 잠시 걸음을 멈추고 뒤를 돌아다보니 두 영혼이 기를 쓰며 뒤따라오고 있었다. 그들로서는 최대한 빠른 걸음이겠지만 단테가 보기에는 느려 터진 거북이걸음이었다.

힘겹게 다가선 그들은 단테를 한동안 말없이 쳐다보다가 서로 말을 주고받았다.

"저렇게 사지가 자유자재로 움직이는 걸 보니 이자는 분명히 살아 있는 자일세. 만일 죽은 영혼이라면 이곳에 머물면서 무슨 특권으로 저렇게 망토를 걸치지 않을 수 있겠는가?"

그들 중 한 영혼이 단테를 향해 외쳤다.

향락 수도사

1261년 볼로냐에서 결성된 '영광의 동정녀 마리아 기사단'에 속하는 수도사들을 가리킨다. 본래는 당파와 가문의 분쟁을 중재하고 약자를 보호코자 창설되었지만 나중에는 창설 목적과 달리 세속적인 안락을 추구한 결과 그리 불리게 되었다.

"오, 토스카나 친구여! 당신은 뉘신데 이렇게 우리와 같은 위선자 무리와 함께 걷고 있는 것이오?"

"내가 태어나고 자란 곳은 아름다운 아르노강 가의 대도시 피렌체요. 나는 아직도 그곳에 육신을 담고 있소이다. 그런데 그렇게 묻는 당신들은 대체 뉘시오? 보아하니 당신들의 볼엔 괴로움이 눈물 되어 흘러내리고 있구려. 그런데도 그렇게 당신들의 겉모습이 휘황찬란한 금빛으로 빛나고 있음은 어찌된 영문이오?"

단테가 진지하게 묻자 또 다른 영혼이 대답했다.

"이 황금빛 망토는 두꺼운 납으로 만들어져 있어서 저울에 달면 아마 무거워서 저울이 납작해질 것이오. 우리는 볼로냐의 '향락 수도사'들이었소. 내 이름은 카탈라노(볼로냐 겔프당파의 말라볼티 가문으로 '영광의 동정녀 마리아 기사단'의 일원이다.)이고 이 사람 이름은 로데린고(볼로냐 기벨린당의 안달로 가문 사람으로 '영광의 동정녀 마리아 기사단'의 일원이다.)라고 하지요. 우리 두 사람은 모두 당신이 태어나고 자란 피렌체의 평화를 수호하기 위해 부름받았던 자들이오. 대체로 한 사람에게 주어지는 직무인데 우리 두 사람이 뽑히게 되었지요. 그때 우리가 얼마나 열심히 일했는지는 지금도 가르딘고(피렌체 시뇨리아 광장 부근의 지역 이름이다.) 지역 사람들은 잘 기억하고 있을 것이오."

단테는 그의 말을 다 듣고 나서야 그들이 그 고약했던 수도사들이라는 사실을 알게 되었다. 그들은 집정관을 지내면서 교황의 사주를 받아 한 당(기벨린당. 신성 로마 제국 황제를 추종한 세력이다.)에만 유리하도록 일 처리를 했고, 결국 가르딘고는 불만이 폭발한 민중의 손에 의해 파괴되어 폐허로 변하게 되었던 것이다.

"그렇다면 당신들의 죄는……."

단테는 무슨 말인가를 꺼내려다가 입을 다물었다. 갑자기 그들 앞에서 말뚝에 묶여 못이 박힌 채 십자가 형벌을 받고 있는 영혼을 발견했기 때문이다.

그가 단테를 보고 가벼운 탄식을 토해 내며 몸을 비틀어 대자 그것을 본 카탈라노가 단테에게 말했다.

"저자가 바로 바리새인들에게 '온 민족을 위해서는 한 사람의 순교가 필요하다.'라고 역설했던 사람이오. 그 대가로 저렇게 참혹한 형벌을 받고 있는 것이오. 벌거벗은 몸으로 땅바닥에 드러누워 있으니 누군가 그 위로 지나가면 납으로 된 망토가 얼마나 무거운지 먼저 느끼게 되지요. 그의 장인(안나스. 대제사장 출신으로 유대교계의 막후 실력자였다.)과 그의 말에 동조했던 유대인들도 이곳에서 저자와 똑같은 형벌을 받고 있지요."

이번에는 베르길리우스도 그 참혹한 모습에 많이 놀라고 있었다. 잠

십자가 형벌을 받고 있는 영혼_ 에밀 푸버트의 작품
유대인들의 대사제 가야바를 가리킨다.

시 후 베르길리우스가 카탈라노에게 이곳을 빠져나가는 출구가 어디냐고 묻자 그가 대답했다.

"가까운 곳에 돌다리가 하나 있소. 비록 다리가 허물어져서 제 역할은 못 하지만 바위들로 둘러싸인 골짜기를 따라가면 위로 올라갈 수 있소."

베르길리우스는 잠시 머리를 숙이고 있다가 입을 열었다.

"저쪽에서 쇠창살로 죄인들을 찌르던 녀석이 거짓말을 했구나."

대사제 가야바 영혼의 위를 밟고 지나는 위선자 영혼들

마귀들의 두목인 말라코다가 제 부하들을 시켜 안내한 곳은 단테 일행이 애초에 의도했던 목적지와

십자가에 못 박힌 안나스를 밟고 지나가는 영혼들

뱀으로부터 형벌을 받고 있는 영혼들_ 윌리엄 블레이크의 작품
단테는 위선자 영혼의 골짜기를 지나 뱀들이 득실대는 구덩이를 만난다.

전혀 달랐던 것이다.

베르길리우스는 다소 화난 표정으로 앞장서서 로데린고가 일러 준 길을 따라 걸음을 옮겼다. 길은 몹시 험하고 위험했다. 천신만고 끝에 벼랑 꼭대기로 올라 아치형의 문 앞에 이르자 알아듣지 못할 소리들이 들려왔다. 단테가 소리 나는 구덩이 속을 들여다보았으나 잘 보이지 않아서 스승에게 간청하여 여덟 번째 굴과 이어지는 다리 사이로 내려가 보니 자세히 바라볼 수 있었다.

그 속에는 수많은 뱀이 서로 뒤엉켜 있었다. 살모사, 날아다니는 뱀, 점박이 독사, 아프리카 독사, 쌍두사 등의 수없이 많고 기괴한 종류의 뱀들을 보면서 단테는 피가 얼어붙는 것만 같았다. 뱀들은 생김새도 야릇하고 지독한 악취를 내뿜기도 했는데, 리비아 사막이나 에티오피아 사막, 그리고 아라비아 사막에 이르기까지 그 어디에서도 그처럼 흉측한 뱀들은 찾아볼 수 없을 것 같았다.

그런 소름 끼치는 뱀 구덩이 속에서 벌거벗은 인간들이 두려움에 떨며 이리저리 도망치고 있었다. 뱀들은 도망치는 영혼들을 붙잡아 양손을 등 뒤로 젖혀서 칭칭 감았고, 뱀의 꼬리와 대가리가 그들의 허리를 감고 배꼽 앞에 뒤엉켜 있었다.

그때 갑자기 그들 앞에 있던 한 사내에게 뱀 한 마리가 뛰어올라 목덜미를 물어뜯었다. 그 순간 그의 온몸에 불이 붙는가 싶더니 순식간

뱀의 형벌_ 윌리엄 블레이크의 작품
커다란 뱀이 반니 푸치의 목덜미를 물어뜯는 장면이다.

에 한 줌의 재가 되어 버리고 말았다. 그러나 잠시 후 땅에 흩어졌던 재가 또다시 저절로 뭉쳐지더니 순식간에 본래의 모습으로 돌아갔다.

마치 불사조가 되살아나는 것과 같은 광경이었다. 하지만 되살아난 영혼은 그가 바로 겪었던 고통과 또다시 겪게 될 고통을 생각하면서 한숨을 몰아쉬고 있었다.

이처럼 끝없이 반복되는 형벌을 보고 단테는 신의 위엄과 그 권능이 얼마나 크고 지엄하신지를 새삼스럽게 깨달았다. 베르길리우스가 그 영혼에게 어디 출신의 누구냐고 묻자 그가 대답했다.

"나는 얼마 전에 토스카나에서 이 끔찍한 구덩이 속으로 떨어졌소. 나는 후레자식답게 인간보다도 짐승의 삶을 더욱 사랑했으니 짐승 반니 푸치요. 그야말로 피스토이아(피렌체 근처의 도시로 당쟁이 끊이지 않았다.)는 내게 딱 어울리는 소굴이었소."

한 줌의 재였던 영혼이 슬픈 목소리로 이렇게 대답하자 단테가 스승에게 말했다.

"스승님, 그에게 달아나지 말라고 하시고 무슨 죄로 이곳에 떨어졌는지 좀 물어봐 주세요."

단테의 말을 알아들은 영혼은 그의 얼굴을 유심히 바라보더니 부끄러움으로 얼굴을 붉히면서 말했다.

"이렇게 비참한 모습으로 당신을 만나다니 지상에서 죽을 때보다 훨씬 더 괴롭소이다. 내가 이토록 지옥의 밑바닥에 떨어지게 된 것은 성당에서 성물(聖物)을 훔치고 그 죄를 남에게 덮어씌웠기 때문이오. 당신이 이곳을 빠져나간다 해도 지금부터 말하는 내 예언을 마음에 새겨 두시오. 머잖아 피스토이아에서 흑당이 망하고 피렌체에서는 백

뱀에게 물어뜯기는 반니 푸치_ 귀스타브 도레의 작품
반니 푸치는 피스토이아의 귀족인 라차리 집안의 사생아로 태어났다. 흑당의 지도자로 정치 싸움에 적극적으로 가담하는 한편 살인과 약탈을 일삼았다. 1293년에는 피스토이아의 산제노 성당에서 성물을 훔쳐 내기도 했는데, 이 때문에 엉뚱한 사람이 누명을 쓰고 처형당할 뻔했다. 결국 반니 푸치와 반니 델라 몬나가 체포되었지만 반니 푸치는 달아났다.

성과 풍습이 바뀌게 될 것이오. 아레스(그리스 신화에 나오는 전쟁의 신으로, 로마 신화의 마르스에 해당한다.)가 검은 구름에 휩싸인 마그라 계곡에서 번개(마그라강 계곡에 자리한 루이지아나 지방의 모로엘로 말라스피나 후작을 가리킨다. 그는 피렌체의 흑당과 결탁해 정쟁에 적극적으로 가담하였다.)를 가져오면 피체노 벌판 위에서 거친 폭풍우와 함께 격렬한 전투가 벌어질 것이오. 그때 번개가 순식간에 구름을 걷어 버리면 모든 백당은 상처를 입고 도망가게 될 것이오. 바로 그때부터 당신의 고난과 유랑이 시작될 것이오."

단테는 그의 예언을 듣고 전율했다. 그것은 단테의 운명에 대한 저주나 다름없었기 때문이다.

성물을 훔친 도둑놈 푸치는 이야기를 하는 중에도 하늘에다 대고 손가락질을 해 대며 저속하게 외쳤다.

"하느님아, 이거나 먹어라!"

그때부터 뱀들은 단테의 친구가 되어 주었다. 뱀 한 마리가 나타나더니 '이제 더 이상 네 말을 못 들어 주겠다'는 듯이 그자의 목을 휘감았고, 뒤이어 또 한 마리가 달려들어 그의 두 팔을 칭칭 감고 대가리와 꼬리로 앞에서 꽁꽁 결박해서 그는 옴짝달싹할 수가

하느님을 부정하는 반니 푸치_ 윌리엄 블레이크의 작품
푸치가 하느님을 향해 욕을 퍼붓자 하늘에서 뱀이 날아와 그의 목을 휘감는다.

없었다.

단테는 그 광경을 보고 탄식했다.

"아, 피스토이아여! 차라리 불타 재가 되어 버려라. 반니 푸치여! 어찌하여 당신은 재가 되어 사라지지 않고 이처럼 끔찍한 죄를 계속해서 저지르는고? 암흑에 싸인 지옥의 모든 고리를 보았지만 당신처럼 그렇게 하느님께 오만불손한 영혼은 없었다. 테베의 성벽에서 떨어진 자(카파네우스를 가리킨다.)조차도 그렇지는 않았다."

단테가 피스토이아를 저주하는 사이 반니 푸치는 더 이상 말을 못하고 도망치고 말았다. 그때 반인반마의 켄타우로스가 달려오더니 소리쳤다.

"어디야? 그 고약한 놈이 어디에 있어?"

켄타우로스의 등판에는 마렘마(뱀이 많기로 유명한 토스카나 지방 해안의 습지이다.) 늪에 있는 물뱀을 모두 다 합한 숫자보다도 더 많은 뱀이 뒤

반니 푸치를 쫓는 켄타우로스
켄타우로스가 도망치는 푸치를 붙잡자 켄타우로스의 등에 있던 수많은 뱀이 푸치를 공격한다.

카쿠스의 죽음_ 르므안의 작품
그리스 신화의 영웅 헤라클레스가 자신의 가축을 훔치는 카쿠스를 몽둥이로 죽이는 장면이다.

덮여 있었고 목덜미에는 날개를 펼친 용 한 마리가 타고 앉아 영혼들에게 닥치는 대로 불을 뿜어 대고 있었다.

베르길리우스가 단테에게 말했다.

"저놈이 바로 그 악명 높은 도둑 카쿠스일세. 헤라클레스의 소를 훔쳤기 때문에 제 동료들과 어울리지도 못하고 결국 헤라클레스에게 몽둥이세례를 받고 죽은 놈이지."

그때 갑자기 단테가 놀라며 손가락질을 했다. 눈앞에서 벌어지는 광경은 참으로 처참했다. 발이 여섯 개인 뱀이 달려들어 세 영혼 중 한 명의 몸을 휘감고 있었다. 가운데 발로 한 영혼의 배를 감고 앞발로 두 팔을 붙잡더니 양 볼을 마구 물어뜯었다.

그리고 뒷발은 허벅지를 누르고 꼬리는 사타구니 사이로 넣어 허

뱀에게 물려 알 수 없는 형태로 바뀌는 형벌을 받고 있는 장면이다.

리를 두른 다음에 자기 등 뒤로 뻗어 올렸다. 결국 그 불쌍한 영혼은 마치 촛농이 흘러내리듯 녹아 없어지면서 본래의 모습을 찾아볼 수 없게 되어 버렸다.

바로 그때 후추알처럼 까맣고 창백한 새끼 뱀 한 마리가 눈을 이글거리며 한 영혼에게 달려들어 배꼽을 물고 늘어졌다. 배가 뚫린 영혼은 뱀을 바라보기만 할 뿐 아무런 말도 못하고 선 채 잠에 취한 듯, 열병에 시달리는 듯 하품만 해 댔다. 영혼과 뱀은 서로를 바라보았다. 그러면서 영혼은 상처에서, 뱀은 아가리에서 연기를 강하게 내뿜었고, 그 연기들이 서로 뒤섞였다.

그 순간, 뱀과 사람이 서로의 본모습을 바꾸게 되는 무서운 탈바꿈 현상이 일어났다. 뱀은 두 갈래로 나누어지고 영혼의 두 발은 하나로 합쳐졌다. 두 다리와 허벅지가 삽시간에 서로 달라붙어 뭉개지면서 접합된 부분에는 아무런 흔적도 남지 않았다.

한편, 뱀의 갈라진 꼬리는 그렇게 없어진 상대방의 발과 다리, 허벅지의 모습으로 변했고, 그의 가죽은 부드러워지고 상대방의 피부는 딱딱해졌다. 그자의 팔은 겨드랑이 속으로 말려들어 가 파충류의 앞발을 이룰 수 있을 정도만 남고 짧았던 뱀의 앞발은 인간의 팔이 짧아진 만큼 늘어났다. 뱀의 뒷발은 서로 얽혀서 쪼그라들더니 생식기가 되었고, 동시에 사람의 생식기는 둘로 갈라지면서 뱀의 뒷발이 되었다.

연기가 이 둘을 하나로 뒤덮었다. 그러자 색깔이 변화되면서 털이 없던 쪽에서는 털이 돋아나고 털이 있던 다른 쪽에서는 털이 모두 뽑혀 나갔다. 그동안 하나는 몸을 일으키고 다른 하나는 폭삭 주저앉았다.

그들은 서로의 잔악한 눈길을 피하지 않으면서 얼굴을 바꾸었다.

뱀에 물어뜯기는 영혼들
뱀에 물린 영혼들이 점점 인간의 형태를 잃어 가고 있다.

서 있던 놈(뱀)은 튀어나온 제 주둥이를 관자놀이 쪽으로 끌어당겨 사람의 얼굴 형상으로 바꿨다. 뒤로 과도하게 밀린 살점은 귀가 되어 반반한 볼 위로 솟아올랐다. 뒤로 밀려나지 않고 남아 있던 살점은 코를 이루었고 필요한 만큼 입술로 부풀어 올랐다. 주저앉았던 놈(인간)은 얼굴을 앞으로 내밀고 달팽이가 뿔을 집어넣듯이 귀를 머릿속으로 끌어들였다. 하나여서 예전에 말을 할 수 있었던 인간의 혀는 둘로 갈라졌고 다른 놈(뱀)의 찢어진 혀는 하나로 합쳐졌다.

연기가 그쳤고, 짐승이 되어 버린 영혼은 씩씩거리며 계곡을 향해 도망쳐 버렸다.

중상모략자들의 최후

도둑들의 소굴에 피렌체 사람이 다섯 명이나 있는 걸 보고 단테는 크게 실망하면서 탄식을 토해 냈다. 그는 다시 스승을 따라 험난한 길을 올라가 여덟 번째 구덩이의 가장자리에 도달했다. 여덟 번째 구덩이에는 세상에 있는 동안 중상모략을 일삼았던 영웅들과 왕자들이 형벌을 받고 있었다. 구덩이의 밑바닥을 들여다보니 온통 불꽃이 활활 타오르며 번쩍거리는 불빛이 마치 여름 밤하늘에 반딧불이 수없이 날아다니고 있는 듯했다.

저 움직이는 불꽃 속에서 각각의 영혼이 통째로 불타고 있었다. 그 불꽃들은 죄인들의 영혼을 하나씩 감싼 채 위로 솟구쳐 올랐는데, 단테는 그 모습을 보면서 구약의 선지자 엘리야가 불수레를 타고 회오리바람과 함께 승천하는 모습을 바라보는 엘리사의 처지를 떠올렸다.

그때 끝이 둘로 갈라진 불꽃이 단테에게로 다가섰다. 그들은 테베의 왕 오이디푸스의 쌍둥이 아들로, 형제간에 전쟁을 일으켰던 에테오클레스와 폴리에이케스였다. 단테는 스승에게 도대체 저들이 무엇 때문에 이곳에 와서 저런 모습으로 있는지를 물었다.

"저 불길 속에는 오디세우스와 디오메데스도 있다네. 그들이 함께 하느님의 노여움을 샀으니 벌도 함께 받고 있는 것이지. 그들은 저 불길 속에서 로마의 고귀한 씨앗 아이네이아스가 트로이를 떠나 로마를 건설하는 동기가 된 트로이의 목마를 한탄하고 있다네. 그들은 아킬레스를 속여 데이다메이아를 버리고 전쟁에 나서도록 술수를 부렸는데, 이로 인해 데이다메이아는 자살하고 아킬레스는 아직도 슬퍼하고 있지."

지옥의 오디세우스_ 윌리엄 블레이크의 작품
트로이 전쟁의 영웅 오디세우스가 트로이를 점령하고 그곳 아테나 신전의 팔라디움을 훔친 죄로 지옥의 형벌을 받고 있는 장면이다.

단테는 오디세우스와 디오메데스라는 대영웅의 이름을 듣고는 귀가 번쩍하여 스승에게 말했다.

"스승님, 바라고 바라건대 저 불꽃 속에서도 저들이 말할 수 있다면 직접 한번 대화를 나누고 싶습니다."

"알았네. 자네가 바라는 게 무엇인지 알았으니 내게 맡기고 자네는

오디세우스의 영혼_ 윌리엄 블레이크의 작품
단테 앞에 나타난 오디세우스의 불꽃 영혼이다.

가만히 있게나. 그들은 그리스 사람들이었으니 아무래도 자네 말이 달갑지 않을 게야."

잠시 후 불꽃 하나가 다가오자 베르길리우스가 그 불꽃을 향해 말했다.

"하나의 불꽃 속에 두 개의 기둥이 되어 불타고 있는 그대들이여, 내가 살아생전에 노래한 고귀한 시구들이 그대들에게 도움이 되었다면 가던 길을 멈추고 그대들이 어디에서 헤매다 죽었는지 말해 주었으면 하오."

그러자 오래된 불꽃의 큰 뿔이 바람에 나부끼듯이 신음 소리를 내며 흔들리기 시작하더니 마치 혀처럼 불꽃의 끝을 이리저리 내두르며 소리를 내뱉었다.

"아이네이아스가 가에타(이탈리아 남부의 항구 도시. 아이네이아스가 유모 가에타를 이곳에 묻었기 때문에 그렇게 불렀다.)라고 부르기 전 태양신의 딸 키르케(태양신 헬리오스의 딸로, 오디세우스의 동료들을 멧돼지로 만들어 버렸다.)는 나를 일 년 이상이나 붙잡아 두었지요. 그곳에 있으면서 부모와 처자에 대한 사랑이 그리워 여간 괴로운 게 아니었습니다. 그래서 나는 단 한 척의 배에 의지하여 언제나 나와 함께 하던 몇몇 동료들과 지중해로 나섰던 것이오. 우리는 멀리 스페인과 모로코에 이르기까지 이편저편의 언덕이며 사르디니아의 섬, 그리고 광활한 바다가 씻겨 주는 크고 작은 섬들을 두루 돌아보았지요. 나와 나의 동료들은 늙어 몸이 굼떴지만 우리는 아무도 넘어갈 수 없도록 헤라클레스가 표시해 둔 좁다란 어구(지중해에서 큰 바다로 나가는 유일한 통로인 지브롤터 해협을 가리킨다.)에 도달하게 되었소. 우리는 이미 오른쪽으로는 세비야(스페인 서남쪽에 위치한 도시)를, 왼쪽으로는 세우타(아프리카 북부의 해안 도시)를 정복한 후였소. 그때 나는 동료들에게 이렇게 외쳤지요. '형제들이여, 수많은 위험을 무릅쓰고 마침내 우리는 세상의 서녘 끝에 도착했다. 우리의 생은 이제 얼마 남지 않았다. 하지만 태양의 뒤를 좇아 인적 없는 세계를 발견하려는 욕망을 가져 달라. 우리는 짐승처럼 살아가기 위해 태어난 것이 아니라 덕과 지혜를 따르기 위해 태어난 것이 아니겠는가?'

비록 짧은 연설이었지만 동료들은 모험심이 불타올라 나중에는 그들의 욕망을 누그러뜨릴 수 없을 지경이 되었소이다. 우리는 뱃고물을 동쪽으로 향하게 하고 계속해서 부지런히 노를 저으며 왼쪽으로 나아갔소.

오디세우스
그리스 신화에 나오는 영웅이자 이타카의 왕이다. 트로이 전쟁에서 그리스군 최고의 지략가로 이름을 날렸으며, 전쟁을 끝내고 귀향하는 길에 여러 바다를 떠돌며 온갖 기이한 일들을 겪은 것으로 유명하다.

밤이 되자 남쪽 하늘에서 별들이 반짝이고 북극성은 차츰 기울어져 얼마 지나지 않아 수평선 아래로 사라져 버렸지요. 우리가 대해로 나온 지 5개월이 경과했을 때 멀리서 거대한 산(연옥의 산을 의미한다.)이 하나 흐릿하게 나타났는데 그 산이 어찌나 높았던지 일찍이 그런 산을 본 적이 없었소. 우리는 그 산을 보고 환호성을 올렸지만 그것도 잠시뿐 그 환호성은 곧 탄식으로 변했지요. 그 낯선 곳에서 갑자기 광풍과 함께 거센 풍랑이 일면서 우리는 결국 하느님의 뜻대로 바닷속에 휩쓸려 버리고 말았소."

말을 마친 오디세우스의 불꽃은 공중으로 곧게 치솟아 오르더니 우리에게서 멀어져 갔다.

그때 새로운 불꽃 하나가 비명 소리를 내지르며 나타났다. 그 불꽃은 이탈리아 동북부 로마냐 지방을 다스리던 기벨린당의 총수 구이

오디세이아_ 얀 스티커의 작품
『오디세이아』는 고대 그리스의 시인 호메로스의 작품으로 전해지는 대서사시이다. 주제는 그리스 신화에서 유명한 이야기로 그리스군의 트로이 공략 후 오디세우스가 겪은 10년간에 걸친 해상 표류의 모험과 귀국에 관한 이야기이다. 이 이야기에서 오디세우스는 신탁을 받기 위해 지옥을 모험하는 장면이 나온다. 단테의 『신곡』 「지옥 편」에서도 오디세우스가 등장하는데 『오디세이아』와 『신곡』의 내용은 전혀 다르다. 그러나 평소 단테가 오디세우스를 생각해 왔음을 보여 주고 있다. 그림은 오디세우스가 지옥에서 어머니의 영혼을 만나는 장면이다.

도 문테펠트로였다. 단테가 그 불꽃에 대해 여러 가지를 질문하자 그가 대답했다.

"나는 군인이었다가 수도사가 되었소. 수도복을 입고 허리띠만 매면 그 동안의 죄를 면할 수 있다고 믿었기 때문이오. 내가 세상에 있을 때 나의 행동은 사자(구이도가 당수를 지낸 기벨린당의 문양은 사자였다.)보다는 여우에 가까운 삶을 살았소. 그러니까 나는 여우와 같이 온갖 권모술수를 능수능란하게 구사함으로써 세상에 이름깨나 알려졌던 자요."

그는 깊은 한숨을 내쉬며 말을 이었다.

"나이가 들면서 나는 지난날들의 내 모든 행동이 후회스럽기만 했지요. 그래서 수도사가 되어 허리띠를 두르고 속죄의 길을 걷고자 했는데, 불행하게도 그 무렵 새로운 바리새인들의 왕(교황 보니파시오 8세)이 나타나 내 신세를 망쳐 버리고 말았소. 아마 지금쯤 그도 이곳 어딘가에서 나보다 더 참혹한 형벌을 받고 있을 것이오."

베르길리우스는 눈살을 찌푸렸다. 모든 걸 남의 탓으로만 돌리려는

지옥의 미노스에게 심판받는 구이도 문테펠트로

검은 천사_ 윌리엄 블레이크의 작품
천사의 두 번째 품계인 케루빔(Cherubim)을 가리킨다. 그들 중에는 하느님께 반항하다가 악마가 된 자도 있다.

그의 어리석은 태도에 몹시 실망했기 때문이었다.

불꽃은 아무렇지도 않은 듯 태연하게 말을 이었다.

"아무튼 그 작자에게는 여우처럼 간교한 나의 능수능란한 권모술수가 필요했고, 나는 그에게 봉사하는 대가로 천국에 들어갈 수 있는 면죄부를 받기로 했다오. 그러나 결국 이런 거래는 내 자신을 죽음의 길로 빠지게 하는 지름길이 되었소. 수도승이 된 지 1년 만에 검은 천사에게 머리채를 잡혀 이 지옥 구덩이에 처박히는 신세가 되고 말았던 거요. 그후 나는 곧장 지옥의 심판관인 미노스 앞에 서게 되었고, 미노스는 그 무시무시한 꼬리로 내 몸을 여덟 번이나 칭칭 휘감아 버리는 것이었소. 그러고는 자신의 꼬리를 질겅질겅 씹어대며 성난 목소리로, '네놈은 이 구덩이에서 영원히 불꽃을 뒤집어써야 할 도둑놈이다.' 라고 판결하는 것이었소. 이것이 내가 이렇게 불꽃 속에 갇혀 고통을 당하며 비탄과 눈물로써 하루하루를 보내고 있는 이유라오."

말을 마친 영혼은 괴로운 듯 탄식을 토해 내다가 가느다란 불꽃을 돌리면서 사라져 갔다.

단테는 그의 스승 베르길리우스의 안내를 받으며 바윗길을 지나 또 다른 아치형의 다리 위에 올라섰다. 그곳에서 아래의 구덩이를 내려다보니 살아생전에 다른 사람들을 중상모략하거나 불화의 씨앗을 퍼뜨린 영혼들이 제각기 기묘한 형태로 형벌을 받고 있었다. 단테는 피투성이가 된 채로 형벌을 받고 있는 무시무시한 광경을 보면서 생각했다.

'저 처참하고 끔찍한 모습을 어찌 인간의 언어로써 다 표현할 수 있으랴!'

단테는 로마인들의 산니티와 피에르의 싸움, 그리고 제2차 포에니 전쟁 등의 사건이 한꺼번에 이탈리아 남부 지방에서 벌어진다 하더라도 저 아홉 번째 구덩이 속에서 벌어지는 광경보다는 덜 끔찍할 것이라며 탄식했다.

바로 그때 영혼들 가운데 턱에서부터 방귀 뀌는 항문에 이르기까지 반으로 갈라진 사람 하나가 단테 앞에 나타났다. 두 다리 사이에는 창자가 늘어져 있었고 내장이 훤히 드러났으며 먹은 것을 똥으로 만드는 축 처진 주머니도 드러나 있었다. 단테가 깜짝 놀라며 그를 뚫어지도록 쳐다보자 그는 두 손으로 가슴을 활짝 열어 보이며 말했다.

"나를 보시오, 나 마호메트(이슬람교의 창시자로, 단테는 그를 그리스도교 내부에 분열을 조장한 죄인으로 여겨 지옥으로 떨어뜨렸다.)가 어떤 꼴로 찢겨져 있는지를 말이오. 당신이 지금 바라보고 있는 이곳의 모든 영혼은 세상에 사는 동안 불화와 분열의 씨앗을 뿌린 자들이오. 그래서 이렇게 몸이 반으로 찢긴 것이오. 이 상처가 아물려고 하면 마귀가 다가와

단테에게 자신의 가슴을 활짝 열어 보이는 마호메트

마호메트의 영혼과 만나는 단테_ 귀스타브 도레의 작품
단테 앞에서 마호메트의 영혼이 자신의 가슴을 활짝 열어 보인다.

두 손이 잘린 모스카 람베르토의 영혼

서 또다시 이렇게 잔인하게 몸을 반으로 갈라놓는다오. 그런데 돌다리 위에서 그렇게 우두커니 서서 우릴 바라보는 당신들은 누구요? 죄를 고백하고 심판을 받았지만 벌을 받으러 가기가 겁나는 거요?"

마호메트가 이렇게 묻고 사라지자 또 다른 한 영혼이 다가왔다. 그는 목에 구멍이 뚫리고 코는 눈썹까지 찢어졌으며 귀는 한 개밖에 없었다. 그 영혼은 피에르 메데치나로, 카이사르로 하여금 루비콘강을 건너도록 충언했던 쿠리오의 턱을 받쳐 들고 떡 벌어진 입안을 통해 목줄기도 혀도 없는 끔찍한 모습을 하고 있었다. 이어서 또 다른 영혼이 모습을 드러냈는데 그는 모스카(람베르토 가문의 모스카를 말한다. 단테는 그를 겔프당과 기벨린당 사이를 분열시켜 복수가 이어지도록 한 장본인으로 보았다.)로서 두 손이 모두 잘린 짧은 양팔을 어두운 허공에 쳐들고 뚝뚝 떨어지는 피로써 얼굴을 적시며 소리를 질러 대고 있었다.

이와 같은 살벌한 모습에도 침착함을 잃지 않았던 단테가 입을 다물지 못할 만큼 끔찍한 광경이 바로 눈앞에서 펼쳐졌다.

목이 잘려 나가 몸뚱이만 남아 있는 흉상 하나가 다른 무리에 섞여

목이 잘린 베르트랑
베르트랑은 2세기 후반 프랑스 남부 지방 페리고르의 귀족으로, 프로방스 문학의 대표적인 시인으로 꼽힌다. 오트포르성의 영주이기도 했던 그는 자기가 섬기던 영국 왕 헨리 2세의 장남 헨리 3세를 꼬드겨 아버지를 모반하도록 교사했다.

서 걸어가고 있었는데, 그 영혼은 잘려 나간 자신의 머리를 마치 초롱불처럼 왼쪽 손으로 들고 있었다.

그는 단테와 베르길리우스가 지나가자 신세 한탄을 쏟아 냈다.

"숨을 쉬며 죽은 자들을 찾아다니는 자여, 내가 받고 있는 이 끔찍한 형벌을 좀 보시오. 이보다 더 참혹한 모습을 본 적이 있소이까? 나는 젊은 헨리왕에게 사악한 암시를 주어 제 아비를 모반하게 한 보른의 베르트랑이요. 압살롬과 다윗을 이간질한 아히도벨(원래는 다윗의 고문으로, 다윗의 아들 압살롬을 교사하여 아비와 싸우게 만들려고 했으나 계획대로 이뤄지지 않자 스스로 목을 매어 자살했다.)의 교사(敎唆)도 이보다 더하지는 않았을 것이오. 부자지간의 인연을 갈라놓은 죄로 내가 이렇게 내 자신의 머리를 몸뚱이에서 잘라 내어 들고 다니게 된 것이라오. 아하, 비참하구나! 인과응보의 이치가 내겐 이렇게 나타났소."

단테는 온몸에 피투성이가 된 채 끔찍한 형벌을 받고 있는 수많은 영혼을 연민 어린 시선으로 바라보았다. 그러자 베르길리우스는 단테에게 아직도 둘러봐야 할 곳이 많고 시간이 촉박하다며 서두르도록 재촉했다.

두 사람은 이윽고 제8옥의 마지막인 열 번째 구덩이에 이르는 다리 위에 도달하였다. 단테는 그곳에서도 폐부를 찌르는 고통의 비명 소리들을 들어야만 했다.

단테는 그 비명 소리가 너무도 괴로운 나머지 두 손으로 귀를 막았다. 이 열 번째 구덩이 속에서 겪는 그 영혼들의 고통은 여름철이면 전염병이 창궐하는 지역인 발디키아나와 마렘마, 사르데냐섬의 환자들이 겪는 고통을 모두 다 합쳐 놓은 것보다도 더 처절했다.

이곳에서는 정의의 여신이 생전의 죄상이 적혀 있는 장부를 들고 죄인 하나하나마다 그에 맞는 형벌을 내리고 있었다. 그 참혹한 광경은 그 옛날 전염병으로 인해 사람들이 떼죽음을 당했던 저 아이기나섬의 참상보다도 더 끔찍하게 느껴졌다.

그들 가운데는 세상에 사는 동안 연금술사로서 돈을 위조했거나 남을 속였던 영혼들도 포함되어 있었는데, 특히 법정에서 위증을 했던 자들은 격노한 채 울부짖고 서로를 물어뜯으며 날뛰고 있었다.

그곳을 빠져나와 제9옥에 접어든 단테와 베르길리우스는 밤도 낮도 아닌 처참한 계곡을 지나가고 있었다. 그때 어디에선가 뿔 나팔 소리가 들려왔는데 그 소리는 천둥소리보다도 더 컸다. 사라센 사람들과의 전쟁에서 적들에게 포위되었을 때 롤랑(중세 프랑크족의 왕으로 교황 레오 3세로부터 '로마인의 황제'라는 칭호를 얻었다.)이 불어 대던 나팔 소리가 연상되어 단테가 소리 나는 쪽으로 눈길을 돌려 보니 탑 모양의 물체가 희미하게 보였다.

아이기나섬
그리스 신화에서 요정 아이기나에게 반한 제우스가 그녀를 아이기나섬으로 납치해 간다. 이에 질투심이 극에 오른 헤라가 이 섬에 무서운 질병을 퍼뜨리는데, 그로 인해 제우스와 아이기나가 낳은 아들인 아이아코스를 제외한 모든 사람과 가축이 죽었다.

단테가 베르길리우스에게 물었다.

"스승님, 저 멀리 보이는 게 무엇입니까? 탑 같기도 하고 무슨 도시 같기도 하군요."

베르길리우스가 대답했다.

"어둠 속에서 너무 멀리 떨어져 있으니까 사실과 상상을 혼동하고 있구먼. 눈은 멀리 있는 것에 속기 쉽게 되어 있다는 것을 저곳에 가 보면 알게 될 것일세."

그러면서 그는 단테의 손을 다정하게 잡으며 말했다.

"사실은 자네 눈에 보이는 저것들은 탑이 아니라 거인들이라네. 그들은 모두 배꼽 아래쪽이 웅덩이 속에 잠겨 있어서 탑처럼 보이는 걸세."

어둠을 뚫고 언덕으로 가까이 다가감에 따라 스승의 말처럼 단테는 그것들이 거인들이라는 사실을 확연히 알 수 있었다. 그로 인해 단테에게 공포가 엄습했다. 마치 성벽 위에 탑이 줄지어 서 있듯이 언덕 위에는 무시무시한 거인들이 상반신을 드러내 놓고 탑처럼 우뚝 서 있었다. 거인들의 얼굴은 크고 길어 로마의 성 베드로 대성전에 있는 청동으로 만들어진 솔방울(높이가 4미터쯤 된다.)만 했고 상반신만 해도 프리슬란트 사람(네덜란드 북부 지방의 사람으로 키가 무척이나 컸다.) 세 명을 합해 놓은 것보다도 컸다. 그 가운데 한 거인이 단테 일행을 향해 알아들을 수 없는 화난 목소리로 지껄여 대기 시작했다.

"라펠 마이 아메케 자비 알미!(알아들을 수 없는 혼란스러운 언어라는 점을 보여 주기 위해 특별한 의미 없이 글자를 나열한 것으로 보인다.)"

그러자 베르길리우스가 조롱하듯이 말했다.

거인의 계곡을 통과하는 단테와 베르길리우스

니므롯
창세기에 나오는 함족의 우두머리로, 바벨탑을 세우기 위해 사람들을 선동했다.

"이 어리석은 영혼아, 그렇게 화가 치밀어 오르거든 네 목덜미에 매달아 놓은 뿔 나팔이라도 불면서 기분을 푸는 게 어떻겠나?"

그러고 나서 단테에게 말했다.

"저자가 니므롯인데 하느님의 능력보다는 자신의 힘을 더 믿고 과시하려고 들었지. 그 잘못으로 인해 세상에 하나였던 언어가 수없이 갈라지게 되어 서로의 의사소통이 불가능하게 되었다네. 그러니까 저놈한테 신경을 쓰지 말게나. 아무리 말해 봤자 저놈은 인간의 말을 알아듣지도 못하고, 저놈의 말 또한 어떤 인간도 알아듣지 못하니까 말일세."

그들은 다시 왼쪽으로 더 나아가다가 좀 전의 거인보다도 더 사납고 거대한 거인을 보았다. 그 거인의 왼팔은 앞으로, 오른팔은 뒤로 돌

에피알테스와 거인
에피알테스는 올림포스 신들을 공격하기 위해 또 다른 거인 오토스와 함께 산을 높이 쌓다가 아폴론의 화살에 맞아 죽었다.

려진 채 쇠사슬에 꽁꽁 묶여 있었고, 또 목덜미에서부터 구덩이 위로 드러난 상반신도 대여섯 겹이나 쇠사슬로 단단히 묶여 있었다. 베르길리우스의 말에 의하면, 그는 지존 제우스의 뜻을 거역하고 신들을 위협하며 자신의 힘을 과시하려 했던 에피알테스로, 지금은 이렇게 쇠사슬에 묶인 채 아무런 힘도 쓸 수 없다고 했다.

베르길리우스는 일찍이 사자 1천 마리를 잡아먹었던 안타이오스에게, 더욱 무서운 지옥으로 떨어지지 않으려면 우리를 목적지까지 안전하게 데려다 달라고 엄포를 놓으면서 한편으론 달래기도 했다.

거인은 헤라클레스의 손을 호기롭게 붙잡던 그의 손을 내밀어 베르길리우스를 붙잡아 안았다. 그러자 베르길리우스가 단테에게 손을 뻗으며 말했다.

"자, 내가 자네를 안아 줄 테니 이리 오게나."

단테는 베르길리우스의 품에 안겨 무사히 운반되었다.

거인은 두 사람을 지옥의 마왕 루시퍼와 유다를 집어삼킨 제9옥에다 사뿐히 내려놓았다. 그러고는 구부렸던 큰 몸을 돛대처럼 펴고 다시금 자기가 있던 자리로 돌아가 버렸다.

거인 안타이오스_ 윌리엄 블레이크의 작품
거인 안타이오스는 단테와 베르길리우스를 제9옥으로 건네준다.

지옥의 끝자락, 루시퍼의 연못

지옥 중에서도 가장 깊은 곳에 자리 잡은 제9옥에서는 은인을 배반한 자들이 벌을 받고 있었다. 환상의 늪으로 불리는 얼음 연못 코키토스는 거인들이 삼엄하게 경계를 서고 있었는데, 카인을 효시로 하여 친족을 배반했거나 신의와 조국을 배반한 영혼들이 두꺼운 얼음 연못 속에 갇혀서 벌을 받고 있었다. 코지토의 못 또는 루시퍼의 연못이라고 불리는 이곳은 네 개의 원으로 싸여 있었다.

거인과 베르길리우스의 도움을 받아 최후의 골짜기인 제9옥에 도착한 단테는 자신도 모르는 사이에 뮤즈의 도움을 청하는 탄식의 한숨이 새어 나왔다.

암피온

제우스와 안티오페의 쌍둥이 아들 중 한 명으로 음악 소질이 뛰어났다. 테베의 성을 쌓을 때 암피온이 비파를 연주하자 산의 돌들이 저절로 움직여 성벽을 쌓았다고 전해진다.

"전 우주의 밑바닥을 표현하는 일이란 농담처럼 그렇게 가볍게 할 일도 아니고 엄마 아빠를 부르는 아기의 옹알거림도 아닐 테니까. 그러나 암피온을 도와 테베의 성벽을 쌓은 여인들이여! 내 이야기가 사실과 다르지 않도록 도와주시오. 아, 최악의 운명으로 태어난 자들이여! 당신들은 차라리 태어나지 않았거나 양이나 염소였더라면 더없이 좋았을 것을."

베르길리우스를 따라 두 번째 지옥인 안테노라(트로이 장군 안테노르의 이름에서 따옴.)를 향해 얼음 연못을 미끄러져 내려갔다. 그때 갑자기 발 아래서 고함 소리가 들려왔다.

"조심해서 지나갈 수 없겠소? 어째서 내 머리를 그렇게 걷어차는 것이오?"

제9옥 입구의 얼음 연못을 지나는 단테와 베르길리우스
베르길리우스를 따라 제9옥에 들어선 단테는 얼음 연못을 만나게 된다.

단테가 깜짝 놀라며 주위를 돌아보니 자신이 얼음장 위에 서 있었다. 이곳의 얼음장은 겨울에 꽁꽁 얼어붙은 다뉴브강이나 돈강의 그것보다도 훨씬 더 두꺼웠다. 아벨을 죽인 카인의 이름을 따서 '카이나'라고 불리는 이곳에서 죄인들은 머리를 제외한 온몸이 차디찬 얼음 속에 갇힌 채 마치 황새의 입놀림과도 같이 이를 딱딱 부딪치며 추위에 떨고 있었다. 모두가 얼굴을 숙이고 있었는데 입에는 추위가, 눈에는 애수가 어려 있었다. 잠시 주위를 둘러보다가 발아래를 보니 서로 달라붙어 머리카락까지 한데 엉킨 두 영혼이 있었다. 그 모습을 보고 단테가 물었다.

"가슴을 맞대고 있는 당신들은 누구시오?"

그들은 머리를 들어 단테를 바라보았다. 그들의 눈에 고여 있던 눈

제9옥의 지도

지옥의 마지막 단계인 제9옥은 마왕 루시퍼가 있는 곳으로 가장 죄질이 나쁜 죄인들이 오는 곳이다.

물이 주르르 흘러내리면서 입술을 적셨다. 그러자 눈물이 금세 얼어붙으면서 두 영혼을 더욱더 견고하게 붙여 버렸다. 혹독한 추위로 인해 두 귀를 모두 잃은 다른 영혼 하나가 얼굴을 숙인 채 말했다.

몬타페르티의 복수
겔프당 소속이었으면서도 당시 우세했던 반대파인 기벨린당의 첩자 노릇을 했던 보카는 몬타페르티 전투에서 칼로 기수의 손을 쳐서 깃발을 떨어뜨리게 만들었다. 이에 전의를 상실한 겔프파가 패배하였다.

"당신은 어째서 그렇게 우리를 거울 보듯 빤히 바라보고 있는 게요? 이들 두 놈에 대해 알고 싶어서 그러는 것이오? 저자들은 알베르토의 아들인 알렉산더와 나폴레오네 형제인데 유산 상속을 놓고 서로 암투를 벌이다가 죽음을 맞이한 놈들이오. 저놈들이야말로 이 얼음 속에 처박혀 벌을 받아 마땅하지요."

그의 말을 들으면서 단테는 추위 때문에 이빨을 부닥치며 부들부들 떨고 있는 수많은 얼굴을 보았다.

모든 중력이 모이는 곳, 중심을 향해 가는 동안에 단테는 영원히 계속될 그늘에서 몸을 떨었다. 간신히 정신을 차리며 조심스럽게 얼음 위에 솟은 머리와 머리 사이를 빠져나가던 단테는 그만 실수로 또다시 누군가의 머리를 발끝으로 걷어찼다. 그러자 발끝에 차인 영혼이 고함을 질렀다.

"왜 날 차는 거요? 몬타페르티의 복수를 하려는 거요? 그게 아니라면 왜 날 이렇게 괴롭히는 거요?"

단테는 그자가 바로 몬타페르티의 전투에서 겔프당을 배반했던 보카 델레아바티인 것을 알아차렸다. 이처럼 그곳에는 조국을 배반한 이적 행위를 한 자들로 가득 차 있었다.

단테가 베르길리우스와 함께 좀 더 앞으로 나아가자 한 구덩이 속에 두 사람이 얼어붙어 있었다. 그들은 서로 엉겨 붙은 채 한 놈의 머리가 다른 놈의 머리 위에 포개어져 있어서 마치 모자를 눌러쓴 것과도 같았다. 위에 있는 놈이 아래에 있는 놈의 목덜미를 울부짖으며 물어뜯고 있는 것이 마치 굶주린 자가 빵 조각을 물어뜯는 것과도 같았다.

단테는 그 끔찍한 광경을 보고 말했다.

"당신은 도대체 얼마나 원한이 맺혔기에 이처럼 다른 사람의 목덜미를 짐승과도 같이 물어뜯는 것이오? 당신이 그렇게 울부짖으며 물어뜯는 사연이 무엇인지, 그리고 당신은 누구이며, 그렇게 물어뜯기는 자의 죄명이 무엇인지를 내게 말해 줄 수 있겠소?"

그는 자기가 물어뜯고 있던 자의 흐트러진 머리카락으로 자신의 입술을 쓰윽 닦아내고는 말했다.

"내 사연을 말하자니 생각만으로도 가슴이 짓눌려 오는구려. 그런데 그 절망스러운 고통을 다시 한번 더 되새기라는 거요?"

깊은 한숨을 몰아쉬고 난 그는 말을 이었다.

"하지만 나의 말이 씨가 되어 내가 물어뜯었던 이 반역자에게 치욕을 맛보게 할 수만 있다면 눈물을 흘리며 이야기해 드리리다. 나는 저 유명한 게라르네스카의 우골리노 백작이었소. 그리고 지금 나에게 이렇게 물어뜯기고 있는 자는 우발디니의 루지에르 대주교지요. 내가 왜

대주교의 목을 물어뜯는 우골리노_ 아돌프 부그로의 작품
단테와 베르길리우스는 처참할 정도로 대주교의 목을 물어뜯는 오골리노의 잔혹한 행동에 놀라 우두커니 서 있다.

우골리노 백작
피사 근처의 사르데냐섬의 방대한 영토를 소유했던 귀족으로, 본래 기벨린당 소속이었지만 1275년 사위와 함께 겔프당이 피사를 정복하도록 도왔다. 그리고 1285년에 피사의 겔프 정권을 이어받는다. 하지만 기벨린당 소속의 루지에리와 여러 피사의 가문들이 봉기하면서 포로가 되어 감옥에서 굶어 죽었다.

이놈에게 이런 짓을 하고 있는지 말하리다. 이놈의 사악한 술수에 넘어가 내가 권력 투쟁에서 패배하게 되자 이놈은 나와 나의 아들들을 탑 속의 감옥에 가둬 버렸지요. 내 죽음이 얼마나 끔찍했는지를 들어 보면 이놈이 내게 얼마나 가혹했는지를 알게 될 것이오."

그는 떨리는 목소리로 말을 이었다.

"죽음의 그림자는 식사 시간에 맞춰 망치 소리와 함께 찾아왔지요. 식사 시간이 되자 음식을 주는 대신에 누군가가 감옥 문에 못질을 해 대기 시작했소. 나는 그때 아무 말도 못 하고 자식들의 얼굴만 바라보고 있었소. 그 끔찍한 감옥에도 희미한 빛이 새어 들어오더이다. 눈에 비친 자식들의 얼굴과 내 모습이 똑같을 것이라 생각하니 너무나도 마음이 아파 나도 모르게 내 손을 깨물었지요. 그러자 자식들은 내가 배고파서 그러는 줄 알고, '아버지, 저희를 잡수시면 그만큼 저희의 고통도 줄어들 거예요. 아버지께서 저희에게 육신을 입혀 주셨으니 이제는 벗겨 주세요.'라고 말하더구려."

그는 눈물을 훔치고 나서 말을 계속 이었다.

"하지만 생각해 보시오. 세상의 어느 아비가 그런 부탁을 들어줄 수 있겠소? 나흘이 지나자 첫째 아들이 죽고, 닷새, 엿새째에는 나머지 세 아들도 차례로 눈을 감았지요. 그리고 얼마 후엔 나 역시 오랫동안 먹지 못해 장님이 되고 말았소. 아이들이 죽고 나서 이틀 동안 그들의 이름을 불러 대며 대성통곡을 하였는데, 슬픔보다도 허기가 더 견딜 수 없더이다."

그러고는 참았던 울음을 터뜨리며 말을 이었다.

"그러다가, 그러다가……, 나는 결국 굶주림에 못 이겨 자식들의 시신을 먹는 끔찍한 죄를 저지르고야 말았소. 아아, 고통에 지지 않던 나도 결국 배고픔에 굴복하고 말았던 거요."

우골리노는 자신의 이야기를 마치자 또다시 루지에리의 머리통을 미친 듯이 물어뜯으며 큰 소리로 꺼이꺼이 울부짖었다.

그들의 모습을 뒤로한 채 단테는 베르길리우스와 함께 다시 걸음을 재촉해 톨로메아라고 불리는 제3원에 다다랐다. 루시퍼 연못의 세 번째 구역인 이곳은 친구나 동료를 배반했던 자들이 벌을 받는 곳

대주교의 머리를 먹어치우는 우골리노
_ 장 밥티스트 카르포의 작품

이었다. 그들은 모두 얼굴을 위로 내밀고 있었다. 그곳에서는 괴로움의 눈물을 흘릴 수도 없었다. 눈물은 금세 두 눈을 가리는 딱딱한 얼음으로 바뀌어 고통스럽기가 이루 말할 수 없었다. 그때 차가운 얼음 속의 한 불쌍한 영혼이 단테와 베르길리우스를 향해 외쳤다.

"지옥의 끝자락에 떨어진 사악한 영혼들이여! 내 눈꺼풀을 덮고 있는 이 딱딱한 얼음을 좀 걷어 내 주시오. 가슴속에서 솟구치는 이 울분의 눈물이 얼어붙기 전에 밖으로 한번 실컷 쏟아 버리고 싶소이다."

단테가 그 비참한 모습의 영혼에게 대답했다.

"도움을 받고 싶다면 당신이 누구인지 알려 주시오. 그러면 비록 당신의 소원을 들어주지는 못할지라도 내가 세상으로 나가면 당신의 이야기를 그곳 사람들에게 전해 주리다."

차가운 얼음 연못에서 수도사인 알베리고를 만나는 단테

얼음 연못에 갇혀 있는 알베리고로부터 그의 생전 이야기를 듣고 있는 단테

수도사 알베리고의 회상

향락 수도사였던 그는 피엔차의 겔프파에 속했다. 평소에 친척들과의 사이가 좋지 않았던 그는 화해를 핑계로 그들을 연회에 초대하여 살해하였다. 그는 식사를 마친 뒤에 과일을 가져오라고 말했고, 이것을 신호로 하여 부하들이 손님들을 살해하였다.

그러자 그가 말했다.

"나는 수도사 알베리고라 하오. 나의 혈육인 만프레와 조카들을 죽일 때 과일을 사용했던 죄과로 나는 여기서 값싼 무화과 대신 값비싼 대추를 수확하고 있소."

"아니, 그럼 당신이 벌써 죽었단 말이오?"

단테가 알고 있기로는 그는 분명히 세상에 살고 있는 사람이었다. 육신은 지상에 남아서 활동하고 있는데 영혼은 이처럼 지옥에 떨어져서 형벌을 받고 있다니, 단테의 생각으로는 도무지 이해할 수가 없었다.

알베리고가 대답했다.

"지상의 세계에서 내 육신이 어떻게 되었는지 난 아무것도 알지 못하오. 종종 아트로포스(그리스 신화에 나오는 세 여신 가운데 생명의 실을 끊는 여신으로, 죽음을 결정한다.)가 움직이기 전에 영혼이 먼저 떨어지는 경우가 있지요."

그러자 베르길리우스가 단테의 궁금증을 풀어 주었다.

"이곳에 떨어진 자들은 대부분 지상에 육체를 갖고 있다네. 이것은 운명을 담당하는 세 여신 중의 한 명인 아트로포스라는 여신이 생명의 실을 끊기 전에 영혼이 먼저 이곳에 떨어진 경우라네. 다시 말하면, 육신이 죽기 전에 영혼이 먼저 떨어져 나간 것이지."

베르길리우스의 말이 끝나기가 무섭게 자신의 왼쪽에 있는 영혼을 가리키며 알베리고가 말했다.

"저놈은 브랑카 도리아인데 벌써 몇 년째 저렇게 갇혀 있소."

"아니, 어찌 이럴 수가……."

브랑카 도리아_ 윌리엄 블레이크의 작품
제노바의 귀족으로, 권력을 탈취하기 위해 장인을 연회에 초대한 뒤 살해했다. 그 죄로 인해 얼음의 계곡에 갇히게 된다.

단테는 그의 말을 도저히 믿을 수가 없었다. 도리아는 최근까지만 해도 지상에서 무탈하게 잘 살고 있는 것으로 알고 있었기 때문이다. 그렇다면 지상에서 살고 있는 도리아의 육체는 영혼이 빠져나간 허수아비란 말인가.

알베리고가 또다시 자신의 눈 위에 있는 얼음을 치워 달라고 부탁했지만 단테는 그의 부탁을 들어주지 않았다. 왠지 선뜻 나서서 도와주고 싶지가 않았다. 단테는 오로지 그들의 참담한 모습을 바라보면서 탄식을 토해 낼 뿐이었다.

“아, 제노바의 사람들이여, 세상의 모든 미풍양속을 버리고 온갖 악덕만으로 가득 찬 자들이여! 어찌하여 그대들은 세상에서 사라지지 않는가! 로마냐의 극악한 영혼들과 더불어 제노바의 브랑카 도리아도 여기 있으니 그들은 모두 얼음 연못에 떨어져 멱을 감고 있지 않는가!”

바로 그때 베르길리우스가 단테를 보고 말했다.

“저 앞을 좀 보게나. 지옥을 다스리는 왕의 깃발이 우리를 향해 다가오고 있네.”

단테는 이미 지옥의 가장 깊은 곳 루시퍼 연못 중의 한가운데인 네 번째 지옥에 와 있었다. 이곳은 일명 주데카라고 불리는 곳인데 그 이름은 유다에서 유래된 것이다.

스승의 말을 듣고 단테가 앞을 주의 깊게 살펴보니 마치 희뿌연 안개가 밀려오듯이, 또 바람에 움직이는 풍차가 모습을 드러내듯이, 저 멀리서 뭔가 기이한 것이 어른거렸다. 그러다가 세찬 바람이 몰아치자 단테는 몸을 기우뚱하면서 얼른 베르길리우스의 뒤로 가서 숨었다.

단테는 온갖 영혼들이 마치 유리 속의 볏단처럼 얼음 속에 갇혀 있는 광경을 보고서 입을 다물지 못했다. 그 가운데 어떤 무리는 누워 있고 어떤 무리는 물구나무서기를 하고 있거나 까치발을 딛고 서 있었으며, 또 다른 영혼들은 몸을 활처럼 구부린 채 있었다.

단테 일행이 그들 사이를 헤치고 좀 더 앞으로 나아갔을 때 베르길리우스는 걸음을 멈추고 단테에게 주의를 주었다.

“여기는 디스, 즉 루시퍼가 기거하는 장소이니만큼 정신을 바짝 차려야 하네.”

그렇잖아도 단테는 몸이 녹초가 된 채 얼어붙은 상태라서 자신이 지

주데카 연못의 루시퍼
지옥의 마지막 단계인 주데카는 지옥의 마왕 루시퍼가 거주하는 곳으로, 루시퍼가 이곳 얼음 연못 위로 상반신을 드러내 놓고 있다.

금 살아 있는지 아니면 죽은 것인지 분간 못 할 지경이 되어 있었다. 단테가 우뚝 솟아 있는 마귀의 대왕 루시퍼의 모습을 보니 상반신을 얼음 밖으로 내놓고 있었다. 그의 엄청난 모습을 보고 단테는 자신의 몸과 거인의 몸을 비교하는 것이 마치 거인들과 루시퍼의 몸을 비교하는 것과 거의 같은 의미일 것이라는 생각이 들었다. 그도 그럴 것이 거인의 우람한 몸통은 루시퍼의 팔뚝 크기에도 못미쳤기 때문이다.

지옥의 마왕 루시퍼가 지금은 이처럼 추한 몰골이 되어 버렸지만 하느님을 배반하여 지옥으로 떨어지기 전에는 가장 아름다운 모습이기도 하였다.

단테는 루시퍼의 얼굴이 세 개나 달려 있는 것을 보고 깜짝 놀랐다.

정면을 향한 얼굴은 새빨갛고(증오를 상징한다.), 다른 두 개의 얼굴은 어깨 한가운데 위쪽에 맞붙어 있어서 마치 머리로 단을 쌓아 올린 것과도 같았다. 두 얼굴 중의 오른쪽 어깨에 붙은 얼굴은 흰색과 노란색의 중간 색깔(무력을 상징한다.) 정도로 보였으나 왼쪽에 붙은 얼굴은 흑인의 얼굴과도 같이 까만색(무지를 상징한다.)을 띠고 있었다. 또한 저마다의 얼굴 밑에는 커다란 날개가 두 개씩 튀어나와 있었는데, 그 날개가 어찌나 큰지 바다를 누비는 그 어떤 배에서도 그만큼 큰 돛을 본 적이 없을 정도였다. 그 거대한 날개는 깃털이 없어서 박쥐의 그것과 흡사했다. 그것이 한번 퍼덕일라치면 세 방향으로 바람을 일으켜 루시퍼의 연못을 온통 얼어붙게 만들었다.

루시퍼의 조각상

루시퍼는 기독교에서 사탄에게 자주 부여하는 이름으로, 이사야서의 한 구절을 특별히 해석한 것에서 유래한다. 좀 더 명확하게는 하늘나라에서 추방당하기 이전에 사탄이 지녔던 이름이라고 한다.

루시퍼의 얼굴

루시퍼의 얼굴 앞면은 세 개로 되어 있으며 정면은 붉은색이며 오른쪽은 흰색과 노란색의 중간색, 왼쪽은 검은색을 띠고 있다.

지옥의 마왕 루시퍼
지옥의 마왕 루시퍼가 카이사르를 암살한 브루투스와 카시우스를 삼키려는 장면이다.

그가 여섯 개의 눈에서 흘린 눈물은 세 개의 턱 위로 흘러내려 피맺힌 침과 범벅이 되어 고드름을 만들어 내고 있었다. 그리고 세 개의 입은 각기 최악의 배신자들을 하나씩 물고 이빨로 갈기갈기 찢고 있었는데, 그 광경은 마치 아낙들이 이빨로 삼나무를 찢어서 모시를 뽑아내는 모습과도 같았다. 루시퍼의 아가리에 물려 있는 세 영혼은 고통에 못 이겨 요동을 치고 있었고, 등껍데기마저 홀랑 벗겨져 있었다.

그 모습을 보고 베르길리우스가 단테에게 설명했다.

"저 중앙에 빨간색 얼굴에서 가장 혹독한 형벌을 받고 있는 것이 자신의 스승인 예수를 은화 30냥에 팔아넘긴 가롯 유다일세. 그의 머리는 안으로 들어가 있고 다리는 밖으로 빠져나와 있는 것이 보일 걸세. 그리고 또 양 옆에서 머리를 아래로 푹 처박고 있는 저 두 놈 가운데 시커먼 얼굴에 있는 것이 카이사르(Julius Caesar, 로마 공화정 말기의 정치가이자 장군)를 암살한 브루투스이고, 누런 얼굴에 있는 것이 브루투스를 도왔던 카시우스일세."

단테가 혼미한 정신으로 넋이 빠져 있을 때 베르길리우스의 목소리가 단테를 깨웠다.

"자, 밤이 다가오고 있네. 우리가 봐야 할 것은 모두 다 봤으니 이제 그만 여기를 떠나세. 우리에게는 아직 마지막 한 고비가 더 남아 있네. 어서 내 허리에 손을 두르고 등 뒤에 꼭 매달리게나."

단테는 베르길리우스가 시키는 대로 그의 등에 업히듯 바짝 등에 달라붙었다. 그러자 베르길리우스는 시간과 장소를 따져 보다가 마

루시퍼의 지옥을 지나는 단테와 베르길리우스
지옥의 마왕 루시퍼를 지나 지옥을 빠져나가는 장면이다.

왕 루시퍼가 날개를 어느 정도 펼쳤을 때 털이 수북한 겨드랑이에 매달렸다.

그러고는 그 긴 털을 타고 아래쪽으로 조심스럽게 내려가기 시작했다. 루시퍼의 허리, 정확히 말하면 넓적다리 부근에 이르렀을 때 베르길리우스는 돌연 몸을 거꾸로 돌려 위로 향했다.

거꾸로 선 루시퍼의 다리
루시퍼의 거꾸로 선 다리가 지옥 출입구 밖으로 솟아 있는 가운데 단테와 베르길리우스가 사다리 삼아 올라가는 그림이다.

단테는 그 광경을 보고 스승님이 다시 지옥으로 되돌아가려는 것이 아닌가 하고 착각했다.

그러나 베르길리우스는 숨을 헐떡이며 말했다.

"나를 꼭 붙잡게! 지금부터 이렇게 털사다리를 타고 거꾸로 올라가야만 이 지옥에서 빠져나갈 수가 있네."

그러고는 루시퍼의 다리 사이로 밖이 내다보이는 동굴처럼 생긴 바위틈을 빠져나왔다. 베르길리우스는 비로소 단테를 바위 가장자리에 조심스레 내려놓았다.

단테가 눈을 크게 뜨고 위를 올려다보니 루시퍼의 두 다리가 위로 치켜올려져 있었다. 단테가 눈을 동그랗게 뜨며 깜짝 놀라는 것을 보고 베르길리우스가 조용한 목소리로 말했다.

"우리의 갈 길은 아직 멀고도 험한데 벌써 해가 뜬 지 한 시간 반이

지옥에서 탈출

나 지났네그려."

단테가 주위를 살펴보니 바닥이 울퉁불퉁하고 희미한 빛이 새어드는 자연 동굴 안에 자신이 서 있었다. 단테는 곧바로 일어나 그의 스승에게 물었다.

"스승님! 이 심연을 벗어나기 전에 좀 더 소상히 말씀해 주시지요. 우리가 방금 전에 보았던 얼음 연못은 대체 어디로 갔으며, 이 사람은 어찌하여 이렇게 거꾸로 꽂혀 있는 것입니까? 그리고 해는 왜 저녁에서 아침으로 금방 바뀌어 버렸습니까?"

그러자 베르길리우스가 단테의 궁금증을 해소시켜 주었다.

"아직도 자네는 우리가 지구의 중심 안쪽에 있는 것으로 착각하고 있구먼. 그곳에서 나는 이 지구를 뚫고 지나가는 괴상한 벌레(루시퍼)의 털을 붙잡고 있었지. 내가 아래로 내려가는 동안에 자네는 그곳에 있었지만 내가 몸의 방향을 바꾸었을 때 우리는 지구의 중심을 거꾸로 지나온 것일세."

스승은 단테를 향해 빙긋이 웃으며 계속 말을 이었다.

"우리는 지금 주데카, 즉 지옥의 가장 깊은 곳의 바로 뒷면에 와 있네. 그 중앙에 있는 예루살렘이란 곳에서 죄 없이 태어나 사신 분, 즉 예수께서 스스로를 희생하셨지. 자네는 지금 북반구에서 주데카를 이루는 부분과 상응하는 남반구의 좁은 공간에 발을 딛고 있다네. 북반구가 저녁이면 여기는 아침이지. 그리고 루시퍼의 겨드랑이 털이 우리가 무사히 빠져나올 수 있도록 사다리 역할을 해 주었는데, 그 녀석은 여전히 예전과 같이 그곳에 처박힌 자세를 취하고 있지. 우리는 지금 하늘에서 떨어져 나온 것이라네. 본래 이곳에 솟아 있던 땅은 그 놈이 두려운 나머지 아마 바닷속으로 파고들어 갔거나 북반구로 달아났을 거야. 그래서 이쪽 남반구에 나타난 땅이 이처럼 비어 있는 것이 아닐까 싶네."

그때 단테는 바위를 타고 언덕을 뛰어넘는 듯한 개울물 소리를 듣고 베르길리우스와 함께 그 감추어진 통로를 지나 밝은 세계로 되돌아가기 위해 힘껏 나아갔다. 잠시 후 둥근 구멍 사이로 하늘 위에 떠 있는 아름다운 별들이 가득히 보였다. 두 사람은 마침내 어둠의 지옥을 빠져나와 아름다운 별을 바라볼 수 있는 세계로 나오게 된 것이다.

단테의 『신곡』 '지옥' 스토리의 의미

'지옥'은 지표에서부터 불타올라 지구의 중심에까지 이르는 지하의 심연이다. 늪이나 호수에서는 악취와 증기가 피어오르며, 얼음처럼 차가운 바람, 열풍, 쏟아지는 비와 우박으로 하늘은 잠시도 조용하지 않다. 미식가들도 더러운 것들을 마구 먹어야만 하며 낭비가들과 탐욕가들도 결코 재산을 손에 넣지 못한다.

증오심에 불타는 사람들이 서로 뒤엉켜 싸우고, 폭력을 휘두르는 사람들이 쉴 새 없이 피가 흐르는 강 속으로 빠지고, 뜨거운 사막 위를 걸어야 하는 동성연애자들의 머리에 불이 쏟아진다고 묘사한 지옥에서 단테와 베르길리우스는 잠시 걸음을 멈추게 된다. 또한 그의 인생을 괴로움 속에 빠뜨렸던 위선적인 피렌체 시민, 그의 재산을 약탈한 사기꾼들과 탐욕스러운 횡령꾼들이 펄펄 끓는 기름 가마 속을 떠다니는 광경을 보게 된다.

단테는 교황 첼레스티노 5세, 교황 보니파시오 8세, 교황 니콜라오 3세, 교황 요한 22세, 교황 클레멘스 5세 등 당대의 부패하고 무능한 교황들을 비판하고 있으며 귀도 다 몬테펠트로, 보카 델리 아바티, 베네디코 카치 아메네코, 에르콜라노 마코니, 자코모 다 산토 안드레아 등 당대의 정적들을 지옥에 등장시켜 복수하고 있으며, 오타비아노 델리 우발디니, 브란카 도리아, 본투로 다티 등 이전 시대의 인물들도 비판하고 있다.

La Divina Commedia

제 2 편

Purgatorio

연옥의 문턱에 들어서다

단테가 베르길리우스의 인도를 받으며 지옥세계를 돌아본 후 연옥 문턱에 도착한 것은 부활절 새벽이었다. 죽은 지 사흘 만에 부활한 예수처럼 사흘 동안 온갖 마귀들로부터 고초를 당하던 단테는 이제 그 무서운 암흑세계로부터 벗어나 새로운 공기를 호흡할 수 있게 되었기에 좀 더 즐거운 여행을 하고 싶은 의욕을 갖게 되었다.

단테는 연옥을 눈앞에 두고 뮤즈들을 불렀다. 그리고는 지옥의 어두운 세계에 빠져 죽었던 시가 다시 살아나도록 뮤즈의 맏언니인 칼리오페에 기도했다.

칼리오페_ 요한 하인리히 빌헬름 티슈바인의 작품
그리스 신화에 나오는 아홉 뮤즈의 우두머리. '아름다운 목소리를 가진 여자'라는 뜻으로 칼리오페이아라고도 한다. 그녀는 서사시를 관장하며 항상 손에 든 서판에 무언가를 기록하고 있는 모습으로 등장한다.

동방의 수정처럼 푸른 빛깔의
수평선 끝까지 맑게 펴져
아직까지도 내 눈과 가슴을 울리는
어두운 곳에서 갓 나온 내 가슴을
기쁨으로 다시 충만케 하는도다.
사랑을 재촉하던 아름다운 금성은
쌍어궁의 별들을 감싸며
동방의 온 천지를 웃음 짓게 하였다.
오른편으로 돌이켜 남쪽을 바라보니
아담과 하와 이외에는 본 일도 없는
네 개의 별이 보이는도다.
하늘은 별들이 빛남을 기뻐하는 듯
아! 그 별들조차 보지 못한
그대 북녘 땅은
홀어미가 된 황폐한 땅이로다.

단테는 고개를 들어 해 뜨기 전의 새벽하늘을 올려다보았다. 수정처럼 푸른 하늘빛이 수평선 끝까지 광활하게 펼쳐져 있었다. 지옥의 어둠에서 벗어난 단테는 숨통이 확 트였다. 동쪽 하늘에는 샛별이 떠올라 물고기자리를 감싸며 밝게 빛나고 있었다. 오른쪽으로 고개를 돌려 보니 최초의 사람들(에덴동산의 아담과 하와) 말고는 아무도 본 적이 없는 별 네 개가 밝게 빛나고 있었다. 그리고 또 고개를 돌려 북쪽 하늘을 바라보니 별 하나 보이지 않는 암흑의 세계였다.

단테가 노래하며 바라보던 별들에서 눈을 떼자 가까이에 한 노인이 서 있었다. 그 노인은 수염과 머리카락이 무성히 자라 있었는데 반백의 수염은 가슴까지 드리워져 있었고, 머리카락은 두 갈래로 가슴까지 드리워져 있었다.

얼굴에는 환한 별빛을 가득 받고 있었으므로 단테는 그가 마치 햇빛 아래에 서 있는 듯한 느낌이 들었다.

노인이 하얀 수염을 쓸어내리며 두 사람에게 물었다.

"영원히 눈 먼 감옥에서 벗어난 당신들은 대체 누구요? 당신들을 이끄는 힘은 누구로부터 왔으며, 지옥의 깊은 구덩이에서 당신들을 인도해 낸 등불이라도 있었단 말이오? 아니면 엄격한 심연의 율법이

단테의 신곡
피렌체 두오모 성당에 있는 도메니코 디 미켈리노의 작품이다. 단테는 베르길리우스와 함께 지옥을 여행하고 연옥으로 향한다.

연옥 상상도

깨지기라도 했단 말이오? 그것도 아니면 지옥의 영혼들도 내가 지키고 있는 이곳 바위산으로 올라설 수 있다는 새로운 하늘의 율법이라도 생겼단 말이오?"

그때까지 침묵하고 있던 베르길리우스가 단테에게 눈짓하여 그에게 정중하게 예를 표하도록 한 뒤에 말문을 열었다.

"어찌 우리만의 힘으로 이곳까지 올 수 있겠습니까? 이 사람은 아직 살아 있는 육체와 영혼을 가지고 있는 자로, 하늘에서 내려온 베아트리체의 청을 받고 제가 숲속에서 방황하고 있는 이 사람을 데리고 여기까지 오게 된 것입니다."

노인은 단테가 아직 살아 있는 사람이라는 사실에 놀라는 표정을 지었다. 그러고는 단테에게 물었다.

"어찌하여 당신은 살아 있는 몸으로서 지옥의 순례길을 순순히 따라나섰소?"

단테는 생과 사의 갈림길에서 베르길리우스를 따라나설 수밖에 없던 자초지종을 이야기했다.

연옥
가톨릭 교리에서, 죽은 사람의 영혼이 살아 있는 동안 지은 죄를 씻고 천국으로 가기 위해 일시적으로 머무른다고 믿는 장소이다.

단테의 설명을 들은 노인은 표정을 누그러뜨리며 고개를 끄덕였다. 그러자 베르길리우스는 한숨을 쉬고 나서 간청했다.

"이제 우리가 여기까지 오게 된 연유를 아셨으니 이 사람을 반갑게 대해 주시지요. 이 사람은 자유를 위해 생명을 버리는 자만이 알고 있는 고귀한 도덕적 자유를 찾아가고 있습니다. 이 사람은 살아 있는 자이고, 미노스도 나를 묶어 놓고 있지 않지만 결코 우리로 인해 영원한 하늘의 율법이 깨진 것이 아닙니다. 나는 당신의 순결한 아내 마르키아가 계시는 곳 림보에서 왔습니다.

그러니 우리가 일곱 나라를 돌아볼 수 있도록 너그럽게 받아주시면 다시 돌아가 그녀에게 당신의 자비스러움을 전해 드리겠습니다."

문지기 노인은 베르길리우스의 말을 듣고 침울한 표정을 지으며 말했다.

"살아생전에 부부의 연을 맺었던 마르키아에게 지금도 애정을 갖고 있는 건 사실이오. 하지만 그녀는 지금 아케론강이 흐르고 있는 림보에 살고 있으니 현실적으로 내가 그녀를 도울 수 있는 방법이 없소.

한번 구원을 받은 영혼은 천국에 대한 사랑이 있을 뿐 사사로운 정에 이끌려서는 안 되기 때문이오. 그러니 굳이 그렇게 내 아내의 이름을 입에 올리며 아첨할 필요는 없소이다. 다만 하늘의 고귀한 여인 베아트리체께서 그대들을 인도하고 다스리는 것이라면 그분의 이름을 들어서 내게 부탁하면 될 것이오."

그러고 나서 문지기 노인은 막아섰던 길을 비켜 주며 말했다.

"이제 당신들의 길을 가도록 하시오. 다만 지옥의 더러운 때와 악취에 절어 있는 몸을 머리끝에서 발끝까지 정결하게 씻고 겸손과 참회의 표시로 갈대 줄기를 허리에 띠처럼 두르고 가도록 하시오. 고결한 천사들 앞으로 나아가려면 이대로는 안 되오. 저 앞의 바닷가에 가면 갈대밭이 있는데 그곳에 간 다음에는 다시 이곳으로 돌아오지 않도록 조심하시오. 지금 마침 태양이 솟아오르고 있구려. 저 태양이 당신들에게 올라가기 쉬운 길을 보여 줄 것이오."

노인은 말을 마치고 바람처럼 사라졌다.

그러한 모습을 멍한 눈으로 바라보던 단테가 다시 베르길리우스 쪽으로 시선을 돌리자 베르길리우스가 말했다.

"그럼 이 벌판 밑으로 내려가 보도록 하세."

새벽 동이 어슴푸레하게 터 오자 저만치서 바다가 일렁이는 게 보였다. 두 사람은 그곳 갈대밭으로 가서 노인이 알려 준 대로 했다. 우선 스승은 두 손으로 나뭇잎 이슬을 받아 지옥에서 더러워진 단테의 얼굴을 깨끗이 씻어 낸 다음 갈대 줄기를 뜯어내어 단테의 허리에 감아 주었다. 그런데 신기하게도 갈대가 잘려 나간 그 자리에서 다시 갈대가 돋아났다.

연옥의 강을 건너려 대기하는 단테와 베르길리우스
단테와 베르길리우스가 지옥을 벗어나 연옥으로 향하기 위해 배를 기다리는 장면이다. 연옥의 문지기 카토의 모습과 연옥으로 향하는 영혼들의 모습이 보인다.

두 사람이 바닷가에서 머뭇거리고 있을 때 바다 저 멀리에서 한 줄기 빛이 미끄러지듯 눈 깜짝할 사이에 두 사람의 눈앞에 이르렀다. 단테가 스승에게 고개를 돌렸을 때 그 빛은 이미 눈이 부실 만큼 커져 있었다.

그리고 새하얀 빛이 양쪽에서 나타났다. 그것들이 날개로 드러나는 순간 베르길리우스가 소리쳤다.

"어서 무릎을 꿇게. 하느님의 천사시네. 그리고 두 손을 공손히 모으게나. 앞으로도 자네는 이런 분들을 계속 보게 될 것일세. 천사는 인간이 아니므로 돛대나 노가 필요 없고 날개를 높이 세우고 깃털로 바람을 일으킨다네."

단테는 경건한 자세로 무릎을 꿇고 두 손을 가슴에 모았다. 배는 생각했던 것보다 작고 허술해 보였는데 그곳에 수많은 영혼이 실려 있었다.

그 영혼들은 시편의 노래를 한목소리로 부르면서 천사와 함께 단테 일행이 있는 쪽에 배를 댔다. 노래가 끝나자 천사는 성호를 그으며 그 영혼들을 축복했고 배 안의 영혼들이 모두 배에서 내리자 다른 천사와 함께 곧장 그곳을 떠났다.

그 영혼들 중의 하나가 자신들보다 먼저 도착해 있는 단테 일행을 보고는 말했다.

"혹시 산으로 오르는 길을 알면 가르쳐 주시지요."

베르길리우스가 그들에게 우리도 방금 도착했다며, 오르는 길은 거칠고도 험하다고 대답했다.

연옥 입구에 도착한 단테와 베르길리우스, 그리고 또 다른 영혼들

천국의 문_ 로렌체 기베르티의 작품
연옥을 거쳐 천국으로 가는 문으로 피렌체의 산 조반니 세례당 동쪽에 설치되어 있다.

영혼들은 단테가 숨을 쉬고 있는 모습을 보고는 깜짝 놀라며 얼굴이 창백해졌다. 그들은 자신의 몸과 마음을 정화하러 가야 하는 것도 잊은 채 우두커니 서서 단테의 얼굴을 뚫어져라 쳐다보고 있었다.

바로 그때 단테 일행을 둘러싸고 있던 무리 가운데서 한 영혼이 앞으로 나서며 소리쳤다.

"아니, 자네는 단테가 아닌가?"

그러면서 달려들어 단테를 껴안으려고 했다. 단테 역시 그를 알아보고 껴안으려고 했지만 여러 번 허공을 더듬었을 뿐 상대방의 등 뒤로 돌린 손이 제 가슴으로 되돌아오고 말았다.

단테는 그 영혼이 자신의 친구인 카셀라인 것을 알아보고 잠시라도 함께 이야기를 나누고자 요청했다.

카셀라는 단테를 향해 깜짝 놀란 표정을 지어 보이며 물었다.

"세상에 있을 때 자네를 좋아했듯이 지금도 내 마음은 변함이 없네. 난 이제 다시 세상에 돌아갈 수 없는 죽은 몸이 되어 버렸지만 자네는 어찌된 일인가? 어떻게 살아 있는 몸으로 이곳까지 오게 되었는가?"

단테도 역시 함께 기뻐하며 물었다.

"카셀라, 나도 언제일지 모르지만 천국으로 향하는 영혼들 틈에 끼

연옥의 초입에서 카셀라를 만나는 단테
단테는 연옥의 초입에서 그의 친한 친구였던 음악가 카셀라를 만나 재회의 기쁨을 나누고 있다.

고 싶어서 이렇듯 긴 여행을 하고 있다네. 자네는 세상에 있을 때 착하게 살아서 죽은 뒤에 즉시 이리로 올 줄 알았는데 어찌하여 이토록 꽤 오랜 시간이 흐른 지금에야 오게 된 것인가?"

카셀라는 그가 대사면의 은총을 입어 천사의 배를 타고 있었는데, 연옥으로 보내시는 분이 좀처럼 출항을 허락하지 않았기 때문이라며, 그분의 생각은 항상 옳기 때문에 서운하지는 않았다고 대답했다. 그는 본래 피렌체의 유명한 음악가로서 단테의 시를 종종 작곡했던 인물이었다. 단테가 그에게 말했다.

"카셀라, 만약 괜찮다면 지쳐 있는 나를 위해, 세상에서 나를 위해 작곡했던 그 노래를 한 곡 불러 주지 않겠는가? 자네의 감미로운 노래가 아직도 귓가에 들리는 듯하네."

그러자 베르길리우스와 단테를 위시하여 그곳에 있는 영혼들이 모

단테와 카셀라
단테는 자신의 절친한 친구 카셀라와의 만남에 대해 감격해하며 그에게 노래를 청하고 있다.

두 귀를 기울이는 가운데 카셀라가 조용히 노래를 불렀다.

그때 갑자기 점잖은 노인 카토가 소리 높여 그들을 꾸짖었다.

"이 무슨 해괴한 짓들인가! 게으른 영혼들아! 한시라도 빨리 산으로 올라가서 허물을 벗어 버릴 생각은 안 하고 이게 뭐 하는 짓들인가! 그렇게 해서 하느님을 뵐 수 있을 듯싶은가?"

그러자 그들은 비둘기 떼가 먹이를 찾아 모여들었다가 무서운 천적이 나타나자 먹이를 남겨 두고 황급히 도망치듯이 비탈길을 향해 달려갔다. 그 바람에 단테는 카셀로와 작별 인사도 못한 채 헤어져야만 했다. 주위를 살펴보던 베르길리우스는 나아갈 길을 정한 듯 앞장서서 단테를 인도하기 시작했다.

정죄산淨罪山 가는 길

단테는 카토 노인의 준엄한 꾸중 소리를 듣고 참회하는 마음으로 베르길리우스의 뒤를 따라 말없이 걸었다. 베르길리우스도 평소에 비해 말이 없었고 얼굴에는 불편한 기색이 역력했다.

그가 연옥의 산을 바라보며 비탈길을 오르기 시작했을 때 태양이 두 사람의 뒤에서 붉게 타올랐다. 바로 그때 단테의 앞으로 그림자가 하나 나타났다. 단테는 자기 그림자만 있는 것을 보고는 혹시 혼자 남은 것이 아닌지 두려워 깜짝 놀라며 옆을 바라보았다.

당황하고 있는 단테를 보고 베르길리우스가 미소를 지으면서 말했다.

"왜 아직도 믿지 못하는가? 내가 자네와 함께 있으며 자네를 인도하고 있지 않는가? 그림자를 드리우던 내 몸이 묻힌 그곳은 지금 벌써 저녁이 되어 가고 있네. 내 몸은 브린디시에서 나폴리로 옮겨져 묻혔네. 그러니 지금 내 앞에 그림자가 없다고 해서 놀랄 필요는 없네.

연옥의 산을 오르는 영혼들

하늘을 생각해 보게나. 어떤 하늘도 다른 하늘의 빛을 가로채지 않네."

이런저런 얘기를 나누는 동안에 그들은 정죄산의 기슭에 도착했다. 산이라기보다는 험준한 바위들이 하늘을 향해 깎아지른 듯이 솟아 있었는데 과연 날개 없이 그곳을 오를 수 있을까 싶었다.

경사가 좀 완만한 곳을 찾기 위해 이곳저곳을 살피고 있을 때 그들의 왼편에서 한 무리의 영혼이 나타났다. 그들은 발걸음이 무척이나 느렸는데 마치 제자리걸음을 하고 있는 듯했다. 베르길리우스의 말에 의하면 그들은 교회에서 파문당한 자들이라고 했다. 다만 죽기 전에 회개를 하여 이렇게 연옥으로 올 수 있었는데 저렇게 걸음이 굼벵이처럼 느려 터진 것은 구원에 이르는 길이 그만큼 멀다는 뜻이라고 말해 주었다.

베르길리우스가 그들을 향해 말했다.

"오, 은혜롭게 선택받은 영혼들이여! 그대들이 바라는 평화의 이름으로 부탁하오니 저 산 위로 올라가려면 어디로 가야 하는지 알고 계시면 좀 가르쳐 주십시오. 지혜로운 자들은 시간의 소중함을 알기에 시간 낭비하는 것을 가장 싫어하지요."

그러자 그들은 마치 양 떼가 맨 앞의 우두머리가 이끄는 대로 따르듯이 그들 곁으로 다가오다가 맨 앞에 있는 자들이 단테의 그림자를 보고 깜짝 놀라며 뒤로 주춤 물러섰다.

단테의 그림자를 보고 놀라는 영혼

베르길리우스가 그들을 안심시키면서 말했다.

"놀라지 마시오. 보다시피 저것은 육신을 가진 살아 있는 사람의 그림자요. 하나님의 뜻으로 살아 있는 몸으로 이 연옥의 산을 오르려고 하는 것이니 그렇게 놀랄 필요가 없소."

베르길리우스의 말을 듣고 그들은 손을 들어 앞쪽을 가리키며 단테 일행에게 갈 길을 알려 주었다.

그때 한 영혼이 단테를 향해 알은척하며 질문을 던졌다.

"저 혹시 이전에 저를 본 적이 없습니까?"

그의 말을 듣고 나서 단테가 자세히 보니 그는 금발 머리에 준수한 풍모를 지닌 영혼이었고 눈썹 위에는 상흔이 나 있었다. 단테는 아무리 생각해 봐도 기억이 나지 않았다. 그래서 본 기억이 없다고 대답하자 그는 제 가슴 앞섶을 풀어 헤쳐 상처를 보여 주면서 입을 열었다.

"나는 황후 코스탄차의 손자 만프레디라오. 나는 교황께로부터 파문을 받았지만 그래도 죽음을 맞이하는 순간에 회개함으로써 하느님께 용서를 받아 이처럼 연옥으로 향하는 무리 속에 끼게 된 것이지요. 그러나 한번 파문을 받은 사람들은 비록 죽는 순간에 회개하여 용서를 받았다 하더라도 세상에서 살았던 햇수보다 서른 곱절이나 더 고행을 하지 않으면 안 됩니다. 그러니 부탁하건대, 당신께서 세상으로 다시 돌아가시게 되거든 나의 착한 딸 콘스탄차(만프레디의 할머니와 같은 이름을 가진 만프레디의 딸은 아라곤의 왕 페드로 3세와 결혼했다.)에게 내 안부를 좀 전해 주시고 나를 위해 기도해 달라고 말씀해 주십시오. 그러면 나는 이 연옥의 비탈길에서 고행의 시간을 단축할 수 있습니다."

만프레디는 말을 마치며 주르르 눈물을 흘렸다.

그 말을 듣고 난 단테는 그가 불쌍하게 느껴졌다. 세상에서는 한 나라의 왕으로서 천하를 호령하던 그가 지금 자신의 처지를 한탄하며 눈물을 흘리고 있었다.

우리의 감각이 기쁨이나 슬픔에 사로잡혀 있으면 그 둘 중에서 어느 하나의 감각에 쏠려서 다른 기능에는 완전히 무디어진다. 이는 우리 안에서 한 영혼이 다른

연옥에서 만난 영혼
단테와 베르길리우스는 연옥 여행에서 여러 영혼을 만난다.

영혼과 함께 타오른다고 믿는 오류에 반대되는 것이다. 그래서 어떤 것을 보거나 들으며 우리의 영혼이 거기에 완전히 사로잡히게 되면 시간이 흘러도 무슨 일이 일어났는지 알지 못한다. 단테 역시 만프레디 영혼의 이야기를 들으며 놀라고 있는 동안 태양이 머리 위에까지 떠올랐지만 단테는 그 사실을 의식하지 못하고 있었다.

어느 순간 단테 일행은 영혼들이 한목소리로 외치는 곳에 다다랐다.

"당신들이 물었던 길이 바로 여깁니다."

길 입구에서 베르길리우스가 앞장을 서고 단테는 그 뒤를 말없이 따랐다. 그 길은 아주 비좁은 오솔길이었으며 가파르기 짝이 없었다.

단테는 기어가듯 험한 길을 간신히 따라가다가 앞이 조금 트인 산마루에 이르렀을 때 한숨을 돌리며 베르길리우스에게 물었다.

"스승님, 이제 어디로 가야 하나요?"

"한 발도 뒤로 물러서지 말게나. 자, 어서 내 뒤를 따라서 계속 산을 오르게나."

베르길리우스는 단테에게 발걸음을 재촉하며 계속해서 위로 올라갔다. 산꼭대기는 보이지 않을 정도로 높았고 오르막길은 수직으로 무척 가팔랐다. 단테는 숨을 몰아쉬며 도저히 더 이상 못 오르겠다고 버텼다. 그러자 베르길리우스는 단테를 격려하기 위하여 연옥에 대해 좀 더 자세히 설명해 주었다.

"이 정죄산은 처음 오를 때는 힘들지만 위로 올라갈수록 점점 편안해지게 된다네. 그래서 산에 오르는 것이 배가 강물을 따라 흘러내려가는 것만큼이나 편안해지면 이 오솔길의 끝에 이르게 되는데 그곳에서 자네의 고달픔은 달콤한 휴식으로 변하게 된다네."

연옥의 가파른 산을 오르는 단테와 베르길리우스

단테는 베르길리우스의 말에 용기를 얻어 암벽 사이의 틈새를 필사적으로 기어올라 갔다. 마침내 그의 스승을 따라 연옥 입구의 첫 번째 벼랑 위에 올라선 단테는 긴장이 풀리면서 그 자리에 털썩 주저앉고 말았다. 지나온 동쪽 산기슭을 내려다보니 아스라이 보였다.

연옥의 산 중턱에서 쉬고 있는 영혼들

두 번째 산비탈을 올라가기 위해 자리에서 일어나 길을 나서자 왼쪽으로 커다란 바위 하나가 우뚝 솟아 있는 것이 보였다. 그 바위 옆 그늘진 곳에 한 무리의 영혼들이 앉아서 지친 몸을 쉬고 있었다. 그 모습이 참으로 가관이었는데, 단테의 눈에 그들의 모습은 게을러빠진 모습으로 비쳐졌다. 단테는 그 모습을 보고 답답하다는 듯이 소리쳤다.

"스승님, 저들을 좀 보시지요. 저렇게 게으름을 부려 가지고서야 어느 세월에 올라갈 수 있겠습니까?"

그러자 그들 중 한 영혼이 단테의 말을 듣고 퉁명스럽게 말했다.

"그렇게 힘이 넘쳐나면 어디 한번 당신 먼저 올라가 보시든가."

단테는 그가 바로 세상에 사는 동안 그렇게도 게으름을 부렸던 악기 제작자 벨라쿠아(단테의 친한 친구이자 악기를 만드는 장인으로 피렌체에서 가장 게으른 자로 통했다.)임을 알아보고는 웃음을 감추지 못했다.

"벨라쿠아, 자네는 이곳에 와서까지 그렇게 게으름을 부리고 있는가? 안내자를 기다리고 있는 중인가, 아니면 게으른 옛날 버릇 때문인가?"

그러자 한숨을 내쉬며 그가 대답했다.

"오, 형제여, 그곳에 올라간들 무슨 소용인가? 문 앞에 앉아 있는 하느님의 천사가 내가 들어가 참회하는 걸 막을 텐데. 내가 선한 숨쉬기(회개를 뜻한다.)를 미뤘던 탓에 살았던 만큼 그 문밖에서 기다려야만 하네. 누군가가 세상에서 나를 위해 은총이 가득한 기도를 해 준다면 그 시간을 단축할 수 있지만 그 외에는 모두 아무런 쓸모가 없어. 그리고 그 기도가 하늘에 닿지 않는다면 나와 동행할 천사는 찾아오지 않을 걸세."

단테의 그림자_ 단테의 그림자를 보고 영혼들은 그가 살아 있는 사람임을 알게 된다.

그림자를 드리운 채 영혼들의 곁을 지나는 단테

그때 그들 뒤에 있던 한 영혼이 단테의 그림자를 보고 놀라며 소리쳤다.

"저기 좀 봐! 저곳으로 올라가고 있는 사람의 뒤로 그림자가 드리워져 있어. 게다가 그의 발걸음은 마치 살아 있는 자와 같지 않은가?"

영혼들은 모두 놀라는 눈초리로 단테와 길게 늘어진 그림자를 쳐다보며 웅성거렸다. 베르길리우스는 단테에게, 그들이 무슨 말을 하든지 절대로 한눈팔지 말라고 주의를 주었다.

그 무렵 멀리서부터 참회의 시편 노래인 '주여, 우리를 불쌍히 여기소서!'를 부르는 찬송 소리가 들려왔다.

멀리 산허리를 감돌아서 그들이 있는 곳으로 다가오고 있는 또 다른 영혼들이 기도하며 부르는 찬송 소리였다.

그 영혼들 역시 단테를 바라보는 순간, 단테가 살아 있는 자임을 금방 알아보았다. 그들에게 있어서 단테의 그림자는 풀 수 없는 수수께끼와도 같았다. 무리들 중에서 두 영혼이 놀란 표정을 지어 보이며 말했다.

"당신들은 대체 누구기에 이렇게 산 자의 몸으로 이곳까지 왔소?"

그러자 베르길리우스가 그들에게 말했다.

"당신들도 알다시피 이 사람은 당신들과는 달리 살아 있는 사람이오. 이 사람이 세상에 돌아가게 되면 당신들을 위해 기도하도록 당신들의 가족에게 전해 줄 수 있소."

그러자 이 가여운 영혼들은 단테 곁으로 우르르 모여들어, 자기들을 위해 잠시 멈춰 서서 혹시라도 이 가운데 아는 자가 있는지 살펴보고, 그래서 만일 있다면 그의 소식을 세상에 나가서 꼭 전해 달라고 애원을 했다.

"우리는 모두 전쟁 중에 폭력으로 죽었거나 제 명대로 살지 못한 자들이오. 우리는 숨을 거둘 때까지 죄 많은 영혼들이었지만, 어느 순간 하느님의 빛이 우리의 눈을 뜨게 하여 참회케 하셨고, 그로 인해 그분과 화해할 수 있게 된 것이오."

단테는 그들 가운데 아는 사람은 없었지만 베르길리우스에게 간청하여 영원한 평화의 이름으로 그들의 사정을 들어 주었다. 그들 가운데 몬테펠트로 출신인 부온콘테라는 영혼은 자신의 아내인 지오반나와 친지들이 자기를 위해 기도해 주지 않는다며, 자신의 소식을 그들에게 꼭 좀 전해서 자기를 위해 기도하게 해 달라고 단테에게 부탁했다.

단테는 그가 캄팔디노 전투에서 전사했으면서도 시신이 왜 그곳에 없었느냐고 묻자 그가 대답했다.

"나는 카센티노에서 목에 치명적인 상처를 입고 맨발로 정신없이 도망치다가 아르키아노강과 아르노강이 합쳐지는 지점에 이르러 의식을 잃고 쓰러져 성모 마리아의 이름을 부르다 숨을 거두었지요. 그때의 사정을 살아 있는 제 친지들에게 전해 주십시오. 그때 나의 영혼을 하느님의 천사가 데려가려고 했을 때 지옥의 마귀가 외쳐 댔습니다. '아니, 하늘에서 온 자여, 어찌하여 그를 훔쳐 가려고 합니까? 고작 한 방울의 눈물과 기도 때문에 그를 내게서 빼앗아 간단 말이오? 정 그렇다면 그가 지닌 영혼을 가져가시오. 나는 다른 부분을 가져갈 것이니 말이오.' 결국 이렇게 둘 사이에 합의가 이루어져 영혼은 천사가 데려가고 육신은 지옥의 마귀가 갖고 가기로 했던 것입니다. 그러고 나서 날이 저물자마자 지옥의 마귀는 폭풍우를 일으켜 내 시체를 아르노강에 떠밀어 넣었지요."

부온콘테

부온콘테는 캄팔디노 전투에서 기벨린당의 총사령관으로 출정했다. 그러나 목에 치명적인 상처를 입고 도망치다 행방이 묘연해졌고, 부하들은 그의 시신을 찾기 위해 전장을 샅샅이 뒤졌지만 찾을 수가 없었다. 단테도 피렌체군의 일원으로 참전한 바 있어서 그에 대해 잘 알고 있었다.

부온콘테의 영혼을 데려가려는 천사

단테는 부온콘테의 말이 채 끝나기도 전에 말했다.

"시신이 강물에 휩쓸려 떠내려가서 물고기 밥이 되어 버린 거군요."

부온콘테는 고개를 가로저었다.

"그렇지 않소. 강물에 휩쓸려 가던 시신은 아르노강 기슭 모래에 뒤덮인 채 지금도 썩어 가고 있다오."

단테는 현세로 돌아가면 기필코 부온콘테의 시신을 찾아내어 유골이나마 땅에 묻어 줘서 지친 그의 영혼을 달래 주리라 마음먹었다.

그때 또 다른 영혼이 끼어들었다. 그녀는 정숙한 여인 피아로, 남편에 의해 살해된 영혼이었다. 그녀는 나에게 넬로의 전처인 자신의 처지를 헤아려 달라고 간청했다. 이 살인 사건은 아직도 그 전모가 세상에 밝혀지지 않고 있는데, 넬로가 이웃에 사는 백작의 미망인과 결혼하기 위해 하인을 시켜 자신을 성의 창문 밖으로 내던졌다고 했다.

피아 여인의 영혼과 이야기를 하는 단테
피아는 시에나의 귀족 가문 출신으로 마렘마의 성주 아들인 피에트라의 넬로와 결혼했으나 젊은 나이에 남편에게 살해된 비극의 여인이다.

단테는 피아의 말에 깊은 동정을 느꼈다. 피아는 철저한 고독 속에서 하느님의 사랑을 깨닫고 넬로의 모든 잘못을 용서했던 것이다.

피아가 말을 마치기도 전에 또 다른 영혼들이 제각기 자신들의 사연을 말하기 위해 목청을 높이며 집요하게 달라붙었다.

살아 있는 사람의 기도로써 죽은 자의 영혼이 괴로움을 덜게 된다는 사실에 적잖이 고무된 단테는 베르길리우스에게 물었다.

"스승님의 시 《아이네이스》의 어딘가에서 '천국의 율법은 기도만으로 바뀔 수 없다'고 하신 것을 분명히 본 적이 있는데, 이 영혼들은 무슨 까닭인지 계속해서 이렇게 저에게 기도해 달라고 부탁합니다.

혹 제가 스승님의 시를 잘못 이해하고 있는 건 아닌지요?"

베르길리우스가 대답했다.

"분명 기도로써 하느님의 정의의 율법을 바꿀 수는 없네. 그러나 잘 생각해 보면 저 영혼들의 희망도 헛된 것만은 아닐 듯싶네. 산 자들이 죽은 자들을 위해 하느님께 간구하는 사랑의 열기가 죽은 죄인들이 받아야 하는 하느님의 심판에 어느 순간 영향을 준다 해도 하느님의 지고한 정의는 결코 사그라지지 않을 걸세. 내가 이렇게 생각하는 것은, 그 어떤 기도라도 하느님께 닿지 않는다면 죄를 씻을 수 없기 때문이야. 너무 깊은 의심에 갇히지 말아야 하네. 진실과 지성 사이의 빛이신 베아트리체께서 자네에게 분명히 말씀하실 때까지는 섣부른 의문이나 결론은 유보하게나."

《아이네이스》
로마 최대의 시인 베르길리우스의 장편 사시. 전 12권이 현존하고 있다.

베아트리체의 이름을 듣는 순간 단테는 가슴이 환해지면서 힘이 솟구쳤다. 그래서 산허리를 넘어가고 있는 해를 바라보며 단테는 그녀를 만날 욕심에 스승에게 발걸음을 재촉했다. 단테의 마음을 알아챈 베르길리우스는 앞으로 연옥의 꼭대기에 오르기 전에 여러 차례 태양이 떠오르는 것을 보게 될 것이라고 말해 주었다.

찬송하는 영혼들

스승과 제자가 발걸음을 재촉하여 다시 길을 떠나려 할 때 그들 앞에 웅크리고 앉아 두 사람을 바라보고 있는 외로운 영혼이 있었다.

"어쩌면 저 영혼이 우리가 가고자 하는 지름길을 알고 있을지도 모르네."

롬바르디아 출신의 영혼은 오만한 자세를 취하고 있었다. 그 침착한 눈에서는 당당함이 엿보였다. 두 사람이 지나가도 말 한 마디 없이 지켜보기만 할 뿐이었다. 베르길리우스가 그에게 다가가서 가장 좋은 오르막길이 어디에 있는지 가르쳐 달라고 부탁했지만 그에 대한 대답 대신 그들에게 어디서 태어났고 어떻게 살았는지를 물었다. 베르길리우스가 만토바 출신이라고 밝히자 그가 벌떡 일어나면서 말했다.

"정말 당신이 만토바 사람이란 말이오? 나는 당신과 동향인 소르델로라고 하오."

그는 베르길리우스의 목을 끌어안았다.

소르델로를 만나 이야기하는 베르길리우스_ 안토니오 바르니의 작품
소르델로는 당대의 유명한 음유 시인이다. 그는 자신의 시로 칭송했던 백작 부인과 사랑이 싹트게 되었고, 이로 인해 백작 부인은 불륜의 고통을 이기지 못하고 가출해 버렸다. 이에 따라 소르델로 역시 아무도 모르는 곳으로 유랑했다고 전해진다.

단테는 두 사람의 모습을 지켜보면서 씁쓸함을 느꼈다. 그들은 난생 처음 만났음에도 불구하고 단지 자기와 같은 나라 사람이라는 것만으로 마치 한 형제와도 같은 정을 느끼고 있었다. 그런데 정작 그들의 조국인 이탈리아는 지금 어떠한가! 단테는 안타까움을 마음속으로 토해 냈다.

'아, 노예의 나라여! 고통스러운 집이여! 폭풍 속에서 사공도 없이 떠도는 배여! 여러 나라를 다스렸던 위엄 있는 여왕은 간 곳 없고 오직 매춘부들만 들끓는 타락의 나라여! 자기 고향 이름만 듣고도 이리 반

기거늘 지금 그곳에 사는 자들은 서로 물고 뜯느라 여념이 없구나. 평화로운 곳이 어디 한 군데라도 있는지 해안을 둘러봐도 중심부를 찾아봐도 도무지 찾을 수가 없구나. 가난한 백성들은 도탄에 빠져서 허우적거리고 혼란은 그치질 않으니 이를 어쩌면 좋은가.'

단테는 세상에 있을 때 그런 국가의 모습에 실망하여 괴로워하다가 술에 취해 소리를 지르곤 했었다.

"오, 저희를 위해 지상에서 십자가에 못 박히신 지존이시여! 이런 말씀 드리기가 송구스럽지만 당신의 정의로운 눈은 도대체 어디를 향하고 계십니까? 저희를 영원히 버리셨나이까? 아니면 저희의 이해가 미치지 못하는 곳에서 화를 복으로 바꿀 준비를 하고 계시옵니까?"

당시에 단테는 생사를 넘나드는 고비를 맞고 있었다. 정치권과 교황권이 끝없이 갈등하면서 싸우는 곳이 바로 이탈리아였다. 단테의 고향인 피렌체 또한 마찬가지였다. 저마다 잘났다고 뽐내는 자들이 서

베르길리우스와 포옹하는 소르델로(중앙 그림)

베르길리우스와 소르델로
소르델로가 베르길리우스의 정체를 알고는 무릎 아래를 포옹하며 칭송한다.

로 나서서 동료들의 가슴에 화살을 날리는 일이 허다했다. 시민들은 정의를 따라 행동해야 할 때 침묵했고 늑장을 부렸다. 그저 말로만 시위를 당길 뿐이었다. 단테는 이런 상황에 절망했다. 그에 따라 꿈도 깨져 버렸고 방황의 날들만 이어졌다. 과연 피렌체는 미래가 있을 것인가.

단테가 두 사람의 모습을 보고 너무도 부러운 나머지 잠시 이런 상념에 빠져 있다 보니 그때까지 두 사람은 손을 붙잡고 있었다.

정중하고 반가운 인사가 거듭된 뒤에야 그 영혼이 베르길리우스에게 물었다.

"그런데 당신은 누구십니까?"

베르길리우스가 대답했다.

"나는 예수께서 탄생하기 이전에 그리스에서 돌아와 나폴리의 황제 옥타비아누스에 의해 장사 지내진 베르길리우스라고 하오. 내가 천국에 들어가지 못한 것은 세상에 살면서 죄는 짓지 않았지만 신앙이 없었기 때문이오."

소르델로는 믿을 수 없다는 표정을 짓더니 허리를 굽혀 그의 무릎 아래를 포옹하면서 칭송했다.

"오, 선생님은 만토바의 영원한 보람이며 라틴 민족의 영광이십니다. 선생님은 라틴어의 힘을 증명한 내 고국의 영원한 모범이십니다. 선생님을 이런 곳에서 만나 뵐 수 있게 되다니 정말 기쁘기 그지없습니다. 그런데 선생님은 지옥의 어느 구역에서 오시는 길인지요?"

"하늘의 도움으로 지옥의 모든 골짜기를 순례하고 이곳에 이르렀소. 연옥의 문이 어디에 있는지 가르쳐 줄 수 있겠소? 한시바삐 그곳으로 가야 하기 때문이오."

"그럼 제가 안내해 드리겠습니다. 하지만 보시다시피 이미 해가 이렇게 뉘엿뉘엿 기울고 있으니 하룻밤 편안히 묵으실 장소부터 찾아보심이 좋을 듯합니다. 밤이 되면 아무도 정죄산을 오를 수가 없기 때문입니다. 저기 오른편으로 영혼들의 무리가 있으니 괜찮으시다면 그곳으로 안내해 드리겠습니다. 아마 모르긴 해도 선생님이라면 그들도 기뻐할 것입니다."

"어째서 밤에는 올라갈 수 없소이까? 누가 방해라도 한단 말이오? 아니면 힘이 없어서 그러오?"

베르길리우스의 말에 소르델로가 손가락으로 땅바닥에 금을 그으며 말했다.

"해가 지면 이 선을 한 발자국도 넘어설 수가 없습니다. 누가 못 하게 하는 게 아니라 어둠이 우리의 의지를 꺾기 때문입니다."

소르델로와 베르길리우스, 그리고 단테까지 합친 세 시인은 산기슭을 향해 가다가 꼬불꼬불하고 울퉁불퉁한 샛길을 따라 자그마한 계곡에 이르렀다. 그곳은 형형색색의 아름다운 꽃들이 저마다의 향기를 뿜어내고 있었다. 이 세상의 온갖 귀금속과 보석을 다 합쳐도 이 계곡의

찬송하는 영혼들
소르델로의 안내로 단테와 베르길리우스는 찬송을 하는 영혼의 무리를 만나게 된다.

색깔을 당해 낼 수 없을 정도로 아름다웠다. 수많은 영혼이 잔디와 꽃밭 위에 앉아서 성모에게 바치는 노래를 부르고 있었다. 찬양을 들으니 단테의 가슴에도 평화가 넘치는 듯했다. 소르델로는 단테에게, 그들과 함께 섞여 있기보다는 노래 부르는 무리들을 내려다볼 수 있는 언덕으로 올라가자고 권유했다.

골짜기를 옮겨가자 그곳은 살아 있을 때의 지위에 따라 자리의 상하가 정해져 있었다. 그런 이유로 이 골짜기를 '군주의 골짜기'라 부르고 있었다. 단테는 그들이 살아생전에는 서로 원수였던 왕들이었으나 여기서는 서로 위로하며 노래하는 모습에 감동했다.

소르델로가 입을 열었다.

"이 언덕에서 저들이 하는 것을 지켜보는 것이 골짜기에서 저들을 따라가는 것보다 나을 것입니다. 다른 사람들은 모두 다 입을 모아 노래를 부르고 있는데 가장 높은 자리에 앉아서 저렇게 딴청을 부리고 있는 영혼은 황제 루돌프 1세(합스부르크 가문으로 1273년부터 1291년까지 신성 로마 제국의 황제였다.)입니다. 그는 신분이 높아 여기서도 저렇게 가장 위에 자리하고 있지요. 그리고 가장 낮은 곳에 있는 영혼이 후작 구일리엘모(북부 이탈리아의 몬페라토와 카나베세를 다스렸는데 알렉산드리아와 전쟁 중 포로로 잡혔다가 죽었다.)입니다. 그 사이에는 보헤미아의 왕 오토카르 2세(폭군이었으나 참회한 군주)와 납작코 사나이로 불렸던 프랑스 왕 필립 3세, 인자하게 생긴 나바라 왕 테발로 2세의 형제 엔리코, 샤를 양주, 아라곤의 피에트로 3세도 모습이 보이고, 또 홀로 앉아 있는 영국 왕 헨리 3세와 윌리엄 후작도 보이는군요."

군주의 골짜기의 단테와 베르길리우스
군주의 골짜기에서 서로 적이었던 군주들이 위로하며 평화를 도모하고 있다.

소르델로는 그들의 전생에 대해 일일이 언급하며, 아울러 그 후세에 이르기까지 과거와 현재를 넘나들며 상세하게 설명해 주었다.

뱃사람들이 향수에 젖고 순례자가 종소리에 사랑의 가슴앓이를 할 무렵, 단테는 드디어 영혼의 소리를 귀담아듣지 않고 있었다.

단테와 베르길리우스에게 하강하는 천사

소르델로의 얘기를 듣고 있다 보니 어느새 일몰이 되었다. 그때 영혼의 무리 가운데 하나가 두 손을 모으고 예루살렘이 있는 동쪽을 향해 서서 저녁 기도를 올리고 있었다. 단테가 보기에 그 모습은 너무나도 경건하고 아름다웠다.

저녁 기도의 성가 '빛이 다하기 전에'가 은은히 들리는가 싶더니 이내 다른 영혼들도 시선을 하늘로 향한 채 경건한 마음으로 선행자의 기도와 노래를 따라 불러 계곡 전체로 퍼져 나갔다.

그때 갑자기 칼끝이 둘로 갈라진 불칼을 손에 들고 두 천사가 하늘에서 내려오고 있었다. 두 천사 중의 하나는 단테가 있는 곳에 내려앉고 다른 천사는 계곡의 건너편 숲속에 날개를 접고 내려앉았다. 천사의 옷과 금빛 머리는 볼 수 있었지만 그 얼굴은 눈이 부셔서 도저히 쳐다볼 수가 없었다.

소르델로가 말했다.

"곧 날이 어두워지면 이 계곡에 수많은 뱀이 나타나는데 그 뱀들로부터 우리를 지켜 주기 위해 성모 마리아께서 보내 주신 천사들입니다."

그 말을 듣고 단테가 깜짝 놀라며 베르길리우스 옆으로 바짝 다가섰다. 소르델로가 말했다.

"자, 날이 어두워지기 전에 저 아래 고귀한 영혼들이 있는 곳으로 내려가서 얘기를 나눠 보는 게 좋겠습니다. 그들도 선생님을 만나면 기뻐할 것입니다."

니노 비스콘티
사르테냐섬 갈루라의 판사였으며, 우골리노 백작의 외손자였다. 할아버지와 피사의 시정을 둘러싸고 수차례 싸우다가 죽었다.

소르델로는 두 사람을 계곡 밑 영혼들이 쉬고 있는 곳으로 데리고 들어갔다. 단테가 몇 걸음 따라 내려갔을 때 벌써 그를 알아보는 영혼이 있었다. 그는 다름 아닌 단테가 존경하던 법관 니노 비스콘티였다. 그가 저주받은 자들 중에 끼어 있지 않은 것을 보고 단테는 무척이나 기뻤다.

니노가 단테에게 물었다.

"그 머나먼 지옥의 강을 지나 언제 이 산기슭에 오셨습니까?"

단테가 대답했다.

"슬픈 지옥을 통과하여 오늘 아침에야 이곳에 당도했습니다. 나는 아직 살아 있지만 또 다른 삶을 얻으려는 희망으로 이 길을 가고 있소이다."

소르델로와 니노는 놀란 얼굴로 단테를 잠시 쳐다보았다. 그때 니노가 불현듯 외쳤다.

"자, 코라도(코라도 말라스피나는 마그라 계곡에 있는 빌라프랑카의 후작이었다.)여! 일어나서 여기 하느님의 은총으로 여행하고 계시는 분을 보라!"

그러고는 그의 딸이 자신을 위해 기도하게 해 달라고 간청했다.

"당신께서 다시 세상에 나가시거든 내 사랑하는 딸 조반나에게 나를 위해 기도해 달라고 전해 주십시오. 그 아이의 엄마인 내 아내는 나를 더 이상 사랑하지 않소. 그녀는 내가 죽자마자 과부의 상징인 흰색 너울을 벗어 버렸소. 그러니 그녀에게 기도를 부탁해 봐야 아무런 소용이 없소이다. 나는 그녀를 통해 한 가지 배운 게 있습죠. 눈과 손길이 여자의 심장을 계속 뛰게 만들지 않는다면 여자의 심장에서 사랑의 불꽃은 그리 오래 타오르지 않는다는 것을 말입니다."

천사를 만난 단테
단테를 노리는 뱀을 물리치기 위해 두 천사가 단테 곁으로 다가오는 모습이다.

그때 소르델로가 베르길리우스의 팔을 잡아끌면서 소리쳤다.

"보세요, 저기 우리의 원수인 뱀이 나타났습니다!"

그가 팔을 들어 손가락으로 가리키는 곳을 바라보니 뱀 한 마리가 흉측한 긴 끈처럼 풀과 꽃 사이로 몸을 비틀어 꿈틀거리면서 기어오고 있었다. 아마도 하와에게 선악과를 준 그 녀석인

뱀을 쫓아내는 천사_ 귀스타브 도레의 작품
소르델로에 의해 발견된 뱀은 두 천사에 의해 쫓겨나고 단테는 연옥의 언덕에서 휴식을 취한다.

듯싶었다. 순간, 두 천사가 푸른 날개로 잽싸게 공기를 가르며 나타나자 그 뱀은 줄행랑을 쳤고, 주위를 돌며 살피던 천사들도 어느새 제자리로 날아 돌아갔다.

그런 소동이 있는 동안에 해가 서산 너머로 져 버렸으므로 단테는 하루 동안의 피로를 풀 겸 잔디 위에 누워 자신의 팔을 베고 잠을 청했다.

황금 열쇠와 은열쇠

아침이 찾아오면 옛날의 기억을 떠올리며 구슬픈 노래를 지저귀는 제비가 있었다. 그 제비는 바로 필로멜라였는데, 그녀는 언니 프로크네의 남편 트라키아의 왕 테레우스에게 능욕을 당했던 것이다. 테레우스는 필로멜라가 이 사실을 세상 사람들에게 고백할까 두려운 나머지 그녀의 혀를 뽑아 버렸다.

그러나 그녀의 언니 프로크네가 이 사실을 알게 되었고, 결국 필로멜라와 계략을 꾸며 자신과 테레우스 사이에서 낳은 아들 이티스를 죽여서 요리해 테레우스에게 먹도록 했다. 그것이 가장 큰 복수라고 생각했기 때문이다. 그러나 그 죗값으로 언니 프로크네는 꾀꼬리가 되었고 동생 필로멜라는 제비가 되었다는 전설이 있다.

이렇듯 아침을 알리는 제비 울음소리가 들려올 때면 사람들의 정신은 육체를 멀리 떠나 방황하게 되고 판단력이 흐려지게 마련이다.

동편에서 여명이 밝아 오는 새벽 무렵, 단테는 꿈속에서 금빛 깃털

가니메데스의 납치_ 가브리엘 페리에의 작품
제우스의 독수리가 트로이 왕자 가니메데스를 납치하는 장면이다.

독수리에 의해 납치되는 단테

을 단 독수리가 공중에서 땅으로 하강하는 꿈을 꾸었다. 그 큰 독수리가 하늘을 한 바퀴 선회하다가 갑자기 하강하여 트로이의 왕 트로스의 아들인 아름다운 청년 가니메데스 왕자를 채 가지고 천국으로 날아가 버리는 신비스러운 꿈이었다.

그런데 금빛 독수리가 또다시 나타나더니 하늘을 빙빙 돌다가 갑자기 번개처럼 하강하여 단테를 번쩍 안고 공중으로 날아올라 영원히 불타고 있는 세계로 데려가는 것이었다.

그런 후 단테는 불길에 가까워질수록 몸이 뜨거워서 견딜 수 없는 지경에 이르렀고, 그 순간 단테는 깜짝 놀라며 꿈에서 깨어났다.

자리에서 일어난 단테는 한 번도 본 적이 없는 낯선 산에 자신이 와 있음을 알고 깜짝 놀라 눈을 휘둘러 주위를 살펴보았다. 그의 곁에는 언제나처럼 단테의 위로가 되는 베르길리우스가 자리를 지키고 있었다.

'분명히 나는 계곡의 잔디밭에서 팔베개를 하고 잠들었었는데 어째서 내가 이런 산마루에 와서 누워 있게 된 것일까?'

그가 잠들어 있던 동안에 태양은 벌써 꽤 높이 떠올라 있었고 그의 얼굴은 바다를 향해 있었다.

베르길리우스는 잠에서 깨어난 단테가 어리둥절한 표정으로 주위를 살피는 모습을 보고는 그를 안심시켰다.

"두려워하지 말게나. 우리는 이미 정죄산 중턱에 와 있으니까 말일세. 이제 곧 연옥에 당도할 걸세. 저 아래쪽을 보면 바위가 갈라진 틈이 보이지? 저곳이 바로 정죄산 입구라네."

단테가 여전히 놀랍고도 의혹이 가득한 낯빛을 하고 있자 베르길리우스는 계속해서 말을 이었다.

"아직도 안심이 되지 않는 모양인데, 그럼 그간 있었던 일을 상세히 말해 주겠네. 동이 틀 무렵, 자네가 아직 깊은 잠에서 깨어나지 않고 꿈속을 헤맬 때 성녀 루치아께서 내려오셔서 말씀하시기를, '나는 루치아입니다. 내가 이 분의 여정이 수월하도록 도와

연옥의 계단을 오르는 단테와 베르길리우스

드릴 것이니 잠들어 있는 그대로 데리고 가게 해 주세요.' 하시고는 소르델로를 비롯한 다른 영혼들과 작별을 고한 다음 자네를 감싸 안고 공중을 날아서 이곳에다 내려놓으셨네. 그리고 나도 그분의 뒤를 따라 이곳에 이르렀고 말일세. 그러고 나서 그분은 아름다운 눈빛으로 연옥으로 통하는 문을 가르쳐 주셨네. 그분이 사라지고 얼마 되지 않아 자네가 잠에서 깨어났지."

모든 의문이 풀리고 나자 단테는 확신이 생기고 공포가 위안으로 바뀌었다.

단테가 안정을 되찾자 베르길리우스는 다시 연옥의 입구를 향해 오르기 시작했다. 단테는 허둥지둥 베르길리우스의 뒤를 따랐다.

단테는 현세의 육신을 지닌 존재로서 새로운 에너지를 그 육신의 그릇 속에 담기 위해서는 수면이 필요했다. 깊은 잠에 빠진 그는 차라리 의식을 잃었다고 표현하는 것이 옳으리라! 그는 꿈을 통해 성녀 루치아의 화신인 독수리에 의해, 죄를 하나하나 씻어 내는 정화의 입구까지 다다를 동안의 과정을 모두 다 느낄 수 있었다.

두 사람은 드디어 바위가 갈라진 틈새에 이르렀다. 그러나 그곳은 바위의 틈새라기보다는 당초 성벽이었던 것을 정확하게 둘로 쪼개 놓은 것처럼 보였다. 갈라진 틈 사이로는 웅장하고 견고해 보이는 문이 하나 있었다.

그리고 그 문 밑으로는 각각 색깔이 다른 세 개의 돌계단이 놓여 있었는데, 그 돌계단의 맨 꼭대기에는 문지기가 보초를 서고 있었다. 문지기는 번쩍거리는 칼을 손에 들고 두 사람을 쳐다보았다. 단테는 두려운 마음이 들어서 그의 얼굴조차 볼 수가 없었다. 돌계단에 서 있던

연옥의 문앞에 선 단테와 베르길리우스

문지기가 그런 단테를 향해 말을 건넸다.

"그 자리에 멈추시오. 당신들이 원하는 게 무엇이오? 안내자는 어디에 있소? 안내자도 없이 무조건 위로 오르기만 하면 되는 줄 아시는가? 함부로 올라가면 위험하니 조심해야 하오."

그러자 베르길리우스가 침착한 어조로 대답했다.

"이곳까지 우리를 인도하신 분은 루치아 성녀님이십니다. 이 문을 가르쳐 주신 분도 그분이시고요."

베르길리우스가 말을 마치자 문지기는 정중하게, "그분께서 당신들을 인도하시기 위해 지름길을 열어 주신 것이라면 어서 속히 이 계단을 오르도록 하십시오."라고 말하면서 두 사람을 안내했다. 그리하여 두 사람은 안심하고 첫 번째 계단(첫 번째 계단은 양심을 상징하는 것으로, 양심에 비추어 죄를 씻고 성찰하는 곳이다.)을 오를 수 있었다. 계단은 밝게 빛나는 거울처럼 흰 대리석으로 되어 있어서 자신의 모습이 그대로 비

연옥의 계단을 오르는 단테와 베르길리우스

치고 있었다. 이곳은 양심에 비추어 겸손하게 자신을 성찰하며 회개하는 곳이었다.

첫 번째 계단을 지나 두 번째 계단(두 번째 계단은 우리 마음의 어두운 그늘을 상징하며, 죄를 고백한 마음이 고집을 이긴 것을 의미한다.)을 올라가니 그곳은 짙은 자색을 띤 울퉁불퉁한 돌로 이루어져 있으면서 가로세로로 갈라진 틈새가 보였다. 그곳은 자신의 영혼이 그처럼 아픈 죄로 깨어져 금이 가 있음을 고백하는 곳이었다.

또한 세 번째 계단(세 번째 계단은 죄를 씻고 열매를 맺어 하느님의 뜻을 이루겠다는 불타는 사랑을 상징한다.)은 마치 핏줄에서 용솟음치는 피가 이글거리는 듯한 붉은 색의 바위로 구성되어 있었다. 이것은 그리스도께서 사랑으로 흘리신 보혈의 보상을 뜻하는 것이었는데, 그 위에 하느님이 보내신 천사가 있었다. 하느님의 천사는 금강석으로 만들어진 문지방 위에 앉아 있었다. 그 앞에 이르자 베르길리우스가 단테에게 눈짓을 하며 속삭였다.

"빗장을 풀어 달라고 공손한 태도로 청하게."

단테는 천사의 발아래 공손하게 무릎을 꿇고 앉아 문을 열어 달라

세 번째 계단에서 만난 천사
하느님이 보낸 천사가 세 번째 계단에 나타나서 단테와 베르길리우스에게 연옥의 문을 열어 준다.

고 간청했다. 그러고 나서 그는 '생각'과 '말'과 '행실'에 대한 세 가지 죄를 뉘우치는 고백의 표시로 '내 탓입니다. 내 큰 탓 때문입니다'를 읊으며 가슴을 세 번 쳤다. 그러자 천사는 단테의 이마에 번쩍이는 칼로 일곱 개의 P 자(P 자는 죄를 의미하는 라틴어 Peccati의 약자로, 일곱 가지의 대죄악의 뿌리, 즉 교만, 인색, 질투, 분노, 나태, 탐욕, 방탕을 상징한다.)를 새겨 주며 말했다.

"이제 안으로 들어가서 하나하나 이 상처들을 씻어 내도록 하라."

단테에게 연옥의 문 열쇠를 건네는 천사

곧이어 천사는 그의 흰 옷에서 두 개의 열쇠를 꺼내어 단테에게 주었다. 하나는 황금 열쇠였고 하나는 은열쇠였다.

"이 황금 열쇠는 인간의 죄를 사하시는 하느님의 권능의 열쇠이고 은열쇠는 참회하는 자를 판단하는 사제의 재량을 표시하는 열쇠니라. 이 열쇠들은 내가 성 베드로에게서 인계받은 것인데, 만약이 두 열쇠의 힘이 완전히 합치되지 않으면 이 문은 열리지 않게 되고, 그렇게 되면 너희는 연옥으로 결코 들어갈 수 없게 된다."

천사는 연옥문을 가리키며 단테에게 문을 열도록 했다.

단테는 연옥문 앞으로 다가가서 먼저 은열쇠를 꽂고 다음에 황금 열쇠를 꽂았다. 그러자 그 거룩한 문이 크고 요란한 소리를 내며 스르르 열렸다.

천사는 단테의 일행을 문안으로 들여보내기에 앞서 충고했다.

"자! 어서 들어가거라. 들어가면서 절대로 뒤를 돌아다봐서는 안 된다. 만일 뒤를 돌아보면 밖으로 다시 되돌아 나가게 된다는 사실을 명심하도록 해라."

단테 일행은 연옥문 앞에 서서 그 성스러운 문을 힘껏 밀었다. 튼튼한 굴대가 소리를 내며 돌쩌귀 속에서 돌았다. 그 소리가 얼마나 요란하던지 마치 로마의 호민관 메텔루스의 반대를 물리치고 카이사르의 군자금으로 쓰기 위해 타르페이아 언덕의 보물을 훔칠 때 언덕에 있던 사트르누스 신의 신전이 냈던 굉음도 이보다는 못할 듯싶었다.

단테와 베르길리우스가 안으로 들어서자 곧 문이 닫히고 자물쇠가 채워지는 소리가 요란하게 들려왔지만 단테는 잠시 놀라기만 했을 뿐 뒤를 돌아다보지는 않았다. 그때 어디서엔가 테 데움(te deum) 즉 '주여, 당신을 찬미하나이다.'라는 찬미 소리가 감미롭게 들려왔다.

연옥의 정죄산을 오르는 단테와 베르길리우스
_ 윌리엄 블레이크의 작품

마침내 연옥문 안으로 들어선 두 사람이 갈라진 바위틈을 따라 오르는데 그 길은 심하게 울퉁불퉁하여 마치 사납게 춤추는 파도와도 같았다. 단테가 그곳을 어떻게 지나가야 할지 몰라 그 자리에 멈춰선 채 고민에 빠지자 베르길리우스가 방법을 설명해 주었다.

"여기를 지나가려면 요령이 필요하네. 상황에 맞춰 몸을 이리저리 움직여 가며 바위가 우묵한 쪽으로 몸을 바짝 붙이게나."

베르길리우스의 말대로 바위틈을 빠져나가려니 더디기가 이루 말할 수 없었다. 지옥의 문은 넓고 열려 있었던 반면에 연옥의 문은 지키는 자들이 매우 엄했고, 그곳을 들어선 뒤에도 바늘구멍처럼 비좁

연옥의 절벽에 새겨진 조각들을 감상하는 단테와 베르길리우스

고 험한 길이 계속해서 이어져 있었다.

두 사람은 마침내 산이 뒤로 물러서고 앞이 탁 트인 곳에 이르러서야 겨우 한시름 놓을 수 있었다. 그곳은 둥글둥글한 바위로 이루어진 한적한 벼랑이었다. 눈앞에 펼쳐진 그 길은 하늘 끝까지 닿아 있었고 양옆에는 사람 키의 세 배를 훨씬 넘는 절벽이 치솟아 있었다.

단테는 극심한 피로감으로 인해 더 이상 앞으로 헤쳐 나갈 자신이 없었다. 두 사람은 한동안 아찔한 절벽을 바라보았다. 하얀 대리석으로 뒤덮여 있는 절벽은 폴리클레이토스(기원전 5세기에 이름을 날렸던 그리스의 조각가)의 조각품들은 물론 자연조차도 무색할 만큼 완전무결하고 휘황찬란한 작품들로 가득 차 있었다.

우선 단테의 눈에 제일 먼저 띈 것은 예수의 탄생을 알리러 온 가브리엘 대천사의 모습이었다. 평화가 넘치는 그 모습에서는 당장이라도 입술을 움직여 '은총을 받은 이여, 기뻐하라. 주께서 너와 함께하신다.'라고 말할 것만 같았다. 그리고 그 옆에는 성모 마리아의 온유하고 겸손한 모습이 조각되어 있었는데, 마치 '여기 주의 종이 있나이다. 말씀대로 저에게 이루어지기를 바라나이다.'라고 말하고 있는 듯했다.

이 밖에도 성스러운 궤(다윗이 웃사를 시켜 궤를 옮길 때 그 궤가 흔들렸는데 그것을 바로잡으려던 웃사가 그 자리에서 죽고 만다.)를 운반하는 다윗의 모습과 로마의 황제 트리야누스가 위대한 승리를 거둔 후 말 위에서 기사들과 병정들의 무리에 둘러싸여 있는 모습 등이 더할 수 없이 훌륭하게 조각되어 있었다.

교만한 자들의 짐

무엇인가 꿈틀대며 다가오고 있는 것을 보고 단테가 베르길리우스에게 말했다.

"스승님, 저기 우리 쪽으로 다가오고 있는 것은 아무래도 사람이 아닌 것 같습니다."

베르길리우스가 대답했다.

"나도 처음에는 저것이 대체 무엇일까 궁금했는데 알고 보니 죗값을 치르느라 저렇게 머리가 땅바닥에 닿을 정도로 몸을 구부리고 있는 것이지. 바위를 등에 지고 오는 자들을 한번 눈여겨보게나. 그동안 자신이 지은 죄를 뉘우치며 '내 탓이오.' 하고 자신의 가슴을 치고 있는 모습이 보일 걸세."

과연 그 모습은 천장이나 지붕을 떠받치기라도 하는 듯이 무릎을 가슴에 대고 구부린 등에는 짐이 있었는데, 그 짐의 무겁고 가벼움에 따라 무릎의 굽힘이 크거나 작거나 하는 것 같았다.

단테가 베르길리우스에게 물었다.

“저들은 무슨 죄를 지었기에 저렇게 비참한 모습으로 벌을 받고 있는 것입니까?”

“저들은 생전에 주일마다 교회에 나가며 스스로 그리스도인임을 자처한 자들이라네. 그러나 자신의 힘만 믿고 날뛰던 교만했던 자들과 자신의 재능이나 권력을 무기로 다른 사람들을 무시했던 자들이라네. 심판 날을 향해 한 걸음씩 나아가는 것이 바로 인생이라는 사실을 저들은 모르고 있었던 거야.”

그 고통이 얼마나 힘겨운지 인내심이 남다를 것같이 보이는 영혼조차도 ‘더 이상은 견딜 수 없도다!’ 하고 울부짖고 있는 듯 보였다.

속죄의 영혼들은 무거운 짐을 짊어지고 느릿느릿 걸으면서 구절구절 주기도문을 읊어 댔다.

“하늘에 계신 우리 아버지여, 아버지의 이름을 거룩하게 하시며, 아버지의 나라가 오게 하시며, 아버지의 뜻이 하늘에서와 같이 땅

자신의 죄를 속죄하기 위해 무거운 짐을 짊어지고 가는 영혼들.

속죄의 행렬_ 귀스타브 도레의 작품
자신의 죄를 속죄하기 위해 무거운 짐을 짊어지고 가면서도 성경 구절을 암송하는 영혼들.

에서도 이루어지게 하소서. 오늘 우리에게 일용할 양식을 주시고, 우리가 우리에게 잘못한 사람을 용서하여 준 것같이 우리 죄를 용서하여 주시고 우리를 시험에 빠지지 않게 하시고 악에서 구하소서. 나라와 권능과 영광이 영원히 아버지의 것입니다. 아멘."

무거운 짐을 짊어지고 성경을 읽으며 속죄하는 영혼
_ 윌리엄 블레이크의 작품

그러고 나서 후반에서는 자신들뿐만 아니라 다른 이들을 위해서도 기도하였다.

"사랑하는 하느님, 우리가 드리는 이 기도는 기도의 보람조차 없어진 우리 자신들을 위함이 아니라 오직 우리 뒤에 남아 있는 자들을 위함이옵나이다."

세상에 사는 동안 자신이 지은 죄의 경중에 따라 그 무게가 각기 다른 짐을 짊어지고 고통에 못 이겨 숨을 헐떡이고 있는 영혼들을 지켜보면서 단테는 상념에 빠졌다.

'세상에서 지은 죄를 씻으면서 걸어가고 있는 연옥의 영혼들이 우리 세상 사람들을 위해 기도해 주고 있다니! 세상에서 하느님의 은총을 받으며 선하게 살아가고 있는 사람들은 이곳 연옥에 있는 영혼들을 위해 과연 무슨 기도를 어떻게 해야 할 것인가?'

단테가 연옥의 문을 들어서서 등에 무거운 짐을 진 영혼들을 만나고 있다.

이처럼 하느님께 기도를 드리며 속죄하는 영혼들은 저마다 짊어진 짐과 괴로움의 크기는 달랐지만 연옥의 첫 번째 언덕을 올라가면서 속세에서 지었던 죄악들을 말끔히 씻어 내고 있었다.

베르길리우스는 그 영혼들이 하루 속히 천국에 오르게 되기를 기도드리고 나서 두 번째 언덕으로 올라가는 길이 어느 쪽에 있는가를 묻자 영혼들 중의 하나가 나서며 대답했다.

"오른쪽 언덕으로 우리를 따라오십시오. 그러면 살아 있는 자도 오를 수 있는 길을 찾을 수 있을 것입니다. 나는 나의 교만을 다스리는 이 바위 때문에 얼굴을 쳐들 수가 없으니 아직 살아 있으면서 나의 이 고통스러운 짐을 동정하는 당신이 누구신지 바라볼 수가 없구려."

그는 깊은 한숨을 토해 내고 나서 자신이 누구인지를 밝혔다.

"나는 이탈리아 사람이며 위대한 토스카나의 아들 움베르토라고 합니다. 구일리엘모(구일리엘모 백작은 토스카나의 광대한 영지를 다스렸고 그 세력이 대단히 강력했다.) 알도드란데스코가 내 선친이신데 혹시 그 이름을 들어 본 적이 있는지 모르겠구려. 유서 깊은 혈통과 훌륭한 업적을 쌓은 가문에서 태어난 나는 너무나도 거만하게 굴었기에 나의 집안 모두를 재앙에 빠뜨리고 말았소. 그러기에 하느님께서 만족하실 때까지 이렇게 죽어서 대가를 치르고 있습니다. 살아 있을 때 하지 못했던 의무를 죽은 다음에야 이행하고 있는 셈이지요."

옴베르트의 말을 들은 단테는 스스로를 반성했다. 그때 한 사내가 무거운 짐 밑에서 몸을 비틀어 단테를 향해 힘겹게 눈길을 주며 물었다.

"당신은 혹시 단테가 아니오?"

단테는 깜짝 놀랐다. 이곳에서 자신을 알아보는 자가 있다니! 단테는 그의 얼굴을 보기 위해 허리를 굽혔다. 그 영혼의 얼굴을 바라본 단테는 반가움과 함께 안타까운 마음을 금할 수가 없었다.

"아니, 오데리시! 아곱비오의 자랑이며 파리에서도 최고의 세밀화가로 손꼽히던 당신이 이곳에 있다니……."

단테가 자신을 알아보며 이렇게 칭찬하자 그가 조용히 대답했다.

"훌륭한 예술가라니요, 당치도 않은 말씀입니다. 오히려 나의 제자이며 후배인 볼로냐 사람 프랑코(14세기 초에 활동했던 세밀화가)가 훨씬 더 위대한 화가였고 내 작품은 그의 작품 세계의 일부에 불과할 따름이지요."

오데리시는 목이 메어서인지, 아니면 눈을 뜨고 있기가 힘들어서인지 잠시 말을 멈추었다가 이었다.

"불행하게도 나는 생전에 오로지 남을 앞지르려는 욕망에만 눈이 먼

등에 무거운 짐을 짊어지고 속죄하는 오데리시
단테는 속죄의 영혼들 중 피렌체의 예술가 오데리시를 만나 르네상스 미술의 거장이 된 조토 디 본도네의 이야기를 듣는다.

나머지 그걸 깨닫지 못했어요. 겸손한 말이라곤 한 번도 해 본 적이 없지요. 그걸 지금 이곳에 와서 갚고 있지만, 그나마 생전에 하느님을 믿었으니 이곳에라도 오게 된 것이지 그러지 않았다면 지옥행을 면치 못했을 것이오. 오, 인간 능력의 헛된 영광이여! 그 꼭대기에 다다른들 그 영광의 순간이 얼마나 짧던가! 화가로서 한 획을 그었던 치마부에(르네상스 예술의 선구자로 피렌체 출신의 화가)도 제자 조토(르네상스 예술의 꽃을 피운 화가)에게 그 명성을 넘겨주었지요. 또한 구이도(구이도 카발칸티)가 다른 구이도(구이도 구이니첼리)한테 명성을 넘겨주었듯이 이 두 사람을 쫓아낼 자가 이미 세상에 태어났을 거요. 세상의 명성이란 게 한낱 한 줄기 바람에 지나지 않으니 바람의 방향이 바뀌면 금세 이름도 바뀌게 되지요. 당신이 아무리 세상에서 명성을 얻는다 해도 그것이 천 년을 갈까요, 아니면 만 년을 갈까요? 천 년도 하늘에서는 눈 깜짝할 시간에 불과하오. 저기 내 앞에서 바삐 걸어가는 자는 한때 토스카나를 떠들썩하게 한 사람이지만 지금에 와서는 어느 누구도 그에 대해 말하고 있지 않소."

조토 디 본도네의 초상
르네상스 회화의 새로운 장을 연 이탈리아 화가. 나폴리 궁정 화가인 조토는 설득력 있는 상황을 그리기 위해 비잔틴적 요소에 자연주의적 양식을 결합시켰다. 생생하고 입체적인 그의 인물 묘사는 다빈치, 존 러스킨, 보카치오, 헨리 무어 등 수많은 예술가의 칭송을 받았다.

단테는 오데리시에게 물었다.

"당신의 진실한 말을 듣고 보니 교만한 마음이 사라지고 겸손한 마음이 생깁니다그려.그런데 방금 전에 말씀하신, 당신 앞에 바삐 걸어가는 사람은 누구입니까?"

"오만하게도 시에나를 지배하려 했던 프로벤차노 살바니(시에나의 귀족으로 토스카나 기벨린당의 당수였던 그는 몬타페르티 전투에서 공을 세우고 피렌체를 파멸시키자고 주장하다가 반대 당원에게 살해당했다.)입니다. 살아생전

오데리시로부터 속죄받는 영혼들의 사연을 듣는 단테

에 지나치게 교만했던 탓에 죽은 다음에는 저렇게 쉴 새 없이 참회를 해야 하지요."

단테는 그의 말을 들으면서 가슴이 뭉클했다. 평소에 사람들에게 겸손하게 대한다는 것이 얼마나 소중한 일인가를 깨달았을 뿐 아니라, 그 사실을 깨닫고 속죄하는 그들의 마음이 얼마나 뼈에 사무치고 있는지도 확실히 느낄 수 있었다.

생전에 교만했던 자신들을 뉘우치는 그들을 따라가는 단테의 모습은 마치 멍에를 지고 걸어가는 황소와도 같았다. 그때 베르길리우스가 오데리시와 단테를 향해 소리쳤다.

"자, 이제 작별 인사를 나누게나. 여기서부터는 각자 힘을 다해 자신의 길을 걸어가야만 하네."

오데리시와 작별 인사를 나눈 뒤 베르길리우스를 뒤따르는 단테의 발걸음은 한결 가벼워져 있었다.

한동안 말없이 걷던 베르길리우스가 입을 열었다.

"여기가 연옥의 첫 번째 옥이네. 고개를 숙여 지금 자네가 걷고 있는 발밑을 보게나. 그러면 발을 떼기가 한결 수월할 걸세."

사람이 죽으면 그의 행적을 무덤 뚜껑 위에 새겨서 오래토록 후손들에게 전해지도록 한다. 그래서 그 글귀를 읽을 때마다 후손들은 때로는 눈물을, 때로는 덧없는 세월을 읽기도 한다. 절묘한 솜씨로 조각되어 있는 그 그림들은 하느님 앞에서 교만했기 때문에 번개같이 하늘로부터 내쳐져 지옥으로 떨어지는 마왕 루시퍼의 모습을 비롯하여 숱한 그림들로 채워져 있었다.

두 번째 그림은 제우스의 번개를 맞고 땅바닥에 내쳐진 브리아레오스, 세 번째는 태양신 아폴론와 아테나, 그리고 아레스가 지켜보고 있는 가운데 죽음을 당하는 거인들의 광경, 네 번째는 바벨탑 아래에서 언어를 잃고 혼란에 빠져 있는 자들을 어리둥절한 모습으로 바라보고 있는 니므롯, 다섯 번째는 열네 명이나 되는 자식들이 죽어 나자빠져 있는 것을 바라보며 고통스러워하는 니오베, 여섯 번째는 길보아산에서 크게 패하여 세 아들을 잃고 자살한 사울왕, 일곱 번째는 자신의 솜씨만 믿고 아테나와 베 짜는 기술을 겨루던 중 비단 위에 신들을 모욕하는 수를 놓았다가 신들의 노여움을 사서 흉측한 거미가 되어 버린 아라크네, 여덟 번째는 겁에 질려 수레를 타고 도망치는 르호보암(지혜의 왕 솔로몬의 아들), 아홉 번째는

단테가 연옥의 절벽에 새겨진 그림들을 보고 있는 장면

보석에 눈이 어두운 나머지 남편 암피아라오스를 배신하고 죽음으로까지 이르게 했다가 자기 자식에게 살해된 에리필레, 열 번째는 하느님을 모독하고 유다와 예루살렘을 위협하다가 자식들에게 죽임을 당한 아시리아의 왕 산헤립, 열한 번째는 토미리스 왕비에게 살해당한 페르시아의 키로스, 열두 번째는 유다의 고을을 침입했다가 살해당한 홀로페르스네, 그리고 마지막으로 보이는 그림은 폐허가 되어 잿더미만 남은 트로이의 모습이었는데, 길 위에 조각된 이 모든 그림이 너무나도 적나라하게 묘사되어 있어서 죽은 사람은 정말로 죽은 것 같았고

홀로페르스네의 죽음_ 카라바조의 작품
이스라엘의 젊은 과부 유디트가 유대 지방 베툴리아를 점령한 아시리아 장수 홀로페르스네를 유혹하여 살해하는 장면이다.

산 사람은 정말 살아 있는 것 같은 모습이었다.

단테가 정신없이 조각에 열중해 있는 동안 두 사람의 그림자는 생각했던 것보다 훨씬 짧아져 있었다. 그리고 두 사람은 벌써 산 중턱을 꽤 많이 돌아온 상태였다. 그때 계속해서 앞을 살피며 걷고 있던 베르길리우스가 입을 열었다.

천사의 조각상

"고개를 들게나. 지금은 그렇게 깊은 생각에 잠겨 있을 때가 아닐세. 벌써 정오가 다 되었어. 우리를 맞으러 내려오는 저 천사를 좀 보게나. 저 천사가 우리를 위로 데려다줄 걸세. 그러니 표정이나 태도에 깍듯이 예의를 갖추도록 하게나."

단테가 눈을 들어 보니 과연 눈보다 더 흰옷을 입고 샛별처럼 반짝거리는 얼굴을 한 천사가 두 사람 앞으로 다가오고 있었다. 두 사람 앞으로 다가온 천사가 두 팔을 벌리더니 이어 날개를 활짝 펴면서 말했다.

"자, 나를 따라오너라. 위로 오르는 계단이 있는 곳까지 너희를 안내하겠다. 이제 교만의 죄를 씻게 될 터인즉 몸이 훨씬 가벼워져서 계단 오르기가 수월할 것이다."

천사는 두 사람을 계단이 있는 바위 틈새로 인도한 다음, 제 할 일을 마치고 돌아가기 전에 자신의 날개로 단테의 이마를 쓸어내려 한 개의 상처를 없애 주었다. 몸이 훨씬 가벼워지고 힘들지 않게 느껴진 단테가 스승에게 물었다.

단테를 인도하는 천사_ 크리스토발 로하스시의 작품
단테가 눈처럼 하얀 천사에 의해 인도되는 장면이다.

"스승님, 참으로 이상합니다. 계단을 오르는데도 전혀 피로하지 않고 오히려 몸이 더욱 가벼워지니 이게 어찌된 일인지요?"

베르길리우스가 미소를 지으며 대답했다.

"천사가 되돌아가면서 자신의 날개를 들어 자네의 이마를 가볍게 쓸어 준 것을 기억하는가?"

단테는 말없이 고개를 끄덕였다.

"처음 우리가 연옥에 들어오기 바로 전에 문지기 천사가 자네의 이마에 일곱 개의 P 자를 써 주었지? 천사가 날개를 들어 그중 한 개를 지워 준 것이라네. 다시 말해, 교만 하나가 지워진 것이지. 하지만 자네의 이마에는 아직도 여섯 개의 P 자가 남아 있네. 그 나머지가 모두 지워질 때 비로소 몸에 날개를 단 듯이 몸이 가벼워질 걸세."

단테가 고개를 갸우뚱하며 스승에게 물었다.

"저는 육체를 가진 인간인데 어찌 가벼워질 수 있겠습니까?"

"그것은 선한 마음이 자네의 발밑을 받쳐 주기 때문이지. 그래서 전혀 피로도 느껴지지 않게 되고 모든 것이 즐겁고 행복하기만 한 것이지."

단테는 양손을 들어 자신의 이마를 더듬어 보았다. 여섯 개의 P 자가 손에 잡혔다. 단테는 여태껏 자신의 이마 위에 글자가 새겨져 있다는 사실조차 까맣게 잊고 있었던 것이다. 이마를 만지고 있는 단테의 모습을 지켜보던 베르길리우스가 미소를 짓고 있었다.

질투로 인해 눈먼 순례자들

정오가 지날 무렵 단테와 베르길리우스는 천사의 인도에 따라 두 번째 언덕을 이루고 있는 입구 계단에 다다랐다. 두 사람은 그 계단 위로 올라갔다. 그곳에서 바라보니 첫 번째 옥과 마찬가지로 구불구불한 한 줄기의 길이 나 있었는데, 그것은 앞서 보았던 길들보다 경사가 더 가파른 곡선을 그리고 있었다. 그 모습은 마치 둘러 있는 자연 경치의 아름다움을 시기하며 원망하고 있는 모습처럼 보였다.

베르길리우스와 단테가 1마일쯤 걸어갔을 때 보이지 않는 곳에서 여러 영혼이 입을 모아 말하는 소리가 들려왔다.

"귀하신 이들이여, 사랑의 식탁 앞으로 어서 오소서."

그러더니 한 영혼이 또 큰 소리로 말했다.

"저들에게 포도주가 없다."

이처럼 가나의 혼인 잔치에서 성모 마리아가 말씀하신 것처럼 외치자 여럿이 입을 모아 그 말을 따라 했다.

"저들에게 포도주가 없다."

그 소리가 채 사라지기도 전에 또 다른 목소리가 들려왔다.

"나는 오레스테스요."

그 소리도 두 사람의 머리 위를 날아 여운을 남기며 사라져 갔다.

"나는 오레스테스요."

영혼들이 또다시 그 말을 따라 했다.

단테는 영문을 몰라 어리둥절한 표정으로 베르길리우스의 얼굴을 바라보며 물었다.

"스승님, 저들이 지금 무슨 말을 하고 있는 것입니까? 포도주란 무엇을 뜻하며 또 오레스테스는 누구를 말하는 건지요?"

그러자 베르길리우스가 차근차근 설명해 주었다.

가나의 혼인 잔치

가나지방의 한 혼인 잔칫집에서 포도주가 떨어지자 예수님은 물로 포도주를 만들어 기적을 보였다. 그림은 성모 마리아가 예수께 포도주가 떨어졌음을 알리는 장면으로 로마네스크식 그림이다.

“갈릴리 마을 가나의 혼인 잔치에서 포도주가 다 떨어지자 마리아님이 아들 예수님께 ‘저들에게 포도주가 없다.’ 하고 전했다네. 이 말씀을 들은 예수님께서는 물이 포도주가 되게 하셨는데 이것이 예수님께서 베푸신 첫 번째 기적이라네.”

단테는 성경의 요한복음 2장에 나오는 말씀을 기억해 내고는 고개를 끄덕였다.

베르길리우스는 이야기를 계속했다.

“오레스테스는 트로이 전쟁 때의 그리스 명장 아가멤논의 아들로서 스토로피오왕의 아들 필라테스와 절친한 사이였지. 간부(姦夫) 아이기

오레스테스와 필라테스의 우정_ 니콜라이 베르콜라제의 작품

스토스가 아가멤논을 살해하고서 오레스테스마저 죽이려고 하자 필라테스가 '내가 오레스테스다'라며 나서서 대신 죽으려고 했다네. 그러나 오레스테스는 그것을 허용하지 않고 친구를 물리친 뒤 자신이 나서서 싸워 아이기스토스를 죽였다네. 이곳에 있는 영혼들은 필라테스의 우정을 사랑의 본보기로 삼고 있는 모양일세."

단테는 비로소 영혼들이 자기에게 하고자 했던 말뜻을 이해할 수 있었다.

이어서 또 다른 영혼이 예수가 제자들에게 말씀하시듯이 소리쳤다.

"너희의 원수를 사랑하라."

베르길리우스는 단테에게 이들이 내뱉는 말들이 무슨 뜻인지를 설명해 주면서 이곳 두 번째 옥에서는 시기와 질투로 인해 빚어진 죄악을 씻어야 한다고 알려 주었다.

단테가 스승의 말을 들으며 앞을 바라보니 바위색의 망토를 걸친 영혼들의 모습이 보였다. 두 순례자가 그들 곁으로 몇 걸음 걸어갔을 때 외침 소리가 들렸다.

"성모 마리아여, 저희를 위하여 자비를 베푸소서!"

"성 미카엘이여, 우리를 위하여 자비를 베푸소서!"

"성 베드로여, 우리를 위하여 자비를 베푸소서!"

"모든 성인들이여, 우리를 위하여 자비를 베푸소서!"

단테는 그들 가까이 다가가서 그 모습을 보곤 놀라움을 금치 못했다. 그들은 초라하기 그지없는 외투를 걸치고 서로의 머리를 서로의 어깨에 의지한 채 언덕에 기대어 서 있었다. 그 모습은 마치 끼니가 떨어진 장님들이 대축제 때 구걸을 하기 위해 성당에 모여든 듯한 광경과도 흡사했다. 또한 장님에게는 햇빛이 아무 소용없는 것처럼 햇빛은 더 이상 이 영혼들의 앞을 밝혀 주지 않았다. 이곳에 있는 영혼들의 눈꺼풀은 철사로 꿰매어져 있었다.

단테는 그들에게 가까이 다가가야 할지 어떨지 망설였다. 앞 못 보는 사람을 자세히 살펴보기 위해 다가간다는 것이 그들을 모욕하는 것처럼 느껴졌기 때문이다.

단테가 머뭇거리자 베르길리우스가 그의 마음을 알아차리고 말했다.

"어서 저들에게 다가가서 물어보게나. 그러나 요령 있게 간단히 묻는 게 좋을 걸세."

그때 옆에서 영혼들끼리 수군거리는 목소리가 들려왔다.

"아니, 죽은 자도 아니면서 우리가 머물고 있는 산을 이곳저곳 돌아다니고 제 마음대로 눈을 떴다 감았다 하는 저자들은 대체 누굴까?"

앞으로 나아가는 가장자리에는 난간이 없어서 가파른 벼랑 아래로 떨어질 위험이 있었다. 베르길리우스는 단테의 바깥쪽에 서서 걸으며 난간이 되어 주었다.

그들에게 가까이 다가가 보니 눈꺼풀의 꿰맨 자국으로부터 쏟아져 나오는 눈물이 두 볼을 적시고 있었다.

눈먼 순례자의 조각상

단테는 그들을 연민 어린 표정으로 바라보며 말을 걸었다.

"당신들은 반드시 하느님의 빛을 다시 볼 수 있게 될 것입니다. 부디 하느님의 은총으로 양심의 더러움을 빨리 씻어 내고 이성이 맑고 깨끗하게 되기를 바랍니다."

단테의 말에 위안을 얻은 영혼들은 뺨 위로 흐르는 눈물을 닦아 냈다.

단테는 연민으로 걷잡을 수 없는 마음을 진정시키며 말을 이었다.

"당신들 중에 혹시 이탈리아 사람이 있습니까? 만일 있다면 제가 도움을 줄 수 있을 것 같아서 드리는 말씀입니다."

눈먼 순례자들과 단테
_ 귀스타브 도레의 작품
눈먼 순례자들이 이승에서 지은 질투의 죄업을 씻기 위해 연옥의 가파른 언덕에서 하느님을 찬양하고 있다.

그때 단테의 앞쪽에서 한 여인의 목소리가 들려왔다.

"오, 형제여! 우리는 모두 거룩한 천국의 백성입니다. 당신의 말씀은 현세의 나그네 시절, 이탈리아를 조국으로 삼았었느냐는 것에 불과하죠."

단테는 주위를 두리번거리며 앞으로 걸어가다가 무척이나 자신을 기다리고 있는 듯이 보이는 한 영혼과 마주쳤다. 그 여인은 장님들이 흔히 그러하듯이 머리를 위로 쳐들고 있었다.

단테는 그 영혼을 향해 말했다.

"천국에 오르기 위해 죗값을 달게 받고 있는 자여, 지금 대답해 주신 이가 당신입니까? 만약 그렇다면 당신의 이름과 고향을 좀 말씀해 주실 수 있을까요?"

그 여인은 단테 쪽으로 고개를 돌리더니 입을 열었다.

"저는 시에나 출신의 사피아라고 합니다. 보시다시피 다른 영혼들과 함께 우리를 구원해 주실 하느님께 눈물로 기도하며 현세의 죄를 씻고 있는 중입니다."

단테가 물었다.

"그런데 어떻게 해서 이곳에 오시게 된 겁니까?"

예순 살은 되어 보이는 나

눈먼 순례자 여인과 단테_귀스타브 도레의 작품

이였지만 그녀에게는 중년의 아름다움이 배어 있었다.

사피아는 단테의 물음에 성의껏 대답해 주었다.

"저는 어리석고 질투심 강한 여인이라서 세상에 사는 동안 옳고 그름을 분별치 못하고 살았습니다. 남이 잘못되면 마치 내게 좋은 일이나 생긴 것처럼 기뻐했지요."

눈먼 순례자 여인 사피아의 이야기를 듣고 있는 단테

단테는 이 여인의 말을 듣고, 설마 이토록 지체 높고 기품 있어 보이는 여인이 그런 생각을 품고 살아왔으리라고는 도무지 믿기지 않았다.

단테는 미심쩍은 표정으로 말했다.

"당신의 말이 믿기지 않는군요. 당신처럼 그렇게 인격이 높아 보이는 분이 어떻게 남의 불행을 보고 기뻐할 수 있단 말입니까? 그것은 지나친 자학인 듯싶군요."

"그렇지 않습니다. 제가 얼마나 질투심이 많은 여자였느냐면, 한번은 이런 적이 있습니다. 제 나이 서른다섯 살 때 시에나군(軍)과 피렌체군이 토스카나의 콜레 마을에서 전쟁을 일으켰는데, 저는 그때 하느님 앞에 나아가 제발 우리 편이 지게 해 달라고 기도까지 했었죠. 결국 그 싸움에서 조카가 죽었고, 시에나군은 패하여 비참한 꼴로 추격을 당하게 되었습니다. 그 모습을 보고 저는 너무나 기쁜 나머지 어쩔 줄을 몰라 하며 하느님께 외쳤습니다. '하느님, 나는 이제 당신이 전혀 두렵지 않소이다. 지금껏 내가 바라고 원했던 일은 모두 이루어졌으니까 말이오.'라고 말입니다."

단테는 갑작스럽게 그녀가 두렵게 느껴져 한 걸음 뒤로 물러서며 물었다.

"그렇게 하느님을 모욕하고서도 어떻게 지옥에 떨어지지 않고 이곳 연옥으로 올 수 있었습니까?"

단테와 사피아_ 루도비코 치골리의 작품
단테가 하느님을 부정한 여인 사피아를 연옥에서 만나고 있다.

단테와 눈먼 순례자들 중의 사피아_ 귀스타브 도레의 작품

“저는 다행히도 죽음이 임박했을 때 저의 지난 잘못들을 회개하고 하느님께 용서를 구했답니다. 하지만 저의 죄가 너무나도 무거운 나머지 그 정도의 뉘우침만으로는 쉽게 소멸되지 않았는데, 그때 고맙게도 빗 장수 피에르가 한결같은 자비로 제 이름을 자신의 기도 속에 끼워 주었지요. 그의 기도가 없었더라면 저는 지금쯤 지옥에 떨어져 영원한 고통을 받고 있을 겁니다.”

빗 장수 피에르는 성품이 고결하고 정직하여 많은 선행을 베풀었기 때문에 시에나의 모든 사람으로부터 성자로 추앙받는 인물이었다. 사피아는 피에르의 도움에 대해 말하고 나더니 단테에게 질문을 던졌다.

“저희와는 달리 두 눈을 뜨고 숨까지 쉬며 우리를 지켜보고 있는 것 같은데 댁은 누구신지요?”

단테는 그들이 불쾌해할까 염려하면서 조심스럽게 대답했다.

"당신의 말대로 저는 앞을 볼 수가 있습니다. 그러나 제 눈도 당신들처럼 언젠가는 이곳에서 꿰매지게 되겠지요. 제가 당신처럼 그렇게 시기나 질투의 눈으로 다른 사람을 대한 적이 별로 없으니 아마도 형벌 기간은 당신들에 비해 짧을 것입니다. 그러나 제가 두려워하는 건 저 아래 지옥에서 가해지는 교만에 대한 형벌이죠. 그 일만 생각하면 벌써부터 두려움으로 가슴이 옥죄여 옵니다."

그러자 사피아가 물었다.

"왜 다시 저 아래 지옥으로 돌아가서 벌을 받게 될 거라고 생각하시죠? 그렇다면 어떻게 여기까지 올라올 수 있었나요?"

단테는 힐끗 베르길리우스를 바라보며 말했다.

"옆에 계신 저의 위대한 스승 베르길리우스님의 안내로 여기까지

연옥의 순례자들을 만나는 단테와 베르길리우스

올 수 있었습니다."

스승은 아무 말 없이 그저 그가 말하는 것만 지켜볼 뿐이었다.

단테는 계속해서 말을 이었다.

"저는 영혼과 육체가 결합된 아직 살아 있는 사람입니다. 당신은 하느님의 품 안에서 죽었으므로 이미 선택받은 영혼이니 제가 다시 현세로 돌아가면 당신을 아는 사람들에게 당신을 위해 기도해 주도록 부탁하겠습니다."

사피아는 깜짝 놀라며 단테의 모습을 확인하려는 듯 두 손을 앞으로 뻗어 더듬거렸다.

"오, 살아 있는 자가 영혼들의 세계를 이처럼 활보하고 있다니! 하느님께서 내린 특별한 은총이 아니라면 결코 있을 수 없는 일입니다. 부디 저를 잊지 말고 조금씩이라도 기도해 주세요. 그리고 만약 토스카나에 갈 일이 있다면 제 가족들을 만나 제가 연옥에 있더라고 전해 주세요. 제 가족들은 지금 쓸모없는 항구 탈라모네에 헛된 희망을 걸고 있는 자들의 틈바구니에 끼어 있습니다."

눈먼 사피아의 모습

"탈라모네라면 토스카나 해안에 있는 조그만 항구 도시가 아니오?"

"그렇습니다. 지금 시에나 사람들은 해군의 영광을 갈망한 나머지 막대한 돈을 투자하여 탈라모네 항구를 사들였습니다. 그러나 전혀 승산이 없습니다. 앞으로 더 많은 돈이 그 사업에 투자될 것이고, 결국은 디아나 지하수 개발에 실패했을 때보다 더 큰 낭패를 당하게 될 것입니다. 더욱 안타까운 일은 그 항구에서 수많은 제독이 말라리아로 인해 목숨을 잃게 될 거라는 사실이지요."

그녀의 말을 듣는 순간 단테는 온몸에 소름이 돋으면서 자신도 모르게 비틀거리며 뒷걸음질을 쳤다.

단테가 그들 곁을 떠나 베르길리우스와 함께 다시 걸음을 옮겨 좀 더 앞으로 나아갔을 때 맞은편에서 하늘을 찢을 듯이 벽력같은 소리가 들려왔다.

"무릇 나와 마주치는 사람마다 나를 죽이려고 할 것이다."

그러자 소리가 흩어져 갈라진 구름 속으로 삼켜져 버렸다.

귀청이 찢어질 듯한 소리가 가라앉자 또다시 계속해서 폭음과 함께 "나는 돌로 변한 아글라우로스다." 하고 외치는 소리가 들렸다.

단테는 깜짝 놀라 베르길리우스의 오른팔에 매달려 사방을 둘러보았다.

얼마 후 주위가 다시 잠잠해지자 베르길리우스는 단테에게 그것이 뜻하는 바를 설명했다.

"첫 번째 들린 소리는 질투로 인해 동생을 죽인 인류 최초의 살인자 카인의 말이고, 두 번째 들린 소리는 아테네 왕 케크롭스의 딸로서 헤르메스 신에게 사랑받던 언니 헤르세를 질투하다가 신의 벌을 받아 돌로 변해 버린 아글라우로스의 말이네."

그러자 단테가 다시 물었다.

"그러니까 지금 들려온 이 말들은 죄에 대한 형벌을 예시함으로써 인간들로 하여금 더 이상 죄를 짓지 않도록 하시려는 하느님의 배려인 셈인가요?"

"그렇지. 이는 인간들에게 그 신분을 깨닫게 하는 준엄한 재갈이며 인간이 제 분수에서 벗어나지 않도록 가두어 놓은 울타리라네. 하느님이 아무리 인간들에게 그 영원한 세계인 천국 이야기를 들려주시며 올바른 길로 부르셔도 마귀가 보여 주는 달콤한 이기심만을 탐낼 뿐 하늘의 재갈을 두려워하지 않으니 만물을 다스리시는 하느님의 책벌을 면할 길이 없는 것이라네."

단테는 스승의 말을 들으며 인간들의 어리석음에 대한 안타까움을 감출 수가 없었다. 그리고 마음 한편으로는 현세에 돌아간 후 자신이 이루어야 할 사명이 더욱 무겁게 다가옴을 느꼈다.

돌로 변한 아글라우로스
그리스 신화의 전령의 신 헤르메스는 아글라우로스의 언니 헤르세를 보고 사랑에 빠져 케크롭스의 궁전에 숨어들었다가 아글라우로스에게 들켰다. 아글라우로스는 헤르메스를 도와주는 대가로 엄청난 황금을 요구하였으나 헤르메스의 분노를 사 돌로 변했다.

어느덧 해가 서산에 완전히 지기까지 서너 시간밖에 남지 않은 시각이었다. 하루 종일 눈부신 태양 빛을 받아 머리가 무겁고 먹먹해지는 것을 느낄 무렵에 갑자기 눈앞에서 두 사람을 향해 강렬한 빛이 비쳐 왔다.

단테는 당황하여 어쩔 줄을 몰라 하며 한 손을 들어 빛을 가렸다. 그러고는 비틀거리며 간신히 스승을 붙잡으며 말했다.

"스승님, 이 강렬한 빛은 대체 무엇입니까? 아무리 피하려 해도 좀처럼 피할 수가 없습니다."

당황스러워하는 단테의 말에 베르길리우스는 침착한 어조로 대답했다.

"두려워하지 말게. 하늘의 천사들이 지금 우리를 향해 다가오고 있는 것이라네. 그러니 이상하게 생각할 것 없네. 오히려 기뻐할 일이지. 이 강렬한 빛이 죄인들의 죄를 씻어 주는 은총의 빛이란 말일세."

"무슨 일로 천사들이 우리에게로 오는 걸까요?"

"우리를 데리고 위로 올라가기 위해서겠지. 그러니 얼마나 기쁜 일인가!"

잠시 후 천사들이 스승과 제자 앞에 모습을 드러냈고 그중 한 천사가 환희에 찬 목소리로 말했다.

"이곳으로 들어오라. 이곳은 너희가 지금까지 걸어온 돌계단처럼 그렇게 가파르지 않을 것이다."

단테와 베르길리우스가 천사가 일러 준 계단으로 들어섰을 때 그들의 등 뒤에서 영혼들의 아름다운 노랫소리가 들려왔다.

"자비를 베푸는 자는 복되도다."

"기뻐하라, 질투와 시기를 느낀 자여!"

단테가 노래를 부르는 영혼들을 보면서 애틋한 표정을 짓자 베르길리우스가 말했다.

"천사들의 저 합창 소리가 무엇을 의미하는지 알겠는가?"

"질투와 시기로 인해 벌을 받고 있는 자들을 보고 나서 제가 비로소 자비로움을 깨닫게 되었다는 뜻이 아니겠는지요?"

베르길리우스는 미소를 지으며 고개를 끄덕였다.

"자, 이제 자네의 이마에 새겨졌던 일곱 개의 P 자 중 두 개의 상처가 지워졌네. 하지만 아직도 다섯 개나 남아 있다는 걸 잊어서는 안 되네. 그리고 그 상처는 고통을 겪지 않고서는 결코 지워지지 않는다는 사실을 명심해야 하네. 그 다섯 개의 상처가 모두 낫게 되면 그때 베아트리체님을 뵐 수 있을 걸세."

자비를 구하는 영혼들의 기도

대화를 나누며 걷던 두 사람이 어느덧 셋째 언덕에 도달했을 때 단테는 아름다운 경치에 취해 무아지경에 빠졌다. 눈앞의 아름다운 성전에는 수많은 선생이 둘러앉아 있었고, 그들 가운데 나이 어린 한 소년이 앉아 묻기도 하고 듣기도 하며 그들과 이야기를 나누고 있었다.

그때 그 소년의 어머니로 보이는 한 여인이 성당 안으로 들어서며 인자한 목소리로 말했다.

"얘야, 어찌하여 우리에게 이렇게 하였느냐? 네가 없어져서 네 아버지와 내가 얼마나 걱정했는지 모른다."

여인은 말을 마치고 나서 연기처럼 홀연히 사라져 버렸다.

단테가 꿈인 듯싶어 눈을 부비며 그 여인을 찾아봤지만 그 어디에도 보이지 않았다.

이는 예수님이 열두 살 때 부모와 함께 예루살렘에 가서 절기를 지내고 집으로 돌아오는 길에 아들 예수의 모습이 보이지 않자 요셉과

성전의 박사들과 어린 예수_ 마티아 프레티의 작품
12세 소년 예수가 유월절 기간에 어머니 마리아와 함께 예루살렘으로 순례의 여정을 떠난다. 순례 일정을 마치고 모두들 고향으로 돌아가는데 예수는 부모님과 떨어져 홀로 성전에 남아 유대교의 율법을 가르치는 교사들과 대화를 나누었는데 박사들이 소년 예수에게 설복되었다. 마리아와 요셉은 예루살렘에서 갈릴리로 돌아가는 첫날 하루가 다 가서야 예수가 일행과 함께 있지 않다는 사실을 알게 된다. 그래서 다시 예루살렘으로 되돌아오고, 셋째 날 성전에서 소년 예수를 발견하게 된다.

마리아가 사흘 동안 찾아 헤매다가 겨우 만난 아들 예수에게 말을 건네는 장면을 보여 준 것이었다.

'아, 참으로 이상도 하다. 왜 마리아님께서 내 앞에 나타나셔서 염려의 말씀만 남기시고 사라지신 것일까?'

단테가 이런 생각을 하고 있을 때 또 다른 여인이 나타났다. 페이시스트라토스의 아내였다. 그녀는 눈물을 흘리며 몹시 화난 목소리로 남편을 향해 소리쳤다.

"그 이름으로 인해 신들이 그토록 싸웠고, 또 그로 인해 모든 학문이 찬란히 빛났던 아테네의 군주이신 페이시스트라토스여! 우리의 딸을 껴안았던 저 무엄한 자의 팔을 잘라 복수해 주세요, 제발!"

그러자 그녀의 옆에 있던 너그럽고 인자한 모습의 페이시스트라토스왕이 침착한 목소리로 대답했다.

페이시스트라토스
고대 그리스 아테네의 정치가로 쿠데타로 참주(僭主)가 된 뒤, 농업 중심의 안정적인 정책을 폈으며 아테네 번영의 기반을 닦아 도시 국가로서 아테네의 위상을 높였다.

성 스테파노(스데반)의 순교_ 안니발레 카라치의 작품
스테파노는 기독교 역사상 최초의 부제(副祭)이자 순교자이다. 그림은 성난 군중이 던지는 돌에 맞아 스테파노가 순교하는 장면이다.

"우리를 사랑하는 자를 벌한다면 우리를 증오하는 자는 어떻게 처단해야 한단 말이오?"

단테가 세 번째로 본 환상은 군중이 한 젊은이를 둘러싸고 돌로 쳐 죽이는 광경이었다.

그 젊은이는 그리스도교의 첫 번째 순교자인 스테파노(스데반)였다. 그는 군중이 던진 돌에 맞아 죽어 가면서도 무릎을 꿇고 저들의 죄를 용서해 달라고 하느님께 기도하고 있었다. 그는 비록 짓누르는 죽음의 무게를 견디지 못하고 땅바닥에 머리를 숙이고 있었지만 눈만큼은 하늘을 향하고 있었다.

눈앞에 있는 젊은이가 안쓰러워서 구해 주고 싶었지만 단테의 몸은 마치 거미줄에 걸린 것처럼 움직일 수가 없었다. 안절부절못하는 단테의 모습을 지켜본 베르길리우스가 조용히 말했다.

"지금 자네가 본 것은 실제가 아니라 환상일세."

단테가 고개를 갸웃거리며 베르길리우스에게 물었다.

"그런데 스승님, 왜 저에게 그런 환상을 보여 주는 것일까요?"

"자네가 본 환영은 영원한 샘이신 하느님으로부터 흘러나와 자네 영혼의 갈증을 해소시켜 주는 평화의 물에 대한 훈계라네. 그 평화의 물은 관용의 덕을 이르는 것으로서 관용의 덕 앞에서는 마음을 활짝 열어야만 하지."

"그렇군요."

두 사람은 저물어 가는 석양빛을 바라보며 앞으로 계속 나아갔다. 주위가 점점 어두워지기 시작하면서 간신이 언덕길이 보일 정도가 되었을 때였다.

단테와 베르길리우스의 청동상

그들이 피할 겨를도 없이 어두운 연기가 밤처럼 덮쳐 왔다. 연기는 순식간에 두 사람을 휘감아 그들의 시야와 맑은 공기를 빼앗아 갔다.

주위를 분간할 수 없게 된 단테는 마치 장님처럼 베르길리우스에게 의탁하며 걸어갔다. 그때 어디선가 웅성거리는 소리가 들려왔다.

예수 그리스도에게 평안과 자비를 구하는 기도 소리였다.

"하느님의 어린양, 세상 죄를 사해 주시는 주님, 우리를 불쌍히 여기소서."

기도 소리는 완전히 화음을 이루면서 평화로운 음률을 만들어내고 있었다. 단테가 베르길리우스에게 물었다.

"이 소리는 영혼들의 기도 소리가 맞는지요?"

"그렇다네. 지금 영혼들이 분노의 죄를 씻기 위해 기도하고 있는 중이지."

그때 누군가의 목소리가 들려왔다.

"아니, 당신들은 누군데 마치 살아 있는 사람처럼 그렇게 몸으로 연기를 헤치고 지나가며 우리의 이야기를 하고 있는 것이오?"

베르길리우스가 단테에게 낮은 목소리로 말했다.

"한 영혼이 우리에게 말하고 있구나. 여기서 저 위로 오를 수 있는지 물어보게나."

단테가 영혼에게 물었다.

"천국에 오르고자 열심히 죄를 씻고 있는 영혼이여! 우리를 따라오시면 당신께서 궁금해하는 이야기를 들려드릴 것이니 따라오시겠습니까?"

그러자 그는 그러겠노라고 흔쾌히 대답하며 단테와 함께 이야기를 나누기 시작했다.

“저는 당신이 느낀 것처럼 죽으면 흙이 되어 버릴 육체를 지닌 채 이곳을 지나가고 있습니다. 우리는 이미 지옥을 거쳐 이곳까지 이르렀는데 당신은 누구이며, 우리가 지금 어느 쪽으로 가고 있는 것인지 숨김없이 말씀해 주시면 고맙겠습니다.”

“저는 롬바르디아 가문의 마르코라고 하오. 저는 지상에서 사는 동안 요즘 사람들이 별로 탐탁지 않게 여기는 덕을 사랑했었지요. 그건 그렇고, 위로 올라가시려면 이대로 곧바로 가십시오. 부탁드리건대, 하느님의 궁전에 오르시면 부디 저를 위해 기도해 주십시오.”

단테와 마르코의 만남_ 귀스타브 도레의 작품.

단테는 그러겠노라고 대답하며 다시 물었다.

“알겠습니다. 반드시 그리하겠습니다. 그런데 한 가지 의문이 있소. 당신의 말씀처럼 덕은 세상으로부터 완전히 그 자취를 감추었고 대신 그 자리에 악이 뿌리를 내린 채 기승을 부리고 있소. 부탁이니 그 이유가 뭔지 가르쳐 주시오. 하늘의 탓인지, 아니면 인간이 자유 의지를 남용한 탓인지 궁금합니다. 그 원인을 확실히 알려 주시면 제가 세상에 내려가게 되면 사람들에게 알려 그것을 고치도록 할 생각이오."

마르코는 한참을 생각하고 나서 말문을 열었다.

"당신이 살고 있는 지상은 진실을 보지 못하는 장님들의 집단이라 해도 과언이 아니오. 세상 사람들은 좋은 일이나 나쁜 일이나 모두 하늘의 탓으로만 돌리고 있지만, 만약 그렇다면 인간에게는 자유로운 판단력이 전혀 없다는 말이 되겠지요. 그러다 보면 선을 사랑하고 악을 미워하는 정의도 사라질 테고, 그렇다면 선과 악을 구별하는 자유 의지가 인간에게 주어져 있다고 해도 무슨 소용이 있겠소? 따라서 세상이 잘못되어 가는 탓은 오로지 인간 자신에게 있는 것이지 않겠소?"

정죄산을 오르는 단테와 베르길리우스, 마르코
_ 귀스타브 도레의 작품

단테는 고개를 끄덕이며 혼잣말처럼 중얼거렸다.

"현재의 세상이 옳은 길에서 벗어나 있다면 그 원인은 인간들의 마음속에서 찾아야겠군요. 아, 악의 수렁으로 점점 빠져들고 있는 세상을 위해 나의 이 미약한 힘으로 무엇을 할 수 있단 말인가!"

단테가 한참 괴로움에 빠져 있을 때 마르코가 입을 열었다.

"이젠 헤어져야겠소. 저쪽을 좀 보시오. 빛살이 연기 속을 뚫고 하얗게 스며들고 있소. 아마도 천사가 오고 있는 것 같소. 나는 아직 지은 죄를 모두 다 씻어 내지 못하여 천사 앞에 나설 수가 없소. 그럼 하느님의 영광이 당신과 함께하길 기도하겠소."

마르코는 인사를 마치더니 서둘러서 그의 곁을 떠나갔다. 짙은 연기가 서서히 사라지면서 밝은 세상으로 나온 단테는 깊게 숨을 들이마시며 심호흡을 했다. 그리고 서서히 눈을 뜨자 비로소 머릿속까지 한결 맑아졌다. 단테는 하늘에서 창조된 빛과 그 빛을 보내신 하느님의 은총이 가득한 연옥의 산기슭을 바라보면서 깊은 환상에 빠져들었다.

단테의 환상 속에서는 아내의 동생을 욕보이고 그것이 소문날까 두려운 나머지 그녀의 혀를 뽑아 버렸던 잔악하기 이를 데 없는 트라키아왕의 모습, 그 사실을 알게 된 아내 프로크네가 남편에게 복수하기 위해 자신과 트라키아 사이에서 태어난 아들을 죽이는 모습, 그리고 죽은 아들의 육신으로 만든 요리를 맛있게 먹어 대는 트라키아왕의 모습이 차례로 스쳐갔다. 순간, 단테는 입 안에 치밀어 올라오는 구역질을 꿀꺽 삼켰다. 그 독살스러운 프로크네는 죄의 대가로 꾀꼬리가 되어 있었다.

그다음에는 페르시아의 하만이 떠올랐다. 그는 페르시아의 왕 아하수에로부터 총애를 받는 신하로 모든 이가 자기를 우러러보는데 유독 이스라엘 사람 모르드개만이 모른 척하자 그를 십자가에 못 박아 죽이려 하였다. 그러나 왕비 에스더가 이러한 사실을 왕에게 고함으로써 모리드개를 죽이려 하던 그 십자가에 자신이 못 박혀 죽어 가고 있었다.

에스더와 하만_ 렘브란트의 작품
에스더는 유태인 모르드개의 양녀로서 후에 페르시아 왕 아하수에로의 왕비가 되었다. 재상 하만은 페르시아에 사는 유태인을 박해하려 했으나 왕은 도리어 모르드개에게 왕의 의복과 말[馬]을 주어 시내에 입성시키고 결국 에스더의 말에 의해 하만과 그의 아들은 나무에 걸려 처형당한다.

마지막으로 떠오른 세 번째 환상은 아마타의 모습이었다. 아이네이아스가 라티움을 침공했을 때 라티누스의 왕녀 아마타는 그의 딸 라비니아가 정복자의 아내가 될 것을 예견하고 분노를 이기지 못해 자살하였던 것이다.

단테가 환상을 통해 본 분노의 세 가지 유형은 세 번째 언덕에서 보았던 온화를 상징하던 환상들과 좋은 대조를 이루었다.

안개가 걷히고 한 줄기의 강렬한 빛이 단테의 얼굴을 비추자 그는 깜짝 놀라며 잠에서 막 깨어나는 사람처럼 환상의 세계로부터 벗어났다.

단테는 주위를 돌아보며 자신의 위치를 확인하였다.

바로 그때 어디에선가 은은한 목소리가 들려왔다.

"단테여, 이쪽으로 올라오너라."

단테가 소리 나는 쪽을 향해 얼굴을 돌렸으나 마치 태양을 바라보는 것처럼 눈이 부셔서 도저히 마주볼 수가 없었다.

"지금 눈앞에 보이는 빛과 귀에 들리는 소리는 하늘의 영(靈)에 의한 것이네. 그 영은 우리가 청하지 않아도 이처럼 빛 속에 숨어서 우리의 길을 인도하시지. 자, 날이 어두워지기 전에 서둘러서 올라가세."

베르길리우스가 재촉하며 말했다.

그들은 서둘러 돌계단 쪽으로 향했다. 단테가 계단에 첫발을 내디뎠을 때 천사의 날개가 단테의 얼굴에 바람을 일으키며 이마를 스쳐 지나갔다.

단테는 재빨리 베르길리우스를 돌아보며 물었다.

"스승님, 혹시 제 이마에 새겨진 글자가 또 하나 지워진 건가요?"

베르길리우스는 고개를 끄덕였다.

"그렇다네. 그동안 자네의 환상 속에 나타났던 프로크네와 하만, 라비니아의 어머니 등은 모두 세상에 사는 동안 분노의 죄를 지은 사람들일세. 자네가 분노의 죄를 이겨 냈기에 천사께서 이렇게 그 죄의 상처를 지워 주신 것이야."

그 순간 하늘로부터 천사의 목소리가 들려왔다.

"사악한 분노가 없는 자, 화평한 자는 복되도다!"

단테는 하늘에 울려 퍼지는 그 소리를 들으며 감사의 기도를 올렸다.

선을 행함에 있어 게으른 자들

단테는 안간힘을 다하여 계단 맨 위층까지 올라갔다. 단테 일행은 나루터에 이른 배처럼 한숨 돌리며 우두커니 서 있었다. 단테는 주변에서 무슨 소리가 들려올까 하는 기대감으로 가만히 귀를 기울였다. 그러나 아무 소리도 들리지 않았다. 단테는 갑자기 다리에서 힘이 쭉 빠져 자리에 주저앉으며 베르길리우스에게 물었다.

"스승님, 이곳에서는 어떤 영혼들이 와서 속죄를 하고 있습니까?"

베르길리우스는 잠시 말을 멈추었다가 고개를 들어 사방을 둘러보더니 다시 말을 이었다.

"이곳은 생전에 올바른 일인 줄 잘 알면서도 행동으로 옮기지 않았던 게으른 자들이 와 있다네. 사람의 마음이란 자신의 욕구나 자유의사에 따라 움직여지는 것이 아니겠는가? 그런데 문제는 자유의사에 따라 선택하는 후자의 경우일세. 그 경우에는 선택의 방법에 따라서 잘못된 길을 들어서게 될 수도 있지. 이 같은 욕구가 너무 선이나 악쪽으로 기운다거나, 아니면 선도 악도 모두 등한시해 버린다거나 하는 것은 모두가 창조주이신 하느님의 뜻을 거스르게 되는 것이라네. 우리가 좀 더 깊이 숙고해야 할 것은 사랑도 자기 본위에 치우치게 되면 미움으로 변할 수 있다는 점이네. 여기에는 다음의 세 가지 경우가 있을 수 있지."

"그 세 가지가 뭔지 자세히 말씀해 주시지요."

"우리는 이미 그 세 가지가 뭔지를 알고 있네. 지금까지 거쳐 온 연옥의 세 옥에서 똑똑히 보았으니 말일세. 첫째, 남들보다 자신이 뛰어나고 싶은 욕구를 다스리지 못하는 '교만'이고, 둘째, 남이 잘되는 꼴을 못 보고 자신을 망치는 '질투와 시기심'이며, 셋째, 걸핏하면 분노를 일으키는 자들로, 이런 자들은 남에게서 해를 입었다고 생각하면 금세 복수하려고 날뛰지."

"결국 그들은 지상에서 지은 그 죄를 씻어 내기 위해 죽은 후 연옥의 밑바닥에서 이렇게 고통을 당하고 있는 것이군요."

"그렇지. 이곳 네 번째 언덕은 남에게 사랑을 베풀기를 게을리했던 자들에게 진정한 사랑의 욕구를 지니도록 격려하는 곳일세. 그런데 한 가지 명심해야 할

연옥의 네 번째 언덕
단테는 옳은 일인 줄 알면서도 행동하지 않은 영혼들이 머무는 네 번째 언덕에 이른다.

단테와 베르길리우스_ 윌리엄 블레이크의 작품
베르길리우스와 단테는 시대적 차이를 두고 있지만 단테는 학문적으로 그를 스승으로 여겼다.

것은, 지상에서는 행복으로 생각했던 것이 이곳에서는 결코 진정한 행복이 아니라는 사실일세. 다시 말하면, 지나친 욕구와 이(利)의 충족은 모두 다 탐욕, 낭비, 음란함 등으로 구분되어 정죄되어야만 하는 것이라는 말일세. 그 외에도 궁금한 것이 있으면 한번 말해 보게나."

그러자 단테는 기다렸다는 듯이 질문을 던졌다.

"모든 선한 행동이나 악한 행동도 근본을 따지고 보면 사랑으로 귀결되는 것 같습니다. 그렇다면 사랑이란 대체 무엇인지 무지한 저에게 깨우침을 주십시오."

베르길리우스는 근엄한 목소리로 말했다.

"사랑이야말로 사람과 사람 사이의 즐거움에 의해 새롭게 맺어진 자연스러운 하나의 탄생이라고 볼 수 있지. 활활 타오르는 불꽃이 끊임없이 위를 향해 오르려 하듯이 사랑에 사로잡힌 영혼은 그 대상으로부터 완벽한 기쁨을 얻을 수 있을 때까지 그렇게 쉼 없이 타오르게 되어 있지만, 반대로 그 기쁨에 도달하지 못한 영혼은 언제까지나 사랑의 대상을 향한 갈증에 목말라할 수밖에 없지. 그렇다면, 사랑이란 그 자체가 모두 다 좋은 것이라고 주장하는 쾌락주의자들의 말은 잘못된 것이라는 걸 알 수 있을 걸세. 그들은 아마도 진리의 실체가 무엇인지 영원토록 발견하지 못할 걸세. 세상 사람들의 눈으로는 사랑이 그저 좋아보이기만 하겠지만, 사랑이 아무리 좋은 것이라 하더라도 사실 무엇을 향하고 있느냐에 따라 그 가치가 달라지게 마련이지."

단테는 스승의 설명을 들으며 차츰 머리가 맑아지면서 진리의 빛에 의해 자신의 무지함이 서서히 녹아드는 것 같았다. 두 사람이 시간 가는 줄 모르고 대화를 이어가다 보니 어느덧 자정이 되었다. 불에 달군 화로같이 붉은 달이 높이 떠오르자 별들은 그 빛을 희미하게 잃어 가고 있었다.

단테는 스승의 말씀에 너무도 몰입한 나머지 몹시 피곤하고 정신이 몽롱하여 몸을 가누기조차 어려웠다. 그때 뒤쪽에서 거대한 영혼의 무리가 왁자지껄하게 달려왔다. 단테는 그 바람에 화들짝 놀라며 정신이 들었다. 그들 가운

연옥의 네 번째 언덕을 오르는 영혼들
_ 귀스타브 도레의 작품
선행에 게을렀던 영혼들이 속죄를 하기 위해 바쁘게 움직이며 정죄산을 오르고 있다.

연옥의 네 번째 언덕에서 만난 영혼들

단테와 베르길리우스는 연옥의 언덕에서 다양한 시기에 당도한 영혼들을 만나게 된다. 그들 중에는 성모 마리아가 이집트로 피신을 갈 때 당시를 목격한 영혼들과 로마 제국의 카이사르가 활동하던 시대의 영혼들도 있었다. 그들 영혼은 옳은 일임에도 불구하고 침묵의 게으름을 피운 자들로 연옥의 언덕에서 죄 사함을 받기 위해 열심히 움직여야 했다.

데서 두 영혼이 단테 앞으로 와서 울음 섞인 음성으로 외쳤다.

"마리아께서 급한 걸음으로 유대 산골에 있는 사가랴의 집에 들어가 엘리사벳에게 문안을 드리니……."

그러자 뒤따라온 무리가 합창하듯 외쳤다.

"자, 어서 어서! 시간이 사랑이니 조금도 허비할 수 없다. 선을 행하려는 노력에 하느님의 은총이 새롭게 피어날지어다."

베르길리우스가 그들에게 말을 건넸다.

"아! 선을 행함에 있어 게을렀던 탓으로 보속하고 있는 영혼들이여! 나와 함께 있는 이 사람은 하느님의 은총을 입어 현세의 육체를 이끌고 이곳을 지나가는 사람으로, 해가 뜨면 다섯 번째 언덕으로 올라가야 할 몸이오. 그러니 그곳으로 가는 입구를 가르쳐 주면 고맙겠소."

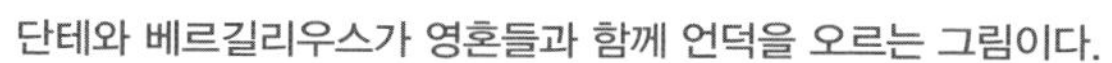
단테와 베르길리우스가 영혼들과 함께 언덕을 오르는 그림이다.

그러자 듣고 있던 한 영혼이 대답했다.

"우리 뒤를 따라오시오. 그러면 당신들이 올라가려는 입구를 발견하게 될 것이오. 우리는 멈출 수가 없소. 달리고 싶은 욕망이 우리를 이렇게 계속 달리게 만든다오. 그러니 우리 행동이 좀 무례하게 보이더라도 이해하시오. 나는 밀라노가 바르바로사 황제에게 철저하게 파괴당하기 전, 베로나에 있는 산 제노의 수도원장으로 있던 게라르도 2세요. 그런데 베로나의 영주였던 알베르토 델라 스칼라는 나를 몰아내고 자신의 서자였던 절름발이 주세페를 수도원장으로 앉혔지요. 모세의 율법에 따르면 불구자는 결코 사제가 될 수 없음에도 말이오. 게다가 마음씨도 고약하고 머리까지 나쁜 데다 불륜으로 낳은 서자를 말이오. 그런 짓을 했으니 스칼라 영주는 머잖아 육신을 벗게 될 텐데 그로 인해 그는 깊은 후회와 통곡을 하게 될 것이오."

이야기를 나누느라 앞선 무리들과 사이가 많이 벌어진 그 영혼은 뭐라고 중얼거리면서 재빨리 뒤쫓아 갔다.

단테는 베르길리우스가 또 다른 영혼들을 주의 깊게 보라고 하였으나 그들이 빠른 걸음으로 멀어졌을 뿐만 아니라 피곤한 몸에 여러 가지 상념들이 떠올라 뒤엉켰기에 갈피를 잡지 못하고 눈을 감고 말았다. 이윽고 단테의 생각은 꿈으로 변하기 시작했다.

영혼들의 환호성

새벽이 되자 태양의 열기가 식고 주위에는 냉기가 감돌기 시작했다. 꿈속에 빠져 있던 단테는 한 소녀의 모습을 꿈결에 보게 되었다. 그녀는 심한 말더듬이인 데다 눈은 사팔뜨기이고 다리는 굽은 채 뒤틀려 있었으며 두 팔이 잘리고 파리한 안색을 하고 있었다.

그런데 신기하게도 단테가 그녀를 바라보자 마치 태양이 밤의 냉기에 마비된 몸을 소생시키듯이 그녀는 금세 혀가 풀리고 다리가 고르게 되었으며 얼굴에 화색이 돌았다. 혀가 풀리자 소녀는 노래를 부르기 시작했다.

"나는 어여쁜 세이렌이라네.
내 달콤한 노래는 즐거움으로 넘치니
한 바다에서 뱃사람들을 홀리노라.
내 노래는 오디세우스를 표랑(漂浪)의 길에서 벗어나게 했네.
나에게 걸리면 흠뻑 취해 떠날 수가 없어요."

단테는 그녀의 노랫소리에 마음을 뺏겨 그녀로부터 눈을 떼지 못하고 있었다.

세이렌은 큰 소리로 교만한 웃음을 터뜨렸다. 그러고는 계속해서 또 다른 노래를 부르려고 하는데 성녀 루치아가 재빨리 모습을 드러내면서 날카로운 음성으로 꾸짖었다.

"이 요망한 것, 어서 사라지지 못할까!"

그러자 베르길리우스는 세이렌이 있는 쪽으로 다가가서 그녀의 앞자락을 움켜잡고 찢어 펼쳤다. 순간, 허옇게 드러난 배에서 어찌나 심한 악취가 풍겨 나던지 단테는 정신이 번쩍 들며 꿈에서 깨어났다.

뱃사람을 유혹하는 세이렌_ 프레데릭 레이턴의 작품
세이렌은 사람들을 유혹하여 연옥의 다섯 번째, 여섯 번째, 그리고 일곱 번째 둘레에서 영혼들이 씻고 있는 죄들, 즉 탐욕과 대식과 음란의 죄를 짓게 만드는 요녀다. 그런 죄들은 실제로 추한 것들이지만, 거기에 한번 사로잡히게 되면 마냥 아름답게 보이듯이 세이렌 역시 그런 유혹의 속성을 지니고 있다.

단테가 꿈에서 깨어나자 베르길리우스는 어서 서두르자며 발걸음을 재촉했다. 벌써 해가 높이 떠올라 연옥의 산을 훤히 비춰 주고 있었다. 단테가 깊은 생각에 잠겨 머리를 숙인 채 베르길리우스를 따라 발걸음을 옮기려는데 천사의 따뜻한 음성이 들려왔다.

"여기에 길이 있으니 이쪽으로 오거라."

천사는 백조의 깃과도 같은 새하얀 날개를 활짝 펴고는 높게 치솟은 단단한 바위의 두 벽 사이로 그들을 인도하였다. 그러고는 눈부시게 빛나는 날개를 움직여 두 사람에게 부드러운 바람을 보내며 말했다.

"애통하는 자는 복이 있나니 그들은 위로를 받을 것이다."

그때 베르길리우스가 단테의 이마를 매만지며 말했다.

"자네의 이마에서 또 하나의 P 자가 지워졌네. 그것은 태만의 표식이었네."

단테는 너무나도 기뻐하며 천사에게 감사 인사를 전하려 했으나 천사는 이미 어디론가 사라지고 없었다. 천사와 헤어져 언덕 위로 올라가며 베르길리우스가 단테를 향해 걱정 어린 음성으로 말했다.

"어째서 자네는 그렇게 계속해서 땅만 바라보며 걸어가는가? 혹시 무슨 고민이라도 있는가?"

"예, 스승님. 어젯밤에 꾸었던 꿈이 너무나도 기이하여 마음속에서 떨쳐 낼 수가 없습니다."

그러자 베르길리우스는 단테를 안심시키며 격려해 주었다.

"자네가 꿈속에서 보았던 요부는 탐욕과 탐식, 그리고 음욕을 상징하네. 이제 우리는 그러한 죄를 짓고 비탄에 빠진 영혼들이 어떻게 죄악에서 벗어나게 되는지를 두 눈으로 똑똑히 보게 될 걸세. 자, 이제 허리를 곧추세우고 발꿈치로 땅을 박차며 힘차게 걸어보세. 우리의 영원한 왕이신 하느님께서 이 거대한 우주를 보살피고 운영해 주심에 항상 감사하고 또 거기에만 눈을 돌리도록 하게."

그제야 단테는 베르길리우스의 말에 이끌려 힘차게 발걸음을 내딛기 시작했다.

다섯 번째 언덕을 올라가 보니 그곳의 모든 영혼이 땅에 머리를 조아린 채 슬피 울고 있었다.

"아, 내 영혼은 티끌 속에 처박혔도다!"

그들의 울음 속에서 간간히 들릴 듯 말 듯 한 한숨 소리가 섞여 나왔다.

베르길리우스가 그들에게 길을 묻자 그들은 오른쪽으로 돌아가라고 대답했다.

단테가 애처로워하며 그들에게 물었다.

"무슨 연유로 당신들은 그렇게 땅바닥에 엎드려 울고 계신 거요? 나는 아직 살아 있는 몸입니다만 내가 지상에 돌아가면 당신들을 위해 무엇을 해 주면 좋겠소이까?"

그러자 한 영혼이 나서며 재빠르게 말했다.

"나는 성 베드로의 후계자인 교황 아드리아노 5세요. 나는 세상에

교황 아드리아노 5세의 영혼을 만나는 단테와 베르길리우스

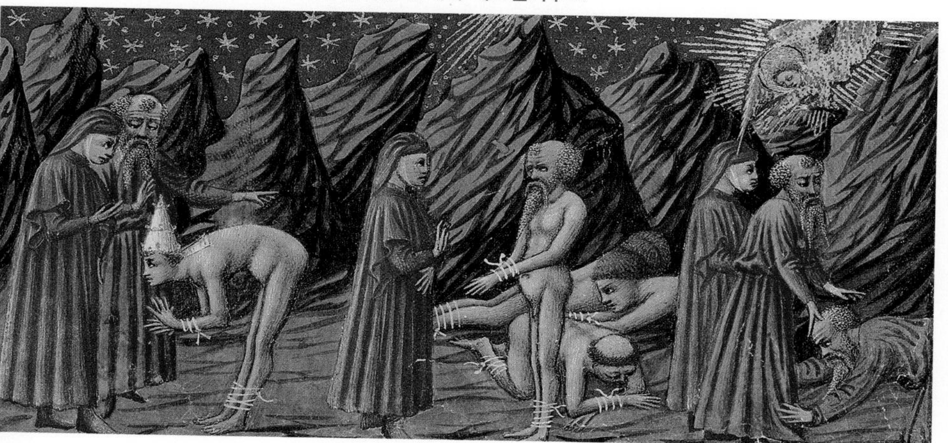

연옥의 다섯 번째 언덕에 엎드려 있는 영혼들
_ 귀스타브 도레의 작품
단테는 엎드려 있는 영혼들 중 교황 아드리아노 5세의 영혼을 만나 이야기한다.

살면서 지나칠 정도로 탐욕스러웠지요. 그래서 결국 하느님을 떠나고 말았는데, 그로 인해 그 죄를 용서받을 때까지 이처럼 보속하고 있는 것이오. 탐욕의 죄는 이곳에서 가장 엄중한 죄에 속한다오."

단테는 그가 교황이었다는 말에 황급히 무릎을 꿇으려 하였다. 그러나 그는 고개를 절레절레 흔들면서 말했다.

"그러지 마시오. 나도 당신과 마찬가지로 하느님의 종 중 한 사람일 따름이오. 여기서는 지상의 세계와는 달리 차별이 없으니 스스로의 길을 가도록 하시오."

그러고는 마태복음 22장 29절에서 30절까지의 말씀을 읊기 시작했다.

"예수께서 대답하여 이르시되 너희가 성경도 하느님의 능력도 알지 못하는고로 오해하였도다. 부활 때에는 장가도 아니 가고 시집도 아니 가고 하늘에 있는 천사들과 같으니라."

교황을 지나쳐 다시 앞으로 나아가자 그들이 갑자기 부르짖었다.

첫 번째 소리는 "당신의 거룩하신 아기를 눕히신 마구간을 통해 당신이 참으로 가난한 삶을 사셨음을 알 수 있나이다." 하는 성모 마리아를 향한 찬미의 소리였고, 두 번째 소리는 "오, 어진 파브리키우스여! 그대는 악덕으로 사치스럽게 살기보다는 차라리 가난 속에서 덕으로 살기를 원하였나이다." 하는 로마의 정치가에 대한 찬양의 소리였다.

그리고 마지막으로 세 번째 소리는 이러했다.

"니콜라우스 주교님은 가난해서 시집조차 보내지 못하는 세 딸이 있는 집에 남 몰래 창문으로 돈을 넣어 주셨나이다."

단테는 이처럼 귀감이 될 만한 모범적인 내용의 기도를 소리 내어 읊으면서 보속 중인 영혼들을 보고 감탄해 마지않았다.

"당신들은 대체 지상에서 무얼 하던 분들이십니까? 제가 다시 세상으로 돌아가게 되면 반드시 보상해 드리도록 하겠습니다."

그러자 그중 한 영혼이 자기의 사연을 이야기하기 시작했다.

니콜라우스의 금 주머니 자선
_ 베아토 안젤리코의 작품
니콜라우스 성인의 고향 파타라에 한 농부가 살고 있었는데 이 사람에게는 딸이 셋 있었다. 농부는 딸들을 시집보낼 지참금이 없자 세 딸을 창녀로 팔아넘기려 했다. 이를 알게 된 니콜라우스는 사흘 밤 연속 그녀들이 사는 집 창으로 금 주머니를 던져 줬는데, 세 번째 되는 날에는 이를 수상하게 여긴 딸들의 아버지에게 들키고 말았다. 물론 성인의 도움으로 세 딸은 창녀가 될 뻔한 위기를 모면할 수 있었다.

위그 카페

위그 카페는 위그 대공의 아들로 956년 부친이 사망하자 네우스트리아 후작이자 프랑스 대공을 계승했고 지방 분권적인 대귀족들의 수장으로 서프랑키아 왕 로테르와 경쟁 관계를 이루었다. 986년 로테르가, 또 987년 그의 아들 루이 5세가 사망하자 동프랑키아 오토 왕조의 지원과 서프랑키아 대제후들의 지지 속에서 새로운 왕으로 선출되었다.

"나는 루이 5세의 뒤를 이어 프랑스의 왕이 되었던 위그 카페요. 필립 왕과 루이왕 등이 내 후손이며 프랑스는 오늘날까지도 그들에 의해 다스려지고 있소. 사실 나는 파리에서 백정의 아들로 태어난 천민 출신이었소."

"아니, 천민 출신으로 어떻게 왕이 될 수 있었습니까?"

단테는 그가 살아 있을 때의 이야기를 듣고 몸을 떨었다. 남의 왕좌를 가로채기 위해 얼마나 많은 사람을 해치고 중상모략을 일삼았겠는가. 위그 카페는 긴 한숨을 내쉬더니 자신의 가문에 대해 말했다.

"우리 왕가는 백합꽃이 그려진 깃발을 앞세우고 교황 보니파티우스 8세의 고향 알라냐에 진입했다오. 그곳에서 예수님의 대리자인 교황을 난폭하게 대하고 결국 그를 유폐시키는 죄악을 저질렀지요. 그 일은 과거와 미래의 그 어떤 죄악보다도 더 크고 무거울 거요."

"그렇지요. 예수님께서도 조롱과 멸시를 받고 쓸개즙까지 맛보시며 결국 강도들 사이에서 죽임을 당하시지 않으셨습니까?"

위그 카페는 고개를 끄덕이며 말을 이었다.

"예수님을 대사제와 율법학자 그리고 이스라엘 백성에게 넘겨준 빌라도와 같은 인물이 있어서 나를 더 욱 슬프게 하고 있소."

"그게 누구지요?"

"그는 바로 템플라이 수도원을 파괴하고 그 재산을 몽땅 삼켜 버린 필립 4세지요. 그는 그렇게 큰 죄를 저지른 후에도 흡족함을 모른 채 탐욕의 돛을 올리고 기세등등하게 항해하고 있다오. 오, 하느님, 나의 주인이시여! 하느님의 정의와 형벌로 저들을 심판하시는 것을 언제쯤이나 이 눈으로 볼 수 있겠나이까?"

연옥의 다섯 번째 언덕
단테는 연옥의 다섯 번째 언덕에 이르러 엎드려 있는 영혼들을 만나는 중에 또 다른 경험을 한다.

위그 카페는 감정에 복받쳐 큰 소리로 울음을 터트렸다.

단테는 그가 맨 처음 성모 마리아님을 간절히 외쳐 부르던 것을 생각해 내고 물었다.

"영혼이시여, 성모 마리아님을 그토록 간절히 외쳐 부르신 이유가 무엇입니까?"

"그것은 우리가 항상 암송하는 기도로 죄를 씻기 위한 수행 과정 중의 하나요. 낮에는 빈곤과 인색함에 관한 구절을 암송하지만 밤이 되면 탐욕에 대한 구절을 암송하면서 속죄의 기도를 올리고 있소이다. 어떤 자는 큰 목소리로, 또 어떤 자는 작은 목소리로 암송하는데 그것은 우리들 각자의 의욕이 모두 다르기 때문이오. 다른 모든 영혼도 함께 암송을 하고 있지만 그중 유독 내가 목청을 높인 탓에 내 목소리만 들을 수 있었던 거요."

이야기를 나누느라 많은 시간을 보낸 두 사람은 그 영혼과 작별 인사를 나누고 서둘러서 발걸음을 옮겼다. 그때 갑자기 온 산이 무너질 듯이 진동하기 시작했다. 단테는 죽음의 나락으로 떨어지는 것만 같아 그 자리에 얼어붙은 듯 멈춰 섰다. 계속해서 사방에서는 천지를 진동하는 듯한 요란한 외침 소리가 들려오고 있었다.

두려움에 떨고 있는 단테를 보고 베르길리우스가 말을 건네며 안심시켰다.

"두려워 말게나. 내가 자네 곁에서 지켜 주고 있지 않은가."

스승의 말씀에 마음을 안정시키며 가만히 귀를 기울이고 들어 보니 천지를 진동시키는 소리가 말소리로 변하여 들려왔다.

"하늘 높은 곳에서는 하느님께 영광……."

그것은 마치 예수님의 탄생 때 천사들이 입을 모아 부르던 노랫소리와도 같았다. 베르길리우스와 단테는 지진이 멎고 노랫소리가 끝나기를 기다렸다가 그것이 무엇을 뜻하는 것인지 마음에 의혹을 품은 채 말없이 조심스럽게 길을 걸었다. 그때 마치 부활하신 예수님께서 엠마오로 향하는 두 제자 앞에 나타나셨듯이 한 영혼이 홀연히 두 사람의 뒤쪽에 나타나더니 말을 건넸다.

"형제들이여, 당신들에게 하느님의 평화가 넘치기를 기도합니다."

두 사람은 동시에 깜짝 놀라며 뒤를 돌아다보았다. 베르길리우스는 그를 보더니 공손하게 두 손을 모으고 허리를 굽히며 말했다.

"우리 주님께서 항상 당신과 함께하실 것입니다. 바라건대 주님의 은총으로 축복받은 무리 안에 당신이 꼭 들 수 있게 되기를 기도합니다.”

인사를 마치고 난 베르길리우스가 자신을 소개했다.

“나는 본향인 천국으로 들어가지 못하고 영겁의 형벌을 받고 있는 자입니다.”

그 영혼이 깜짝 놀라며 말했다.

“아니, 그럴 리가요! 그대들이 천국에 오르지 못할 영혼들이라면 누가 감히 그대들을 천국의 통로인 이곳 연옥에까지 인도했단 말이오?”

베르길리우스는 손가락으로 단테를 가리키며 대답했다.

엠마오의 길에서 두 제자를 만나는 그리스도_ 요셉 폰 휘리히의 작품
그리스도께서 부활하신 그날 엠마오로 가던 두 제자가 홀연히 나타난 그리스도를 만나 대화를 나누었고, 저녁 식사 시간 예수께서 떡을 떼어 주실 때에야 비로소 그분을 알아보았다.

"이 사람은 아직 영혼과 육체가 분리되지 않은 살아 있는 자로, 우리 영혼들처럼 이성의 눈으로 밝게 보지 못할 뿐만 아니라 혼자의 힘으로는 연옥의 산을 오를 수가 없습니다. 그래서 내가 이 사람의 안내자가 되어 지옥의 넓은 문 림보로부터 이곳까지 인도하게 된 것이지요. 이 사람의 이마에 새겨진 세 개의 P 자는 연옥의 문지기가 새겨 준 것입니다. 이 사람은 천국에 있는 복된 영혼들과 마찬가지로 구원받게 될 몸입니다."

그 영혼은 베르길리우스의 말을 듣고 무척이나 놀라는 눈치였다.

베르길리우스는 계속해서 말을 이었다.

"그런데 한 가지 질문이 있습니다. 조금 전에 이곳 연옥의 산에 울려 퍼졌던 영혼들의 천둥 같은 노랫소리는 무엇이며, 또 이곳 연옥의 산을 진동시켰던 지진은 대체 무엇입니까?"

단테는 자신이 가졌던 의문을 대신 말해 준 스승에게 마음속으로 감사를 드렸다. 그 영혼은 기다렸다는 듯이 자상하게 대답해 주었다.

"그 천둥 같은 노랫소리의 정체는 이 정죄산에서 열심히 회개하여 깨끗해진 영혼들이 천국으로 올라가게 될 때 감격하여 부르짖는 환호성이오. 그리고 지진처럼 느껴지는 진동은 그들의 영혼이 깨끗하게 되어 의지가 자유로워졌음을 말해 주는 것입니다. 그 외에 자연적으로 생기는 지진 따위는 이곳에서 절대 불가능하지요."

베르길리우스가 물었다.

"그럼 조금 전에 한 영혼이 죄를 모두 다 씻었단 말인가요?"

"그렇습니다. 죄가 깨끗이 씻기면 몸을 일으켜 하늘을 향해 움직이기 시작하지요. 그리하여 연옥의 영혼들 곁을 떠나 영원한 행복을 누릴 천국으로 가게 되는 것입니다.”

곁에서 이야기를 듣고 있던 단테가 호기심 어린 표정을 지으며 물었다.

“그렇다면 당신은 언제쯤이나 죄 사함을 받고 천국에 오를 수 있게 되는 겁니까?”

“나는 이곳에서 500년 이상을 고통스럽게 누워 있었소. 그리고 오늘에서야 비로소 하느님의 은혜로 몸을 일으켜 천국으로 올라갈 수 있게 된 거라오.”

단테가 눈을 동그랗게 뜨며 물었다.

“아니 그럼, 방금 전의 일은 당신 때문에 일어났단 말인가요?”

영혼은 스스로가 대견스러운 듯 흐뭇한 미소를 지어 보였다. 그의 말을 듣고 난 단테의 마음속에는 목마름이 완전히 가시고 평화가 찾아들었다.

베르길리우스가 영혼에게 물었다.

“당신의 말을 듣고 있자니 참으로 기쁘기 그지없습니다. 그런데 궁금한 것이 있습니다. 그런 당신의 이름은 무엇이며, 어떤 연유로 이곳에 그토록 오랫동안 머물게 되었는지 말씀해 주실 수 있는지요?”

영혼이 대답했다.

“나는 스타티우스(Statius, 45년 경~96년)요. 유다의 배신으로 예수님께서 십자가에 못 박혀 피 흘리며 돌아가셨던 그 예루살렘을 하느님의 뜻에 따라 로마 황제 베스피아누스의 아들 티투스가 파괴했을 무렵 제법 명성을 떨치던 시인이었소. 그때까지만 해도 나는 신앙이 불완전했기에 이곳에 와 있는 것이지요. 나의 시는 너무나 훌륭한 영감을 지녔기에 비록 툴루즈 사람이었지만 로마는 내 머리에 월계관을 씌워 주었지요. 내 열정의 씨앗이 되고 내 마음을 뜨겁게 타오르게 한 것은 수많은 시인의 빛이 되었던 저 거룩한 불꽃, 즉 『아이네이스』(Aeneis ; 베르길리우스의 서사시.)였습니다. 그것이야말로 나의 어머니였고 내 문학의 유모였습니다. 만약 그 시가 없었더라면 나의 시는 한 푼의 값어치도 없었을 것입니다. 아, 내가 그분과 같은 시기에 태어나 만날 수만 있었다면 이곳 연옥에서 한 일 년쯤 머무르며 귀양살이를 할지라도 기꺼이 받아들였을 것입니다."

단테는 반가운 마음에 입을 다물지 못하고 되물었다.

"당신이 정말로 그 유명한 시인 스타티우스란 말씀인가요?"

영혼은 엷은 미소를 지으며 고개를 끄덕였다.

스타티우스를 만나는 단테와 베르길리우스

단테는 베르길리우스를 올려다보았다. 베르길리우스는 한 손가락을 들어 자신의 입을 막으며 단테에게 한 눈을 찡긋했다. 자신의 신분을 노출시키지 말라는 무언의 신호였다.

단테는 웃음을 참으려고 노력했지만 자신도 모르게 미소를 짓고 말았다.

스타티우스가 이상한 낌새를 눈치채고 단테에게 물었다.

"당신에게 하느님의 은총이 가득하기를 바라겠소. 그런데 방금 전의 그 미소가 어떤 의미였는지 궁금합니다."

단테는 난감했다. 스승께선 자신의 신분에 대해 말하지 말라 하시고 영혼은 이처럼 꼬치꼬치 캐물으니 난감하지 않을 수 없었다. 단테가 난감한 표정을 지어 보이자 베르길리우스가 미소 지으며 말했다.

"저렇듯 궁금해하니 대답해 주게나."

그러자 단테는 마치 어린아이처럼 신바람이 나서 스타티우스에게 말했다.

"죄 사함을 받고 곧 천국으로 올라갈 복된 영혼이여, 당신은 저의 미소에 대해 궁금해하시는데 이제부터 제가 하는 말을 들으시면 아마 더욱 놀라게 되실 것입니다. 제 옆에 계신 이분이 바로 당신에게 영웅을 노래하고 하느님을 찬양할 수 있도록 영향을 주신 시성 베르길리우스님이십니다. 제가 미소를 지었던 것은 다른 이유에서가 아니라 이분에 대한 당신의 말씀 때문에 그런 것이니 오해 없으시기 바랍니다."

단테의 설명을 듣고 난 영혼은 감격한 나머지 무릎을 꿇고 두 손으로 베르길리우스의 다리를 안으려고 하였다.

베르길리우스가 그를 만류하며 말했다.

"형제여, 어서 그만 일어나시오. 당신이나 나나 모두 다 똑같은 영혼이니 그러지 마시오."

그러자 그는 천천히 일어서며 말했다.

"저의 어버이와도 같은 존경하는 스승님이시여! 당신께 대한 저의 깊은 존경과 사랑을 받아 주십시오. 얼마나 반갑고 기뻤으면 우리가 형체 없는 영혼이라는 사실을 잊고 껴안을 수 있는 육체로 생각하며 행동했겠습니까?"

탐식한 자들의 짐

두 사람을 여섯 번째 언덕으로 데려다준 천사는 날개를 움직여 단테의 이마에 새겨진 다섯 번째 상처 P 자를 또 하나 지워 주었다. 그러고는

“정의에 목말라하는 자는 복이 있도다.”

하고 축복한 뒤에 홀연히 사라져 갔다.

이마의 상처 하나가 더 지워지자 단테의 발걸음은 한층 더 가벼워졌다. 단테는 육신의 몸이면서도, 날렵하게 올라가는 베르길리우스와 스타티우스의 뒤를 별다른 어려움 없이 뒤따라갈 수 있었다. 마치 오랜 친구를 만난 듯이 시를 만드는 지성의 샘에 대해 이야기를 나누며 걸어가던 베르길리우스와 스타티우스는 길 한가운데 향기롭고 보기 좋은 열매가 풍성히 달린 나무 한 그루가 서 있는 것을 보고 발걸음을 멈추었다.

그 나무는 위로 오를수록 가늘어지는 것이 아니라 밑으로 내려올수

연옥의 말하는 나무

연옥의 나무는 하와의 동산의 무화과나무에서 번식된 나무로 말하는 영험함을 지녔다.

록 가늘어진 모습을 하고 있었다. 아무래도 아무나 올라갈 수 없도록 하기 위한 하느님의 섭리인 듯싶었다.

단테는 두려운 눈으로 베르길리우스를 바라보며 물었다.

"스승님, 생김새가 기괴한 저 나무는 무엇인지요?"

"이 나무는 생명나무의 분신이라네."

산허리의 높은 바위에서 끊임없이 떨어지는 물방울이 나무의 잎사귀를 적셔 주고 있었다. 일행이 나무 가까이 다가가자 무성한 잎사귀들 속에서 말소리가 들려왔다.

"탐식의 죄를 지은 자들아, 너희가 이 나무의 열매를 따 먹으면 정녕 죽으리라."

이어서 또 다른 목소리가 들려왔다.

"가나의 혼인 잔치에 가셨을 때 마리아께서는 맛있는 음식보다는 잔치에 없어서는 안 될 포도주 걱정을 하셨도다. 옛날 로마의 귀부인들은 절대로 술을 마시지 않고 물만 마셨음을 기억하라. 예언자 다니엘

스타티우스를 만난 단테는 말하는 나무의 소리에 귀를 기울인다.

은 바벨론 왕이 주는 술과 음식을 사양하고 채소만 취했으며, 옛 성현들은 상수리나무 열매를 먹고 실개천의 물을 술 대신 마셨으며, 세례자 요한은 광야에서 석청과 메뚜기만 먹으며 생활하였도다."

단테가 목소리의 주인공들을 찾아내기 위해 나무 잎사귀 속을 유심히 들여다보자 베르길리우스는 아버지처럼 다정한 목소리로 단테에게 발걸음을 재촉했다.

"어서 따라오게나. 우리에게 주어진 시간이 얼마 남지 않았으니 시간을 아껴 써야만 하네."

화들짝 놀란 단테가 고개를 들어 보니 베르길리우스와 스타티우스는 벌써 저만치 앞에서 빠른 걸음으로 걸어가고 있었다. 단테는 얼른 두 지성의 뒤를 따라가면서 다시 그들의 토론에 귀를 기울였다. 길은 험했지만 그들의 이야기를 듣는 즐거움에 힘든 줄을 몰랐다.

바로 그때 어디선가에서 울음 섞인 음성으로 '시편'을 노래하는 소리가 들려왔다.

"주님, 저의 입술을 열어 주소서."

그 소리는 마치 해산하는 자의 고통과 기쁨의 소리를 함께 담은 것과도 같았다.

단테가 물었다.

"스승님, 저 말은 무슨 뜻인가요?"

그러자 베르길리우스가 대답해 주었다.

"탐식으로 죄지은 영혼들이 자신들의 죄를 씻기 위해 가는 중이라네."

그들의 곁을 지나고 있는 수많은 영혼은 마치 깊은 사색에 빠져 있는 순례자들처럼 말없이 발걸음을 재촉하고 있었다. 그런데 그들의 모습은 하나같이 모두 백짓장처럼 창백한 얼굴에다 눈자위가 푹 꺼져 있었고 마치 굶주림에 시달린 사람처럼 뼈다귀에 앙상하게 살가죽만 붙어 있었다.

단테 일행은 나무 주위에 앉아서 잠시 휴식을 취했다. 단테는 굶주림에 지친 그들을 바라보며 어찌 그렇게 먹고 싶은 욕구를 참아 내며 기다림을 계속할 수 있는지 참으로 신기하게만 느껴졌다. 바로 그 때, 그들 곁으로 지나가던 한 영혼이 푹 꺼져 버린 눈으로 단테를 뚫어져라 바라보더니 큰 소리로 외쳤다.

단테와 포레세의 만남_ 귀스타브 도레의 작품
단테가 깡마른 체구의 영혼들 중 자신의 절친한 친구인 포레세를 만나는 장면이다.

"아, 내가 자네를 만나다니 이 무슨 은혜란 말인가!"

단테는 목소리만 듣고서는 그가 누군지 전혀 알 수가 없었다.

그래서 자세히 살펴본 단테는 깜짝 놀랐다. 그는 바로 자신과 절친하게 지냈던 포레세 도나티였다.

포레세 도나티는 단테에게, 함께 있는 사람들은 누구이며 이곳에는 어떻게 오게 되었는지를 물었다. 그러나 단테는 대답 대신 너무나도 몰라보게 변해 버린 그의 모습에 가슴이 아픈 나머지 우선 그가 어떤 처지에 놓여 있는지부터 말해 달라고 했다.

그러자 포레세 도나티가 말했다.

"우리는 세상에 사는 동안 지나치게 탐식하고 미식을 추구했기에 이토록 굶주림 속에서 야윈 모습으로 울부짖고 있는 것이라네. 굶주림과 목마름으로 몸을 본래대로 되돌리기 위함이지. 그러나 아직도 그 죄를 다 씻지 못하여 생명나무의 푸른 잎 위로 떨어지는 맑은 물과 열매에서 풍겨 나오는 향기로움에 이끌린 나머지 이 생명나무 밑을 지날 때마다 먹고 마시고 싶은 불타는 욕구에 사로잡히게 되지. 하지만 우리는 그런 욕구를 참고 견뎌 나가야만 한다네. 마치 그리스도께서 십자가 위에서 하느님을 향해 '엘리 엘리 라마 사박다니' 하고 부르짖으셨듯이 우리도 나무 밑에서 이렇게 보속하는 것이라네."

연옥의 탐스러운 열매가 달린 나무
단테는 연옥 언덕의 탐스러운 열매가 달린 나무에서 자신의 절친했던 친구 포레세 도나티를 만난다.

그 말을 듣고 단테가 물었다.

"포레세, 생각해 보니 자네가 지상의 세계를 떠나온 지 5년째가 되네그려. 지상에 사는 동안 회개하지 않은 자들은 연옥문 밖에서 지내야 하는 걸로 알고 있네. 그런데 자네는 어떻게 벌써 이곳 연옥에 들어올 수 있었는지 궁금하네."

그러자 그가 대답했다.

"당연한 질문일세. 보통 나 같은 경우에는 적어도 지상에 살았던 햇수만큼 연옥문 밖에서 고행을 하며 죄를 씻어야 하는데 나를 위한 아내의 간절한 기도 덕분에 이처럼 빨리 이곳에 오게 되었다네."

그의 말을 듣고서 단테는 연옥에 있는 사람들을 위해 기도하는 일이 얼마나 소중하고 숭고한 것인지 확실히 깨닫게 되었다.

"나는 보다시피 살아 있는 몸으로 지옥을 지나 여기까지 왔다네. 내 옆에 계신 이분은 베아트리체가 있는 천국에 이르기 직전까지 나의 안내자가 되어 주실 걸세. 존함은 베르길리우스님이시네. 지상에 사시는 동안 시의 아버지라 불리던 고명하신 분이지. 그리고 그 옆에 계신 분은 이제 막 죄를 깨끗이 보속하시고 하늘에 오르시게 될 스타티우스님이시네."

단테와 포레세가 정답게 이야기하면서 빠른 걸음으로 나아가는 동안 다른 영혼들은 단테가 살아 있는 자임을 알아보고 놀라움을 금치 못했다.

단테가 포레세에게 그의 누이동생인 피카르다가 어디에 있는지를 묻자, 그 아름답고 마음씨 고운 그의 누이동생은 벌써 천국에 가 있다고 말했다.

단테와 피카르다
단테가 자신의 친구 포레세의 여동생인 피카르다를 천국에서 만나는 장면이다.

포레세는 속죄의 기도를 올리며 빠르게 지나쳐 가는 그의 동료들을 내버려 둔 채 단테와의 대화를 계속했다.

한동안 이야기를 주고받던 포레세가 아쉬운 듯이 단테에게 말했다.

"이제 헤어지면 언제 또 만날 수 있을까?"

단테 역시 아쉬움이 가득 담긴 음성으로 말했다.

"글쎄, 피렌체의 불행을 더 이상 보지 않기 위해서라도 하루빨리 지상의 삶을 마감하고 이곳으로 오고 싶지만 나의 바람대로 그렇게 빨리 현세를 떠나올 수는 없을 것 같네. 내가 태어나서 자라고 또 앞으로도 계속해서 살아야 할 피렌체는 날이 갈수록 점차로 선과 덕이 사라져 가고 있네. 앞으로 피렌체는 더욱 상황이 악화되어 불꽃 튀는 당쟁 속에서 비참한 최후를 맞게 될 것 같네. 희망의 소식이 들려오기만을 고대하지만 결국 불행을 보게 될 것 같은 생각에 벌써부터 눈물이 나오려고 하네."

단테의 말을 듣고 난 포레세는 위로의 말을 던졌다.

"너무 염려하지 말게나. 흑당의 수령으로 피렌체의 불행을 빚어낸 나의 형 코로소 도나디는 결국 반역죄에 몰려 말을 타고 도망치다가 그 말에서 떨어지는 바람에 창에 찔려 지옥으로 가게 될 운명……. 더 이상 말하려니 가슴이 찢어질 것만 같아 이쯤에서 멈추겠네."

잠시 허공을 올려다보고 나서 포레세가 서둘러 말했다.

"자, 이제 그만 가 보겠네. 함께 이야기를 나누며 걷다 보니 꽤 많은 시간을 허비해 버렸어. 하루속히 죄를 씻어야 하는데 말일세."

말을 마친 그는 가볍게 작별을 고하고 나서 마치 쏜살같이 동료들을 향해 달려갔다. 단테는 아득히 멀어져 가는 포레세의 뒷모습을 바라보며 그가 했던 말들을 되새겨 보았다.

영혼들이 시야에서 완전히 사라질 무렵, 길모퉁이에 접어든 그들의 눈앞에 싱싱한 열매들이 주렁주렁 매달린 과일나무 한 그루가 또 나타났다. 그 나무 밑에는 많은 영혼이 모여 있었는데, 그들은 손을 높이 들고 나무를 올려다보며 무슨 소리인지 왁자지껄 외쳐 대고 있었다. 하지만 그 모습은 마치 과일나무 밑에서 어린아이가 과일을 따기 위해 몸부림을 치는 것과도 같았다. 그러나 그것은 소용없는 일이었다. 나무 열매가 손에 잡힐 듯 말 듯 하다가 결국에 가서는 잡히지 않아 오히려 영혼들을 애타게 할 뿐이었다.

연옥의 나무_ 귀스타브 도레의 작품
한 무리의 영혼들이 탐스러운 열매를 취하려 나무 밑으로 몰려들었으나 뜻을 이루지 못하자 소리치는 장면의 그림이다.

이윽고 영혼들은 자신들의 노력이 헛되다는 사실을 깨닫고 모두 우르르 떠나 버렸다.

단테와 베르길리우스가 많은 영혼의 기도와 눈물을 매정하게 물리친 나무 가까이 다가가자 그 나무의 잎사귀들 사이에서 말소리가 들려왔다.

"가까이 다가오지 말고 그냥 지나쳐라! 더 위로 올라가면 하와에게 열매를 준 나무가 있다. 이 나무는 그 나무에서 갈라져 나온 것이다."

이 소리를 듣고 단테 일행이 그 나무에서 비켜나 벼랑 쪽으로 걸어가고 있을 때 좀 전의 목소리가 또다시 들려왔다.

"구름 속에서 태어난 그 사악한 자들을 기억하라. 저주받은 반인반마(半人半馬) 켄타우로스들, 그들은 포식하고 술에 취해 테세우스와 싸운 끝에 많은 수가 목숨을 잃었다. 또한 승리의 영광을 함께 누리지 못한 이스라엘 병사들을 기억하라. 하느님의 명령에 따라 기드온이 이스라엘 병사들 가운데서 미디안을 칠 병사들을 뽑을 때 자신의 욕구를 억제하지 못하고 무릎을 꿇어 많은 물을 마신 병사들로 하여금 하느님의 영광을 누리지 못하도록 하지 않았는가?"

단테 일행은 길의 가장자리들 중 한쪽으로 바짝 붙어 걸으면서 지나친 식탐과 미식에 집착하는 것이 얼마나 큰 죄인가를 상기하며 묵묵히 길을 재촉했다.

"너희 셋은 무엇을 그렇게 골똘히 생각하며 걷고 있느냐?"

단테가 갓 태어난 어린 짐승처럼 깜짝 놀라며 고개를 들어 보니, 아뿔싸! 용광로 안에 녹아 있는 금속이나 유리도 그렇게 붉게 타오르지는 않으리라. 그는 계속해서 말했다.

"저 위로 올라가려면 여기서 돌아가라. 그러면 평화를 찾으러 가는 자들을 위한 길이 나올 것이다."

단테는 그 빛이 너무나도 강렬하여 그를 똑바로 바라볼 수 없었다.

단테는 땅바닥에 시선을 두고 발로 땅을 더듬으며 베르길리우스의 뒤를 바짝 따라갔다.

단테가 작은 목소리로 베르길리우스에게 물었다.

"스승님, 우리에게 길을 알려 준 저분은 누구신지요?"

베르길리우스가 대답했다.

"일곱 번째 연옥의 문을 지키시는 천사일세."

새벽을 알리는 5월의 상쾌한 바람이 꽃들의 향기를 가득 싣고 불어와 단테의 이마를 스치고 지나갔다. 단테는 곧 그 바람이 자연적으로 발생한 것이 아니라 바람에서 신들이 먹는 음식인 암브로시아 향내가 풍겨 나는 것으로 볼 때 천사가 날개를 움직여 일으킨 바람이라는 걸 직감적으로 알 수 있었다.

천사가 바람을 일으키고 나서 말했다.

"식탐을 하지 않고 언제나 의로운 일에 주려 있는 사람은 행복하다. 그들은 하느님께로부터 은총의 빛을 받을 것이니라."

베르길리우스가 미소를 띠고 단테를 바라보며 말했다.

"그러고 보니 자네의 이마에서 또 하나의 P 자가 지워졌네그려. 이제 몸과 마음이 한층 더 가볍고 기쁨으로 가득 차게 될 걸세."

단테가 한 손을 들어 이마를 더듬어 보니 정말로 P 자 하나가 이마에서 사라지고 없었다.

영혼 수업

세 시인은 마지막 일곱 번째 언덕으로 오르는 계단을 향하여 걸음을 재촉했다. 그곳은 한 사람씩 통과해야 할 정도로 길이 너무나도 협소했다.

단테가 계단을 오르면서 베르길리우스에게 의문을 제기했다.

"스승님, 사람의 영혼이란 육신과 달라서 특별히 영양을 섭취할 필요가 없을 텐데 어째서 저토록 여윌 수가 있는 걸까요?"

베르길리우스는 조용히 고개를 끄덕이더니 대답했다.

"나무토막이 불에 다 탔을 때 멜레아그로스의 생명도 꺼졌다는 전설을 자네가 기억한다면 그건 그렇게 이해하기 어렵지 않을 걸세. 거울에 비친 자네의 모습이 자네가 움직이는 대로 움직이는 것을 생각해 보면 쉽게 의문이 풀릴 걸세."

칼리돈의 왕 오이네우스와 왕비 알타이아 사이에서 멜레아그로스가 태어났을 때의 일이다. 그가 태어났을 때 운명의 여신 셋이 찾아와 특별한 선물을 내려 주었다.

먼저 수명을 연장하는 클로토라는 여신은 용기를 선물했고, 물레에 생명의 실을 감는 라케시스라는 여신은 강건함을 선물했으며, 마지막으로 생명의 실을 끊는 여신인 아트로포스라는 여신은 큼지막한 나무토막 하나를 불 속에 내던지며 '그 나무토막이 모두 다 불에 타고 나면 아이가 죽게 될 것'이라고 예언했다.

멜레아그로스의 죽음_ 부셰의 작품
그가 태어난 후, 운명의 여신이 예언하기를, 난로 안에서 타고 있는 저 장작불이 다 타 버리면 그의 목숨도 다한다고 하였다. 알타이아는 곧 타다 남은 장작을 주워 불을 끈 다음 상자 안에 간직하였다. 그가 자란 후, 오이네우스가 들판을 주관하는 여신 아르테미스에게만은 제물을 바치지 않았기 때문에 노한 여신이 커다란 멧돼지를 들에 풀어 놓아 해를 입혔다. 멧돼지는 멜레아그로스의 손에 죽었는데, 사냥에 함께 참가했던 아탈란테를 사랑한 멜레아그로스는 멧돼지 가죽을 그녀에게 주었다. 이를 못마땅하게 여긴 알타이아의 형제들이 아탈란테로부터 가죽을 빼앗으려고 하자 성난 멜레아그로스는 그들을 죽여 버렸다. 동기들을 잃은 알타이아는 화가 나서 상자 속에 간직했던 타다 남은 장작을 꺼내어 불 속에 던졌고 멜레아그로스의 목숨은 그 자리에서 다하고 말았다.

이 불길한 예언을 듣자 그의 어머니인 알타이아 왕비는 얼른 불 속에서 나무토막을 꺼내어 아무도 모르는 곳에 은밀히 숨겨 놓았다.

멜레아그로스는 용감하고 강건하게 무럭무럭 자랐다. 그러나 장성한 그가 자기의 외삼촌을 둘이나 죽이자 그의 어머니인 알타이아 왕비는 격분하여, 자식을 살리기 위해 불 속에서 꺼내어 숨겨 두었던 그 생명의 나무토막을 가져다가 다시 불 속에 던져 버렸다. 그리고 그 나무토막이 모두 다 불에 타고 나자 그는 결국 그 자리에서 숨을 거두고 말았다.

그러나 단테는 이 내용만으로는 자신의 궁금증을 풀 수가 없었다.

단테가 마음속으로 고민하고 있을 때 베르길리우스가 이를 헤아리고 말했다.

"그럼 스타티우스 선생에게 부탁해서 자네의 궁금증을 풀어 주도록 하겠네."

그러고 나서 베르길리우스가 스타티우스의 얼굴을 바라보자 그가 부드럽게 미소 지으며 말했다.

"내가 단테 선생에게 영혼에 관한 설명을 하게 되다니 웃음이 절로 나옵니다그려. 그럼 지금부터 하는 내 말이 조금이라도 도움이 되었으면 하오."

◀**운명의 세 여신 모이라이**(Moirae)_ 폴 투만의 작품
그리스 신화에 나오는 "필멸의 인간에게 복도 주고 화도 주는" 운명의 여신 세 자매이다. 이들 중 클로토는 운명의 실을 뽑아내고, 라케시스는 운명의 실을 감거나 짜며 배당하고, 아트로포스는 운명의 실을 가위로 잘라 삶을 거두는 역할을 담당한다.

스타티우스는 잠시 허공을 올려다보며 생각에 잠기다가 다시 입을 열었다.

"우선, 인간의 육체에서 영혼이 분리된 이후에는 어떻게 되는지부터 설명하도록 하겠소. 인간의 영혼이 육체의 옷을 벗게 되면 인간의 능력인 감각과 감정, 신적 능력인 기억, 이해, 의지의 본질만 남게 된다오. 그때는 육신에 속한 모든 인간적 능력이 소멸되는 대신 영혼에 속한 신적 능력은 더욱더 활발하게 작용하지요. 그런 후에 영혼은 제 스스로 지옥으로 향하는 아케론강 가나 연옥으로 향하는 테베레강 가에 도달하여 비로소 자기의 갈 길을 가게 되는 것입니다."

단테는 지옥과 연옥에서 건넜던 강들과 그곳에서 보았던 영혼들의 모습 하나하나를 모두 다 떠올려 보았다.

"이처럼 한 영혼의 갈 길이 정해지면 생명체가 형성될 때와 같은 힘이 그 영혼의 주위에 작용하여 마치 살아 있을 때와 똑같은 형태를 구성하게 되지요. 그리고 비를 머금은 대기가 태양 빛에 의해 일곱 색깔 무지개가 되어 빛나듯 영혼을 둘러싼 대기는 영혼 자체의 힘으로 각각의 형상을 갖추게 됩니다."

"불이 옮겨지면 불길도 함께 따라다니는 것처럼 그 새로운 형상은 영혼을 어디든 따라다닌다는 말씀입니까?"

"그렇지요. 그 형상을 둘러싼 대기는 우리 눈에 보이는데, 그것을 영혼이라고 합니다. 그것은 시각을 포함한 모든 감각 기관을 가지고 있지요. 그래서 우리 영혼들은 말하고 웃고 눈물을 흘리고 한숨을 짓기도 합니다. 아마 당신도 지금까지 지옥과 연옥을 순례하면서 그런 모습들을 여러 차례 목격했을 겁니다. 그러나 욕망이나 그 밖의 감정이 영혼에 닿으면 그에 따라 형태가 변하게 되는데, 이것이 곧 당신이 그렇게도 궁금해하던 부분이 아닐까 싶습니다."

스타티우스의 긴 설명을 들으며 걷다 보니 어느새 연옥의 마지막 언덕에 오르게 되었다. 늘 그랬듯이 그들 일행은 오른쪽으로 돌아서면서 그들의 마음은 다른 것에 쏠리고 있었다.

일곱 번째 언덕은 불꽃에 휩싸여 있었다. 불꽃이 길 밖으로 뻗어 나간 형상이었는데, 세차게 불어오는 바람으로 인해 불길이 길을 완전히 뒤덮을 때도 있었다.

단테 일행은 왼쪽으로는 불길의 위험을, 오른쪽으로는 벼랑에 굴러 떨어질 위험에 대비해야 했다. 그들은 불길에 뒤덮인 좁다란 길목을 한 사람씩 조심스레 지나가야 했는데 단테는 혼자서 그곳을 지날 수 있을지 심히 두려웠다.

불꽃의 언덕_ 귀스타브 도레의 작품
단테는 베르길리우스와 스타티우스와 함께 지옥처럼 불꽃이 이글거리는 연옥의 언덕에 오른다.

베르길리우스는 단테의 마음을 읽고 단테에게 말했다.

"잠시도 한눈팔지 말게. 이런 곳에서는 자칫 미끄러져 떨어질 수 있으니 조심해야 하네.”

바로 그때 그 맹렬한 불꽃 속에서 “지극히 인자하신 하느님……”으로 시작되는 영혼들의 찬송 소리가 들려왔다. 그들은 이따금씩 “나는 남자를 알지 못합니다.” 하면서 소리 높여 외쳤다가 다시금 목소리를 낮춰 부드러운 목소리로 노래를 계속했다.

이 말은 천사 가브리엘이 동정녀 마리아에게, “보라 네가 잉태하여 아들을 낳으리니 그 이름을 예수라 하라.”라고 말했을 때 동정녀 마리아가 대답한 말이었다.

그들은 다시 입을 모아, “사냥의 여신 디아나가 비너스의 독을 음미한 요정 엘리체를 숲에서 내쫓았도다.” 하고 소리 높여 외쳤다.

사냥의 여신 디아나는 처녀의 순결을 굳게 지키며 자신의 부하인 님프들에게도 순결을 지킬 것을 요구했다. 그러나 님프 가운데 한 명인 엘리체가 미와 사랑의 여신인 비너스의 음탕한 색정의 독에 감염되어 제우스에게 능욕을 당하고 아들 아르카스를 낳게 되었다.

그로 인해 엘리체는 디아나에게 내쫓겼고, 설상가상으로 제우스의 아내 헤라의 질투까지 받아 곰이 되어 버렸다. 다행히도 훗날 제우스가 엘리체 모자를 하늘의 별로 만들어 주었다.

영혼들은 성가를 부르고 나서 규칙적으로 덕을 소중히 여겨 정절을 지킨 아내와 남편 들을 찬양하는 노래를 불렀는데, 아마도 뜨거운 불꽃 속에서 불타고 있는 동안 이 속죄 의식은 끝없이 계속되는 듯했다.

푸른 기운으로 가득하던 서쪽 하늘은 태양에서 내뿜는 햇무리로 인해 하얗게 변해 가고 있었다. 가장자리를 따라 일렬로 나아가는 동안 베르길리우스는 거듭 단테에게 주의를 주었다.

"잠시도 발밑에서 눈을 떼선 안 된다고 한 내 말 명심하게나."

단테의 그림자가 비친 곳에는 불꽃이 더욱 붉게 타올랐다. 단테의 그림자를 목격한 영혼들은 아주 신기해했다. 그들은 단테가 살아 있는 자임을 알아보고 왁자지껄 떠들며 그에게 다가오려 했지만 결코 불길 밖으로는 나오려 하지 않았다.

그들 가운데 한 영혼이 나서며 말했다.

"당신이 그렇게 다른 이들을 뒤따르는 것은 걸음이 느려서라기보다 그들을 공경하기 때문인 것 같군요. 여기에 있는 모든 영혼이 불길로 인한 목마름보다 당신에 대한 궁금증으로 인해 더욱 목이 타고 있으니 그 궁금증을 좀 풀어 주시오. 당신의 그림자를 보니 아직도 살아 있는 몸 같은데 어찌하여 이런 일이 가능하단 말이오?"

이 질문에 대해 대답하려던 단테는 새롭게 나타난 영혼의 무리에게 정신을 빼앗겨 버렸다. 그들은 불길 속의 영혼들과 마주보고 걸어

불꽃의 언덕에서 속죄하는 영혼들

가면서 제각기 서로를 얼싸안으며 인사를 나누었다. 그 모습은 마치 불개미 떼가 서로 만나 한 마리씩 얼굴을 맞대고 더듬이를 비며 먹이가 있는 곳을 알려 주는 것과도 같았다. 나중에 합류한 영혼들이 "소돔과 고모라여!" 하고 외치면 다른 무리의 영혼들이 "제 음욕을 채우고자 암소 속으로 들어가서 자신의 음욕을 채운 파시파에여!" 하고 화답을 했다.

여기에서 '소돔과 고모라'는 구약성서에 나오는 팔레스티나의 도시로서 극도로 성이 문란했던 곳이다. 특히 소돔에는 남색자가 많았는데, 하느님께서는 이들 두 도시에 불과 유황 비를 내려 멸망시키셨다.

그리고 '파시파에'는 크레타섬의 왕 미노스의 아내다. 그녀는 바다의 신 포세이돈이 자신의 남편에게 선물한 황소에게 정욕을 느낀 나머지 나무로 만든 암소 속에 들어가서 음욕을 채웠다고 한다. 그 결과 그녀는 몸은 사람이고 머리는 황소인 미노타우로스를 낳음으로써 부정한 여인의 대표적 인물로 전해지고 있다.

마치 두루미의 무리가 한 무리는 태양을 피해 리페산으로, 다른 한 무리는 추위를 피해 사막을 향해 날아가듯이 그렇게 영혼들은 서로 번갈아 가면서 한 무리가 "지극히 인자하신 하느님……"으로 시작되는 노래를 부르면 다른 한 무리는 "나는 남자를 모릅니다."라며 울부짖는 행동을 계속해서 반복하였다.

얼마 후 단테에게 질문을 던졌던 영혼의 무리가 다시 다가오자 단테가 그들에게 말했다.

"오, 언젠가는 평화를 누리게 될 영혼들이여! 나는 당신들이 느끼는 것처럼 아직 살아 있는 몸입니다. 보다시피 하느님의 은총을 입어 이렇게 살아 있는 몸으로 당신들의 세계에 들어오게 되었습니다. 이번에는 제가 묻겠습니다. 당신들은 어떤 분들이시며, 또한 당신들과 반대 방향으로 가고 있는 분들은 어떤 분들인지요?"

그러자 앞서 단테에게 질문을 던졌던 영혼이 나서며 대답했다.

"훌륭한 죽음을 맞이하기 위해 영혼들의 세계를 직접 체험하고 있는 당신은 참으로 복된 자요. 좀 전에 우리 곁을 지나쳐 간 영혼들은 동성애의 죄를 범한 자들이오. 그래서 그들은 자신들의 죄를 뉘우치며 '소돔과 고모라'를 부르짖고 있는 것이라오. 그리고 우리는 마치 짐승마냥 욕정만 좇아다니며 인간의 법도를 지키지 않은 자들입니다. 그래서 우리는 다른 무리와 엇갈릴 때마다 "제 음욕을 채우고자 암소 속으로 들어가서 자신의 음욕을 채운 파시파에여!" 하고 외치며 부끄러움을 불태우는 것이오. 이제 우리가 이름을 못 밝히는 이유를 아시겠지요? 그나마 죽기 전에 뉘우쳤기에 이렇게 속죄할 기회라도 얻을 수 있었다오."

단테가 고개를 몇 번 끄덕이고 나서 말했다.

"그렇다면 당신에 대해선 말씀해 주실 수 없을까요?"

영혼은 잠시 생각에 젖다가 고개를 끄덕였다.

"그렇게도 궁금하시다면 말씀드리지요. 나는 이탈리아의 볼로냐에서 살았던 구이도 귀니첼리라는 사람이오. 다행히도 죽기 한참 전에 참회했기에 이곳에 올 수 있었지요."

구이도 귀니첼리라면 이탈리아 최고의 시인으로까지 불렸던 사람으로 아름답고 달콤한 시구를 자유자재로 구사했던 위대한 시인이었다.

단테는 자신보다 먼저 이탈리아에 태어나 아름다운 시를 노래하고 이탈리아 시인의 아버지로 불리던 그의 소개를 듣고 반가운 마음에 그를 향해 한 발자국 내디뎠다가 불꽃의 열기에 깜작 놀라 그 자리에 멈춰 섰다.

단테는 안타까운 마음에 안절부절못하며 그에게 말했다.

"시인이시여, 오늘의 이 영광을 두고두고 잊지 않겠습니다."

그러자 구이도가 입가에 미소를 띠며 대답했다.

"그렇게 생각해 주니 나 또한 당신을 잊을 수 없을 것 같소. 그런데 어째서 당신이 그토록 나를 연모하는지 그 까닭을 알고 싶소."

단테는 망설임 없이 말했다.

"그거야 물론 당신의 아름다운 시와 노래 때문입니다. 그 우아한 시

구이도 귀니첼리_ 티치아노의 작품
이탈리아의 시인인 귀니첼리는 처음 재판관이 되었으나 기벨린당(독일 황제파)이었기 때문에 볼로냐에서 추방되고 유랑을 계속했다. 그는 신비적인 사랑을 노래하고 '청신체(淸新體)'를 창시하여 시칠리아어의 서정시보다 훨씬 순수하고 숭고한 시를 쓰기 시작하여 단테(1265~1321)에 이르러 그 청신체를 모방하여 서정시집〈신생(新生)〉을 출현시켰다. 그는 또 단테의 『신곡』 정죄편(淨罪篇) 제26가(歌)에서 칭찬을 받고 있다.

는 그 시를 쓰기 위해 쓰인 잉크마저 값지게 보일 정도였으니까요."

그러자 그는 만면에 웃음을 띠며 말했다.

"과찬의 말을 듣고 보니 부끄러워서 몸 둘 바를 모르겠소이다. 그러나저러나 하느님의 특별한 은총을 받은 형제여! 예수 그리스도께서 거하시는 천국에 가시거든 부디 이 연옥에 있는 영혼들을 위해 주기도문을 한 번만 외워 주시오. 이곳의 영혼들은 죄지을 힘조차 없으므로 주기도문 가운데 '우리를 시험에 들게 하지 마옵시고 다만 악에서 구하옵소서.'라는 부분을 빼고 기도해 줘도 우리에게는 큰 도움이 될 것이오."

말을 마친 그는 마치 물속으로 헤엄쳐 들어가는 물고기와도 같이 재빠르게 불길 속으로 자취를 감추었다.

영혼 정화의 불길

어느덧 해 질 무렵이 되었을 때 비탈진 언덕 위에 하느님의 천사가 나타나서 청아한 목소리로 외쳤다.

"마음이 청결한 자는 복이 있나니 그들이 하느님을 볼 것임이요."

단테 일행이 목소리가 들리는 쪽으로 다가가자 천사가 말했다.

"거룩한 영혼들이여, 불을 먼저 겪지 않고서는 더 이상 나아갈 수 없으니 어서 불꽃 속으로 들어가서 저 노랫소리에 귀를 기울여라."

'아니, 불꽃 속으로 들어가서 불을 겪으라니!'

단테는 산 채로 땅에 묻히는 사람의 심정이었다. 단테는 두 손을 모은 채 뜨거운 불꽃을 피하기 위해 몸을 뒤로 젖히고 활활 타오르는 불꽃을 겁에 질린 표정으로 바라보았다. 전에 본 적이 있는, 인간의 육신이 타서 죽는 모습이 떠올랐다.

단테의 겁먹은 표정을 본 베르길리우스가 단테에게 말했다.

"연옥의 불은 고통스러울지언정 죽음에까지 이르지는 않는다네. 지난 일을 생각해 보게나. 내가 자네를 게리온의 등에 태워서 안전하게 인도했거늘, 이제 하느님께 가까이 왔는데 자네가 두려워할 게 뭐가 있겠는가? 자네가 이 불꽃 한가운데에서 천 년을 보낸다 해도 털끝 하나도 불에 타지 않을 걸세. 내가 자네를 속인다고 생각한다면 불에 다가서서 직접 자네 옷을 대어 시험해 보도록 하게나. 자, 이제 모든 두려움을 버리고 이리 와서 안심하고 들어가 보게나."

고심하는 단테
단테는 베아트리체를 생각하며 용기를 얻어 뜨거운 불길 속으로 뛰어든다.

그래도 단테가 괴로운 표정을 지으며 꼼짝 않고 서서 두려움에 몸을 부들부들 떨고 있자 베르길리우스는 다소 화가 난 듯 말했다.

"자, 보게나. 자네와 베아트리체 사이를 가로막고 있는 유일한 장벽이 이 불꽃이란 말일세."

베아트리체의 이름을 듣는 순간 단테는 자신도 모르게 정신이 번쩍 들며 힘과 용기가 솟구쳤다.

베르길리우스는 미소를 지으면서 마치 사과 하나로 어린아이를 달래듯이 말했다.

"그래도 계속 이곳에 남아 있고 싶은가?"

단테가 큰 소리로 외쳤다.

"아닙니다, 스승님! 스승님의 말씀대로 따르겠습니다."

베르길리우스는 스타티우스에게 단테의 뒤를 따르도록 부탁하고 자신이 먼저 앞장서서 불꽃이 이글거리는 곳으로 뛰어들었다.

단테도 스승의 뒤를 따라 두 눈을 질끈 감고 불 속으로 뛰어들었다. 스타티우스도 불 속으로 뛰어들어 단테의 뒤를 따랐다. 그 불꽃이 어찌나 뜨겁던지 차라리 끓는 유리 가마 속에 들어가서 몸을 식히고 싶을 정도였다.

"난 벌써 그분의 눈동자가 눈앞에 아른거리네그려."

그때 저편에서 노랫소리가 들려오면서 그들을 이끌었다. 세 사람은 노랫소리가 들려오는 방향으로만 정신을 집중하며 걷고 또 걸어서 마침내 오르막길이 시작되는 곳에 이르렀다.

그때 눈앞의 밝은 빛 속에서 목소리가 들려왔다.

"하느님의 축복을 받은 자들이여, 어서 오너라!"

그 빛이 너무나도 강렬하여 세 사람은 모두 그 빛을 바라보지 못하고 시선을 다른 방향으로 돌렸다. 그 목소리는 계속해서 들려왔다.

"이제 태양이 지고 밤이 가까워졌다. 그러니 시간을 허비하지 말고 더 어두워지기 전에 어서 서둘러라!"

단테 일행은 천사의 인도에 따라 서둘러 바위 사이로 난 길을 따라 계속해서 올라갔다. 그리고 마지막 계단에 올라섰을 때 마치 그들이 그곳에 도착하기를 기다리기라도 했다는 듯이 해가 그들의 등 뒤로 지고 있었다. 그들은 밤이 되면 여정을 멈춘다는 원칙대로 그곳에서 일단 휴식을 취하기로 했는데 지칠 대로 지친 그들은 모두가 곤한 잠에 빠져들었다. 사방에는 높다란 바위들이 병풍처럼 둘러쳐 있어서 추위로부터 그들을 보호해 주었다.

바위틈에서 바라본 하늘에는 지상 세계에서 본 별들보다 훨씬 더 큰 별들이 밝게 빛났다. 단테는 그 별들을 바라보면서 지금까지 일어났던 일들을 되새겨 보다가 스르르 잠에 빠졌다. 그리고 언제나 사랑의 불꽃으로 타는 듯 보이는 금성의 밝은 빛이 처음으로 동쪽 하늘에서 이들이 머물고 있는 산을 비추기 시작했을 무렵, 단테는 꿈속에서 젊고 사랑스러운 여인이 들판에서 꽃을 따고 있는 광경을 보았다. 그 여인은 노래를 부르고 있었다.

"내 이름을 알고자 하는 자들에게는 누구든 알려 드리지요. 내 이름은 레아. 나의 예쁜 손으로 꽃목걸이를 엮으며 하루를 보낸다오. 그렇게 만든 꽃목걸이를 걸고 거울 앞에 서면 난 마음이 기뻐요. 내 동생

단테의 꿈속에 나타난 레아와 라헬

단테의 꿈에 나타난 레아_ 가브리엘 단테의 작품
레아는 구약성서에 등장하는 인물로 야곱의 첫 번째 부인이자 라헬의 언니이다. 구약성서 창세기 29장에 의하면 야곱이 사랑했던 여인은 라반의 둘째 딸인 라헬이었으나 야곱의 외삼촌인 라반의 속임수로 결혼식 날 밤에 라헬과 뒤바뀌어 결국 라헬의 언니인 레아와 결혼하게 된다. 야곱과 레아와의 사이에는 르우벤, 시므온, 레위, 유다, 잇사갈, 스불론의 여섯 명의 아들과 딸 디나가 있었으며 레아의 여종 실바를 통해서는 갓, 아셀의 두 아들을 두었다. 당시 여종의 아들은 여주인의 아들로 여겨졌으므로 야곱과 레아와의 사이에는 모두 여덟 명의 아들이 있었다. '생기가 없는' 눈을 가졌던 레아와는 달리 동생 라헬은 아름다운 외모로 야곱의 사랑을 받았다. 이후 레아와 라헬은 야곱의 사랑과 인정을 받기 위해서 치열하게 경쟁하게 된다. 라헬은 이후 야곱과의 사이에 어렵게 요셉과 베냐민 두 형제를 낳았다. 이후 레아와 라헬은 '이스라엘 가문을 세운 민족의 어머니'로 존중받고 있으며, 또한 레아의 아들 중 레위와 유다를 통해서 사제직과 왕직이 유래되었다고 전해진다.

라헬은 자기의 아름다운 눈에 반해 하루 종일 거울 앞에서 떠나려 하지 않지요. 동생은 하느님을 볼 수 있는 자신의 사랑스러운 눈을 좋아하고 나는 덕의 꽃으로 내 몸 단장하기를 좋아한다오."

여기서 레아와 라헬은 라반의 딸로 둘 다 야곱의 아내가 되었던 여인들이다. 여명의 빛 앞에서 어둠이 사라지고 그와 함께 잠도 사라져 단테는 몸을 일으켰다. 베르길리우스와 스타티우스는 벌써 자리에서 일어나 앉아 있었다.

"세상 사람들이 그토록 찾아 헤매던 달콤한 나무 열매가 자네의 허기진 영혼에 평화를 가져다줄 것일세."

단테와 베르길리우스
베르길리우스는 단테의 지옥과 연옥의 길잡이가 되어 참된 스승의 면모를 보여 준다.

베르길리우스의 이 한마디 말이 단테의 불안하던 마음에 힘과 용기를 불어넣어 주었다. 그로 인해 단테의 몸과 마음은 자신감이 솟구쳐 날아갈 것만 같았다. 단테가 디딘 계단들은 가볍게 뒤로 물러났고 일행은 어느새 가장 높은 계단에 서 있었다. 그때 베르길리우스가 단테의 눈을 들여다보며 말했다.

"단테, 자네는 그동안 영원히 사라지지 않는 지옥의 불도 보았고 속죄를 씻어 내기 위한 연옥의 일시적인 불도 보았네. 이제 자네는 내가 더 이상 알지 못하는 세계에 온 것일세. 나의 지성과 기술로 자넬 여기까지 데려왔으니 이제는 자네의 기쁨이 자네의 길잡이가 될 것이네.

자네의 이마를 비춰 주는 저 태양을 보게나. 이곳 땅에서 씨앗도 없이 혼자서 솟아나는 풀잎과 꽃, 나무 들을 보게나. 날 자네에게 가도록 눈물로 호소하던 저 아름다운 눈을 가진 여인이 기쁨에 찬 얼굴로 자네를 맞으러 올 때까지 자넨 여기 앉아 있거나 여기저기 마음대로 거닐어도 좋네. 이젠 내 말이나 눈짓을 기다리지 말게나. 자네의 의지는 곧고 바르고 자유로우니 그 뜻대로 해야 할 것이네."

베르길리우스는 단테의 머리에 한 손을 얹더니 말을 이었다.

"이제 자네의 머리에 왕관과 면류관을 씌워 주겠네."

단테는 드디어 지상 세계의 모든 속박으로부터 벗어나 자유의 경지에 이르게 되는 한편 영혼 세계의 최고 지위에 오르게 되었다.

황금 촛대의 행렬

단테는 베아트리체가 자신을 맞으러 올 때를 기다리며 초록으로 우거진 아름답고도 거룩한 숲을 한가롭게 거닐었다. 꽃향기가 물씬 풍기고 흙이 향내를 내며 사방에 피어오르고 감미로운 바람이 이마를 스쳤다. 바람에 흔들리는 나뭇가지들 사이로 작은 새들이 날아다니며 재롱을 떨고 있었다.

단테가 천천히 숲속으로 들어가자 낙원을 가로지르는 레테의 강이 흐르고 있었다. 강물은 한 줄기의 햇빛과 달빛도 허용하지 않을 영원할 것만 같은 수풀의 그늘 아래에서 아주 검은 빛깔로 흐르고 있었다. 그러나 더없이 투명하여 지상에 있는 가장 깨끗한 물이라도 이에 비하면 탁해 보일 정도였다.

단테는 발길을 멈추고 눈을 들어 강 건너편을 바라보았다. 그곳에는 이름 모를 온갖 꽃들이 화사하게 피어 있었다. 그때 꽃들로 뒤덮여 아름답게 채색된 오솔길을 걸으며 꽃을 꺾고 있는 한 여인의 모습이 눈에 띄었다. 그녀는 아름다운 목소리로 노래를 부르며 단테가 있는 쪽으로 걸어오고 있었다. 단테는 그 아름다운 모습과 노래 가사에 이끌려 여인에게 예의를 갖춰 조심스럽게 말을 건넸다.

"오, 아름다운 여인이여, 당신은 사랑의 빛으로 따스하게 타오르십니다! 조금만 더 이쪽으로 몸을 돌려 이 강물로 다가오셔서 당신의 노랫소리를 들을 수 있게 해 주시오."

그녀는 붉고 노란 꽃들 사이를 사뿐사뿐 단테 쪽으로 춤추듯이 다가왔다. 이윽고 강둑에 다다른 그녀가 눈을 들어 단테를 바라보더니 수줍은 듯 다시 얌전하게 눈을 내리뜬 채 아름다운 목소리로 노래를 불러 주었다. 그녀의 얼굴에 가득 찬 미소와 사랑스러운 눈길을 바라보는 순간 단테의 온갖 상념이 일시에 흩어져 버렸다.

자신의 아들 큐피트가 잘못 쏜 화살에 맞은 사랑의 여신 비너스가 아도니스와 사랑에 빠지게 되었을 때의 눈동자도 저 여인의 눈동자처럼 맑고 영롱하게 빛나지는 못했으리라.

그녀는 계속해서 씨 없이 자라난 색색의 꽃들을 꺾어 손에 들고 맞은편에서 미소를 지으며 서 있었다. 비록 강의 폭이 세 걸음 밖에 되지 않았지만 그 강물을 건널 수 없음에 단테는 탄식했다. 단테가 강을 건너지 못해 안타까움에 빠져 있을 때 그녀가 입을 열었다.

"당신은 그 옛날 하느님께서 인간의 보금자리(에덴동산)로 선택하셨던 곳에 방금 도착했습니다. 그러니 서두르실 필요가 없어요. 내가 왜 이곳에서 항상 미소를 지으며 평화로이 노래를 부르고 있는지, 그리고 그 밖에도 알고 싶은 것이 있으면 대답해 드리겠습니다."

단테는 그 말에 고마움을 느끼며 자신이 궁금하게 여기는 것들에 대해 질문했다.

"이처럼 물이 흐르고 숲이 속삭이는 등의 자연 현상은 내가 이곳 연옥의 산에 대해 들었던 사실과 전혀 다른데, 어찌해서 이곳에서 이 같은 일이 일어날 수 있는지 궁금합니다."

단테는 이미 스타티우스를 통해 연옥에는 자연 현상에 변화가 없다는 것을 알고 있었다. 그렇기 때문에 이곳에서 흐르고 있는 물과 바람, 숲의 움직임을 이해하기가 힘들었던 것이다.

그녀는 먼저 이곳에서만 느낄 수 있는 바람의 근원에 대해 설명해 주었다.

"그럼 먼저 숲의 속삭임에 대해 말씀드리지요. 하느님께서는 흙을 빚어 아담을 만드실 때 그에게 선한 마음을 불어넣어 주시고, 그가 평화를 누릴 수 있도록 지상 낙원을 선물로 주셨습니다. 그러나 아담과 하와는 하느님께서 주신 자유 의지를 잘못 사용함으로써 이곳에서 오래 살지 못하고 그 죗값으로 즐거움이 슬픔과 탄식으로 뒤바뀌고 말았지요."

"그렇다면 이곳이 바로 창세기에 나오는 그 에덴동산이란 말인가요?"

여인은 고개를 끄덕이고 계속해서 말을 이었다.

"연옥의 산이 이토록 높은 것은 저 아래 세상의 자연 현상으로부터 영혼들을 지켜 주기 위함입니다. 그러므로 이 연옥의 산으로는 지상에서와 같이 비, 바람, 서리, 눈 등의 자연 변화가 미칠 수 없게 되는 것이죠. 그러나 이곳의 공기는 최초의 운동(우주의 모든 운동을 일으키는 원동천의 회전을 말한다. 『신곡』에서 원동천은 천국의 맨 위에 위치하여 하느님의 의지에 따라 우주의 운동을 관장한다.)에 따라 순환을 시작한 이래 어떤 방해를 받지 않는 한 계속해서 움직이기 때문에 바람을 일으켜 숲의 잎사귀들을 소리 나게 하는 것입니다. 이렇게 해서 일단 흔들린 초목들은 자신의 흔들리는 힘으로 또다시 바람을 일으키고, 그 바람을 빙글빙글 회전시켜 사방으로 흩어 버리지요."

단테는 고개를 끄덕이며 또 하나의 궁금증에 대해 물었다.

"그런데 저 풀과 나무들은 누가 가꾸는 겁니까?"

"지상 세계에서는 기후와 토양에 알맞은 온갖 식물들이 잉태됩니다. 하지만 이곳에서는 지상에서처럼 씨를 뿌리지 않아도 저절로 땅에서 식물의 싹이 돋아나서 자라지요. 땅이 온갖 씨앗을 가득 품고 있다가 필요할 때마다 자신이 알아서 싹을 틔워 내보내는 것이지요. 당

단테를 반기는 마텔다_ 니콜로 바라비노의 작품
마텔다는 단테에게 레테의 강과 에우노에강에 대해 이야기한다.

신이 지금 서 있는 성스러운 이곳에는 세상에서 인간이 거둘 수 없는 온갖 종류의 식물들이 열매를 맺고 있습니다."

단테는 그 외에도 이곳 연옥에 대한 궁금증을 물었고, 그때마다 그녀는 친절하고도 알아듣기 쉽게 설명해 주었다.

단테는 존경심에 가득 찬 목소리로 그녀에게 물었다.

"저의 궁금증에 대해 이토록 친절하고도 상세하게 설명해 주시니 뭐라 감사의 말씀을 드려야 할지 모르겠습니다. 당신의 이름이라도 알고 싶은데 말씀해 주실 수 있습니까?"

"내 이름은 마텔다예요. 지상 낙원의 인격화이며 정신적 표상이지요."

단테는 그녀에게 두 시인을 소개시킬 생각으로 고개를 돌려 시인들 쪽을 바라보았다. 시인들은 어느새 그의 등 뒤로 다가와서 그녀를 바라보며 미소를 짓고 있었다.

단테는 다시 그녀의 아름답고 사랑스러운 모습을 보기 위해 마텔다 쪽으로 몸을 돌렸다.

"거역하였으나 죄의 허물을 벗고 용서함을 받은 자는 복이 있나니!"

마치 사랑에 취한 여인이 사랑을 고백하는 것처럼 말을 마친 그녀는 건너편 강둑을 따라서 물길을 거슬러 걸음을 걷기 시작했다. 단테도 이쪽 강둑에서 그 자그맣고 우아한 여인의 발걸음에 맞추어 함께 걸었다.

"나의 형제여, 저 앞을 보시지요."

그녀가 손가락으로 가리키는 방향을 바라보니 번개와도 같은 섬광이 하늘을 가르더니 강 건너편 숲 전체를 휘저었다. 처음에는 그것이

번개라고 생각했다. 그러나 번개는 올 때처럼 그렇게 매우 빠른 속도로 지나쳐 버리지만 단테가 본 것은 그 자리에 그대로 머물러 있었고 그 빛은 계속해서 커져만 갔다. '대체 이게 뭘까?' 하며 주위를 두리번거리는데 저쪽에서 감미로운 노랫소리가 휘황찬란한 대기를 타고 들려왔다.

단테는 베아트리체를 만날 희망에 부풀어 마텔다가 가는 방향으로 함께 나아갔다. 얼마쯤이나 나아갔을까? 갑자기 푸른 숲의 공기가 불타오르듯 환하게 빛나면서 감미로운 노랫소리가 더욱 가깝게 들려왔다.

레테의 강 건너에 나타난 황금 촛대의 행렬_ 귀스타브 도레의 작품
강 건너 다가오는 행렬을 보고 기도하는 마텔다와 단테.

흥분으로 가득 찬 채 발걸음을 옮기던 단테의 눈앞에 마치 일곱 그루의 황금 나무와도 같은 뭔가가 모습을 나타냈다. 자세히 보니 그것은 나무가 아니라 일곱 개의 황금 촛대였다. 노랫소리는 바로 그곳에서 흘러나오고 있었다.

"거룩, 거룩, 거룩! 하늘과 땅에 가득한 그 영광, 저 높은 곳에 호산나!"

단테가 감동에 찬 얼굴로 마텔다 쪽을 바라보자 그녀는 부드럽게 미소 지으며 그 황금 촛대에 대해 설명해 주었다.

"저것은 일곱 교회를 상징하는 것으로서 각각 슬기, 통달, 의견, 지식, 영기, 효경, 경외심을 나타내고 있지요."

황금 촛대의 행렬은 그들 쪽으로 가까이 다가오고 있었고, 그 행렬 뒤에는 새의 깃털보다도, 그리고 흰 눈보다도 더 새하얀 옷을 입은 많은 사람이 따르고 있었다.

맑고 투명한 강물은 단테의 왼편에서 여전히 밤하늘의 별처럼 반짝이고 있었다.

단테는 행렬이 가까워 오자 그들의 촛대가 혜성처럼 긴 빛줄기를 남기고 있는 것을 보았다. 무지개 빛깔의 긴 빛의 꼬리는 끝이 보이지 않을 정도로 장관을 연출하고 있었다.

그 빛줄기 아래에 스물네 명의 장로(여기서 '스물네 명의 장로'는 구약성서 24권을 뜻한다.)가 순수한 신앙과 교의를 상징하는 백합꽃을 머리에 두르고 두 명씩 짝을 지어 성모 마리아를 찬송하며 따라왔다.

"은총을 가득히 받은 자여! 기뻐하라. 모든 여인 가운데 가장 복되시도다."

단테에게로 다가온 황금 촛대의 행렬_ 귀스타브 도레의 작품
강 건너편에서 다가오는 행렬을 보고 기도하는 마텔다와 단테.

이는 대천사 가브리엘과 사촌 언니이자 세례자 요한의 어머니였던 엘리사벳이 성모 마리아에게 드린 인사말이었다.

장로들은 모두 노래를 계속했다.

"아담의 모든 딸 중에서 당신은 가장 복되도다. 당신의 아름다움은 영원토록 축복받으리이다."

성모 마리아를 찬양하며 장로들이 강 건너편 기슭의 꽃과 푸른 풀을 밟으며 사라지자 이번에는 푸른 잎으로 만든 관을 머리에 쓴 네 마리의 짐승이 잇달아 모습을 드러냈다.

그 네 마리의 짐승은 각각 등 쪽에 여섯 개의 날개를 달고 있었는데, 그 날개마다 눈들이 가득 박혀 있었다. 단테는 그것을 보면서 백 개의 눈을 가졌다는 괴물 아르고스를 연상했다.

그것을 보며 소스라치게 놀라는 단테에게 베르길리우스가 말했다.

"저 네 마리의 짐승은 성경의 에스겔 1장 4절 이하에 나타나 있듯이 사자, 황소, 사람, 독수리를 말하며, 또 한편으로는 사대 복음 즉 마태복음, 마가복음, 누가복음, 요한복음을 상징하기도 한다네. 그리고 머리에 쓴 푸른 잎으로 만든 관은 예수 그리스도에 대한 희망을 나타내고, 또 날개 아래로 보이는 사람의 손은 빠르게 전파되는 복음을 뜻하는 것이고, 날개에 달린 수많은 눈은 복음의 진리가 모든 사물에 적용된다는 의미를 나타낸 것일세."

네 마리의 짐승들로 둘러싸인 한가운데에 커다란 바퀴가 두 개 달린 수레가 보였다. 그 수레가 상체는 독수리이며 하체는 사자의 형상을 한 그리핀에 의해 끌려가고 있었다.

그리핀의 몸에도 역시 세 쌍의 날개가 달려 있었는데, 날개가 서로 부딪히지 않도록 모든 날개가 하늘을 향해 뻗어 있었다. 이 날개들은 매우 길었고 머리와 함께 금으로 치장되어 있었다. 마차는 스키피오나 아우구스투스 황제의 승리를 기념하던 로마의 개선 마차보다도 훨씬 멋졌고 태양의 수레라도 그에 미치지는 못할 듯싶었다.

베르길리우스는 단테에게 수레에 대해서도 설명해 주었다.

"수레는 교회를 상징하고 있고 두 개의 수레바퀴는 구약과 신학 또는 성 도미니쿠스와 성 프란치스코를 상징하기도 한다네. 그리고 또 수레를 끌고 있는 저 그리핀은 신성과 인성을 함께 지니고 계신 예수님을 상징하고, 독수리 형상의 상반신은 황금빛으로 찬란히 빛나는 신성을 나타내며, 사자 형상의 하반신은 인성을 나타낸다네."

또한 마차의 오른편에는 각각 흰색, 초록색, 빨강색 옷을 입은 세 여인이 노래하고 춤을 추며 따라오고 있었다. 그중에서 흰색 옷을 입은 여인은 방금 내린 눈보다도 더 새하얗게 보였고, 붉은 색상의 옷을 입은 여인은 어찌나 빨갛던지 불 속에 들어가 있어도 거의 알아볼 수 없을 정도였으며, 또 다른 한 여인은 살과 뼈가 마치 초록빛 에메랄드로 만들어진 듯 보였다.

마차의 왼편에는 네 명의 여인이 자주색 옷을 입고서 경쾌하게 춤을 추었다. 그들 가운데서 머리에 세 개의 눈을 가진 여인이 세 명의 여인을 이끌고 있었다.

수레 양쪽에 나누어 서 있던 일곱 여인의 뒤로는 두 명의 노인이 따르고 있었다. 한 노인은 히포크라테스처럼 의사의 복장이었고 다른 한 노인은 손에 예리한 칼을 든 전사의 복장을 하고 있었는데 두 사람 모두에게서 엄숙하고 점잖은 분위기가

그리핀

그리핀은 바빌로니아의 창세기에는 티아마트의 열한 마리의 환상 속 동물로 알려졌다. 단테의 『신곡』에는 지상의 낙원에서 본 신비한 행렬의 선두 마차를 끄는 생물이 네 마리의 그리핀이었다고 씌어 있다.

풍겨났다. 그리고 또 그들 뒤로는 검소한 차림을 한 네 노인이 따라오고 있었고 그 뒤로 날카로운 인상을 가진 노인 하나가 꾸벅꾸벅 졸면서 걸어오고 있었는데 그들 일곱 노인 모두는 앞서 지나갔던 스물네 명의 장로들처럼 흰옷을 입고 있었지만 머리에는 새하얀 백합 화관 대신 붉은 장미 화관을 쓰고 있었다.

천사들의 행렬
황금 촛대를 선두에 세우고 그리핀과 천사들이 행렬하고 있는 장면이다.

단테가 베르길리우스를 바라보며 물었다.

"스승님, 저 여인들과 노인들의 모습에도 어떤 특별한 의미가 담겨져 있습니까?"

"그렇다네. 저 세 여인 중에서 흰색은 믿음을, 초록색은 소망을, 그리고 빨강색은 사랑을 나타내며, 자주색 옷을 입은 왼편의 네 여인은 각기 지혜, 정의, 절제, 용기를 나타내고 있다네. 이들 가운데 세 개의 눈을 가진 여인은 지혜의 여신으로 과거, 현재, 미래를 꿰뚫어 볼 수 있는 혜안을 갖고 있다네. 그래서 이 지혜의 여신이 나머지 정의, 절제, 용기의 세 덕을 이끌고 있는 것일세. 그리고 그녀들의 뒤를 따르는 다섯 명의 노인은 무엇을 나타낼까?"

단테가 뒷머리를 긁적이며 말했다.

"글쎄요. 스승님께서 말씀해 주시지요."

"의사의 복장을 하고 있는 저 노인은 의사이자 사도행전을 썼던 성 누가이고 다른 한 분은 로마서를 쓴 성 바오로이라네. 그리고 그 뒤를 따르는 검소한 차림을 하고 있는 네 명의 노인은 신약성서의 서간문, 즉 야고보서, 베드로서, 요한1·2서, 유다서를 집필한 네 명의 사도를 나타낸다네. 그리고 맨 마지막에 꾸벅꾸벅 졸면서 따라오는 노인은 요한묵시록을 쓰신 분이지. 그는 명상에 잠겨 있기 때문에 겉으로 보기에는 저렇게 졸고 있는 것처럼 보여도 사실은 그렇지가 않네. 내면은 항상 예리한 통찰력으로 밝게 빛나고 있지."

그리핀의 행렬

"그렇군요. 그럼 저분들이 쓰고 있는 갖가지 화관에는 어떤 의미가 있는지요?"

"먼저 백합의 흰색은 예수님께서 오실 것에 대한 믿음, 즉 신앙심을 나타낸 것이고, 잎사귀의 푸른색은 복음서의 정신으로 희망이 채워졌음을 뜻하며, 장미의 붉은색은 사랑을 나타낸 것이라네."

궁금증이 모두 풀린 단테의 얼굴은 기쁨으로 가득 차 올랐다.

바로 그때 천둥소리와도 같은 굉음과 함께 그 화려하고 장엄한 행렬이 일시에 멈춰 섰다.

꿈에 그리던 베아트리체와의 만남

일곱 개의 황금 촛대가 멈춰 서자 스물네 명의 장로는 일제히 수레 쪽으로 몸을 돌렸다. 그들 가운데 한 장로가 큰 소리로 외쳤다.

"오, 나의 신부여! 어서 레바논으로부터 나오라."

그가 큰 소리로 세 차례 반복하여 외치자 나머지 장로들이 일제히 응답하듯 따라 외쳤다.

"오, 나의 신부여! 어서 레바논으로부터 나오라."

마치 최후의 심판 날에 축복받은 자들이 할렐루야를 외치며 무덤을 박차고 나오듯이 하느님의 영원한 사절이며 일꾼들인 백 명의 천사가 하늘의 전차 위에서 일제히 일어서며 하느님의 수레를 향해 큰 소리로 외쳤다.

"오시는 이여, 복되도다! 오, 한 아름의 백합을 당신께 바칩니다."

하루를 마감하는 동쪽 하늘이 온통 장밋빛으로 물들 무렵, 하늘 천사들이 뿌려 대는 화사한 꽃잎들 사이로 새하얀 너울을 쓰고 그 위에

단테에게 향하는 베아트리체_ 윌리엄 블레이크의 작품
단테가 그렇게 열망하던 베아트리체를 만나자 스승인 베르길리우스는 단테의 곁을 떠났다.

올리브잎 왕관을 쓴 한 여인이 나타났다. 그 여인은 푸른색 망토를 불꽃과도 같은 새빨간 옷 위에 받쳐 입고 있었다.

단테는 그녀가 누구인지 직감적으로 첫눈에 알아보았다.

흰색의 믿음, 초록색의 소망, 붉은색의 사랑, 이 세 가지 덕목을 갖춘 옷을 입고 지혜와 평화의 올리브잎 왕관을 쓰고 나타난 그 여인은 바로 꿈에도 잊지 못할 여인, 바로 베아트리체였다! 하지만 아직 죄를 다 씻어 내지 못한 자신의 모습이 그녀의 신비와 권능에 압도되어 너무나도 초라하게 느껴졌다.

'오, 나의 영원한 신부, 베아트리체여!'

하지만 그 말은 가슴과 입 안에서만 맴돌 뿐 입 밖으로 말이 되어 나오질 못했다. 단테는 무섭거나 위로가 필요해서 어머니의 가슴으로 달려가는 어린아이처럼 왼편으로 몸을 돌려 베르길리우스를 찾았다.

"오, 스승님! 제 온몸의 피가 들끓고 있어서 견딜 수가 없습니다. 어린 시절에 타올랐던 사랑의 불꽃이 다시금 제 가슴속에서 활활 타오르고 있습니다."

그러나 그 자리에 있어야 할 베르길리우스의 모습이 보이지 않았다. 어려운 일 앞에서 항상 든든한 버팀목이 되어 주었던 어버이요 스승이요 안내자였던 베르길리우스가 한마디 말도 없이 훌쩍 단테의 곁

베아트리체
_ 마리 스틸만의 작품
단테와 베아트리체가 만난 것은 1274년으로 각각 9세와 8세 때이다. 『신곡』에 의하면 베아트리체는 죽은 뒤 10년 만에 땅위의 낙원에서 단테와 다시 만나 단테의 길 안내를 맡는다.

을 떠나고 없었다.

'아, 더없이 따스하고 인자한 아버지요 스승님이셨던 베르길리우스여! 나의 구원을 위해 영혼을 맡겼던 베르길리우스여! 이 어린아이와도 같은 저를 남겨 두고 어디로 가셨나이까?'

스승을 잃고 서러워하는 제자의 눈에는 눈물이 한가득 고여 있었다.

"단테여, 아직은 울지 말아요. 그만한 일로 아직은 울지 말아요. 당신은 또 다른 큰일을 위해 울어야 할 몸입니다."

소리 나는 쪽으로 몸을 돌려 보니 마치 뱃머리나 고물에 서서 배 위의 병사들에게 용기를 북돋워 주는 제독처럼 베아트리체가 그의 눈앞에 모습을 나타났다. 천사들로부터 꽃 세례를 받으며 나타났던 그녀가 강 건너편에서 단테를 바라보고 있었다. 새하얀 너울을 쓰고 그 위에 눌러쓴 올리브잎 왕관으로 인해 그녀의 모습을 온전히 볼 수는 없었지만 그런 그녀의 모습에서 당당하고도 단호함이 느껴졌다. 그런 그녀가 자애로우면서도 엄숙한 목소리로 말했다.

"단테여, 저를 좀 바라보세요. 저는 당신이 그렇게도 사랑하던 베아트리체입니다. 당신이 여기까지 어떻게 올라올 수 있었는지를 생각해 보세요. 여긴 축복받은 자들만이 들어오는 곳이라는 사실을 잊어서는 안 됩니다."

단테는 그 말에 마치 어머니로부터 꾸중을 듣는 어린아이처럼 고개를 숙인 채 레테의 강물에 눈물을 뚝뚝 떨어뜨리고 있었다. 맑은 강물에 비친 그의 얼굴은 초라하기 이를 데 없었다. 단테는 그런 자신의 모습을 바라보는 것조차 부끄러워 눈길을 다시 숲속으로 돌려 버렸다.

그러자 한 천사가 베아트리체에게 말했다.

베아트리체를 만나는 단테_ 카를 외스텔리의 작품
베아트리체를 만나자 단테가 고개를 숙이는 장면이다.

"고귀한 여인이여, 어찌 당신은 그의 사기를 꺾으려 하시오?"

그것은 단테에게 큰 위로가 되었다.

그때까지도 수레 옆에 서 있던 베아트리체가 경건하고 자비로운 음성으로 주위에 있는 영혼들을 돌아보며 이야기했다.

"당신들은 영원토록 깨끗한 빛 속에 계시므로 지상 세계에서 일어나는 사소한 일까지도 모두 잘 알고 계시잖습니까? 지금 제가 하는 말은 그렇게 모든 것을 잘 알고 계시는 여러분을 향한 게 아닙니다. 저 건너편에서 울고 있는 저분으로 하여금 제 뜻을 깊이 깨닫고 한시라도 빨리 슬픔에서 깨어나 이곳에서는 죄와 괴로움의 무게가 똑같다는 사실을 알 수 있도록 도와주세요. 나는 그에게 길 안내자를 보내어 저 깊고도 깊은 지옥으로부터 이곳 연옥에 이르기까지의 온갖 모습을 보여 주는 것 이외에 그를 구원할 수 있는 방법이 없었습니다. 눈물을 흘려야 하는 뉘우침의 대가 없이 이 레테강을 건너고 또 그 강물을 마셔서 죄의 기억을 지워 버린다면 이는 지고하신 하느님의 율법을 깨뜨리는 일이 되는 것이지요."

천사들에게 말을 마친 베아트리체는 단테에게 다정한 목소리로 말했다.

"오, 강 건너편에 계신 단테여! 말해 보세요. 내 말이 맞나요? 어서 말해 보세요. 그렇다면 이제 당신은 고백과 참회로써 죄를 씻어 내야만 합니다."

그러나 단테는 아직까지도 슬픔에서 벗어나지 못하고 무엇인가 대답하려 했으나 입술을 조금도 움직일 수가 없었다.

"뭘 그렇게 골똘히 생각하고 계시나요? 당신 안에서 숨 쉬고 있는 슬프고 죄스러운 추억들이 아직도 지워지지 않았나요?"

베아트리체가 채근하였지만 단테는 겨우 "그렇소. 당신의 말이 모두 맞소." 하고 대답하며 눈물과 한숨을 쏟아 놓을 뿐이었다.

"당신이 고백해야 할 죄를 부정하거나 입을 다물어 버린다 해도 당신의 죄가 지워지는 것은 아닙니다. 심판관이신 하느님께서 모두 다 알고 계시니까요. 죄인 스스로가 자신의 죄를 깨닫고 뉘우칠 때는 심판이 엄하지 않습니다. 마치 숫돌의 바퀴가 칼날을 거슬러 반대로 돌아가면 그 날이 무뎌지는 것처럼 말입니다. 그러니 어서 눈물을 거두고 제 말을 잘 들으세요. 제가 죽고 나서 당신의 그 욕망을 부채질한 것이 무엇이죠? 세상의 쾌락과 죄악이 얼마나 달콤했기에 하느님의 사랑과 제 기도마저 외면한 채 그것들에 빠지셨나요?"

그녀의 계속되는 질문에 대해 마치 잘못을 저지른 어린아이가 시선을 땅으로 내리깔고 묵묵히 서서 듣기만 하며 제 잘못을 인정하고 뉘우치듯이 단테 역시 그렇게 서 있을 뿐 달리 그 어떤 대답을 할 수가 없었다.

"제 말을 듣기만 해도 괴로우신 모양인데, 지금이라도 늦지 않았으니 지난날 당신이 저지른 그 수치스러운 죄들을 가슴 깊이 느끼고 회개하세요. 설사 요녀 세이렌으로부터 그 어떤 쾌락의 유혹을 받게 되더라도 결코 흔들리지 말고 마음을 더욱 굳게 가지도록 노력하세요."

베아트리체의 말 속에는 단테에 대한 간절한 소망이 담겨 있었다.

그녀는 단테에게 부드럽고도 인자한 목소리로 말했다.

"이제 그만 눈물을 거두고 제 말을 들어 보세요. 당신은 제가 죽어 땅속에 묻힌 이후로 그런 타락의 늪에 빠져든 거예요. 저의 아름다웠던 육체만큼 당신의 눈을 기쁘게 해 줄 그 무엇이 세상엔 없었던 거죠. 그런데 왜 저의 죽음으로 인해 깨달은 세상의 덧없음과 상처받았던 그 마음을 또다시 그 헛되고 헛된 현실의 것들로써 채우려고 하셨나요? 당신은 세상의 모든 유혹으로부터 벗어나 영원한 생명을 누리는 천국을 사모해야만 했습니다."

단테는 그녀의 말을 들으면서 천국과 지옥의 선택은 결국 자신의 의지에서 비롯됨을 다시 한번 명확히 깨달을 수 있었다. 단테가 마치 부모로부터 꾸지람을 들은 어린아이처럼 고개를 푹 숙인 채 말없이 땅바닥만 내려다보고 있자 베아트리체가 말했다.

"스스로 부끄러움을 느꼈다면 그렇게 땅바닥만 내려다보지 마시고 수염을 치켜들고 이쪽을 똑똑히 바라보세요. 당신은 천국의 아름다움을 보면서 지금껏 현세의 쾌락과 행복만 좇은 사실에 대해 부끄러움을 느끼고 회개해야만 합니다."

베아트리체와 단테_ 아리 셰프의 작품
단테는 피렌체에서 짝사랑하던 베아트리체를 연옥의 마지막 언덕에서 만나 그녀로부터 천국의 안내를 받는다.

단테와 마텔다_ 알베르 메냥의 작품
단테는 베르길리우스와 에덴동산에서 아름다운 마텔다의 여인을 만난다.

그런 말을 듣고 고개를 치켜든다는 것은 참으로 고통스럽고 힘든 일이었다. 더욱이 '얼굴'이라고 하지 않고 '수염'이라고 한 그녀의 말에는 '어린아이처럼 굴지 말고 수염이 난 어른답게 행동하라'는 핀잔이 담겨 있었다.

단테가 어렵사리 고개를 들어 베아트리체를 바라보았을 때 그녀에게 꽃잎을 뿌리던 천사들은 어느새 움직임을 멈추고 서 있었다. 아직도 눈물로 시야가 흐려져 있는 그의 눈동자에 아름답고 자애로운 베아트리체의 모습이 들어왔다. 그녀는 신성과 인성을 동시에 갖춘 그리핀과 마주 바라보고 서 있었다. 현세에 사는 동안 그 누구보다도 아름다웠던 베아트리체는 이곳에서의 모습이 살아 있을 때의 모습보다 훨씬 더 아름다웠다.

한동안 그녀의 모습을 물끄러미 바라보고 있자니 그녀와의 사랑을 깨뜨리게 만들었던 세상에서의 허무한 쾌락이 원망스럽기만 했다. 또한 한 여인의 사랑으로부터 외면당하게 만든 그 모든 죄악 역시 증오스러웠다.

후회와 한탄으로 괴로워하며 몸부림치는 동안 죄책감이 혈관 속, 뼛속으로 파고들어 날카로운 비수처럼 그의 심장에 꽂혔다. 순간, 그는 정신이 아찔해지면서 그 자리에 그만 털썩 쓰러지고 말았다. 그러고 나서 얼마쯤이나 흘렀을까? 그가 정신을 차리고 눈을 떠 보니 어찌된 영문인지 자신이 강물에 잠겨 목만 내민 채 숨을 헐떡이고 있었다. 그리고 한 여인이 물 위에서 자신을 내려다보고 있었다.

레테의 강에 몸이 담긴 단테_ 귀스타브 도레의 작품
단테는 망각의 강인 레테의 강에서 이승의 생각들을 모두 지워 버렸다.

"아, 당신은 들에서 꽃을 꺾고 있던 그 마텔다가 아닌가요?"

마텔다는 단테가 정신을 차린 것을 보고 기뻐하며 말했다.

"팔을 뻗어 나를 단단히 붙드세요."

단테가 그녀의 말대로 팔을 뻗어 그녀의 손을 붙들자 신기하게도 그의 몸이 나뭇잎처럼 가벼워지면서 물 위를 사뿐사뿐 걸어 나갈 수 있었다. 그가 레테강을 건너 강기슭에 도착했을 때 베아트리체의 아름다운 천상의 기도 소리가 들려왔다.

"우슬초로 나를 정결하게 하소서. 내가 정하리이다. 나의 죄를 씻어 주소서. 내가 눈보다 희리이다."(시편 51편 7절)

그녀의 목소리는 뭐라 형용할 수 없을 정도로 고결하고 아름다웠다. 마텔다는 두 팔을 벌려 단테의 머리를 껴안고 레테강 물이 입술에 닿을 만큼 깊숙이 밀어 넣었다. 그래서 그는 자연스럽게 물을 마실 수밖에 없었다. 잠시 후 마텔다는 강물 속에서 그를 건져 내어 흠뻑 젖은 채로 네 명의 천사가 춤추는 곳으로 데려갔다. 그러자 그 천사들은 단테의 손을 잡아끌며 환영해 주었다.

그들 가운데 한 천사가 단테에게 말했다.

"지금은 우리가 이렇게 요정의 모습을 하고 있지만 하늘에서는 별이지요. 베아트리체님이 세상에 내려가시기 전부터 저희는 그분의 시녀였습니다."

그러자 또 다른 천사가 그녀의 말을 받았다.

"저쪽의 세 여인이 당신을 하느님께로 인도해 주실 거예요. 그리고

연옥의 천사와 단테

단테와 베아트리체_ 장 델빌의 작품_ 영원한 연인 베아트리체의 손을 잡는 단테.

저기 좀 보세요, 기쁨이 가득한 눈빛으로 당신을 바라보고 계시는 베아트리체님의 모습을!"

네 천사는 단테를 베아트리체 앞으로 데리고 가서 말했다.

"당신이 그토록 간절히 만나기를 소망하셨던 베아트리체님이십니다. 자, 이제 마음껏 바라보세요."

단테가 불길보다도 더 뜨거운 열정에 휩싸인 채 베아트리체를 뚫어져라 바라보았지만 그녀는 눈 한 번 깜박이지 않고 그리핀에게로만 시선을 집중하고 있었다. 단테가 베아트리체의 눈동자를 응시하고 있는 동안 또 다른 세 명의 여인이 나타나더니 자신들의 노랫소리에 맞춰 우아하게 춤을 추며 말했다.

"오, 베아트리체님이시여! 그 거룩한 눈을 그대에게 충실한 단테 님에게로 돌리세요. 당신을 만나기 위해 머나먼 곳에서 오셨잖아요. 그로 하여금 당신의 숨겨진 두 번째 아름다움까지도 보게 해 주세요."

여기서 '두 번째 아름다움'이란 베아트리체의 미소로 나타나는 구원을 일컫는다. 첫 번째 아름다움은 에메랄드 눈의 아름다움으로서 지혜와 진실을 나타낸다면 미소는 그 지혜가 펼쳐지는 빛을 상징한다. 그것은 온 인류의 구원이다.

단테는 마음속으로 외쳤다.

'오, 영원히 살아 있는 빛의 광채여! 파르나소스의 샘물을 마음껏 마시고 그 산의 그늘 밑에서 쉬고 있는 시인이라 해도 이처럼 거룩하고 신비롭게 빛나는 베아트리체의 아름다운 모습을 그대로 그려 내지는 못하리라!'

단테는 십여 년 동안의 갈증(단테는 베아트리체가 죽은 지 10년 만에 만났다.)을 풀고 싶은 마음에 그녀를 하염없이 바라보았다. 그는 그녀의 거룩한 미소에 이끌려 옛날 자신을 사로잡던 그 친근한 매력에 도취되어 버렸다. 그의 눈에 들어오는 것은 오로지 그녀의 모습뿐이었고 다른 신체의 감각들은 모두 마비되어 버린 것 같았다.

"베아트리체님의 아름다운 모습에 아주 푹 빠져드셨군요."

단테는 웃음 섞인 그 목소리를 듣고 나서야 세 여인 쪽으로 시선을 돌렸지만, 태양을 정면으로 오랫동안 응시하다가 눈길을 돌린 것처럼 잠시 동안 아무것도 볼 수가 없었다.

◀그리핀 마차의 행렬
행렬이 단테 앞에 멈춰 서자 찬양의 노래가 울려 퍼지는 가운데 주위에 성서의 위인들이 등장한다.

잠시 후 단테의 시력이 다시 회복되었을 때 그의 눈에 수레 행렬이 보였다. 베아트리체의 몸에서 발산되는 거룩한 빛이 그 위를 비추고 있었다. 일곱 개의 황금 촛대 뒤를 따르는 스물네 명 장로들의 행렬은 레테강을 따라 서쪽으로 움직이다가 지금 막 솟아오른 태양을 마주 보고 동쪽으로 방향을 틀고 있었다. 그 모습은 마치 전장(戰場)에서 적의 공격을 피해 방패와 깃발 뒤에 장수를 숨기는 모습과도 같았다.

그 행렬은 우리를 지나쳐 앞서 나갔다. 어느새 일곱 여인은 수레바퀴 옆으로 가서 마차를 따라갔고, 단테와 스타티우스는 마텔다와 함께 그녀들의 뒤를 따라갔다.

뱀의 유혹에 넘어갔던 여인(하와)의 죄로 말미암아 황폐해진 숲을 가로지르며 나아가는 동안 그들의 발길은 하늘에서 들려오는 노랫소리에 맞추고 있었다. 시위를 떠난 화살이 미치는 거리보다 세 배는 될 만큼 걸어갔을 때 베아트리체가 수레에서 내렸다. 그러자 주위에 있던 일곱 여인이 일제히 '아담!' 하고 외쳤다. 그것은 하와의 꼬임에 넘어가 선악과를 따 먹은 아담의 죄를 책망하는 듯한 외침이었다.

잠시 후 그들은 꽃도 잎도 다 떨어져서 볼품없이 앙상하지만 커다란 나무 주위를 에워쌌다. 나무가 얼마나 높던지 화살을 쏘아도 그 끝에 미치지 못할 정도였는데 위로 올라갈수록 가지가 더욱 넓게 펴져 있었다.

그때 장로들 중의 한 사람이 말했다.

"이 맛있는 나무를 부리로 쪼지 아니한 그리핀이여, 그대는 축복을 받으셨나이다."

이 말은 선악과를 따 먹은 아담과 달리 하느님의 명령에 순종했던 예수 그리스도를 칭송하는 것이었다. 그러자 또 다른 장로가 화답했다.

"모든 정의의 씨는 이렇게 보존되느니라."

하늘에서는 태양이 강렬한 빛을 뿜어내고 있었다. 온갖 초목들이 무성하게 자라나는 계절이었지만 앙상한 그 나뭇가지들에서는 장미꽃보다는 못하고 오랑캐꽃보다는 진한 꽃이 피어나고 있었다. 단테는 그 꽃들을 바라보면서 천사들이 부르는 감미로운 찬미 소리에 귀를 기울였다. 지금까지 한 번도 들어 보지 못한 노랫소리였다. 단테는 그 노랫소리에 빠져들어 스르르 잠이 들었다.

한참 꿈속을 헤매던 단테를 마텔다가 흔들어 깨웠다.

"어서 일어나세요. 지금 무얼 하고 계시는 거예요?"

단테는 잠결에 주변을 두리번거리면서 베아트리체의 행방을 물었다.

마텔다가 손가락으로 가리키는 곳을 바라보니 커다란 나무 밑에서 베아트리체가 수레 옆에서 황금 촛대를 들고 있는 일곱 여인에게 둘러싸여 앉아 있었다.

베아트리체와 눈이 마주치자 그녀가 단테에게 말했다.

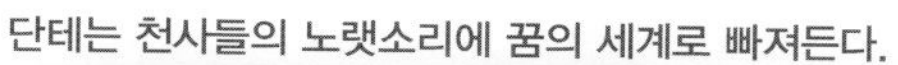
단테는 천사들의 노랫소리에 꿈의 세계로 빠져든다.

"잘 보세요, 저 수레가 어떻게 변하는가를. 그리고 지상으로 돌아가시거든 여기서 본 것을 세상 사람들에게 그대로 전해서 죄악으로부터 구원받을 수 있게 하세요."

그때 '독수리'(로마 제국) 한 마리가 번개처럼 재빠른 속도로 '나무'(하느님의 정의)에 돌진하여 새로 돋아난 잎사귀며 꽃, 껍질까지 쪼아 모조리 망가뜨려 버렸다. 그러고는 온 힘을 다해 수레를 들이받았다.

이 때문에 '수레'(교회)는 마치 폭풍우에 휘말린 '배'가 중심을 잃고 양쪽으로 마구 흔들리듯 기우뚱거렸다. 그다음엔 먹이라고는 평생 입에도 대 보지 못한 듯이 보이는 '뼈와 가죽만 남은 여우'(진실한 교리의 양식을 먹지 못했음을 의미한다.) 한 마리가 달려들었으나 베아트리체가 세차게 내쫓았다('베아트리체가 여우를 쫓아냈다'는 말은 그리스도가 이단으로부터 교회를 지키도록 남긴 지혜를 가리킨다). 이어서 독수리가 수레의 궤 안으로 날아가 앉더니 부리로 '황금 깃털'(로마의 콘스탄티누스 황제가 교회에 엄청난 양의 재물을 헌납하여 교회가 세속적인 부와 권력을 쌓아 올리는 계기가 된 것을 뜻한다.) 몇 개를 뽑아 놓고 날아가 버렸다.

그러자 하늘로부터 애끓는 목소리가 들려왔다.

"나의 작은 배여, '불행한 짐'(교회에 헌납된 그 재물을 가리킨다.)을 실었구나."

그다음에는 바퀴와 바퀴 사이로 땅이 열리더니 '용'(마귀) 한 마리가 올라와 자신의 꼬리를 수레에 찔러 넣는 것이었다. 마치 말벌이 궁둥이를 움츠려 넣어 침을 꽂고 독을 주입하듯이 용은 독이 스민 꼬리를 말아 수레의 한 부분을 떼어 내더니 흡족한 듯 바라보다가 사라져 버렸다(마귀가 나타나 교회의 근본을 뒤흔드는 것을 비유한 말이다. 역사적으로 7세

천국의 문_ 윌리엄 블레이크의 작품
연옥에 머문 영혼들 중 죗값을 치르고 속죄함을 받은 영혼들이 천국으로 들어가는 장면을 묘사한 그림이다.

기에 교회를 위협한 무함마드를 가리킨다). 그러자 수레의 이쪽 바퀴와 저쪽 바퀴, 그리고 끌채까지 순식간에 그 깃털로 수북하게 덮여 동산을 이루고 있었다.

그런데 어느 한 순간 깃털로 덮인 거룩한 수레의 여기저기서 짐승의 머리 모양을 한 것들이 나타났는데, 굴대에서 셋, 그리고 네 모서리마다 하나씩 나타났다. 세 머리에는 황소처럼 뿔이 났지만 네 머리에는 뿔이 하나만 있었는데 이런 괴물은 그 누구도 본 적이 없었으리라.

베아트리체의 말에 따르면, 일곱 개의 머리는 베아트리체를 지키는 일곱 여인에 상응하는 일곱 개의 대죄를 가리키는데, 이 중 세 머리에 난 뿔들은 각기 교만, 질투, 분노와 같은 하느님을 모독하는 정신적 죄를, 네 머리에 난 뿔들은 탐욕, 나태, 탐식, 색욕 같은 육체적인 죄를 가리킨다고 했다.

마지막으로 '흉포한 창녀'(타락한 교회를 장악하고 있는 교황 보나파시오 8세)가 수레 위 뿔난 일곱 짐승의 꼭대기에 거만하게 앉아 끊임없이 추파를 던지고 있었다. 그 옆에는 '거인'(프랑스 국왕 필리프 4세)이 수차례 입을 맞추고 있었다. 그들은 미친 듯이 날뛰며 수레를 나뭇가지에서 풀어 숲속으로 끌고 들어갔다(필리프 4세에 의해 교황으로 선출된 클레멘스 5세가 교황청을 아비뇽으로 이전한 것을 가리킨다).

에우노에강 물을 마시다

“주여, 이방인들이 왔습니다.”

세 여인과 네 여인은 서로 번갈아 가며 입을 맞추어 감미로운 성시를 노래했다.

베아트리체는 마치 성모 마리아가 십자가 아래서 쏟아 낸 비탄에 못지않은 큰 한숨을 내쉬며 근심 어린 표정으로 그들의 노래를 들었다. 일곱 여인이 노래를 마치고 나자 베아트리체가 벌떡 일어서서 벌겋게 상기된 얼굴로 여인들에게 말했다.

“사랑하는 자매들이여, 잠시 후에 그대들은 나를 보지 못할 것이나 머지않아 곧 다시 보게 될 것입니다.”

그녀의 말은 예수 그리스도가 세상을 떠나기 전에 제자들에게 작별을 고하는 말과도 같았다. 베아트리체의 이 말 속에는 일곱 여인의 노래에 대한 화답인 동시에 교회의 부패와 타락으로 인해 현재는 구원을 받지 못하고 있지만 하느님께서 다시 반듯하게 교회를 세워 그 영광을 드러내게 될 것이라는 확신을 담고 있었다.

그녀는 일곱 여인을 앞세우고 단테와 마텔다와 스타티우스에게 눈짓을 하며 자신의 뒤를 따르도록 했다. 그리고 불과 열 걸음쯤 걸어갔을 때 베아트리체가 뒤돌아보며 평온한 표정으로 말했다.

"좀 더 빨리 오세요. 당신과 얘기하고 싶으니 내 말이 들릴 만큼 가까이 오세요."

단테가 가까이 다가서자 그녀가 인자한 목소리로 말했다.

"당신은 어찌 나와 함께 걸어가면서도 아무것도 묻지 않지요? 궁금한 것이 있으면 주저하지 말고 물어보세요."

그러나 단테는 어른 앞에 선 어린애처럼 온몸이 떨리고 혀가 굳어져서 말이 나오지 않았다. 단테는 간신히 정신을 수습하고 나서 우물거리며 내뱉었다.

"여인이여, 당신은 이미 내가 무엇을 원하는지 다 알고 계시지 않소?"

단테의 말을 들은 베아트리체가 말했다.

"이제부터 두려워하거나 부끄러움에서 완전히 벗어나야 해요. 그래야만 꿈꾸는 사람처럼 우물우물하며 말하지 않을 테니까요."

단테는 그 말에 용기를 얻어 궁금했던 것에 대해 질문했다.

"거룩한 여인이여! 앞서 수레를 끌고 숲속으로 들어간 보나파시오와 필리프는 어떻게 되는 것입니까?"

베아트리체는 뱀이 깨뜨린 그릇(교황청의 아비뇽 이전을 가리킨다.)에 대하여 없었던 일로 되돌릴 수는 없으며 반드시 하느님의 복수가 따르게 될 것임을 예고했다.

마텔다_단테 가브리엘 로세티 작품
가브리엘 로세티는 단테를 흠모하여 자신의 이름 앞에다 단테를 붙였다.

이어서 수레에다 자신의 깃털을 뽑아 놓고 간 독수리가 괴물로 변했다가 나중에 미끼가 되었지만 그 후예가 반드시 나타나게 될 것이라고 일러 주었다. 그리고 때가 되면 하느님이 보내신 사자가 징벌을 내리게 될 것이라고 말했다.

"어쩌면 지금 내 말이 스핑크스의 수수께끼처럼 애매하게 들려서 당신을 혼란스럽게 할지 모르겠지만 곧 풀리게 될 테니 너무 걱정하지 마세요."

그리고 지상으로 돌아가거든 이곳에서 두 번이나 수난(아담으로 인한 수난과 독수리로 상징되는 로마제국에 의한 수난)을 받은 나무가 있었다는 사실을 정확하게 전달하여 세상 사람들로 하여금 구원의 길로 들어설 수 있도록 하라고 신신당부했다.

이는 하느님의 정의를 상징하는 선악과에 대한 교훈이었다. 아담은 하느님의 계명을 어기고 하와의 꼬임에 넘어가 금단의 열매인 선악과를 따 먹고 말았다. 그 죄로 아담은 에덴동산에서 추방된 이후 5천 년 이상이나 벌을 받은 끝에 구원을 받을 수 있었다.

단테가 그녀에게 재차 물었다.

"선악과나무는 왜 그렇게 높고 위로 올라갈수록 꼭대기가 구부러져 있는지요?"

그러자 베아트리체가 말했다.

"그 이유를 모르겠다면 그건 당신의 정신이 잠들어 있기 때문입니다. 당신이 죄에 물들어 있지 않다면 도처에 하느님의 정의가 숨 쉬고 있음을 깨달았을 겁니다. 당신은 지금 정신이 흐려지고 지성이 많이 위축되어 있습니다. 그래서 지금 이곳에서 있었던 일들을 나중에 지상 세계에 가서 기록하기가 쉽지 않을 거예요. 그러므로 순례자들이 기념으로 지팡이에 종려나무 가지를 감고 돌아가듯이 순례의 여정을 몸에 체득해 가세요. 하늘나라의 일은 지상의 일과 달리 그 이치가 매우 깊고 넓고 기묘하기 때문에 머리만으로 기억한다는 것은 거의 불가능합니다."

"당신의 그 말을 깊이 새겨 두겠소. 그런데 당신의 말이 종종 내 이해의 한계를 넘어서고 있으니 이 무슨 까닭이란 말이오?"

"세상의 학문만으로는 천국의 교리를 이해할 수 없기 때문입니다. 이는 하늘이 땅보다 높은 것과 같고, 내가 가리키는 길이 당신의 길보다 높으며, 내 생각이 당신의 생각보다 높기 때문입니다."

그러면서 베아트리체는 단테가 레테의 강물을 마셨던 사실을 상기시키며, 망각이야말로 단테가 죄를 지었음을 역설적으로 증명하는 것이라고 질책했고, 아직까지도 마음속에서 교만을 버리지 못하고 세상의 욕망에 집착하고 있다며 꾸짖었다.

단테는 뭐라고 변명할 말을 찾지 못하고 부모로부터 꾸지람을 받는 어린아이처럼 머리를 숙이고 땅바닥만 바라보았다.

정오 무렵, 태양이 그들의 머리 위에서 느리게 운행하고 있었다. 단테는 커다란 샘을 발견하고 발걸음을 멈추었다. 샘에서 솟아난 물이 두 갈래로 나뉘어져 흘러가고 있었다. 그 모습을 보고는 단테가 베아트리체에게 물었다.

"오, 빛이여! 오, 인류의 영광이여! 여기 하나의 샘에서 넘쳐 서로 갈라져 흐르는 이 강물은 무엇입니까?"

단테가 얼굴에 궁금한 표정을 지으며 묻자 베아트리체가 말했다.

에우노에강 물을 마시는 단테

"마텔다에게 물어보세요."

그러자 마텔다는 해명하듯이 단테를 바라보며 말했다.

"제가 맨 처음 당신을 만났을 때 모두 다 말해 드렸잖아요. 설마 레테강 물이 그 기억까지 모두 다 잊게 한 건 아니겠죠?"

그 말을 들은 베아트리체가 마텔다를 바라보며 말했다.

"마텔다, 지금까지 일어난 수많은 일로 인해 이분의 기억력이 흐려진 모양입니다. 하지만 걱정하지 마세요. 이미 깨끗해진 영혼들에게 선행의 기억을 되살려주는 저 에우노에강 물이 흐르고 있으니 이분을 그곳으로 모시고 가서 선행의 기억들을 회복시켜 주세요."

단테는 마텔다의 손에 이끌려 스타티우스와 함께 에우노에강으로 가서 강물을 마셨다. 마셔도 마셔도 더 마시고 싶은 그 거룩한 에우노에강 물을 마시고 돌아온 단테는 봄에 푸른 잎으로 새 옷을 갈아입은 나무처럼 활력을 얻어 천국으로 오를 준비를 마쳤다. 수많은 아름다운 별이 반짝이는 천국에 오를 생각을 하니 벌써부터 단테의 심장이 뛰기 시작했다.

연옥의 지도_ 도메니코 디 미켈리노의 작품
연옥은 지옥과 달리 하늘 위로 솟아 마치 바벨탑 같은 구조를 이루고 있다

단테의 『신곡』 '연옥'의 의미

가톨릭 교리에서 연옥은 천국으로 가기에는 자격이 부족하지만 지옥으로 갈 정도의 큰 죄를 짓지 않은 죽은 자들의 영혼이 머무르는 곳이다. 영혼들은 연옥에서 보내는 고통스러운 시간을 통해 이승에서의 죄를 씻고 정화한다. 연옥이 정죄계(깨끗함과 죄 사이의 경계)나 정화소(깨끗해지는 장소)로 불리는 것은 이 때문이다. 정화의 방법으로는 '정화하는 불'이 알려져 있는데, 이는 신약성서 고린도전서 3장에 나오는 '심판의 날에 내려질 불'에 근거하고 있다. 한편 문화 인류학자들은 불이 가지고 있는 신화적 · 고대적 이미지인 소멸, 소생, 불멸, 시련의 통과, 단련, 신의 상징, 물과 불의 대비와 환기(물세례 vs. 불세례), 자연의 4원소(물, 불, 흙, 공기) 등이 영향을 끼쳤다고 보기도 한다. 그러나 연옥에서의 불이 물질적 의미인지 정신적 의미인지에 대한 명확한 정의는 내려지지 않았다. 한편 연옥은 심판의 공간이 아닌 정화의 공간이므로 연옥으로 들어간 영혼들은 지옥으로는 가지 않는다. 단, 죄의 크고 작음, 이승에서의 회개와 선행 등 다양한 요소에 따라 연옥에서 머무는 시간은 달라질 수 있다. 이러한 체류 기간을 가톨릭에서는 신의 뜻이 작용한 신비로움이라고 정의한다.

연옥 레테의 강에서 속죄하는 사람들의 행렬

La Divina Commedia

제 3 편

천국

Paradiso

천체의 질서

하늘 높이 솟아오른 태양은 백양궁에 머물러 오늘이 바로 춘분임을 말해 주고 있었다.

백양궁은 상서로운 별자리다. 천지창조의 날과 성령에 의한 예수님 잉태 소식이 마리아에게 알려진 날도 바로 백양궁에 태양이 머물러 있던 춘분 때였다. 이 춘분은 만물이 생동하는 시기로 빛과 공기가 부드러워지고 꽃들도 앞다투어 피어난다.

단테는 지상 낙원에서 베아트리체와 함께 첫 번째 하늘인 월광천을 향해 비상할 준비를 하고 있었다. 단테는 눈부신 빛의 한가운데에서 하느님의 여러 가지 신비한 역사를 목격했다. 그러나 우주 만물을 주관하는 하느님의 영광이 빛으로 넘쳐 나는 천상의 아름다움과 신비를 어찌 피조물인 인간의 재주로써 노래할 수 있을까?

단테는 지옥과 연옥을 순례하며 시의 여신인 뮤즈의 도움으로 영감을 받았듯이 천국의 이 신비로운 모습을 노래할 수 있도록 뮤즈와 아폴론(그때의 풍습에 따라 무엇을 갈망하여 부르는 대상으로서의 신으로, 진정한 뜻은 그리스도이다.)에게 도움을 빌었다.

"아, 선하고 지혜로운 아폴론이여! 당신을 사랑하는 저로 하여금 이곳 천국의 영광과 아름다움을 시로 읊을 수 있도록 영감을 내려주소서! 값진 시의 월계관을 쓸 수 있도록 허락하시어 진정 가슴속 깊이 천국을 올바르게 이해할 수 있도록 지혜를 빌려주소서."

단테는 계속해서 아폴론을 찬양했다.

"아폴론, 언젠가 반인반양(半人半羊) 마리시아가 교만하여 당신을 공

마리시아의 형벌_ 필리포 라우리의 작품
아테나는 피리를 발명하였는데 볼을 부풀려 부는 모습이 아름답지 않았으므로 버렸다. 그것을 주운 마리시아는 열심히 연습한 끝에 능숙해지자 아폴론에게 연주 실력을 겨루자고 제안하였다. 심판관이 된 뮤즈는 패배자는 승리자의 처분에 따라야 한다고 정하였다. 마리시아와 아폴론이 한 차례씩 연주를 마쳤으나 승부를 가리지 못하자 아폴론은 각자의 악기를 거꾸로 쥐고 연주하자는 억지스러운 제의를 하였다. 아폴론의 악기인 리라는 거꾸로 쥐고도 연주할 수 있으나 피리는 거꾸로 쥐고는 불 수 없으므로 마리시아가 패배하였다. 승리한 아폴론은 마리시아를 나무에 묶은 채 살가죽을 모두 벗겼다고 한다.

천국의 환영
단테는 천국을 '지구를 둘러싸고 있는 커다란 둘레'라고 생각했다.

격했을 때 당신은 분노하여 그를 산 채로 가죽까지 벗겨 버렸습니다. 그러한 뜨거운 정열을 저의 시적 감각에 불어넣어 주소서. 당신의 신묘한 힘으로 제 가슴속에 담고 있는 천국의 모습을 훌륭하게 그려 낼 수 있다면 그것은 당신의 영광이요, 또한 저의 영광이 될 것입니다."

온 세상을 환하게 밝혀 주는 태양, 그 태양이 지평선과 황도, 적도 그리고 낮과 밤의 길이가 같은 주야평분선(춘분, 추분)이 서로 어우러져 세 개의 십자가 모양을 이루는 지점에서 찬란히 빛나고 있었다.

단테는 천국을 '지구를 둘러싸고 있는 커다란 둘레'라고 생각했다. 그리고 지구를 둘러싸고 있는 하늘을 아홉 구역으로 구분했으며 그 바깥은 하느님이 계시는 정화천(淨化天)으로 묘사하였다.

첫째 하늘은 월광천(月光天)이라 하였다. 여기에는 '안젤리'라 불리는 천사들이 있으며 하느님께 행한 서원을 이루지 못한 영혼들이 반사된 영상처럼 나타나 있다. 그들은 불완전성을 가진 영혼들로서 하나의 하늘에서만 존재한다.

권품천사
구품천사 가운데 하급에 속하는 천사. 하급에 속하는 다른 천사 및 나라와 영토를 수호한다고 한다.

둘째 하늘은 수성천(水星天)으로, 여기에는 '아르칸젤리'라 불리는 대천사들이 있으며 활동적인 영혼들의 모습이 두드러지게 표현된다. 논리학(論理學)의 세계를 여기에 대비시킨 단테는 그리스도의 죽음과 인류의 구원, 그리고 육신의 부활을 규명하는 신학적 문제를 제기한다.

셋째 하늘은 금성천(金星天)으로, '프린치파티'라고 불리는 권품천사(權品天使)들이 이곳에 자리 잡고 있다. 이곳에 있는 영혼들의 특징은 사랑의 축복으로 묘사되고 있으며 수사학(修辭學)이 이를 아름답게 묘사해 준다.

넷째 하늘은 태양천(太陽天)으로, 이곳에는 지혜로운 영혼들과 능품천사(能品天使)들이 자리 잡고 있다. 인간의 판단이 가져오는 오류를 저울질하는 산술학(算術學)이 의미 있게 제시되며 솔로몬의 지혜가 칭송된다.

비르투디 천사_ 윌리엄 아돌프 부그로의 작품

다섯째 하늘은 화성천(火星天)으로, 이곳에서는 신앙을 위해 싸웠던 용감한 영혼들이 칭송을 받는다. '비르투디'라 불리는 힘[力]의 천사에 둘러싸여 있으며, 이웃에 대한 사랑의 덕이 묘사된다. 음악이 학문적 관련성을 대변한다.

여섯째 하늘은 목성천(木星天)으로, 의로운 영혼들의 안식처로 묘사된 이 목성천에는 주품천사(主品天使)들이 있으며 하느님의 정의를 사랑하는 덕이 묘사된다. 기하학(幾何學)이 학문적 관련성으로 등장하나 하느님 정의의 불가해성(不可解性)은 기하학으로도 풀 수 없음이 강조된다.

일곱째 하늘은 토성천(土星天)으로, 관조하는 영혼들의 모습이 묘사된다. 좌품천사(座品天使)들이 자리하고 있는데 운명의 신비를 관조하는 천문학(天文學)이 등장한다.

여덟째 하늘은 항성천(恒星天)으로, 케루빔 천사들이 승리의 덕을 칭송하는데 형이상학(形而上學)이 언급된다.

아홉째 하늘은 원동천(原動天)이라 불리며, 천사들의 합창이
아리치는 곳으로, 세라핌 천사들이 하느님의 위대하심을 노래한다. 학문적 관련성으로는 윤리학(倫理學)이 언급된다.

그리고 마지막 열째 하늘은 엠피레오라고 불리는 정화천(淨化天)이다. 천제를 움직이시는 하느님의 빛이 넘치는 곳으로, 이를 아는 것은 오로지 신학(神學)을 통해서만 이루어질 수 있다고 한다.

천국의 첫째 하늘, 월광천

하느님의 은총으로 단테가 드디어 하늘에 올라 천국의 순례를 시작하려 했을 때 갑자기 몸이 날아갈 듯이 가벼워졌다. 마치 자신의 영혼이 몸에서 빠져나간 듯한 그런 기분이었다.

베아트리체는 똑바로 서서 태양을 뚫어지게 응시하고 있었다. 아마 독수리의 날카로운 눈이라도 그처럼 냉철하고 차갑게 보이지는 않았을 것이다.

단테는 경외감에 젖어 자신도 모르는 사이에 그녀와 똑같은 행동을 취했다. 그도 그녀와 같이 태양을 정면으로 바라보았다. 만약 지상이었다면 당장 눈이 멀었을 것이다. 그러나 이곳은 인류를 위해 하느님께서 만들어 놓으신 에덴의 땅이기에 그것이 가능했다.

단테가 태양을 바라본 것은 그리 긴 시간이 아니었다. 불가마에서 시뻘겋게 끓던 무쇠가 이제 막 밖으로 쏟아져 나온 것처럼 이글거리는 태양의 주위에서 불꽃이 튀는 것이 보였다.

이때 갑자기 한낮의 빛이 강렬해지는 느낌을 받았다. 마치 전능하신 신이 또 하나의 태양을 만들어 놓은 것 같은 느낌이었다. 빛과 함께 어디선가 신비스러운 소리도 울려 퍼지고 있었다.

천국으로 인도되는 단테
베아트리체에 의해 천상으로 올려지는 장면이다.

천상에서 울려 나오는 소리의 신비함과 위대한 빛들은 그 근원을 알고 싶어 하는 단테의 열망에 불을 붙였다. 이처럼 강렬한 소망을 품게 된 적은 지금까지 한 번도 없었다.

'오, 우주 만물을 다스리시는 분! 당신의 은총으로 저는 이곳까지 올 수 있었나이다. 그 은총에 감사드리나이다. 당신의 섭리에 따라 끊임없이 움직이는 이 우주를 저는 똑똑히 보았나이다. 태양은 불꽃으로 활활 타오르고 아름다운 호수의 물도 충만하게 넘쳐흐르고 있나이다.'

베아트리체는 부드러운 미소를 머금으며 단테를 바라보았다. 아마도 단테의 마음속을 훤히 꿰뚫어 보는 듯했다. 그녀는 단테의 마음을 진정시키기 위해서 그가 질문하기도 전에 먼저 입을 열었다.

"당신은 지금 당신의 잘못된 상상력으로 자기 자신을 가두려 하고 있어요. 스스로 자신의 눈을 가리고 있는 꼴이에요. 지금 이곳은 지상의 피렌체가 아니라 당신의 원래 고향이었던 천국이에요. 그리고 지금 들려오는 저 소리와 강렬한 빛은 당신이 본향으로 귀향하는 것을 반기는 하늘의 은총입니다."

단테가 그녀에게 물었다.

"베아트리체, 방금 전에 지녔던 의혹은 풀렸으나 또 한 가지 의문이 생겼소. 이제 천국을 순례하려면 천상으로 올라가야만 하는데 저 가벼운 공기와 불꽃 위를 과연 내가 올라갈 수 있겠소?"

베아트리체는 단테의 질문을 듣고 나서 측은한 표정으로 한숨을 지었다. 그리고 마치 자식을 굽어보는 어머니의 인자한 눈빛으로 단테를 바라보며 말했다.

"이곳에서 모든 것은 분리되어 있으면서도 하나의 질서를 따르니 이는 하느님을 닮은 우주의 형상이지요. 거기서 하느님의 피조물들은 전지전능하신 하느님의 자취를 봅니다. 그것이 바로 우주가 지향하는 목표랍니다. 창조된 모든 것은 이런 질서 속에서 저들의 원천으로부터 적절한 거리를 두고 저들의 위치를 유지합니다. 이렇게 피조물들은 존재의 광활한 바다를 가로질러 다양한 항구들로 퍼져 가고, 그러면서도 제각기 자기의 본능을 지키고 있어요. 이 본능은 달을 향해 불을 가져가고, 피조물의 심장을 움직이는 힘이 되며, 세상을 묶어 하나로 만드는 본능을 말합니다. 그리고 이성을 지니지 않는 피조물이 아니라 지성과 사랑을 지닌 피조물들도 그 본능의 활의 당겨진 힘을 체험하지요. 언제나 행복의 과녁에 똑바로 화살을 당기는 활의 힘에 실려 우리는 미리 운명 지어진 곳으로 날아오릅니다. 그러니 그대가 불길처럼 솟아오르는 것도 이상히 여기지 마시오. 그것이 하느님의 섭리에 따른 것일 때는 물이 높은 데서 낮은 곳으로 흐르는 것만큼이나 자연스러운 일이기 때문입니다."

베아트리체는 얼굴을 들어 위로 향하고, 단테는 그런 베아트리체를 바라보고 있었다. 그리고 어느 한 순간, 빛의 속도로 달을 향해 비상을 하기 시작했다.

첫째 하늘인 월광천에 이르는 순간, 태양이 햇살을 비춰 주는 금강석처럼 눈부시고 단단하고 번쩍거리는 구름이 두 사람을 감싸 안았다. 영원한 진주인 달이 두 사람을 받아들이는 모양은 마치 빛이 물에 스며들 듯이 하느님과 영육이 하나 되는 신비 그 자체였다.

논리적으로 설명할 수는 없었지만 이는 그들의 마음속에 인성과 신성이 합일된 하느님을 보고 싶어 하는 욕망이 불타는 것과 마찬가지 현상처럼 보였다.

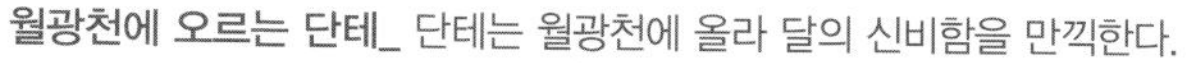
월광천에 오르는 단테_ 단테는 월광천에 올라 달의 신비함을 만끽한다.

단테와 베아트리체를 반기고 있는 월광천의 안젤리 천사들.

단테가 달의 실체를 마주하고 경이로움에 빠져 있을 때 베아트리체가 말했다.

"하느님께 감사드리세요. 우린 하느님의 인도로 첫 번째 하늘인 월광천에 무사히 도착했어요."

단테는 그제야 정신을 차리고 하느님에게 감사 기도를 올렸다.

"하느님, 감사합니다. 미천한 이 몸을 이처럼 지상으로부터 천국으로 이끄신 하느님의 은총에 감사드립니다."

단테가 월광천에 올라와서 본 것들은 어느 것 하나 신비롭지 않은 것이 없었다. 그 가운데서 달의 검은 반점에 대한 궁금증은 지울 수가 없었다. 그래서 세상 사람들이 흔히 '카인의 나뭇가지'라고 말하는 달의 검은 반점에 대해 물었다.

"세상에서 보이는 달의 표면에 난 검은 자국들은 무엇인지요?"

베아트리체는 빙긋이 웃으며 말했다.

"모든 인식의 출발은 감각에 있는데 천국은 감각의 열쇠가 채워지지 않은 영역이므로 지상의 감각과 이성으로는 천국을 이해할 수가 없습니다."

천국 하늘의 구조

단테는 지구를 둘러싸고 있는 하늘을 아홉 구역으로 구분했으며 그 바깥은 하느님이 계시는 정화천으로 묘사했다.

그녀는 덧붙여 말했다.

"여덟째 하늘인 항성천의 별들은 빛의 질과 양이 서로 다르며 각각의 별들은 서로 다른 힘의 작용을 부여받고 있기 때문에 질료의 원리로 검은 반점을 설명하는 것은 잘못이에요."

그녀는 모든 물체에서 질료와 형상을 구분했다. 질료는 동일해도 형상은 다양하게 나타난다는 것이었다.

그러므로 만물의 형성 원리가 질료에 의해 결정된다고 생각하는 것은 오류가 될 수밖에 없다고 했다.

단테는 그녀의 말을 좀처럼 이해하기가 힘들었다. 단테가 의아한 표정을 짓자 그녀는 설명을 이어 나갔다.

"달의 표면에 흑점이 존재하는 것은 달빛의 강약이나 밀도 때문이 아니며 하느님의 본성에서 나오는 것입니다. 이것이 이른바 형상 원리에 의한 진리의 모습입니다. 그것은 물질을 만드는 질료의 원리가 아니라 물질의 특성을 만드는 원리이기도 한 것이지요."

그러면서 그녀는 '달 표면의 밀도 차이로 흑점이 생긴 것이 아니라 하느님의 신성에 따른 것'이라고 명쾌하게 결론을 내렸다.

하느님과의 서원

젊은 시절, 사랑의 불꽃으로 자신을 사로잡았던 베아트리체가 천국의 여인이 되어 진리를 설파하는 모습을 보자, 단테는 자신이 그간 잘못했던 일을 고백하고 싶은 마음이 간절해졌다. 그래서 몸을 일으켜 고개를 들고 베아트리체를 보려고 하는데 갑자기 실체를 알 수 없는 흐릿하고 낯선 환영이 눈앞에서 어른거렸다. 그 환영은 어렴풋한 모습으로 단테에게 무슨 말인가를 하려는 듯싶었다.

단테는 그들이 거울에 비친 모습들인 줄 알고 누구의 이미지인지 보려고 몸을 뒤로 돌렸다. 그러나 아무도 보이지 않았다. 단테는 의아한 표정을 지으며 자신의 상냥한 길잡이인 베아트리체를 쳐다보았다.

그녀는 거룩한 눈에 미소를 지으며 말했다.

"당신의 순진한 반응에 대해 내가 웃는다고 해서 이상하게 생각지 마세요. 당신은 천국에 있으면서도 발은 아직 지상에 머물러 있는 것처럼 진리를 대하는 것을 보니 저절로 웃음이 나오는군요. 헛된 망상

단테와 베아트리체
단테는 월광천에 올라 베아트리체로부터 그곳의 영혼을 소개받는다.

을 지닐 때 그러하듯 당신은 지금 반대로 가고 있어요. 당신이 지금 보고 있는 것은 허상이 아니라 실체들입니다. 서원을 어겼기 때문에 이렇게 하늘 중에서도 가장 낮은 월광천에 있는 것입니다. 자, 그들과 한번 이야기를 나눠 보시지요."

단테는 베아트리체의 말을 듣고 나서야 비로소 아까 얘기를 하고 싶어 하던 영혼의 실체를 확인할 수 있었다. 단테가 그 영혼에게 물었다.

"오, 축복받은 영혼이여! 영원한 삶의 빛 속에서 맛보지 않고는 느낄 수 없는 달콤함을 즐기시는군요. 당신이 누구시며 당신의 운명이 무엇인지 말씀해 주신다면 참으로 고맙겠습니다."

그러자 그 영혼은 눈에 웃음을 가득 지으며 대답하였다.

"나는 생전에 동정(童貞)을 서약한 수녀였습니다. 당신이 기억을 잘 더듬어 보신다면 내 아름다웠던 모습을 기억하실 수 있을 겁니다. 맞아요, 내 이름은 피카르다 도나티(단테 아내의 친척이며 단테의 친구 포레세의 동생이다.)입니다. 내가 축복받은 자들과 함께 있으나 이렇게 낮은 하늘에 있는 것은 스스로 맺은 서원을 완전히 이행하지 못했기 때문입니다."

피카르다 도나티를 만나는 단테_ 귀스타브 도레의 작품
단테가 자신의 아내의 친척인 피카르다 도나티를 만나는 장면이다.

피카르다 도나티를 만나는 단테_ 필리프 바이트의 작품

단테가 말했다.

"당신의 얼굴은 참으로 놀랍게도 말로 표현할 수 없는 성스러운 뭔가로 빛이 납니다. 당신의 모습은 옛 모습과 너무나도 많이 변했어요. 내가 다시 머리에 떠오르는 생각을 물어보아도 좋을지 모르겠군요. 당신들은 여기서 참으로 행복해 보이는데 그래도 하느님을 더 많이 보고 그분의 사랑을 더 많이 받고자 더 높은 곳으로 오르고 싶지는 않은가요?"

단테가 묻자 그 영혼은 옆에 있던 다른 영혼들과 더불어 빙긋이 웃으며 대답하였다.

"형제여, 하늘의 사랑으로 우리는 우리의 의지를 고요히 가라앉히고 오로지 우리가 가진 것만을 향유할 뿐이지 다른 것을 더 탐하지는 않습니다. 우리가 만일 더 높은 것을 탐한다면 우리를 이곳에 두신 하느님의 뜻에 반하는 것이 되기 때문입니다. 사랑이 무엇인지 잘 생각해 보세요. 그러면 그러한 부조화는 이 천국의 하늘들에서는 있을 수 없다는 것을 알게 될 거예요. 이곳에 있다는 것은 사랑 안에 있는 것이니까요. 이런 축복받은 상태의 본질은 하느님의 의지 안에 거한다는 것이지요. 그래서 하느님과 함께하는 의지 외에는 어떤 의지도 없습니다. 이렇게 우리가 이곳의 전역에 걸쳐 층층이 존재하는 것은 그분의 의지를 따르는 것입니다. 우리의 평화는 그분의 의지 안에 있어요. 그분이 창조하시고 자연이 만드는 그 모두가 모여드는 바다와도 같습니다."

단테는 비로소 하느님의 은총이 모두 같은 모양으로 채워지는 것은 아니지만 하늘나라에서는 어느 곳이든 천국을 이루고 있음을 분명히 깨닫게 되었다.

단테는 그녀가 끝까지 서원을 이루지 못하여 완성되지 못한 옷을 입고 있는 이유를 물었다.

생각에 잠긴 단테_ 장 레옹 제롬의 작품
천국의 이상적인 모습을 상상으로 그린 배경에서 단테가 생각에 잠긴 모습이다.

"나는 어릴 때부터 속세를 떠나 수녀원에 들어갔었지요. 그런데 선보다는 악에 익숙한 사람들에 의해 수녀원에서 납치되었고, 이로 인해 수도 서원을 더 이상 이행할 수 없게 되었지요."

자신에 대한 이야기를 마친 그녀는 자기와 처지가 비슷했던 콘스탄차의 사연을 들려주었다. 그러고 나서 피카르다와 코스탄차는 〈아베 마리아〉를 노래하기 시작하더니 마치 무거운 물체가 깊은 물속으로 가라앉듯이 단테의 시야에서 삽시간에 사라져 버렸다.

단테는 그녀의 이야기를 듣고 두 가지 의문이 생겼다. 하나는 선을 향한 자신의 의지가 변함이 없다면 어떻게 다른 자의 폭력이 나의 정당한 공적의 가치를 깎아내릴 수 있으며, 또 하나는 축복받은 영혼들이 이곳 천국에서 차지하는 위상에 관한 것이었다.

베아트리체는 단테의 마음속에 일고 있는 의문을 헤아리고 그에 대해 답변을 해 주었다.

"먼저 두 번째의 의문점에 대한 것부터 설명해 드리지요. '별에서 나온 모든 영혼은 죽음 이후에 제각기 자기 별로 되돌아간다.'라는 플라톤의 학설이 당신의 의식 속에 자리 잡고 있다는 것이 문제입니다."

그러면서 베아트리체는 플라톤의 학설을 반박하기 시작했다.

단테와 베아트리체의 부조

“하느님께서는 인간의 육체를 흙으로 빚으실 때 영혼까지도 함께 불어넣어 주셨습니다. 그러므로 플라톤의 영혼선재설(靈魂先在設)은 가당치도 않은 학설입니다. 9등급의 천사들 중에서 하느님과 가장 가까운 곳에 있고 또한 하느님의 영광에도 참여하는 치품천사 세라핌이나 홍해를 갈라 이스라엘 백성을 이집트로부터 탈출시키고 하느님의 십계명을 받았던 모세, 이스라엘의 위대한 영도자 사무엘, 그리고 세례자 요한과 사도 요한, 그리고 예수님의 모친이신 성모 마리아일지라도 좀 전의 그 영혼들과 다른 세계에 있는 것이 결코 아닙니다. 그리고 하느님께서 내리시는 축복과 은총의 양이 하늘에 따라 다르지 않아요. 천국에서 받는 각자의 축복도 똑같이 영원하지요. 하지만 그들은 하나같이 최고의 하늘을 아름답게 하며 영원한 하느님의 숨결을 느끼는 정도에 따라 그들의 행복한 삶도 각기 다릅니다. 좀 전에 그 영혼들이 여기에 나타났던 것은 이 월광천이 그들에게 할당되어서가 아니라 그

플라톤의 영혼선재설
영혼이 물질로 이루어진 육체보다 먼저 존재하고 있다가 후에 육체와 결합한다는 것이다. 고대 세계에서 이 사상을 엿볼 수 있다. 특히 플라톤은 영혼선재설을 주장하여 그의 저서에 영혼선재 사상을 나타내었다.

단테의 영혼을 일깨우는 베아트리체_ 윌리엄 블레이크의 작품
단테의 감각적 지력을 일깨우는 베아트리체의 모습을 형상화한 그림이다.

들의 축복됨의 정도가 낮음을 보이기 위함이지요."

베아트리체는 단테에게 그윽한 미소를 보내며 말을 이었다.

"이렇게 말해야만 모든 것을 감각적으로만 이해할 수 있는 당신과 같은 사람들의 눈높이에 맞을 것입니다. 그래서 성경도 당신들의 지력에 맞추어 손과 발을 지닌 하느님으로 묘사했고 성스러운 교회도 인간의 모습을 지니지 않을 수 없었던 것이지요. 예를 들면, 성 가브리엘 대천사, 성 미카엘 대천사, 성 라파엘 대천사가 나타나 하느님의 뜻을 전한 것도 모두 그 때문이지요."

베아트리체는 이어서 남은 의문까지 마저 설명하였다.

"하늘의 정의가 사람들의 눈에 불의로 보이는 것은 신앙의 증거이지 이단적인 죄악의 증거는 아닙니다. 그러나 이 진실은 당신들 자신의 힘으로도 이해할 수 있을 것이니 충분히 설명해 드리겠습니다. 즉 폭력에 의해 어쩔 수 없이 받아들여야 했다 하더라도 이 영혼들은 비난에서 벗어날 수 없습니다. 마치 바람이 불어도 불은 타오르는 것이 자연스럽듯이 의지라는 것은 원하기만 하면 굴복하지 않을 수 있으

단테의 영혼을 일깨우는 베아트리체_ 윌리엄 블레이크의 작품
단테의 감각적 지력을 일깨우는 베아트리체의 모습을 형상화한 그림이다.

니까요. 오히려 폭력이 그를 수천 번 뒤흔들어 놓는다 하더라도 본성이 불 속에서 꺼지지 않듯 해야 할 것입니다. 그럼에도 이들(피카르다와 콘스탄차)은 수녀원으로 피신할 수 있었으면서도 폭력 앞에 굴복했던 것입니다. 성 라우렌티우스는 박해를 받을 때 철판 위에서 담금질을 당했어도 그 영혼은 하느님의 뜻에서 떠나지 않았고, 무키우스 역시 로마를 포위망에서 구원하려다 실패하자 그 책임을 느껴 자기의 손을 불 속에다 넣고 태워 버렸습니다. 그러기에 저들도 자신들의 의지를 지키기 위해 끝까지 노력했어야 옳았습니다. 그들이 의지를 온전히 유지했더라면 그들이 풀려나자마자 다시 끌려들어 간 그 길을 물리쳤을 거예요."

"잘 알았습니다. 당신의 말씀을 듣고 보니 마음이 평온해집니다. 그러나 한 가지 더 묻고 싶은 것이 있습니다. 만약에 그 서약 자체가 합당치 못한 것이었다면 어떻게 해야 그 무거운 죄를 보속할 수 있을까요?"

"하느님께 서약하는 것은 자유지만 결코 경솔하게 해서는 안 됩니다. 어떠한 경우라도 서원을 어기는 것은 어리석은 짓입니다. 그러므로 아무리 많은 선행을 쌓는다 하더라도 서원을 어긴 것은 속죄할 수 없는 것이지요. 처음부터 서원에 대해서는 신중할 필요가 있습니다. 결코 가볍게 여겨서는 안 되며 어디까지나 성실해야 합니다. 성경에

◀**성녀 클라라_** 이시도로 아레돈도의 작품
가톨릭 성인이자 아시시의 프란체스코를 따른 초창기 일원 가운데 한 사람이다. 프란체스코회 전통을 따르는 여성들의 수도회인 성 클라라 수도회를 창설했으며, 그녀들의 생활 규칙을 작성했다. 이것은 최초로 여성이 작성한 수도회 규칙인 것으로 알려져 있다.

입다의 귀환
입다의 귀환을 춤을 추며 반기는 그의 외동딸. 피터 반 브레델의 작품이다.

나오는 '입다'의 경우를 한번 생각해 보세요. 입다는 전쟁에 나가기 전에 하느님께 암몬군을 무찌를 수 있도록 허락해 달라고 기도했습니다. 그리고 그는 만약 전쟁에 승리하여 고국으로 돌아갈 수만 있다면 자신을 제일 먼저 맞으러 나오는 사람을 하느님께 번제물로 바치겠노라고 서원했지요. 그래서 어떻게 되었습니까? 이윽고 전쟁에 승리하여 고국으로 돌아오게 되었을 때 뜻밖에도 사랑스러운 외동딸이 춤을 추며 자신을 맨 처음으로 맞이하자 당황하였지만 어쩔 수 없이 하나뿐인 딸을 불 속에 집어 던져 번제물로 바치지 않았던가요? 결국 입다는 경솔하게 서원을 하는 바람에 그만 눈에 넣어도 아프지 않을 세상에 하나밖에 없는 사랑스러운 딸을 번제물로 바치며 통곡을 할 수밖에 없었던 것입니다. 그러므로 서원은 충분히 생각해 보고 결정할 일이지 결코 가볍게 생각하고 해서는 안 됩니다. 입다가 아무리 잘못했다고 용서를 빌어도 그것은 소용없는 일이었죠. 회한의 눈물을 흘릴 때는 이미 늦은 것입니다."

단테는 고개를 크게 끄덕이며 말했다.

"고맙소, 당신의 말을 가슴 깊이 새기겠소. 어미의 품을 떠나 제멋대로 뛰놀다가 저희끼리 싸우고 상처 입는 새끼 양처럼 교회의 권위와 성서를 저버리는 사람은 생명을 가진 것들 중에서 가장 불행한 사람이라고 생각되는구려."

단테는 좀 더 알고자 하는 욕망에 또 다른 의문점들이 머릿속에 하나씩 떠올랐지만 이쯤에서 질문을 마치기로 했다.

탬버린을 든 입다의 딸 조각상

하느님의 사랑, 구원의 신비

베아트리체는 멀리서 찬란하게 비춰 오는 빛을 향해 몸을 돌렸다. 그 빛을 받은 그녀의 얼굴은 더욱 성스럽게 빛났다.

그들은 마치 활시위가 채 당겨지기도 전에 과녁에 꽂히는 화살처럼 벌써 둘째 하늘인 수성천을 향해 올라가고 있었다.

베아트리체의 모습은 높이 올라감에 따라 더욱 아름답고 거룩하게 빛났다. 그녀를 바라보는 단테의 마음도 무척이나 밝게 변했다.

그때 잔잔하고 맑은 연못 안에 먹이가 떨어지면 물고기들이 몰려드는 것처럼 수많은 별이 맑고 투명한 합창 소리를 내며 그들을 향해 다가오고 있었다.

"보라, 우리의 사랑을 키워 줄 분이로다!"

눈부신 광채를 내뿜으며 다가오는 저마다의 얼굴에는 모두 다 하나같이 환희에 찬 모습들이었다. 그들 가운데서 한 영혼이 입을 열었다.

"현세의 생명이 다하기도 전에 영원한 승리의 옥좌를 보게 된 축복받은 그대여! 우리는 하늘 가득 퍼져 있는 하느님의 빛에 둘러싸여 있습니다. 그대 또한 우리처럼 영광의 빛으로 빛나고 싶거든 원하는 바대로 하시지요."

그러자 베아트리체가 단테에게 말했다.

"저들을 믿고 마음 놓고 말씀하세요."

단테는 몸과 마음을 가다듬고 그 영혼에게 물었다.

"광채 속에 찬연히 빛나고 계신 고귀한 분이시여! 당신은 어떤 분이시며 어떻게 이곳 수성천에 오시게 되었는지 궁금합니다."

유스티니아누스 1세
뛰어난 통솔력으로 측근들을 기용하여 옛 로마 서방의 영토 재정복의 꿈을 실현시키고, '유스티니아누스 법전', 고대 로마 법학자들의 '학설집', '법학 입문' 및 법전 편찬 이후에 유스티니아누스가 반포한 '신법'으로 이루어진 《로마법 대전》을 완성하였다.

"나는 로마의 황제 콘스탄티누스보다 2백 년쯤 뒤에 황제가 된 유스티니아누스입니다. 나는 새로운 법전을 만들기 전, 그리스도 안에는 신성 하나만 있다고 믿고 있었고 그 신앙으로만 만족하면서 인성 따위는 믿지 않았지요. 그런데 교황 아가페투스 1세께서 나를 올바른 신앙으로 이끌어 주셨습니다. 그로 인해 나는 하느님의 은총 속에 로마 법전을 편찬하는 고귀한 일에 온몸을 바쳤습니다. 나는 이를 위해 전쟁에 관한 모든 일은 벨리사리우스에게 맡기고 나는 계속해서 하느님의 뜻에 합당한 법전을 만들었지요. 그런데 지금은 로마가 황제파인 기벨린당과 교회파인 겔프당으로 분열되어 싸우고들 있으니 참으로 딱한 일이 아닐 수 없습니다.”

유스티니아누스라면 라비니아에서 태어난 로마 황제가 아니던가.

단테는 그제야 그가 처음에 했던 말을 조금 이해할 수 있었다.

유스티니아누스의 영혼으로부터 두 줄기의 빛이 흘러나왔다.

베아트리체의 말에 의하면, 그것은 축복받은 황제의 직위와 법전의 편찬을 상징하는 빛이라고 했다.

“호산나! 만군의 왕 거룩한 주님이시여! 높은 데로부터 천국의 복된 빛을 발하시는 주님! 당신께서는 천사들과 성인들에게 거룩한 빛을 밝혀 주시나이다.”

유스티니아누스는 신의 찬가를 부르며 다른 영혼들과 함께 빛과 어우러져 춤을 추다가 갑자기 섬광처럼 사라져 버렸다.

단테에게 또 하나의 의문이 일어났지만 차마 입을 떼지 못했다. 그러자 베아트리체는 그의 속마음을 알아차

수성천에서 유스티니아누스를 만나는 단테

아담의 창조
하느님이 최초의 인간 아담에게 생명을 불어넣은 창세기 속 성경 이야기를 그리고 있다. 미켈란젤로의 프레스코 시스티나 예배당 천장에 그려진 벽화의 하나이다.

리고 미소를 지으며 말했다.

"단테, 당신은 지금 머리가 복잡하고 모든 것이 의문투성이일 거예요. 당신은 유스티니아누스의 말을 듣고, '정의로운 복수가 왜 벌로써 대가를 치러야 하는가?'에 대한 의문을 품고 있어요. 즉 그리스도의 죽음이 아담의 죄에 대한 마땅한 대가였다면 어째서 예루살렘의 멸망으로 또다시 대가를 치러야 했는가 하는 것일 테지요. 이제부터 당신의 궁금증을 풀어 드릴 테니 제 말을 잘 들으세요."

베아트리체는 신학적 설명으로 구원의 신비에 대해 자세히 설명했다.

"아담은 하느님에 의해 직접 창조되었는데 자신의 의지에 재갈을 물리지 않고 범죄를 저질렀기에 그 자신은 물론 인류 전체에까지 해를 끼쳤습니다. 그리하여 그후 사람들은 오랫동안 이 원죄의 상태에서 지내다가 그리스도의 죽음으로 인해 그 굴레를 벗어나게 된 것이지요. 그러므로 그리스도의 죽음은 원죄에 대한 의로운 갚음이었으나 그 한 가지 일에서 여러 가지 의미가 파생되었음을 잊어서는 안 됩니다. 즉 그리스도의 죽음은 인성의 입장에서 볼 때 매우 의로운 일이었지만, 그리스도가 죽음에 이르게 되기까지 인간들이 신성의 위격에 함부로 덤벼들었다는 점에서 그보다 더 불경스러운 일은 없는 것입니다. 그러나 예수님께서 돌아가심으로 인해 하느님의 의도를 채워 드렸고, 유대인들은 자신들의 원한이 풀렸다고 기뻐했습니다. 그로 인해 땅이 진동하고 하늘이 열려 예루살렘의 멸망을 지켜보게 된 것이지요."

베아트리체는 계속해서 말을 이었다.

"로마 제국의 장군 디도(Titus)가 하느님의 뜻에 따라 예루살렘에 불을 질러 파괴시켰듯이 그후에도 의로운 일은 많이 일어났지요. 그러나 그럴 때마다 정의의 이름을 빌린 법정에 의해 상당수가 보복을 당하곤 했어요. 비록 이런 불합리한 결과가 초래된다 하더라도 그 속에는 모두 하느님의 깊은 뜻이 있음을 깨달아야 합니다."

이때 단테는 또 하나의 의문에 사로잡혔다. 즉 하느님께서는 어째서 하나밖에 없는 당신의 아들에게 그렇듯 비참한 최후를 맞게 하셔야만 했는지, 우리 인간들을 구원하기 위해 꼭 십자가에서 돌아가셔야만 했는지, 다른 방법은 없었는지에 대해서도 알고 싶었다.

이에 대해 단테가 묻자 베아트리체가 설명했다.

"죄의 길에서 하느님의 은혜로운 길로 다시 회복되기 위해서는 두 가지 중 어느 하나를 선택하지 않으면 안 됩니다. 즉 하느님의 사랑으로 용서를 받거나 인간 스스로 자신들의 어리석음에 대해 속죄로써 기워 갚는 길뿐이죠. 하느님의 은총을 회복하기 위한 길은 겸손밖에 없습니다. 그러나 우리 인간은 유한하고 불완전하기 때문에 겸손이나 순종만으로는 부족하지요. 인간 스스로는 결코 죄를 씻어 낼 수가 없는 까닭입니다. 그래서 하느님께서는 오직 한 가지 대속(代贖)의 길을 통해 인간의 삶을 회복시켜 주시려고 했던 것입니다. 예수께서는 우리 인간들의 삶을 완전히 회복시켜 주기 위해 자신의 모든 것을 다 내놓으셨습니다. 그분은 우리 인간들과 똑같은 모습으로 나타나 당신

예루살렘 함락_ 빌헬름 폰 카울바하의 작품
유대 전쟁에서 예루살렘을 함락시키고 도시를 불태우는 로마 제국의 장군 디도는 승승장구하여 로마 황제에 오른다.

자신을 낮추시고 돌아가실 때까지도 험한 십자가에 달려서 순종하셨습니다. 그분께서 이렇게 인간의 육신을 입고 당신 자신을 겸손히 낮추시지 않으셨다면 우리가 살고 있는 인간 세상에 그 어떤 방법으로 하느님의 완전한 정의를 채워 놓을 수 있었겠습니까? 하느님의 아들이 사람의 몸을 입고 오심으로 인하여 사람이 비로소 하느님의 신성에 참여할 수 있게 된 것입니다. 그러므로 예수 그리스도를 사랑하는 것은 곧 성부(聖父)이신 하느님을 사랑하는 것이 되지요."

단테는 머리를 크게 두세 번 끄덕이고 나서 물었다.

"잘 알겠소. 그런데 이곳 천국은 영원히 존재할 수 있는지 궁금하오. 이곳 또한 인간들이 사는 세상과 마찬가지로 하느님께서 지으신 피조물들일진대, 물과 불과 공기와 땅이 혼합된 물질이라면 모두 오래가지 못하고 부패해 버리는 게 당연하지 않을까 싶소."

예수님을 사랑하는 것이 하느님을 사랑하는 것이라고 일깨우는 베아트리체

예수 그리스도의 십자가 순종_ 윌리엄 블레이크의 작품
인간의 죄를 대신하여 십자가에 순종하는 그리스도를 묘사한 그림으로 로마 군인들이 주사위 놀이를 벌이는 모습이 이색적이다.

베아트리체는 이에 대해서도 명료하게 답변했다.

“단테여, 천사들이 있고 당신이 지금 서 있는 이곳 천국은 지금 모습 그대로 완전하게 창조되었습니다. 따라서 영원불멸하지요.”

“그렇다면 인간은 어떻습니까?”

“온갖 짐승들과 식물들의 영혼은 별들의 빛과 그 거룩한 운동이 권능을 지닌 본질에서부터 이끌어 내어진 것이지만 인간의 생명은 지고하신 하느님의 자비로운 숨결로 직접 불어넣어진 것으로, 그 결과 당신들의 내면에는 자신이 의식하지 못할 때도 항상 하느님을 그리워하는 본능이 존재하지요. 태초에 아담과 하와가 어떻게 창조되었는지를 살펴본다면 당신은 인간의 육신도 멸함이 없이 부활할 것이란 사실도 아마 미루어 헤아릴 수 있을 것입니다.”

단테와 베아트리체의 조각상

하느님의 섭리

초저녁에 떠서 새벽녘까지 아름다운 빛을 뿜어내는 별 금성, 사람들은 그 반짝이는 샛별을 두고 태양에게 온갖 교태를 부리는 듯하다고 하여 비너스라는 이름을 붙였다.

단테는 어느덧 자신이 셋째 하늘인 금성천에 올라왔다는 사실을 미처 깨닫지 못하고 있었다. 그러다가 문득 베아트리체를 감싸고 있는 빛이 더욱 강렬해진 것을 보고 나서야 비로소 자신이 지금 금성천에 와 있다는 사실을 깨달았다. 단테는 또한 불길 속의 불꽃이 구별되어 보이는 것처럼, 그리고 또 여러 목소리 속에서 한 목소리가 구별되어 들리는 것처럼 베아트리체의 빛은 이곳 금성천에서 뿜어져 나오는 그것들과는 확연히 구별되는 독특한 아름다움이 깃들어 있었다.

금성천을 자세히 살펴보니 찬연히 빛나는 광채 속에서 축복받은 영혼들의 등불이 저마다 밝은 빛을 발하면서 빙글빙글 원을 그리며 돌고 있었다. 그들은 저마다 원을 그리는 속도가 달랐는데, 그것은 아마 하느님을 향한 갈망의 차이가 아닌가 싶었다.

이 등불들은 세상에 있을 때 강렬한 사랑에 빠졌던 자들의 영혼이었다. 그 영혼의 빛들이 바람처럼 빠른 속도로 다가와 단테와 베아트리체를 맞아 주었다. 영혼의 무리들 속에서 '호산나'를 부르는 찬미 소리가 울려 퍼졌다.

금성천 영혼들의 원무_ 세일코의 작품
천사와 영혼 들이 원무를 이루고 있는 금성천의 웅장한 모습

그 영혼들 가운데 하나가 가까이 다가오며 말을 꺼냈다.

"우리는 지금 사랑이 충만하게 넘쳐 흐른다오. 당신이 우리와 함께 이 기쁨을 누릴 수 있도록 도와주고 싶소. 당신이 이곳에 잠시 머무는 일이 우리에겐 춤과 노래하는 것 못지않게 큰 기쁨이라오."

카롤로 마르텔로를 만나는 단테

단테는 베아트리체의 얼굴을 쳐다보고 나서 그 빛의 영혼에게 온갖 정성과 사랑을 담아 물었다.

"은총을 받아 거룩한 빛을 내는 이여, 당신은 뉘신지요?"

그 영혼은 더욱 환한 빛을 뿜어내며 말했다.

"스물다섯 살의 나이로 세상을 하직했으니까 내 생애는 참으로 짧았지요. 그러나 그 짧은 생이 오히려 내게 많은 재앙을 면할 수 있게 해주었어요. 만약 조금만 더 현세에 머물렀더라면 내 아우 로베르토가 겪었던 불행을 내가 당했을 거요. 이 모든 것은 하늘의 은총이고, 또 그 은총의 기쁨이 마치 고치에 싸인 누에처럼 나를 감쌌던 것이지요."

그 영혼의 말을 듣고 난 단테는 그가 곧 카롤로 2세의 아들 카롤로 마르텔로라는 사실을 알았다.

“당신께 한 가지 여쭙고 싶은 게 있습니다. 어째서 당신처럼 훌륭하신 분에게 그처럼 포악한 아우가 있을 수 있는 것인지요?”

“그것은 인간을 창조하신 하느님만이 아시겠지만, 인간은 각각 하느님으로부터 타고난 성품이 있어서 아무리 형제간이라 하더라도 다를 수밖에 없습니다. 그러므로 세상 사람들은 자신의 성품에 맞는 직분을 맡지 않으면 안 되지요. 어떤 사람은 그리스의 일곱 현인 중의 한 사람인 아테네의 입법자 솔론으로, 또 어떤 사람은 페르시아의 왕 크세르크세스로, 또 어떤 사람은 하느님을 섬기는 사제요 아브람에게 빵과 포도주를 바친 살렘 왕 멜기세덱으로 태어났는데, 이는 모두 하

솔론_ 노엘 쿠아펠의 작품
카롤로 마르텔로가 말한 솔론은 고대 그리스 아테네의 정치가, 입법자, 시인이다. 그리스의 일곱 현인 가운데 한 사람이기도 하다. 특히 고졸기 그리스의 정치, 경제, 도덕이 쇠퇴하는 가운데 이에 맞서 새로운 법을 세운 노력으로 유명하다. 그림은 아테네 인들의 반대에 맞서서 자신의 법을 지지하는 솔론을 묘사하였다.

야곱과 에서_ 조르주 드 라 투르의 작품
야곱은 이삭의 사랑을 받고 있던 쌍둥이 형 에서에게서 팥죽 한 그릇에 장자권을 양수받고 자기를 편애하는 어머니의 도움으로 아버지에게서 장자의 축복까지 받아 냈다. 야곱은 형 에서의 보복이 두려워 어머니의 주선으로 외갓집이 있는 하란으로 떠났다. 20년이 지나 돌아오는 도중 꿈속에서 야곱은 하느님의 사자와 씨름하여 이김으로써 땅을 약속받았으며, 하느님의 인도와 번영된 삶을 보장받았다. 그림은 야곱이 형 에서에게 팥죽을 주고 장자권을 양보받는 장면이다.

느님의 섭리에 따른 것입니다. 이삭의 아들이었던 야곱과 에서를 한 번 보십시오. 이들은 쌍둥이 형제였지만 성품이 전혀 다르지 않습니까? 이처럼 사람마다 모두 성품이 다르므로 누구든지 자신의 성품에 맞는 일을 해야 하는 것이지요. 그러므로 군인의 기질을 타고난 사람이 사제가 되고자 한다거나 목회자의 기질을 타고난 사람이 왕이 되려 한다면 하느님의 섭리를 거스르는 것이 되어 크나큰 불행을 자초하게 되지요."

카롤로는 이야기를 마치고 자신의 자식들이 얼마나 사악한 죄악을 저질렀으며 그에 대한 벌을 어떻게 받게 될 것인지에 대해 예언하고는 그들 앞에서 사라져 갔다.

그의 말을 듣고 보니 참으로 옳은 말이었다. 만일 이러한 하느님의 섭리가 없었다면 자식은 아버지를 닮아 태어날 것이니 아버지와 아들이 항상 똑같은 길을 걸어야만 했을 것이 분명하다. 만약 그렇다면 인간 각자에게 주어진 자유 의지는 지금 어떻게 되었을까?

단테가 잠시 생각에 젖고 있을 때 빛나는 광채 속에서 또 다른 영혼 하나가 찬란한 빛을 발하며 단테를 향해 다가왔다. 그 영혼 역시 아주 찬란한 빛을 내며 단테를 지켜 주고 있던 베아트리체의 무한한 사랑의 눈길과도 같은 미소를 짓고 있었다. 단테는 자신을 향해 기쁨의 빛을 찬란하게 비추는 영혼을 향해 정중히 물었다.

"오, 축복받은 영혼이여! 내 소망을 알고 계실 테니 어서 나의 부족한 곳을 채우셔서 당신 안에 저의 생각이 비춰져 있다는 증거를 보여 주시지요."

그러자 그 영혼은 하느님의 은총을 받은 영혼답게 기쁨이 넘치는 소리로 말했다.

“나는 베네치아와 북부 이탈리아를 흐르는 브렌타강과 북쪽 피아베강 사이의 늪지대 트레비소를 끼고 있는 로마노 언덕에 살고 있었답니다. 이 언덕에 에첼리노의 성이 우뚝 솟아 있었는데 이곳은 일찍이 로마노의 폭군인 에첼리노 3세가 내려와서 짓밟아 큰 피해를 준 곳입니다. 에첼리노와 나는 남매지간이었는데 모두들 나를 쿠니차라고 불렀지요.”

그녀는 젊었을 때 노래와 사치와 놀이에 흠뻑 빠진 여인이었다. 그리고 세 명의 남편으로도 부족하여 수많은 정부(情夫)를 두었을 만큼 음탕한 여인이었다.

“그러나 저는 참회하고 하느님을 정성껏 섬겼습니다. 그리하여 구원을 받아 지금 이렇게 내 영혼이 찬란하게 빛나는 은총을 받게 된 것입니다. 저의 이 빛은 이곳 금성의 별빛이 제 영혼을 감싸고 있기 때문입니다. 저는 과거의 죄악에 대해 기억하고 있지만 그 운명의 인과를 기꺼이 받아들이며 괴로워하지 않습니다. 오히려 그런 죄악 가운

에첼리노 3세
에첼리노 3세는 중세 말엽인 13세기에 이탈리아 북동부를 통치한 봉건 영주였다. 노련한 지휘관이자 뛰어난 책략가였지만 그가 역사에 이름을 남긴 것은 잔혹함 때문이었다. 라이벌 가문에 대해 끊임없는 증오심을 보였고 간계를 부리며 인근 영주들과 끝없이 반목했다. 전투에서 무자비한 약탈과 살육을 자행했으며 영지의 백성에게 제멋대로 권력을 휘둘러 학정에 시달리게 했다.

데서 벗어나 하느님의 사랑과 은혜가 풍성한 이곳 금성으로 오게 된 것을 기뻐하며 감사하게 생각합니다. 이곳에서는 폴코 주교님의 빛도 보실 수 있습니다."

마스실리아의 폴코는 원래 시인이었으나 개심하여 수도원에 들어간 사람이었다. 수도자가 된 그는 그 수도원에서 원장까지 오르게 되었고 훗날 마르세이유의 주교로 선출되기도 했다. 이처럼 그는 세상에 사는 동안 훌륭한 명성을 남겼고 그 명성은 5백여 년이 넘도록 오랜 세월 동안 지속되었다. 그런 그가 이 천국에서 빛나는 보석으로 박혀 있다는 것은 당연한 일이었다.

"첫 번째 육체적인 삶이 두 번째 영혼의 삶으로 길이 남기 위해 부단히 노력을 합니다. 그러나 세상 사람들은 지금 이에 대해 등한하기 짝이 없으니 한숨이 절로 나옵니다. 그 숱한 재앙 속에서도 뉘우칠 줄을 모르고 있어요. 이제 파도바의 피는 비첸차 부근에 있는 늪의 물을 피로 물들일 것이며, 트레비소의 영주 카미노는 피살될 것이고, 펠트로

폴코 주교의 영혼을 만나는 단테와 베아트리체

또한 겔프당에 충성을 보이기 위해 비참한 최후를 맞게 될 것입니다."

설명을 마친 그녀는 다시 영혼의 무리 속으로 들어가 버렸다. 그러자 이번에는 다른 영혼이 태양의 빛을 발산하며 나타났다. 방금 전에 쿠니차가 말했던 폴코 수도원장의 영혼이었다. 단테는 기뻐하며 그 영혼에게 존경을 가득 담아 말했다.

"행복하신 영혼이여! 천국에서는 기쁨이 강할수록 빛도 더욱 밝게 빛나고 지옥에서는 비통함이 클수록 어둠도 짙어지는 까닭을 저는 잘 알고 있습니다. 제가 이럴진대 하물며 당신은 어떠하시겠습니까? 하느님의 모든 것을 보시고 당신의 생각 또한 그 은총 안에 머물러 있을 것이니 모르실 게 없으시겠지요. 그러니 여섯 개의 날개로 하느님을 기쁘게 하시는 세라핌 천사들의 노랫소리에 맞춰 천상의 영광을 노래하는 당신께서 저의 소원을 풀어 주실 줄 믿어 의심치 않습니다. 제 안에 당신이 계시듯 당신 안에 제가 있다면 더없는 영광으로 여기며 감사하겠습니다."

그러자 그 영혼이 말했다.

"젊은 시절, 나는 이곳 금성의 별빛 영향을 받아 깊은 사랑에 빠졌었고, 지금은 나의 빛으로 인해 이곳이 더욱 빛나고 있지요. 나는 에브로강과 마크라강 사이에 있는 항구에서 태어났습니다. 그 고장 백성들이 나를 폴코라고 불렀지요. 나는 세상에 사는 동안 벨로스의 딸 디도나 트라키아의 공주 필리스처럼 애욕에 불탔고, 테살리아 왕이었던 에우르토스의 딸 이올레를 납치하여 강제로 결혼했던 헤라클레스에 못지않은 열렬한 애정 행각을 벌였습니다. 나는 누구 못지않게 열렬한 사랑을 했으나 끝내 사랑의 결실을 보지 못했지요. 하지만 나는 천국에 오른 이후로 모든 걸 잊고 오로지 천국의 기쁨만을 누리고 있습니다. 이는 나의 죄를 가볍게 여겨서가 아니라 하느님의 은총과 인자하신 성모님의 도우심으로 연옥을 거쳐 나올 때 망각의 레테강에서 모든 기억을 씻어 냈기 때문입니다. 이곳에서 가지게 된 당신의 소원을 풀어 드리기 위해 더 말씀드린다면, 여기 내 곁에 마치 맑은 물속의 햇빛처

레테의 강_ 존 로댐 스펜서 스탠홉의 작품
영혼들이 자신의 생각을 지우려고 레테의 강에서 목욕하는 장면으로, 폴코 수도원장의 영혼도 이 망각의 레테강에서 목욕하여 천국에 이르게 된다.

럼 반짝이는 이 빛 속에 누가 있는지 자세히 보기 바랍니다. 비록 창부의 몸이었지만 하느님을 향한 참다운 믿음으로 이곳에서 하느님의 완전한 평화를 누리며 나보다도 더 높은 품격을 갖고 있는 여리고 여인 라합입니다. 당신도 알다시피 이 라합은 여호수와를 도와서 여리고성을 점령하는 영광을 이룬 여인으로, 그리스도교 형제들과 싸우는 데만 정신이 팔려 있는 교황 보니파시오 8세와는 대조적인 인물이지요. 그런 그녀가 이곳 천국에 오른 것은 지극히 당연한 일이 아니겠소?"

최고의 지성, 토마스 아퀴나스와의 만남

"눈을 들어 저 드높은 하늘을 바라보라. 그리고 모래알처럼 작게 빛나는 수많은 별의 운행을 지켜보라. 한 분뿐이신 성부 하느님과 성자 예수님께서 영원한 사랑으로 물질적인 세계와 정신적인 세계를 지극하신 안배로 창조하셨나니……."

단테는 눈이 부시도록 아름다운 천체를 바라보며 창조의 신비와 창조주 하느님의 위대하심을 찬양하는 노래를 읊었다.

단테는 더욱 밝아 오는 태양 속에서 자신이 어찌하여 그곳에까지 와 있는지조차 모르고 있었다. 고개를 들어 드높은 하늘을 바라보니 별이 흐르고 서로 합쳐지더니 서서히 빛을 잃고 희미해졌다. 멀리서부터 해가 밝아 오고 있었던 것이다.

단테는 현기증이 났다. 마치 온몸이 나선의 궤도를 따라 끌려가는 느낌이었다. 단테는 넷째 하늘인 태양천에 올라와 있었지만 그 사실을 깨닫지 못하고 있었다.

천국의 태양천에 오르는 단테와 베아트리체

단테는 빛을 따라 태양 속으로 들어갔다. 그곳에는 수많은 영혼이 한가롭게 산책하거나 이야기를 나누고 있었다. 그들의 형체는 선명하지 않고 하나의 눈부신 빛이었다. 그 빛이 희미했다면 그들의 형상을 쉽게 알아보았을 테지만 그 빛이 너무나도 강렬하고 밝았기 때문에 단테는 한동안 장님이 되어 있었다.

단테는 눈이 휘둥그레져서 물었다.

"베아트리체, 이곳은 또 어디란 말이오?"

베아트리체는 미소를 머금으며 말했다.

"빛나는 은총으로 당신을 이곳 태양천까지 이끌어 주신 하느님께 감사드리세요."

단테는 그녀의 말을 듣고 기쁨에 넘쳐 자신도 모르는 사이에 무릎을 꿇었다. 그리고 진심으로 하느님께 감사의 기도를 올렸다. 단테는 베

토마스 아퀴나스와 위인의 영혼들로 구성된 천국의 합창대를 만나는 단테

아트리체의 존재마저 잊을 만큼 그렇게 자신의 모든 사랑을 바쳐 하느님께 열렬한 감사의 기도를 올렸다.

그때 어디선가 오묘한 노랫소리가 들려왔다. 그리고 수많은 영혼이 노래 부르고 춤을 추면서 단테와 베아트리체 주위를 면류관의 꽃들로 감싸 주는데 그 모습은 마치 아름다운 달무리와도 같았다. 이 눈부신 빛의 무리들은 아름답고도 달콤한 노랫소리에 맞추어 단테 일행의 주위를 세 차례 돌았다. 그것은 마치 여인들이 한 곡의 노래가 끝나 춤추는 것을 멈추었다가 다음에 이어질 노래를 기다리는 것과도 같았다.

이윽고 그 빛의 영혼들 가운데서 말소리가 들려왔다.

"아, 그토록 아름다운 분에게 인도되어 온 단테여! 이처럼 당신네 두 사람을 화환처럼 둘러싸고 있는 우리가 누구인지 알고 싶지 않은가?"

단테는 경외심 가득한 목소리로 물었다.

"빛나는 영혼이시여! 제게 친절하게 말을 건네는 당신은 뉘신지요?"

"나는 토마스 아퀴나스일세. 그리고 나의 바로 오른편에 계신 분은 나의 스승이셨던 대학자 알베르토시고 말일세."

단테는 깜짝 놀랐다. 그는 단테에게 학문의 길을 열어 준 학자로, 단테가 가장 존경하는 인물이었던 것이다.

"아니, 정말 당신이 철학자이며 신학자이신 토마스 아퀴나스란 말씀입니까?"

"그렇다네."

그는 고개를 끄덕이며 대답하고 나서 계속 말을 이었다.

"그 밖에도 여기에 있는 분들을 한 분씩 소개하도록 하겠네. 좀 더 확실히 알고 싶다면 내가 이 축복받은 영혼들을 한 분씩 소개할 때마다 눈여겨 주기 바라네."

단테는 그가 가리킨 첫 번째 불꽃을 바라보았다.

토마스 아퀴나스(1225?~1274)
중세 유럽의 스콜라 철학을 대표하는 이탈리아의 신학자인 토마스 아퀴나스는 경험적 방법과 신학적 사변을 양립시켰다. 이와 같이 독자적인 종합을 가능하게 한 것은 창조의 가르침에 뿌리박은 존재의 형이상학이었다. 그는 거의 모든 학문 영역에서 비길 데 없는 종합화를 이룩함으로써 중세 사상의 완성자가 되었지만, 동시에 그가 신 중심의 입장을 유지하면서도 인간의 상대적 자율을 확립한 일은 곧 신앙과 신학을 배제하는 인간 중심적 · 세속적인 근대 사상을 낳는 운동의 기점이 되었다. 그는 엄밀한 의미에서 최초의 근대인이며, 그 영향은 그의 이름을 붙인 학파를 훨씬 초월하여 현대 사상 전역에 미치고 있다.

단테가 만난 천국의 현인들
단테와 토마스 아퀴나스 등 현인들이 그려진 로마의 카사 마시모의 프레스코 그림이다.

"저 밝고 깨끗한 불꽃은 베네딕트회의 유명한 법률가 그라치아노의 미소의 빛인데, 세상의 법과 하늘의 법을 조화시켜 하늘에서도 큰 기쁨으로 반기셨네. 그리고 우리 합창대를 밝히는 다음 불꽃은 가난한 과부처럼 검소하게 모은 자기 재산을 교회에 바쳤고 신학자로서 『교회 법집』이라는 책을 쓴 분이지. 우리 가운데서 가장 아름다운 다섯 번째 불꽃은 다윗왕의 아드님이신 솔로몬이라네. 이분의 사랑은 크고 깊어 아직도 지상의 많은 사람이 그분의 이름을 칭송하고 있잖은가. 이분의 불꽃은 고귀한 정신과 깊은 지혜를 담고 있지. 진리가 영원히 진리로 남는다면, 아마도 이분을 따를 만한 현자는 앞으로 두 번 다시 세상에 태어날 수 없을 걸세."

성경 속에 나오는 지혜의 왕 솔로몬을 이렇게 눈앞에서 볼 수 있다니 단테는 그 사실이 믿어지지 않고 꿈만 같이 느껴졌다. 단테는 다시 토마스 아퀴나스가 가리키는 쪽을 바라보았다.

"또 이분은 사도 바오로에 의해 개종하고 그분의 제자로서 아테네의 주교가 되셨다가 순교하신 성 디오니시오, 그리고 저 빛 속에서 미소 짓고 있는 이는 초기 그리스도교 시대의 변론가인 파울루스 오로시우스라네. 이분은 로마 제국의 멸망이 그리스도교에 의한 것이라는 이교도들의 주장을 당당히 물리치는 저술을 남기셨지."

토마스 아퀴나스는 잠시 말을 멈추었다가 다시 이었다.

"만약 자네가 마음의 눈을 뜨고 내 말을 따라 빛에서 빛으로 거쳐 왔다면 이제 저 여덟 번째 불꽃에 대해 알기를 간절히 소망할 것일세. 그 거룩한 영혼은 바로 『철학의 위안』이라는 책을 쓴 성 보에티우스라

현인들에 둘러싸인 단테와 베아트리체

천국의 사다리를 오르는 토마스 아퀴나스_ 프란체스코 솔리메나의 작품
어릴 때부터 책과 사색에 몰두한 토마스 아퀴나스는 도미니코 수도회와 파리 대학의 교수로 활동했다. 그는 논리와 이성으로 신을 증명할 수 있다고 여겼고, 맹목으로 흐르기 쉬운 신앙에 이성적 사유의 중요함을 일깨워 주었다는 점에서 성인으로 추대되었다.

네. 저분의 육체는 지금 파비아 성 베드로 성당에 누워 있지. 그 외에 스페인 세빌랴의 주교였던 학자 이시도로, 영국의 교부로서 『영국 교회사』를 썼던 사제 비어드, 그리고 스코틀랜드의 신비신학자이며 파리 성 빅토르 수도원장이었던 리카르도, 그리고 파리 소르본 대학의 철학 교수인 시지에리 등의 밝게 빛나는 영혼들을 보게나. 이분들은 지상의 불빛과는 달리 영원한 빛으로 남아 이곳을 환히 밝힐 걸세."

영롱한 구슬을 엮어 내려가듯 이야기하는 성 토마스 아퀴나스의 말을 들으면서 단테는 그 영원한 불빛과 노랫소리에 싸여 있는 자신의 모습에 형언할 수 없는 기쁨을 느꼈다.

'오 인간들이 만들어 낸 논리라는 것이 얼마나 허점투성이인가! 법률을 뒤따르는 자, 격언을 좇는 자, 하느님의 종이 되고자 사제의 길을 걷고자 하는 자, 폭력이나 궤변으로 백성들을 농락하며 나라를 다스리는 자, 도둑질하는 무리들……. 그리고 온갖 세상일이나 육체적 쾌락 속에 휩쓸렸던 자들이 피로에 지치고 또 안일에 몰두하고 있는 이때, 그러한 모든 것에서 풀려나 이토록 분에 넘치는 영접을 받으며 사랑하는 베아트리체와 함께 하늘 위에 있다니 이 무슨 특별 은총이란 말인가!'

단테의 기쁨은 지상의 인간들에 대한 연민의 정으로 바뀌어 찬미와 탄식의 노래로 흘러나왔다. 영혼의 무리는 제각기 춤을 추며 한 바퀴 돌아 원래 있던 곳으로 되돌아갔다. 단테에게 친절히 말을 건넸던 토마스 아퀴나스가 그 빛의 무리 가운데서 한층 더 밝은 빛을 내며 말했다.

"하느님께서는 두 일꾼을 도구로 택하셔서 교회가 언제까지나 견

그리스도의 환영을 본 성 프란체스코_ 얀 반 에이크의 작품
그리스도교의 성인으로, 13세기 유럽의 사상, 문화에 절대적인 영향을 끼쳤다. 부유한 상인의 아들이면서 청년 시절에 〈작은 형제단〉을 조직, 그것이 프란시스코 수도회가 된다. 인간과 자연에 대한 넘치는 사랑으로 청빈한 생활을 보냈다. 그는 청빈, 정적, 복종의 맹서를 의미하는 세 개의 매듭이 있는 새끼줄 띠를 한 프란시스코회의 수도사복을 입고 있으며 손, 발, 옆구리에 성흔이 있다.

고하여 천국에 가는 사람들을 위한 길잡이가 되도록 하셨네. 성 프란체스코와 성 도미니코가 바로 그분들이네. 우선 이탈리아 아시시의 성 프란체스코라는 분은 세라핌을 연상케 할 만큼 깊은 진리를 깨달은 분으로서 사랑의 빛과 열정을 대표한 분이셨지. 그리고 성 도미니코는 지혜로움을 드러내는 학문의 길잡이가 되도록 선택되신 분이지. 두 분 모두 다 훌륭한 분들이지만 그중에서 성 프란체스코에 관하여만 이야기해 보겠네."

토마스 아퀴나스는 잠시 생각에 잠기고 나서 말을 이었다.

"이탈리아에서 부잣집 아들로 태어난 그분은 군인으로서 전투에 참여한 적도 있었다네. 하지만 1204년, 전쟁에 참여하기 위해 가던 길에 환시를 체험하고 아시시로 돌아간 그분은 세속적 생활에 대해 즐거움을 느끼지 못하게 되었지. 환시 중에 예수님으로부터 '내 교회를 고치라'는 말씀을 들은 이후로 그분은 거리로 나가 극빈한 수도 생활을 계속하며 살았다네. 그러다가 1219년, 십자군 전쟁을 평화롭게 해결하고자 이집트의 술탄을 찾아가 포교를 하고 돌아오는 길에 그리스도의 오상(五傷)을 받았던 걸세. 그래서 지금도 이분은 교회에서 제2의 그리스도로까지 불리지 않는가."

이야기를 듣고 있던 단테가 말했다.

"눈부신 빛이신 토마스 아퀴나스님! 그분에 대한 일화가 있으면 말씀해 주시지요."

"1207년 봄, 성 프란체스코는 다 쓰러져 가는 성 다미안 성당을 수리하기 위해 아버지의 말과 옷감을 내다 팔았다네. 이에 격분한 아버지는 당장 그를 끌고 아시시의 주교 구이도를 찾아가서 항의했지. 그때 프란체스코는 주교와 여러 사람이 있는 앞에서 자신이 입고 있던

오상(五傷)
그리스도가 십자가에 못 박히셨을 때 두 손과 두 발에 박힌 못 자국, 그리고 나중에 병사가 창으로 옆구리를 찔러 난 상처들을 말한다.

옷을 훌훌 벗어 아버지에게 돌려주며 이렇게 말했다네. '지금까진 제가 육신의 아버지를 아버지라고 불렀지만 이제부터는 하늘에 계신 아버지를 아버지라고 마음 놓고 부를 수 있게 되었습니다.'라고. 그때부터 프란체스코는 기꺼이 청빈과 결혼을 한 것이지."

단테에게 성 프란체스코의 일화를 이야기해 주는 토마스 아퀴나스

성 토마스 아퀴나스의 이야기가 끝나자 열두 명의 축복받은 영혼들은 그들이 이루고 있는 면류관 모양을 유지하며 돌기 시작했다. 그리고 채 한 바퀴도 돌기 전에 벌써 또 한 겹의 면류관 모양이 그 위를 에워싸고 있었다. 그들은 다 함께 손과 발을 맞추고 입을 모아 아름다운 율동으로 감미로운 노래를 불렀다. 마치 사람의 두 눈이 그의 의지에 따라 떴다 감았다 하는 것처럼 노래와 춤이 한순간에 한마음이 되어 끝났을 때 두 번째 면류관을 이루고 있는 영혼들 가운데서 한 영혼이 나서며 근엄한 목소리로 말했다.

"성 토마스 아퀴나스께서 우리의 스승님이신 성 프란체스코를 그토록 찬양해 주셨으니 나 또한 성 토마스 아퀴나스의 스승님이신 성 도미니코에 대해 한 말씀 드리겠네."

그는 프란체스코 수도회의 회원이었던 성 보나벤투라였다.

"그분은 1170년에 스페인의 경치 좋은 도시 칼레루에가에서 태어났지. 그분의 마음은 태어나는 순간부터 그리스도교 신앙으로 철철 넘쳐흘렀네. 전하는 바에 의하면, 그분이 영세를 받아 신앙과 융합되던 날 그의 모친께서 꿈을 꾸었다고 하네. 희고 검은 빛이 섞인 털을 가진 개가 불덩어리를 입에 물고 세상을 불태워 버린다며 돌아다니는 무서운 꿈이었지. 그 꿈은 도미니코가 장성하여 주님의 용사가 될 것임을 나타낸 것이었고, 이는 정확히 맞아떨어졌네. 굳은 신앙으로 교회를 위해 한평생 몸 바칠 것을 서약한 도미니코는 훗날 그의 빛나는 학문으로 온 세계 이교도들의 학설들을 마치 불꽃처럼 태워 격파시켰으니까 말일세. 그와 함께 지상의 교회는 성 도미니코와 성 프란체스코가 이루어 놓은 수도회의 두 수레바퀴에 의지하면서 세계 각 나라로

성 도미니코(1170~1221)
_ 프라 안젤리코의 작품
성 도미니코는 스페인의 그리스도교 성직자이자 도미니코회의 창설자이다. 청빈한 삶과 설교로 복음의 진리에 대한 철저한 탐구를 강조한 그는 1234년 교황 그레고리오 9세에 의해 시성되었으며, 천문학자의 수호성인으로 지정되었다.

복음을 전할 수 있게 되었던 게지. 그럼에도 불구하고 이 두 분이 남긴 수레바퀴의 흔적을 아는 이들이 너무나 적다고 생각되지 않는가?"

보나벤투라는 주위를 둘러싸고 있는 바깥쪽의 원을 하나하나 가리키면서 말했다.

"내 오른쪽에 있는 분이 성 프란체스코님의 제자인 일루미나토님과 아우구스티누스님이라네. 이분들은 허리에 새끼줄을 동여매고 주님의 벗이 된 초기의 가난한 맨발의 동료들이지. 그리고 철학, 신학, 신비 신학에 관한 저서를 남긴 비레토의 수도원장 우고와 『스콜라학사』를 남긴 프랑스의 신학자 피에트로 망지아도레, 열두 권의 책을 남겨 이름을 빛낸 스페인의 신학자 피에트로 이스파노, 헤브라이의 선지자 나단, 아르카디오 황제의 궁에 창궐하던 부패를 신랄히 공박한 그리스

보나벤투라(1217?~1274)
13세기의 가톨릭 성인. 프란체스코회를 창설한 '아시시의 프란체스코'가 사망한 지 30년이 지나 중심이 없어진 프란체스코회는 당시 분열의 위기를 맞고 있었다. 총장이 된 보나벤투라는 각 수도원을 순방하고 내적 갈등을 완화시키는 동시에 성 프란체스코가 만든 회칙을 시대 상황에 맞게 변화시키는 첫 회헌을 공포하였다. 그가 집필한 《아시시 프란체스코의 전기》를 통해 프란체스코 수도회는 다시 중심을 잡을 수 있었으며, 이에 보나벤투라는 프란체스코회 제2의 창립자로 불리게 되었다.

보나벤투라에게 이야기를 듣는 단테와 베아트리체

의 대주교 크리소스토모, 캔터베리 대주교였던 안셀무스, 로마의 위대한 문법학자 도나투스 등이 시계 반대 방향으로 늘어서 있네. 그리고 그 옆으로 마인츠의 주교이며 신학자였던 라바누스, 또 내 왼쪽으로는 칼리브리아의 수도원장 지오바키아일세. 이 지오바키아는 묵시록에 주석을 달고『10현의 시편』등의 저서를 남겼는데, 그가 남긴 많은 글이 프란체스코 수도회의 강경파들에 의해 탐독되었지만 그것들은 교회에서 이단으로 취급받게 되었고, 결국 그도 역시 이단으로 몰려 교회로부터 처벌당한 뒤에 크게 뉘우쳤다네."

보나벤투라가 이야기를 마치자 두 번째 둘레를 이루고 있던 빛의 영혼들은 춤을 추며 찬미의 노래를 불렀다.

단테는 두 사람의 주위를 환하게 밝히고 있는 열두 개의 불꽃을 둘러보며 공손히 예를 표했다. 그때 그 빛의 영혼들 가운데서 다시 토마

토마스 아퀴나스가 단테에게 성 프란체스코와 솔로몬왕에 대한 이야기를 들려준다

스 아퀴나스가 나서며 말문을 열었다.

"한 다발의 볏단을 타작하여 알곡을 거둬들이고 나면 다시 한 다발의 보리를 타작해야 하듯이 내 마음이 또다시 사랑으로 동요하는구나. 자네의 소망이 무엇인지 한번 말해 보게나. 내 기꺼이 그 의문을 풀어 주겠네."

단테는 반가워하며 아직도 풀리지 않는 솔로몬에 대한 의문을 끄집어냈다.

"당신이 말씀하신 것 가운데서 한 가지의 의문은 풀렸으나 다른 한 가지 의문은 그대로 남았습니다. 솔로몬왕에 대해 말씀하시면서 '진리가 영원히 진리로 남는다면 아마도 이분을 따를 만한 현자는 앞으로 두 번 다시 세상에 태어날 수 없을 것이다.'라고 하셨는데 그 뜻이 무엇입니까?"

토마스 아퀴나스는 목소리를 가다듬고 보다 분명한 어조로 이야기를 시작했다.

"자네는 다윗의 아들 솔로몬이 꿈속에서 하느님을 뵙고 무슨 소원을 청했는지 알고 있겠지?"

"네, 물론 알고 있습니다. 솔로몬이 어느 날 밤 꿈속에서 하느님을 뵈었는데 하느님께서 무슨 소원이든지 들어주시겠다고 말씀하시면서 '내가 너에게 무엇을 주었으면 좋겠느냐?'라고 물으셨을 때 솔로몬은 '어린아이 같은 저에게 지혜를 주시어 당신의 백성을 잘 다스릴 수 있도록 옳고 그름을 분별할 수 있게 해 주십시오.'라고 청했지요."

토마스 아퀴나스는 고개를 끄덕이며 말했다.

솔로몬왕의 심판_ 니콜라 푸생의 작품
유명한 일화인 솔로몬왕의 심판을 묘사한 그림이다. 솔로몬은 하느님께 왕으로서 최선을 다할 수 있도록 지혜를 달라 하여 그 직분에 충실하였다.

"그래, 바로 그것이지. 솔로몬은 왕으로서 자신에게 합당한 소원을 하느님께 청한 것일세. 솔로몬은 '천상에 하늘을 움직이는 천사가 몇 명이나 되는지, 필연이란 필연과 우연의 전제에서 유래하는지, 원인 없는 운동이 가능한 것인지, 혹은 반원에서 직각을 가지지 못한 삼각형을 만들 수 있는지'와 같은 것들을 문제 삼지 않았네. 솔로몬의 말 중에서 '백성을 잘 다스릴 수 있도록'이란 말에 주목한다면 그의 말은 오로지 국왕과 관련된 것이라는 사실을 알 수 있을 것일세. 세상에 국왕의 수는 많지만 좋은 왕은 참으로 드물지. 그러니 솔로몬왕이 지혜로웠다는 것은 왕에 한정된 것이지 인간 전체에 관한 것은 아닐세."

그러면서 토마스 아퀴나스는 단테에게 성급한 판단보다 지혜롭게 판단할 수 있기를 깨우쳐 주었다. '네'와 '아니오' 중에서 어느 하나를 선택해야 할 때 성급한 판단은 자주 오류에 빠질 수 있으므로 심사숙

신학자이자 철학자인 토마스 아퀴나스
아리스토텔레스의 철학과 기독교 교리를 조화시킨 토마스 아퀴나스는 단테의 『신곡』에서 "누구는 지옥에 떨어지고 누구는 구원을 받을지에 대해 미리 단정 짓지 말게나. 그것이 어떻게 뒤바뀔지는 아무도 모르는 일이니까."라는 말로 단테에게 울림의 말을 건넨다.

고해야 하며, 진리를 구하면서도 그것을 소유할 능력을 가지지 못한 자는 계속되는 혼미 속에서 오류를 진리로 그릇되게 생각할 수도 있음을 설명했다.

그는 그에 대한 예를 열거하며, 태양의 그 뜨겁고 차가움에서 만물이 생성되고 인간 또한 태양에서 발생했다고 믿었던 파르메니데스와 그의 제자 멜리오스, 원을 사각형으로 봤던 브리슨 등을 그 대표적인 인물로 꼽았다. 그리고 또 삼위일체를 부인하고 성부와 성자와 성령은 유일신의 각기 다른 이름에 불과하다고 주장했던 사벨리우스, 영원성과 성부와의 동일 실체성을 부정했던 아리우스 등에 관한 예도 증거로 제시하면서, 그들은 모두 울퉁불퉁한 칼날에 뒤틀리게 비치는 영상을 그대로 믿고 성서를 그릇되게 해석했다고 비판했다.

추운 겨울에는 억세고 가시투성이로만 보였던 나무가 따스한 봄이 되자 가지 끝에서 아름다운 장미꽃을 피운 것을 본 일이 있고, 기나긴 항해를 마치고 항구를 향해 달려온 배가 항구에 들어서면서 어이없이 침몰해 버리는 것을 본 적이 있는 단테는 부끄러움에 얼굴을 들 수가 없었다.

그때 토마스 아퀴나스가 단테에게 한마디 던졌다.

"누구는 지옥에 떨어지고 누구는 구원을 받을지에 대해 미리 단정짓지 말게나. 그것이 어떻게 뒤바뀔지는 아무도 모르는 일이니까."

고조부와의 상봉

"오, 성령의 불꽃이여!"

단테는 하늘에서 십자가 모양으로 찬란하게 빛나고 있는 불꽃들을 보면서 압도당한 듯 외쳤다. 단테는 그 불꽃들의 움직임을 자세히 관찰해 보았다. 맑게 갠 밤하늘에서 별의 바다가 평화롭고 잔잔하게 흐르고 있을 때 십자가 오른쪽에서 그 아래를 향해 빛을 발하고 있던 불꽃 하나가 갑자기 흐름을 멈추고 땅을 향해 곤두박질하는 유성처럼 떨어져 내려왔다.

단테에게로 다가온 그 불꽃 영혼은 두 손으로 하늘을 떠받들 듯 들어 올리며 근엄한 목소리로 말했다.

"오, 나의 잎이여! 그 잎이 돋아나기를 기다리는 것만으로도 내게는 즐거운 일이노라."

"그게 무슨 말씀이신지요?"

단테가 말뜻을 이해하지 못하자 불꽃 영혼이 다시 설명했다.

천국의 화성천 십자가_ 귀스타브 도레의 작품
다섯 번째 하늘인 화성천에는 신앙을 지키기 위해 싸우다 죽은 영혼들이 모여 십자가의 형상을 이루며 빛을 내고 있다.

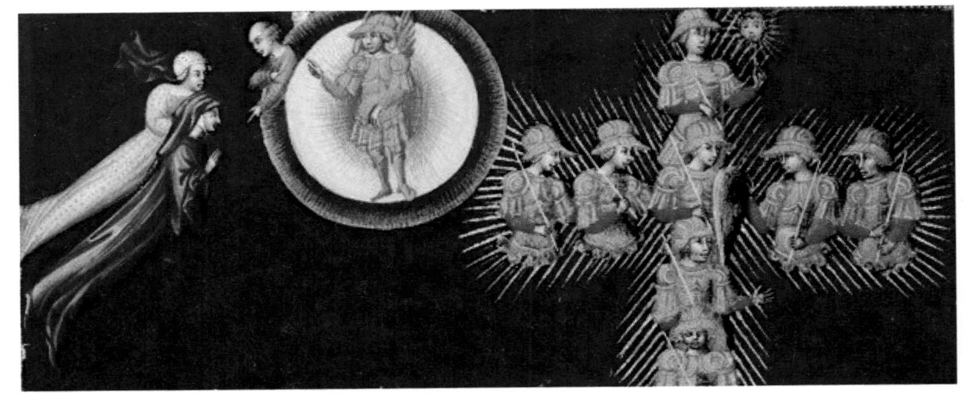

천국의 화성천에서 고조부인 카치아구이다를 만나는 단테_ 조반니 디 파올로의 작품

"내가 너의 뿌리이기 때문에 너를 잎이라고 칭한 것이니라. 그건 그렇고, 네 증조부인 알리기에리가 교만의 죄를 짓고 벌써 백 년 이상이나 저 아래의 정죄산 첫째 벼랑을 돌고 있으니 참으로 걱정이구나."

단테가 당황하며 눈을 동그랗게 뜨고 물었다.

"아니, 제 증조부님을 어떻게 아십니까?"

그러자 그 영혼은 환하게 미소를 지으며 말했다.

"그는 네 증조부인 동시에 내 아들이니라. 그러니까 나는 너의 고조부가 된다. 내 이름은 카치아구이다니라. 너는 깊은 신앙심으로 열심히 기도를 올려서 지금도 저 아래에서 무거운 돌을 들어 옮기는 네 증조부의 노고를 덜어 주어야만 한다."

단테는 바닥에 넙죽 엎드리며 머리를 조아렸다.

"오, 고조부님! 저의 뿌리를 몰라 뵙고 미처 인사드리지 못했음을 용서하옵소서!"

영혼은 껄껄 웃으며 말했다.

"자, 이제 그만 일어나거라. 원래 잎사귀는 땅속에 있는 뿌리를 알 수가 없느니라. 이렇게 만났으니 이 고조부에게 묻고 싶은 게 있으면 물어보도록 해라."

단테는 자리에서 조용히 일어나 고조부에게 물었다.

"고조부님, 고조부님께서 사시던 당대의 상황, 즉 평화와 절도가 넘치던 당대 피렌체에 대한 이야기를 듣고 싶습니다."

영혼은 잠시 눈을 감고 생각에 잠기다가 이야기를 시작했다.

"내가 태어나서 살던 피렌체는 옛 성벽에 둘러싸인 조용하고 평화로운 곳이었단다. 팔찌와 머리 장식이 유행하기 전이었으니까 가죽 구두 같은 것도 물론 없었고 의상을 아름답게 꾸미는 그런 띠를 허리에 매

피렌체의 단테_ 안토니오 마리아 코티의 작품
단테 시절, 서민 여인들의 복장을 유추해 볼 수 있는 그림이다.

는 여인들도 없었단다. 그 당시의 그곳 사람들은 모두가

근면, 검소하고 아주 열심히 일하며 살았지. 명문가의 귀부인들까지도 부지런히 실을 뽑고 손수 짠 천으로 옷을 해 입었을 정도였으니까 그들의 생활상이 어떠했는지 짐작이 갈 것이다. 그런 가운데서도 그곳 사람들은 이웃간에 서로 사이좋게 지냈단다. 지금처럼 결혼 지참금의 액수가 정도를 넘는 일이 없었고 한 가족이 살기에 지나치게 큰 집도 없었지. 이 고조부는 그런 시절에 태어나서 예수를 믿고 그리스도인이 되었단다."

"고조부님의 말씀을 듣고 보니 그 당시의 여인들이 얼마나 근면, 검소한 삶을 살았는지 충분히 짐작이 갑니다. 이제 지상세계에 사시는 동안 고조부님께서 이루어 놓으신 업적에 대한 이야기도 듣고 싶습니다."

그러자 영혼은 의기양양한 모습으로 입을 열었다.

"십자군 전쟁이 발발했을 때 나는 쿠르라도 3세 황제로부터 기사 칭호를 받았단다. 전장에 나갈 때마다 승리를 거듭한 나는 황제로부터 총애를 받았지. 그리고 마지막으로, 우리 땅을 부당하게 점령하고 있던 저 사악한 마호메트 교도들을 상대로 칼라브리아 전투에서 용감하게 싸웠지만 나는 그만 비열한 백성의 손에 잡혀 지상에서의 생을 끝마쳐야만 했단다. 그리하여 나는 순교자로서 하느님의 은총을 받아 이 평화롭고 아름다운 곳에 이르게 되었지."

단테는 의아스러운 표정으로 베아트리체를 바라보며 물었다.

"연옥에서 죄의 씻음도 받지 않고 이처럼 영혼이 단번에 천국에 오를 수도 있는 것입니까?"

십자군 전쟁
11세기 말에서 13세기 말 사이에 서유럽의 그리스도교도들이 성지 팔레스티나와 성도 예루살렘을 탈환하기 위해 여덟 차례에 걸쳐 감행한 대원정을 말한다.

베아트리체는 그가 모르는 부분에 대해 자세히 설명해 주었다.

"하느님을 증거하고 신앙을 지키기 위해 목숨을 바친 순교자들에게는 하느님의 특별 은총이 내려져서 연옥을 안 거치고 곧바로 하늘나라에 오르게 됩니다. 그런 까닭에 순교자를 위해 그가 천국에 오르기를 기도하는 것은 오히려 순교자를 욕되게 하는 것이지요."

단테는 고조부의 말을 듣고 자신의 가문이 그토록 고귀한 혈통을 지니고 있었음에 새삼 놀라고 감탄하였다. 지상의 인간들은 진정한 선이 무엇인지 모르기 때문에 신앙의 발자취와 그 혈통이 얼마나 고귀한지 알 수 없지만 참사랑이 존재하는 이곳 천상에서 영원히 기릴 만한 혈통을 만나게 되었음은 진정 아름다운 일이 아닐 수 없었다.

"고조부님께서는 저에게 말할 수 있는 용기를 주시고 제 이름을 드높게 해 주셨습니다. 그럼 우리의 옛 조상님들과 고조부님께서 생활하

피렌체 전경_ 로버트 스콧 던칸의 작품
피렌체는 르네상스 발상지로 많은 예술가와 지성인 들을 배출하였다. 단테의 가문은 원래 귀족 계급에 속했었지만 단테가 태어날 당시에는 몰락한 상태였다.

신 추억에 대해 말씀해 주시고, 그 당시 우리의 고향 피렌체는 얼마나 컸으며, 또 유명한 가문에는 어떤 가문들이 있었는지 듣고 싶습니다."

그러자 카치아구이다의 영혼은 더욱더 빛을 발하며 은은하고 부드러운 목소리로 말했다.

"나는 1091년에 피렌체에 있는 성 피에로의 제6구 어귀에서 태어났단다. 해마다 세례자 요한의 축일인 6월 24일에 축제를 벌일 때면 우리 마을 앞으로 그날 경주의 마지막 구획이 정해지곤 했었지."

이렇게 이야기한 카치아구이다는 다시 말을 이었다.

"이 정도면 너의 조상들에 대해서는 충분히 얘기한 것 같다. 그분들의 이름은 무엇이고 어디서 오셨는지에 대해서까지 네가 알 필요는 없을 것 같구나."

그래서 단테가 자신의 조상은 누구이고 어디에서 피렌체로 이주해

피렌체의 단테 생가

단테가 태어난 집이다. 단테 알리기에리 거리에 있으며 내부에는 작은 박물관이 있다. 13세기 당시 모습 그대로 보존되어 있다.

왔으며 어떻게 생활했는지에 대해서 재차 물었지만 고조부가 대답을 꺼려하자 더 이상 묻지 않기로 했다. 그래서 다시 화제를 바꾸었다.

"고조부님, 그렇다면 고조부님께서 사시던 때의 인구는 얼마나 되었으며 권력을 쥐고 있던 자들은 어떤 사람들이었는지요?"

"그 당시의 피렌체 주민은 지금의 5분의 1에 불과했으나 모두 순박한 사람들이었다. 그런데 점점 다른 지역에서 이주해 오는 사람이 많아지면서 피렌체는 분열되기 시작했지. 주민들의 구성이 혼잡해짐에 따라 하나둘씩 불행의 씨앗이 생기기 시작했고 날이 갈수록 이방인들의 세력이 강대해지기 시작했단다. 사람들이 뒤섞이면 언제나 도시가 타락하는 법, 음식을 이것저것 들이부으면 배탈이 나는 것과 비슷한 이치이다. 훌륭한 가문이란 참으로 그 운명이 기구하더구나. 인간의

피렌체의 단테 예배당 내부

단테가 다니던 교회로 단테의 생가 맞은편 골목에 있다. 단테는 어린 시절에 만났던 꿈의 연인 베아트리체에게 사랑 고백을 하지 못하고 젬마 도나티와 이 교회에서 결혼을 하였다.

일이란 언제나 종말이 있는 법이어서 가문의 혈통이 끊어진다 해도 그다지 놀랄 만한 일은 아니야. 인간의 종말은 인생 행로 어디엔가 도사리고 있는데 사람들이 그것을 인식하고 있지 못할 뿐이지."

기벨린당과 겔프당의 분쟁
기벨린당은 중세 말기 로마의 교황과 신성 로마 제국의 황제와의 대립 때 황제를 지지한 당파로 황제파 또는 황제당이라고 한다. 이에 대항한 교황당을 겔프당이라고 하는데 처음에는 피렌체를 기벨린당이 장악하였으나 점차 겔프당이 들어서게 된다.

그리고 그는 달과 하늘의 운행이 끊임없이 해안에 조수를 일으키듯이 피렌체의 운명도 참으로 기구하다고 전제하면서, 지금 피렌체에는 한때 찬란한 명문이었지만 대가 끊겨 멸망한 가문이 많다며, 그들이 멸망한 이유 중의 가장 큰 원인은 이방인들과 섞여 살았기 때문이라고 말했다. 그 대표적인 예로 부온델몬티 가문의 사건을 상세하게 설명해 주면서, 피렌체가 분열의 구렁텅이에 빠져들어 간 과정, 즉 부온델몬티가 딸을 정략결혼시킨 대가로 아베데이에 의해 살해된 이후 복수의 악순환이 그치지 않게 되어 피렌체의 평화는 종말을 고하게 되었다고 했다. 그 이후에 기벨린당이 추방되고 겔프당이 들어서면서 피렌체는 유사 이래 처음으로 적에게 패하고 분열의 소용돌이에 휘말리는 비참한 지경에 이르게 되었다는 것이다.

고조부와 손자의 정겹고도 진지한 대화를 듣고 있던 베아트리체가 단테에게 말했다.

"생각나는 것이 있으면 무엇이든지 물어보세요. 그것이 결국은 당신 자신을 위한 것일 테니까요."

이에 힘을 얻은 단테가 말했다.

"오, 나의 귀한 뿌리시여! 저는 베르길리우스 스승님에게 인도되어 지옥과 연옥을 순례하는 동안 제게 슬픈 미래가 펼쳐지리라는 예언을 들었습니다. 하지만 제 운명이 아무리 험난하다 하더라도 저는 흔들리지 않을 마음의 결심이 서 있습니다. 그래서 앞으로 어떤 운명이 다가올 것인가를 알 수 있는 것만으로도 제 의지는 만족할 것입니다."그러자 단테의 고조부는 사랑을 담은 부드럽고도 분명한 어조로 입을 열었다.

"오르간에서 아름다운 음악 소리가 흘러나와 귀를 감미롭게 두드리듯이 너를 위해 마련된 미래가 하느님을 통하여 내 시야에 들어오는구나."

허공에 시선을 모으고 무언가를 바라보고 있는 고조부의 영혼을 지켜보며 단테는 숨소리를 죽이고 마른침을 꿀꺽 삼켰다.

고조부는 부드럽고 나지막한 목소리로 이야기를 계속했다.

"피렌체를 떠날 수밖에 없는 운명을 타고났구나! 너는 교황 보니파시오 8세를 감싸고 있는 부패한 성직자들에 의해 피렌체로부터 추방당하게 될 것이다. 세상 일이 항상 그렇듯이 패배한 당파가 세상 사람들로부터 극심한 비난을 받게 될 것이다. 너는 네가 사랑하던 교황과 가족, 친지 등을 모두 잃을 것인즉 그것이 추방의 활을 쏘는 첫 화살이니라. 그러나 하느님의 공의로우신 심판으로 그 진실이 드러날 것이다."

단테는 마치 그 자리에서 화살을 맞은 것처럼 가슴이 뜨끔했다. 그러나 고조부의 영혼은 침착하고 조용한 음성으로 말을 이어나갔다.

"방황하는 동안에 너는 슬픔과 고통의 삶을 살게 되겠구나. 그때 베로나의 영주 스칼라가 너를 맞아들일 것인즉 그곳에서 너는 화성의 정기를 타고난 칸그란테 델라 스칼라를 만나게 될 것이다. 아직은 아홉 살밖에 안 된 어린아이라서 세상 사람들이 그를 알아보지 못하지만 성장하면서 점차로 그의 덕성이 빛을 발하여 세인들의 입에 자자하게 될 것인즉 그와 그의 선정(善政)에 주목하여라. 그로 인해 많은 사람의 운명이 역전되어 가난한 자가 부자가 되고 부유한 자가 거지가 될 것이니라. 그를 머릿속에 꼭 기억하되 그의 이름을 절대로 입 밖에 내서는 안 된다."

보니파시오 8세
프랑스 왕 필리프 4세의 성직자 재산에 대한 과세와 성직자의 서임권에 반대해 교황권의 우위를 주장하는 일련의 교령을 발표함으로써 왕권과 대립했다. 교회법 학자였고 초기 르네상스의 장려자였지만 교황권은 그 이후로 쇠퇴해 갔다.

단테는 그의 예언에 깊은 동감을 하면서 자신에게 새로운 충고가 필요한 것임을 느껴 다시 물었다.

칸그란테 델라 스칼라
이탈리아 베로나를 통치했던 델라 스칼라 가문의 전제 군주였다. 1291년 3월 9일 북부 이탈리아 베로나에서 출생하였으며 1312년 영주가 되어 탁월한 통치력과 전쟁에서의 승리로 파도바, 트레비조까지 영토를 확장하였고 베로나의 전성기를 구가하였다. 피렌체에서 추방된 시인 단테를 후원하여 베로나에서 머물게 하였으며 그의 작품인 『신곡』 중 '천국 편'을 헌정받기도 하였다.

"영광을 가득 받으신 조상님이시여! 준비하지 못한 자에게 가장 혹독한 시련이 떨어지듯이 그런 타격을 주기 위해 저를 향해 시간이 질주하며 공격하는 것을 봅니다. 그러니 선견지명으로 저에게 힘을 실어 주세요. 그리고 제가 소중한 고향을 잃을지언정 제 시(詩)만큼은 지켜졌으면 좋겠습니다. 제가 이처럼 지옥의 골짜기를 지나고 연옥의 보속하는 고행을 보면서, 그리고 또 이처럼 천국의 빛 속을 순례하면서 많은 것을 듣고 보고 배웠는데, 그것들을 그대로 말한다면 많은 사람이 가슴 아파할지도 모릅니다. 그러나 진리를 앞에 두고 제가 소심해진다면 제 이름이 이 시대를 옛날로 돌아볼 사람들과 함께 살아 있지 못할까 두렵습니다."

그러자 고조부의 영혼이 햇살을 받은 거울처럼 찬란한 섬광을 발하면서 대답하였다.

"물론 양심에 거리낌이 있는 자들은 네 시(詩)를 노골적으로 싫어하며 학대할 것이다. 그러나 한 점 거짓 없이 네가 이곳에서 보고 들은 그대로를 노래하여야 한다. 그렇게 함으로써 무거운 죄가 있는 자들에게는 괴로움을 느끼도록 해라. 처음에는 네 시가 읽기 싫을지 모르나 언젠가 마음속에 새겨 깨닫게 되면 생명의 양식을 몸 안에 지니게 될 것이기 때문이다."

그러면서 고조부의 영혼은 단테를 격려하며 자신감을 심어 주었다.

"자신의 시(詩)에 대해 확고한 신념을 갖고 있어야 한다. 이곳 천국과 연옥의 산에서, 그리고 지옥의 골짜기에서 네가 만났던 사람들은 모두가 지상에 살면서 이름을 날렸던 영혼들이었다. 그것만으로도 네가 지상으로 돌아가서 이야기할 때 근거가 불투명한 꾸며 낸 이야기로 취급당하진 않을 것이다."

단테는 착잡함과 달콤한 느낌 속에서 다시 베아트리체를 바라보았다.

단테와 카치아구이다
십자군의 상징인 십자가에 새긴 단테의 고조부 카치아구이다와, 그를 바라보는 단테와 베아트리체이다.
19세기 목판화.

하느님의 정의를 사랑하는 영혼들

단테는 앞으로 망명 생활을 하게 되고 훗날 명성을 떨치게 될 것이라는 고조부의 예언을 떠올리며 걱정 반 기쁨 반 묘한 기분에 사로잡혔다. 이제 자신이 앞으로 해야 할 일이 무엇인지 알아보고 싶어 베아트리체에게로 몸을 돌리자 베아트리체가 미소를 머금으며 위로했다.

"이제 다른 생각일랑 모두 접어 두시고 세상의 온갖 악한 세력으로부터 당신을 지켜 주시는 하느님 곁에 항상 제가 있다는 사실을 기억하세요."

그녀의 거룩한 눈에서 본 사랑은 너무나도 거대해서 감히 뭐라고 표현할 수가 없었다. 자신의 표현이 잘못될까 두렵기도 하고 하느님이 자신을 인도해 주시지 않으면 자신의 정신만으로는 그런 높이에까지 이를 수 없다는 생각이 들었다.

단테는 베아트리체를 통해 하느님의 그림자를 볼 수 있었다. 그런 그녀의 아름다움을 어찌 하찮은 인간의 언어로 표현할 수 있겠는가.

그녀는 단테의 생각을 읽고 미소를 머금으며 말을 이었다.

"이제 고조부님 쪽을 바라보시면서 그분의 말씀을 들으세요. 천국은 제 눈 속에만 있는 것이 아닙니다."

그래서 단테가 고조부 쪽으로 고개를 돌려보니 고조부의 거룩한 불꽃이 인자한 목소리로 입을 열었다.

"천국의 가장 높은 곳에는 하느님이 계시고 그곳에는 생명수가 흐르는 강이 있느니라. 그 강은 하느님과 그의 외아들 예수 그리스도의 옥좌로부터 시작되어 천국의 넓은 거리 한가운데를 가로질러 흐르고 있다. 또 그 강 옆에는 열두 가지 열매가 달리는 생명나무가 있어서 달마다 열매를 맺느니라. 그 나무의 잎은 결코 지는 일이 없고 만국의 백성을 치료하는 약이 되고 있단다. 그리고 그 생명나무에는 복된 영혼들이 항상 머물러 있느니라."

그 밖에도 하늘나라에 관한 이런저런 말들을 자신의 후손에게 건네던 고조부는 작별 인사도 없이 그곳을 떠나 빛나는 영혼들에게로 돌아갔다. 그러고 나서 그 빛의 무리는 하나된 목소리로 천상의 노래를 불렀는데, 그들 가운데서도 단테의 고조부 목소리가 가장 두드러지게 아름다웠다.

단테와 베아트리체_ 윌리엄 블레이크의 작품

단테는 앞으로 자신이 어떻게 해야 할지 베아트리체에게 묻기 위해 오른쪽으로 고개를 돌렸다. 그

때 그녀의 두 눈이 어찌나 밝게 빛나던지 지금까지 보아왔던 그 어느 빛도 그에 견줄 바가 되지 못했다.

사람이 선을 행하면 자신도 모르는 사이에 기쁨을 느낌과 동시에 자신의 품성이 나날이 향상되는 것을 깨닫게 된다. 그처럼 단테는 베아트리체가 본래의 아름다움보다 훨씬 더 아름답게 변화하는 기적의 현상을 보았다.

목성천에 오른 단테와 베아트리체
단테는 목성천에서 여러 형태의 문자를 이루는 천사들의 군무를 보게 된다. 19세기 목판화이다.

바로 그때였다. 마치 여자가 부끄러움이 가실 때 발그레한 얼굴빛이 금세 새하얗게 변하듯이 드넓은 하늘의 광채가 달라지고 있음을 깨달았을 때 몸은 이미 여섯 번째 하늘인 목성천에 올라와 있었다.

그곳에는 피렌체 말을 사용하여 눈길을 끄는 영혼들이 모두 흰빛을 발산하고 있었다. 마치 물가에 있던 새들이 여러 가지 형상으로 무리지어 날아가듯이 그 빛들 속에서 축복받은 영혼들이 노래를 부르며 때로는 D 자로, 때로는 I 자로, 때로는 L 자 모양을 만들고 있었다. 처음에는 가락에 맞추어 노래하며 날다가 다음에는 이 기호들이 하나를 이루더니 잠시 동안 멈춰선 채 침묵했다.

그들은 일곱을 다섯 번 곱한 자음과 모음의 글자를 새기고 있었는데 단테는 그들이 형성한 글자들을 모두 이해할 수 있었다.

'정의를 사랑하라(DILIGITE IUSTITIAM)'는 글자가 하늘에 수놓아지자 잠시 후 그 끝맺음은, '땅을 심판하시는 자들이여(QUI IUDICATIS TERRAM)'라는 글자가 선명하게 나타났다. 그러고 나서 그들은 마지막 글자 끝의 M 자 모양을 유지하며 그대로 머물렀다. 그 때문에 목성은 그 부분만이 황금 글씨가 새겨진 은처럼 반짝였다.

M 자 꼭대기에 또 다른 빛의 영혼들이 내려앉아 하느님을 찬양하고 있었다.

하느님께로 인도해 주시는 그 은총에 대한 찬미와 영광과 감사를 드리는 것이었다.

시뻘겋게 불타는 장작을 두드리면 무수한 불꽃들이 사방으로 튀어 오르듯이 수많은 빛이 일어나서 하느님께서 정해 주신 대로 혹은 높게 혹은 낮게 날아다니고 있었다.

빛의 영혼들이 저마다 자기 자리를 정하고 잠잠해지자 그 빛으로 인해 독수리의 머리와 목의 형상이 선명하게 나타났다. 그러더니 이번에는 독수리 모양을 갖춘 M 자 위에 또 다른 빛의 영혼들이 날아와 백합 모양을 만들고 나서 흡족한 빛을 보이더니 다시 빛나는 독수리의 전체 모양을 완성시켰다.

단테는 M의 형상이 상징하는 것을 보면서 화성이 지상에 전투적인 정신을 불어넣어 주듯이, 목성은 지상에 정의의 정신을 불어넣어 준다는 사실을 확신하였다.

M자 모양을 그리며 내려오는 천사들을 묘사한 판화._ 프란시스코 스카라무차 작품

단테가 천국의 목성천에서 독수리 모양의 천사 무리를 만나고 있다.
_ 조반니 디 파올로의 작품

'오, 아름다운 목성이여! 지상의 정의는 그대로부터 흘러나온다는 것을 저 무수한 영혼들이 저렇게 그림을 통해 보여 주고 있구려. 그대의 움직임과 그 거룩한 뜻에 부탁하는바 부디 그대의 빛이 원래대로 회복되어 그대가 발산하는 정의의 빛을 가로막는 연기가 지상의 어느 곳에서 피어오르는지 눈여겨 보아 주기를 바라고, 능력의 하느님께서 부릅뜬 눈으로 저 추악한 교황청을 살피시사 기적과 순교로 쌓아 올린 성전 안에서 팔고 사는 저들에게 하느님의 분노가 임하시기를 간청하나이다.'

바로 그때 많은 숯덩이가 한꺼번에 타올라 뜨거운 열기를 토해 내듯 독수리의 형상을 이루고 있는 수많은 영혼이 하나된 사랑으로 찬란한 불빛을 발산하며 하느님의 은총을 사랑의 찬미가로 엮어 노래를 불렀다. 그들은 찬미가가 끝나자 노래 부르던 그 아름다운 목소리로 다시

독수리 모습의 천사들_ 귀스타브 도레의 작품
천사들이 단테와 베아트리체 위에서 찬미가를 부르고 있는 장면이다.

이야기했다.

"우리 모두는 하느님의 정의를 사랑하고 이를 굳건히 지킴으로써 이 영광의 자리에 오르게 되었나니 더 이상 바랄 게 없는 최고의 영광을 누리는 축복받은 자가 되었다. 하느님의 능력은 무한하지만 그분께서 지으신 피조물들은 그렇지 못하다. 그들은 언제나 불완전한 존재였기에 하느님의 권능을 전부 받아들일 수 없었고 그분의 예지 또한 아로새길 수 없었다."

단테는 그 이야기를 수긍하며 고개를 숙인 채 그 영혼의 말에 계속 귀를 기울였다.

"루치엘(루시퍼)은 피조물 가운데 가장 먼저 창조되었고 가장 높은 지위에 있었으나 하느님의 생각을 완전히 알 수 있는 특별한 표지를 가지고 있지 못해 하느님의 은총을 기다리지 못하고 조급하게 오만한 마음에 젖어들었기 때문에 하늘로부터 추방되었다. 그러니 그보다 훨씬 못한 인간의 지성이 시작도 끝도 없이 무한하신 하느님의 사랑을 투시할 수 없음은 당연한 것이다. 이는 곧 인간의 눈이 바다의 심연을 투시할 수 없는 것과 마찬가지다. 왜냐하면 깊은 심연 자체가 시야를 가로막기 때문이다. 세상을 비추는 빛은 하느님께로부터 나오지 않았다면 존재하지 않았다는 사실을 깨달아야 한다. 그러므로 하느님이 아닌 다른 곳에서 빛을 찾으려고 한다면 그곳에서는 빛이 아닌 어둠만을 보게 될 것이다. 즉 하느님이 아니고서는 그 어디에서도 선을 찾을 수 없다는 것이다."

지옥의 마왕 루치엘(루시퍼)_ 안토니오 자타의 작품
원래는 천계의 치천사(천사의 아홉 계급 중 첫 번째) 중 한 명으로 천사 중에서도 가장 아름답고 가장 위대하며 신에게 가장 사랑받았던 존재였다. 이런 일들에 자만한 그는 많은 천사를 이끌고 신의 자리를 뺏으려고 했기 때문에 천계에서 추방당해 지옥으로 내던져졌다고 한다.

단테는 하느님의 정의로 빛나는 영혼들의 고백을 듣고 마음속으로 감동했다. 그가 하느님의 정의를 확실히 알 수 없었던 이유를 깨닫게 된 것이다. 그러나 아직도 한 가지 의문이 남아 있었다. 하느님의 정의가 그처럼 빈틈없으신 것이라면 어째서 신앙을 모른 채 선행을 했던 사람들의 영혼이 벌을 받아야 하는가 하는 점이었다. 단테가 그 점을 지적하며 묻자 정의의 독수리는 또다시 입을 열어 하느님의 섭리에 대해 설명해 주었다.

"인간은 하느님의 정의의 심판을 알지 못할 것이오. 그리스도를 믿지 않는 자가 이 천국에 오른 일은 예수님이 십자가에 못 박히시기 전이나 후에도 없었다. 심판의 날이 오면 예수님을 몰랐던 자보다 '주여, 주여!' 하고 외치던 자들이 하느님의 곁에서 훨씬 더 멀리 떨어져 있을 것임을 보게 될 것이다."

그리스도를 아예 몰랐던 자들보다 입으로만 '주여, 주여!' 하고 진실한 믿음이 없는 자들은 훗날 천국에 들어갈 수 없다는 말이었다. 그들은 또 단테에게 하느님이 발하시는 빛을 모르고 어둠 속에서 지루한 생활을 하고 있는 자들이 많음을 낱낱이 예를 들어 설명해 주면서 인간을 신의 섭리를 반사시키는 거울에 비유했다.

"만약 그것이 훌륭한 거울이라면 완전히 하느님의 정의를 그대로 반사시킬 수 있으나 허울 좋은 거울에 불과하다면 본래의 모양마저 왜곡시켜 버리지 않겠는가. 그러므로 참된 신앙에 의해서만 완전한 거울이 될 수 있다는 사실을 명심해야 한다."

천사들의 합창_귀스타브 도레의 작품
천사들이 찬양하는 장면이다.

독수리가 말을 마치자 축복받은 영혼들은 더더욱 밝은 빛을 발하면서 성령의 뜻이 담긴 노래를 부르는데 단테로서는 기억조차 하기 힘든 노래 가사였다. 단테가 넋을 잃고 그 노랫소리를 듣고 있으려니까 또다시 독수리가 입부리를 움직이며 말했다.

"우리가 이루고 있는 독수리

형상을 세밀하게 살펴보라. 독수리 형상을 갖춘 이 수많은 영혼의 빛 가운데서도 눈이 되어 유난히 밝게 빛나고 있는 영혼이 가장 고귀한 분으로, 하느님의 '언약의 궤'를 수레에 실어 운반하였던 이스라엘의 왕 다윗이다. 그리고 입부리 부분에 가장 가까이 있는 빛은 자식을 잃은 과부를 위로해 주었던 트라야누스 황제, 죽음을 눈앞에 두었을 때 하느님 앞에 자기의 신실한 회개와 헌신을 기억해 달라고 기도하여 15년이나 더 살았던 히스기야왕, 로마를 교황에게 양보하기 위해 수도를 비잔틴으로 옮겼던 콘스탄티누스 황제, 평화를 사랑하고 정의를 존중했던 시칠리아의 굴리엘모왕, 그리고 정의를 앞세우며 나라를 지킨 트로이 전쟁의 영웅 리페우스 등이 독수리 형상을 이루고 있다."

불타는 트로이

리페우스는 트로이 함락 당시 전사한 영웅들 중의 하나. 베르길리우스는 그를 가리켜 '최고로 의로운 자'라고 평했다. 그래서 이교도임에도 불구하고 그는 천국에 있다. 이는 하느님의 정의가 인간이 이해할 수 없는 경지에 있음을 보여 준다.

독수리의 현자들_ 조반니 디 파올로의 작품
다윗과 트라야누스 황제 등 많은 현자를 나타낸 그림이다.

단테가 고개를 갸우뚱하며 물었다.

"이분들은 어떻게 천국에 오실 수 있었는지요?"

그러자 그 영혼들은 다시 기쁜 듯이 빛을 반짝이며 말하였다.

"자네는 지금 그리스도 탄생 이전에 태어난 트라야누스 황제와 리페우스의 영혼이 어떻게 이곳 천국에 오게 되었는지 놀라고 있는데, 사실 그것은 그리 놀랄 만한 일이 아니다."

아니, 지금까지 알고 있던 것과 어긋나는 일에 대해 어찌 놀라지 않을 수 있단 말인가. 단테가 무슨 말인가를 하려고 입을 열려는 순간 독수리가 말문을 막았다.

"사실 그 두 영혼은 그대가 생각하고 있는 것과는 달리 훌륭한 그리스도인이다. 비록 트라야누스 황제가 덕행을 많이 쌓았다고는 하지만 그는 분명 이교도였고, 또 리페우스는 예수님께서 세상에 태어나

시기 훨씬 이전에 죽었지 않느냐고 반박할 수도 있을 것이다. 하지만 리페우스는 장차 세상에 오셔서 수난당하실 예수 그리스도를 믿었고 트라야누스 황제는 이미 수난당하신 예수 그리스도를 믿음으로써 구원을 받은 것이다."

단테가 고개를 갸우뚱하자 독수리는 차근차근 설명을 덧붙였다.

"좀 더 자세히 말하자면, 트라야누스는 그의 선한 의지로 지옥에서 들림을 받아 영혼과 육체가 다시 결합되었는데 이는 살아 있는 그레고리우스의 간절한 기도 때문이었다. 즉 그의 기도가 하느님의 의지를 움직였던 것이지. 하느님의 은총으로 세상에 다시 태어날 수 있었던 트라야누스 황제는 자신을 구원의 길로 인도해 줄 교황 그레고리우스를 믿고 의지하게 되었고, 그로써 참사랑을 실천하며 살았던 그는 두 번째 죽음을 맞이했을 때 천국에 오를 자격을 부여받게 되었던 것이다."

트라야누스
트라야누스는 로마 제국의 제13대 황제로 오현제 중 한 사람이며 속주 출신자로서는 처음으로 로마 황제에 올랐다. 트라야누스가 통치하던 시대에는 전쟁의 승리로 인해 많은 물자가 로마로 유입되었고 그의 치세 동안 정치적 혼란이 없었다.

“아하!”

단테는 자신의 어리석음에 대해 자신의 무릎을 치며 독수리의 말을 계속해서 경청했다.

“그리고 리페우스는 자신의 사랑을 의로움에 바쳤다. 이는 너무나 깊은 샘에서 솟아올라 사람의 눈으로는 그 바닥을 도저히 잴 수 없는 하느님의 은총에 의한 것이었다. 하느님의 은총으로 빛을 보게 된 그는 이교적인 것에서 풍기는 악취를 더 이상 참지 못하고, 사악해져 가는 사람들을 훈계하고 꾸짖었다. 그는 지상에서 세례가 행해지기 천 년도 훨씬 이전에 세례를 받았다. 네가 오른편 바퀴(그리핀이 끌던 전차의 바퀴)에 있던 세 명의 여인(믿음, 소망, 사랑을 상징한다.)이 그 세례의 대리인들이었다.”

단테가 하느님의 위대하신 의지에 경탄하면서 인간으로서는 감히 엄두도 낼 수 없는 하느님을 직접 뵙고 그 의지대로 움직이니 참으로 행복하겠다고 말하자 독수리가 대답했다.

“사실 우리도 하느님께 초대된 모습을 다 보지 못하고 있다. 하느님의 예정에 대한 깊은 뜻을 일일이 알지는 못하는 것이다. 하지만 우리가 모르는 것은 하느님께서도 굳이 가르쳐 주실 필요가 없다고 판단하셨기 때문이니 그것만으로 만족해하고 있다. 우리는 하느님께서 원하시는 만큼 즐겁게 찬미의 노래를 부르며 살고 있다.”

노래를 잘 부르는 가수의 노래 뒤에 비파 연주자의 반주가 더욱 아름다운 매력을 더해 주듯, 독수리가 설명하는 동안 트라야누스와 리페우스의 영혼들은 마치 두 눈이 조화를 이루며 깜박이듯 독수리의 말소리에 맞춰 불꽃을 깜박이고 있었다.

옛적부터 항상 계신 이_ 윌리엄 블레이크의 작품
하느님을 묘사한 흔치 않은 작품이다.

황금빛 천국 사다리

베아트리체에게로 고개를 돌린 단테는 깜짝 놀랐다. 한 계단씩 하늘을 오를 때마다 한층 더 빛나는 미소로 단테의 마음을 황홀하게 했던 그녀의 얼굴에서 미소가 사라진 것이다.

그녀는 엄숙한 표정으로 입을 열었다.

"내가 지금 웃는다면 당신은 세멜레처럼 그렇게 재로 변하고 말 거예요. 그동안 당신이 보았듯이 나의 아름다움은 영원한 궁전의 계단을 오르면 오를수록 더더욱 빛나게 됩니다. 그래서 그 빛을 적당히 조절하지 않으면 그 현란함에 의해 당신은 번갯불에 후려 맞은 나뭇잎 신세가 될 것입니다. 이제 우리가 일곱 번째 하늘에 당도했으니 마음을 가다듬고 앞으로 우리 앞에 나타날 형상들을 잘 살펴보도록 하세요."

재로 변하는 세멜레_ 귀스타브 모로의 작품▶
제우스와 세멜레가 사랑을 나누는 걸 알고 질투한 헤라가 세멜레를 부추기는 바람에 세멜레는 제우스에게 가장 환하게 빛나는 모습을 보게 해 달라고 졸랐다. 그러자 너무 강렬한 그 빛에 세멜레는 타 버려 재가 되었다.

야곱의 사다리_ 윌리엄 블레이크의 작품
천사들이 하늘의 사다리를 오르내리는 장면이다.

단테가 기쁨에 벅차서 눈을 들어 하늘을 바라보니 희끗희끗 번뜩이는 사다리가 하나 걸려 있었다. 그것은 햇살에 반짝이는 황금빛을 띠고 단테의 눈이 닿을 수 없을 만큼 높이 솟아 있었는데 수많은 천사가 환하게 빛을 발하며 그 사다리를 오르내리고 있었다.

천국의 사다리에서 내려오는 천사들_귀스타브 도레의 작품

그 모습은 마치 하늘에 보이는 온갖 빛들이 모두 그곳에서 쏟아져 나오는 것과도 같았다.

사다리에서 내려온 빛들 가운데 하나가 찬란한 광채를 발하며 다가오자 단테는 흘끗 베아트리체의 눈치를 살피다가 그 빛을 향해 말하였다.

"그대의 기쁨을 마음속에 숨겨 놓고 계신 축복받은 영혼이여! 어인 일로 이토록 저에게 가까이 오셨습니까? 그리고 또 한 가지, 저 아래쪽 천국에서는 그토록 감미롭고 장엄한 찬미가가 울려 퍼졌는데 왜 이곳에서는 그 소리를 들을 수 없는지 그에 대한 이유를 알고 싶습니다."

그러자 빛의 영혼이 답해 주었다.

"그대의 눈이 그러하듯 그대의 귀 또한 현세 인간의 것이네. 이곳에서 노랫소리를 들을 수 없는 것은 마치 그대가 베아트리체의 미소를 볼 수 없는 것과도 같은 이치지. 그리고 내가 이렇게 나를 감싸고 있는 빛과 하느님의 말씀을 가지고 그대를 찾아온 것은 그대의 천국 입성을 환영해 주기 위함이다."

영혼은 오른쪽 손바닥을 펴서 왼쪽 가슴에 가볍게 얹더니 이야기를 계속했다.

"나는 그대의 고향에서 그리 멀지 않은 곳, 즉 중부 아펜니노산맥의 높은 산봉우리의 수도원에 있던 피에트로 다미아노일세. 그곳에서 올리브즙만을 마시면서 추위와 더위를 아랑곳하지 않고 하느님께 영광과 감사의 기도를 올리는 게 나의 일이었지. 그 수도원이 옛날에는 하늘을 위해 풍성한 열매를 맺었지만 지금은 허무하게 변해 버렸고 머지않아 그 실체가 드러나게 될 걸세."

영혼이 말하고 있는 수도원은 이제 의로운 인간이 아무도 없는 부패한 곳이었다. 다시 말해서 수도자들이 영원한 삶을 외면한 채 속세의 행복에 눈이 어두워 있다는 것이었다.

988년, 피에트로 다미아노는 라벤나의 가난한 집안에서 태어났다. 그는 인문 과학과 법

성 피에트로 다미아노
교황들의 열렬한 지지를 받은 다미아노는 엄격한 성격의 신앙자였다.

률을 공부한 뒤 라벤나와 피엔차에서 교직 생활을 했으며 서른 살 때 비로소 수도 생활을 시작하였다.

그는 교황 스테파노 9세의 부름을 받고 오스티아의 주교를 거쳐 추기경에 임명되었으며, 이후 유럽 각지를 순회하면서 교회의 혁신에 전념했다. 그러나 그는 얼마 못 되어 모든 직책을 사퇴하고 예전의 수도원으로 돌아가 교회법과 역사 및 신학 분야에 귀중한 문헌을 남기기도 했다. 요컨대 성 피에트로 다미아노는 엄격한 성격의 소유자요 교회의 위대한 충복이었으며 성직자의 생활 개선을 꾀하여 교황들의 열렬한 지지를 받았다.

그에게서 참다운 성직자의 모습을 발견한 단테는 존경이 가득 담긴 목소리로 질문했다.

"겸손하고 은혜로운 영혼이시여! 당신은 왜 남들이 탐내는 고위 성직을 마다하고 평범한 몸으로 삶을 마감하셨습니까?"

그러자 영혼은 얼굴에 인자한 모습을 띠며 대답했다.

"성직자는 하느님의 종으로 말씀에 순종하며 살아야 하거늘 그 성직이 다른 사람에게로 넘어갈 때마다 점차 세속에 젖어 더욱 더러워졌다네. 사람들이 임의로 덧씌운 세상의 권세와 영광의 껍데기 속에 구더기가 들끓고 있으니 어찌 내가 그 자리에 머물 수 있겠는가. 차라리 평범한 수사로 남아 기도하는 게 훨씬 더 복된 일이라고 생각하여 그리한 것이라네."

그는 계속해서 옛날의 성직자들과 지금의 성직자들을 비교하며 슬픈 목소리로 말했다.

"옛날 성직자들에 비해 요즘 성직자들은 걷기조차 힘들 만큼 뚱뚱하게 살이 쪘다네. 그들이 타는 말까지도 그들의 외투 자락으로 덮여 있으니 한 장의 가죽 아래 두 마리의 짐승이 걸어가고 있는 셈이지. 오, 하느님! 저희가 이것을 얼마나 더 오래 보고 있어야 하는지요?"

성 피에트로 다미아노를 만나는 단테
_ 귀스타브 도레의 작품
다미아노가 단테에게 현세의 성직자들을 나무라는 모습

그가 말을 멈추자 수많은 빛이 내려와 주위를 맴돌기 시작했다. 그 빛들이 주위를 돌 때마다 그들의 아름다움은 자꾸만 더해져 갔다. 그들은 피에트로 다미아노의 빛을 둘러싸며 우레와도 같은 목소리로 함성을 질렀다. 하지만 단테는 그들이 무슨 말을 하고 있는지 한 마디도 알아들 수 없었다.

단테가 그 외침 소리에 깜짝 놀라며 베아트리체를 바라보자 그녀는 단테를 안심시키며 말했다.

"당신이 지금 하늘나라에 있음을 잊었습니까? 하늘나라는 모든 것이 거룩하므로 지금 이 외침은 선의와 열의에서 나온 것입니다. 그러니 당신의 눈을 돌려 되도록 훌륭한 영혼들을 많이 뵙도록 하십시오."

그녀의 말에 따라 단테가 시선을 돌리자 백 개도 넘는 진주 모양의 둥근 빛들이 서로를 비추며 아름다움을 더하였다.

'저들이 누굴까?'

단테가 마음속으로 강한 호기심을 품고 있을 때 그들 가운데 가장 찬란한 빛을 내는 영혼이 단테 앞으로 다가와 말했다.

"일찍이 카시노산에는 아폴론 신전이 있어서 이교도인들이 그 산을 즐겨 오르내렸지. 그 아폴론 신전을 헐고 우리를 이곳으로 인도해 주신 하느님과 아들 예수 그리스도를 모신 사람이 바로 나일세. 이 정도만 말해도 내가 누군지 알 수 있겠지?"

단테는 눈이 휘둥그레지며 말했다.

"아니, 그렇다면 성 베네딕투스님?"

그러자 그 영혼은 만면에 웃음을 띠며 고개를 끄덕였다.

단테는 성 베네딕투스의 생애에 대해 익히 잘 알고 있었다.

480년, 단테의 조국인 로마의 누르시아에서 태어난 베네딕투스는 오랜 세월을 로마 근교의 동굴 속에서 가난하지만 경건한 삶을 살았다. 그의 성덕(聖德)은 음식을 운반하던 로마냐 수사에 의해 세상에 알려져 많은 사람이 그에게 몰려와서 제자가 되고자 했다.

성 베네딕투스
가톨릭의 베네딕투스 수도회의 창설자이다. 동굴에서 은둔 생활을 할 때 많은 제자가 몰려들었다고 한다. 성서에 나오는 예언자들에 비견되는 많은 기적을 행하였다고 전한다.

그 결과 그는 510년, 수도자들에 의해 베네딕투스 수도원의 수도원장에 추대되었다. 베네딕투스 수도회의 회칙은 모든 수도회 회칙의 규범이 될 정도로 모범적이었다. 그러나 한때는 그 회칙이 너무나도 엄격하다는 이유로 독살당할 위기에 처하기도 하였다. 그레고리우스는 성 베네딕투스를 가리켜 성서에 나오는 예언자들과 비교되는 기적을 헤아릴 수도 없을 만큼 많이 행한 사람이라고 했다. 그런 그를 시기하는 사람들 또한 끊이지 않았다. 피렌체의 한 심술궂은 사제는 예수님을 배반한 유다를 자처하며 그를 심하게 모함하기도 했다.

그동안의 원시적인 수도 방법에 대해 혐오를 느낀 베네딕투스는 523년 몬테카시노로 돌아가 아폴론 신전을 헐어 내고 그 자리에 서방에서 제일 큰 수도원을 건축했다. 그리고 그후 수도회에 결정적인 영향을 준 '수도회 회칙'을 완성한 그는 547년 하느님의 부름을 받았다.

"여기 나와 함께 있는 다른 불꽃들은 모두가 거룩한 꽃들과 열매들을 얻게 하는 뜨거운 열정에 불타오르는 사람들이네. 저분은 마카리

몬테카시노 수도원
529년경 누르시아의 베네딕투스가 로마 남동쪽 몬테카시노에 세운 것으로, 베네딕투스회의 모체로서 유럽 수도원의 전형(典型)이라 할 수 있다.

야곱의 꿈_ 에스테반 무리요의 작품
꿈속에서 천국으로 올라가는 사다리를 보는 야곱을 묘사한 그림이다.

우스, 여기 이분은 로무알두스, 그리고 이쪽에 있는 분들은 수도원에서 나가지 않고 끝까지 굳은 마음을 지키며 경건한 삶을 살았던 우리 회(會)의 형제들일세."

성 베네딕투스와 다른 모든 영혼의 찬란한 불빛에 용기를 얻은 단테가 그에게 자신의 소망을 말했다.

"육신의 눈으로는 빛으로 쌓인 당신의 모습을 볼 수가 없습니다. 하오니 제가 당신의 참모습을 볼 수 있도록 은혜를 베풀어 주소서."

그러자 그는 껄껄 웃으며 말했다.

"형제여, 그대의 소망은 항성천에 오르게 되면 이뤄질 것이니 너무

기적을 베푸는 성 베드로_ 마사초의 작품
성 베드로가 앉은뱅이를 보고 그리스도의 이름으로 걸으라고 기적을 보이는 장면이다.

조급해하지 말게나. 그곳에서는 모든 이의 소망이 이뤄지는 곳이니까 말일세. 하지만 야곱은 살아 있을 때 이미 꿈속에서 하늘까지 닿는 긴 사다리와 그 사다리 위를 천사들이 오르락내리락하는 모습을 보았지. 하느님의 은총은 날이 갈수록 깊어 가지만 안타깝게도 인간들의 어리석음은 그 끝이 없다네. 그래서 지금은 그 사다리를 오르기 위해 땅에서 발을 떼려는 자들도 점차 줄어들고 있고, 내가 힘들여서 썼던 회칙들까지도 버려진 채 먼지만 수북이 쌓이고 있는 실정이니 참으로 안타까운 일이 아닐 수 없네."

그 영혼은 한숨을 한 번 크게 몰아쉬고 나서 말을 이었다.

"성 베드로께서는 성전 앞에서 구걸하고 있는 앉은뱅이를 보고 '내게 금과 은은 없지만 내가 줄 수 있는 것은 이것뿐이니 나사렛 예수 그리스도의 이름으로 걸으라.'고 하면서 기적을 행하셨고, 나는 기도와 단식으로, 그리고 성 프란체스코는 거지와 같은 청빈한 생활을 통해서 수도원을 만들어 놓았건만 기도하는 하느님의 집 수도원은 지금 도둑의 소굴로 변해 버리지 않았는가."

이야기를 마친 성 베네딕투스가 불빛 무리 속으로 돌아가자 그들은 다시 회오리바람처럼 휘감기며 위로 솟구쳐 올랐다.

그때 베아트리체가 단테에게 눈짓하며 그를 사다리 위로 밀어 올리자 인간의 본성을 초월하는 그녀의 힘으로 인해 단테는 순식간에 사다리 위로 빨려 올라갔다.

그녀는 단테에게 주의를 환기시키며 당부하였다.

"당신은 지금 마지막 구원의 길에 들어서 있으니 맑고 예리한 눈을 갖지 않으면 안 됩니다. 그곳에 이르기 전에 아래쪽을 내려다보세요. 그러면 당신의 발밑 세계가 어떠한지를 알 수 있을 것입니다. 그리고 환희의 빛을 나타내 보이면 승리의 영혼들이 기꺼이 저 둥근 대지를 지나 당신을 맞으러 올 겁니다."

단테는 날개 돋친 천사와도 같은 빠른 속도로 사다리를 오르면서 아래를 내려다보았다. 그런데 일곱 천국 저 멀리에 있는 지구가 어찌나 작고 하찮아 보이던지 웃음이 절로 나왔다.

성인聖人들과의 대화

여덟 번째 하늘인 항성천에 도착한 베아트리체는 허리를 똑바로 편 채 마치 새끼들과 함께 둥지 속에서 밤을 새운 어미새가 새끼들에게 먹이를 구해다 주기에 앞서 아침 해가 떠오르기를 기다리듯이 하늘을 올려다보며 우아하게 서 있었다. 단테가 그녀의 아름다운 모습에 도취되어 눈동자의 초점이 흐려질 때 하늘이 훤히 밝아왔다.

그때 베아트리체가 그 순간을 기다리기라도 했다는 듯이 말문을 열었다.

"자, 승리의 그리스도를 맞는 무리를 보세요. 마치 로마의 병사들이 승리의 전리품들을 수레에 가득 싣고 위용을 과시하는 것 같지 않나요? 하느님의 은총에 힘입어 자신의 영혼을 잘 가꾸고 얻은 영원한 구원의 열매를 가지고 오는 저 모습을 보세요."

단테가 하늘을 올려다보니 성스러운 수천의 영혼 가운데 예수 그리스도의 빛이 한층 더 밝게 빛나고 있었다. 그 모습은 하늘의 수많은

단테와 베아트리체
베아트리체는 단테가 천국의 모습을 보다 더 잘 살피기를 원한다.

별에게 불을 밝혀 주는 태양과도 같았다. 그 강렬한 빛이 얼굴에 비치자 단테는 그 힘을 감당할 수 없어 눈을 감았다.

단테가 그렇게 예수님의 영광의 빛을 똑바로 바라보지 못하고 두 눈을 감고 있을 때 베아트리체가 말했다.

"자, 이제 눈을 뜨고 저를 보세요. 당신은 지금 저와는 비교할 수도 없는 예수님의 영광된 빛을 보았습니다. 당신이 감당하기 힘든 저 빛은 세상의 그 어떤 것으로도 막을 수가 없는 참으로 고귀한 빛입니다. 그러니 이제 당신은 그 어떠한 빛도 감당해 낼 수 있습니다. 제가 지금보다 훨씬 더 빛나는 모습으로 변한다 할지라도 이제는 능히 감당할 수 있게 되었습니다."

단테는 사라져 버린 환상의 그림자를 다시 떠올려 보려는 듯 그녀의 모습을 다시 뚫어져라 바라보았다.

"당신은 어찌 그토록 내 얼굴에 취해서 그리스도의 빛 속에서 꽃을 피우는 아름다운 정원에는 눈길을 주지 않는 건가요? 그 정원에는 성모 마리아님이 계십니다. 그분은 천지창조 이전부터 하느님 말씀에 의해 태어난 한 송이 장미꽃이었습니다. 그 장미꽃 향기에 이끌려 올바른 길로 들어섰던 많은 사도가 이제는 백합꽃으로 피어나 온누리를 향기로 진동시키고 있습니다."

단테는 흐린 날 구름들 사이로 언뜻언뜻 비치는 깨끗한 햇살을 꽃밭처럼 본 적이 있다. 위에서 쏟아지는 강렬한 사랑의 빛을 받아 찬란하게 빛나는 수많은 영혼의 모습이 그렇게 보였지만 그 근원은 볼 수가 없었다. 사도들의 찬란한 빛이 보였고 또 동정녀이신 성모 마리아가 보였는데 그녀는 다른 영혼들에 비해 유난히 더 밝은 빛을 발하고 있었다.

가브리엘 대천사

가브리엘은 '하느님의 사람, 영웅, 힘'이라는 뜻으로, 주로 하느님의 전령으로 전해지는 대천사이다. 가브리엘 대천사의 기록은 그림으로도 많이 그려지고 있는 '수태 고지'에서 볼 수 있듯 예수 그리스도의 탄생 소식을 처녀 마리아에게 알려 준 천사이다. 마리아는 성령으로 하느님의 아들이 잉태된다는 사실을 보고받고 찬미가를 불렀다고 한다.

그때 가브리엘 대천사가 성모 마리아님을 찬양하며 그분의 둘레를 빙글빙글 돌았다.

"나는 천사의 사랑과 드높은 즐거움으로 어머님의 주위를 돕니다. 하늘의 여왕이시여, 당신이 자식을 따라 가장 높은 하늘로 드시어 하늘을 더욱 신성하게 만드시는 동안 저는 당신 주위를 계속해서 돌고 또 돌렵니다."

성모 마리아님에 대한 가브리엘 대천사의 찬양이 끝나자 모든 축복받은 영혼들이 마리아의 이름을 드높이며 합창으로 응답했다.

이어 성모 마리아님은 가브리엘 대천사와 함께 아드님이신 예수 그리스도를 따라 정화천에 올랐지만 단테는 아득히 멀리 떨어져 있었기 때문에 그분들의 승천을 끝까지 바라볼 수가 없었다.

베아트리체는 승리한 영혼을 위한 영원한 축복의 잔칫상에 둘러앉은 지복자(至福者)들에게 단테를 소개하면서 그들이 하느님의 지혜의 샘에서 마시는 생명수를 몇 방울만이라도 맛보게 해 달라고 청하였다. 그러자 이 거룩한 영혼들은 베아트리체와 단테의 주위를 맴돌면서 혜성과 같은 모양을 나타냈다. 그들은 각각 다른 속도를 내어 움직이고 있었는데 그 가운데서 가장 찬란하게 빛나는 영혼이 단테와 베아트리체의 주위를 세 바퀴 돌며 노래를 부르기 시작했다.

그 노랫소리는 어느 영혼의 소리보다 더 성스럽게 고귀했다.

베아트리체는 그에게 공손히 머리 숙여 예를 표하고 나서 말하였다.

"오, 인간의 위대한 빛이시여! 우리의 주님께서 천국 열쇠를 맡기셨던 자여! 당신으로 하여금 바다 위를 걸을 수 있게 하였던 그 굳센 믿음으로 이 사람을 한번 시험해 보십시오. 그래서 과연 이 사람이 믿음

성 베드로를 만나는 단테와 베아트리체

과 소망과 사랑의 세 가지 계명을 올바르게 실천했는지 말씀해 주십시오. 피조물의 모든 것을 헤아리시는 하느님의 눈으로 보신다면 결코 그 어떤 것도 숨길 수 없을 것입니다."

그러자 그 빛이 단테에게 말했다.

"말해 보라, 훌륭한 그리스도인이여! 신앙이란 무엇인가?"

단테는 빛을 향해 이마를 높이 쳐들며 말했다.

"당신의 사랑하는 형제 사도 바오로께서 말씀하셨듯이 믿음은 바라는 것들의 실상이요 보이지 않는 것들의 증거니 이것이 그 본질인 것으로 생각합니다."

"그렇다면 사도 바오로은 이것을 왜 '실상'과 '증거'로 풀이했는지 그 이유를 아는가?"

"이 천국의 심오한 진리가 지금 제 눈에는 있는 그대로 보이고 있지만 지상의 사람들에게는 숨겨져 있기 때문에 믿음을 통해서만 받아들일 수 있는 것입니다. 그러기에 믿음은 곧 바라는 것들의 실상이라고 하는 것입니다. 볼 수 없는 것에 대한 논리적 증거는 이런 믿음 위에서 세워야 합니다. 그럴 때 믿음은 논증으로 이해될 수 있는 것이지요."

"그렇다면 그대는 그대의 신앙을 잘 간직하고 있는가? 화폐에도 진짜와 가짜가 있듯이 신앙에도 자칫 거짓 믿음이 있을 수 있는데, 그대가 지니고 있는 화폐는 어떤 것인지 한번 말해 보게나."

성인과의 대화_ 귀스타브 도레의 작품

"네, 제 믿음은 불순물이 전혀 섞이지 않은 둥근 순금에 새겨진 그대로입니다. 누구나 탐낼 만큼 빛나고 있다고 자부합니다."

"그러면 모든 덕이 세워지는 그대의 그 값진 보석은 어디로부터 왔다고 생각하는가?"

"그것은 구약 성서와 신약 성서를 흠뻑 적시는 성령의 흡족한 비가 제 마음에 믿음의 순전한 확실성을 내려 주어 어떠한 다른 증거도 이보다 더 큰 확신을 주지 않았습니다."

성 베드로는 이와 같은 신앙의 문답을 통하여 단테의 대답에 수긍하며 말했다.

"그대의 정신과 함께 사랑스럽게 말씀하시는 은총이 지금까지 그대의 입술을 움직여 올바른 길을 말하게 해 주셨도다. 지금까지 그대의 입술을 통해 들은 것을 받아들인다. 그러나 이제 그대의 교의를 밝혀야 한다. 그대의 신앙의 원천을 말해 보게나."

"저는 오직 한 분을 믿습니다. 영원하신 유일자 하느님은 당신의 사랑과 소망 안에서 돌고 있는 모든 하늘을 당신 스스로는 움직이지 않으시면서 움직이십니다. 저는 그러한 믿음에 대한 물리적이고 형이상학적인 증거를 갖고 있습니다. 또한 모세와 예언자들, 성가와 복음을 통해, 또 성령의 혀로 타올라 복음들을 쓰신 당신과 같은 여러 성인을 통하여 이 왕국에서 비처럼 내리는 진실을 증거로 갖고 있습니다. 저는 영원한 존재들을 믿습니다. 이들은 하나와 여럿으로 동등하게 묘사되는 하나이자 셋이신 본체임을 믿습니다. 제가 말하는 이러한 심오하고 성스러운 상태에 관해서는 복음의 여러 곳에서 가르침을 주었습니다. 이것이 제 신앙의 원천이며 곧이어 살아 있는 불로 퍼지고 하늘의 별처럼 내 전신에 빛을 비추는 바로 그 불꽃입니다. 하느님은 결코 변하심이 없이 온 하늘을 사랑으로써 움직이십니다. 그리고 신앙의 물리적 혹은 형이상학적인 증명만을 믿는 것이 아니고 신약과 구약의 심오한 진리를 믿습니다."

천국의 열쇠를 든 성 베드로

성 베드로를 만나는 단테와 베아트리체_ 조반니 디 파올로의 작품

단테가 자신의 참신앙을 서슴없이 고백하자 사도 베드로의 불빛은 단테의 주위를 세 차례나 감싸고 돌며 노래 부르고 축복해 주었다.

'이곳 천국에서 사도 베드로의 거룩한 영혼이 이처럼 나를 감싸고 세 번이나 돌아 주시는 영광을 내가 받을 수 있다니, 이는 하느님의 배려에 의한 은총이 아니고서는 불가능한 일이야!'

단테가 잠시 명상에 잠겨 있는 동안 또 하나의 밝은 빛이 나타났다. 그는 아까 베드로가 나왔던 바로 그 빛의 고리로부터 나와서 두 사람에게로 다가오고 있었다. 그 빛을 본 베아트리체가 기쁨에 찬 목소리로 크게 소리쳤다.

"저 빛을 좀 보세요! 지상에서 많은 사람이 스페인 갈라시아를 찾는 것은 저분의 무덤을 찾아가기 위함이지요."

비둘기가 자기 짝 옆에서 구구대고 서로를 맴돌며 사랑을 표현하듯이 그 빛 역시 사도 베드로가 그러했듯이 단테와 베아트리체의 주위를 몇 바퀴 돌았다. 그 빛은 베드로의 영접을 받으며 하느님을 찬양했다. 그들은 서로 즐거운 인사를 나눈 뒤 단테 앞에 말없이 멈춰 섰다. 그러나 두 영혼의 빛은 어찌나 강렬한지 단테는 눈이 부셔서 그들을 똑바로 바라볼 수가 없었다. 베아트리체가 성서의 말씀을 인용해 가면서 방금 나타난 그 빛을 찬양했다.

"고매한 생명이여! 하느님 아버지의 은총에 대해 기록하도록 선택된 분이시여! 당신은 예수 그리스도의 첫 번째 제자요, 헤롯 아그리파 1세에 의해 열두 사도 중 맨 처음 순교한 분이십니다."

단테는 그녀의 말을 듣고 나서야 비로소 그 빛의 주인공이 예수님의 제자인 야고보의 영혼이란 걸 알게 되었다. 베아트리체는 계속해서 야고보의 영혼을 찬양하며 말했다.

야고보

예수님의 대표적인 세 제자(베드로, 요한, 야고보) 중 한 사람. 세베대와 살로메의 아들이자 사도 요한의 형제이다.

"많은 사람이 예수님의 수제자이신 베드로를 믿음의 표상으로, 야고보를 소망의 표상으로, 그리고 요한을 사랑의 표상으로 삼고 있습니다. 하오니 소망의 표상이신 당신께서 살아 있는 육신을 이끌고 이곳까지 온 이분이 소망을 외칠 수 있도록 도와주십시오."

희망의 빛 베아트리체로부터 부탁을 받은 야고보가 찬란한 빛을 발하며 말했다.

"두려워하지 말고 머리를 들어라. 지상에서 육체의 옷을 벗고 이곳에 오르는 복된 이들은 누구나 다 우리의 빛을 받아야만 눈이 맑아진다."

그러면서 야고보의 영혼은 단테에게 물었다.

"단테여, 소망이란 무엇인지 말해 보라. 또 소망이 그대의 정신에서 얼마나 잘 자라고 있는지, 그대의 소망은 어디로부터 오는지 말해 보라."

그러자 베아트리체가 단테에게 몸을 돌려 나지막이 말하며 용기를 북돋아 주었다.

"당신으로부터 무언가를 알아내시기 위함이 아닙니다. 당신 마음속에 덕이 얼마나 깃들어 있는지를 확인하기 위하심이니 부담 갖지 말고 성심성의껏 대답해 드리세요."

베아트리체의 말을 듣고 난 단테는 우선 하느님께 기도를 드렸다.

"오, 하느님! 감사와 찬미와 영광을 받으시기에 합당하신 하느님 아버지여! 당신의 거룩한 은총이 제게 임하여 축복이 되었나이다. 우리를 죄악에서 구원해 주신 예수 그리스도의 이름으로 기도드립니다. 아멘!"

야고보를 만나는 단테와 베아트리체_ 조반니 디 파올로의 작품

단테는 마치 너무나도 잘 알고 있는 스승의 질문에 대해 자기 실력을 뽐내려는 학생과도 같이 거침없이 입을 열었다.

"소망이란 앞으로 축복을 받으리라는 것을 확고하게 기대하는 것입니다. 때론 보지 못한 것을 바라고 믿고 인내하며 기다려야 할 때도 있지만 소망은 사랑보다는 앞서지 못하는 것이기에 반드시 소망과 함께 하느님을 사랑하고 영광을 얻으려는 노력이 중요합니다. 그렇듯 믿음, 소망, 사랑의 삼덕을 쌓아야만 하는 것이지요. 그것은 하느님의 은총과 인간이 미리 쌓는 가치에서 나옵니다."

"그렇다면 하느님의 은총에 대해서는 어떤 생각을 갖고 있는지 말해 보라."

"저는 그 누구보다도 하느님의 은총을 많이 받았다고 생각합니다. 제가 마음속에 소망을 간직할 수 있었던 것은 모두 성서의 가르침 때문이었습니다. 저의 마음속에 처음으로 소망의 빛을 심어 주신 분은 하느님께 수많은 찬미의 노래를 바쳤던 시편의 주인공 다윗왕이었습

야고보를 만나는 단테와 베아트리체_ 조반니 디 파올로의 작품

니다. 그분이야말로 진정 하느님의 사랑을 받을 만한 분이셨지요."

그때 베드로와 야고보의 빛이 섬광처럼 번쩍였다. 그러자 베아트리체가 단테에게 작은 목소리로 속삭이듯이 말했다.

"저 빛은 죽을 때까지 예수님을 위해 따르던 믿음과 소망을 상징하는 것입니다. 그 믿음과 소망은 세상을 떠난 후에도 저렇게 영원히 남아 빛으로 타오르고 있지요."

야고보와의 대화가 끝나 갈 무렵 머리 위에서 합창 소리가 들려왔다.

"당신께 바라나이다!"

합창 소리에 이어서 둥근 원을 그리며 춤을 추던 영혼들도 화답의 합창을 했다. 노래가 끝나자 마치 한여름에 내리쬐는 태양과도 같이 강렬한 빛이 공중에 나타났다. 그 빛이 수줍은 처녀처럼 살며시 베드로와 야고보가 있는 곳으로 다가왔다. 그 세 빛은 서로 어울려 춤을 추었다. 새색시처럼 곱고 다소곳한 시선으로 그 모습을 바라보고 있던 베아트리체가 얼굴 가득 미소를 지으며 단테에게 말했다.

"이분은 우리의 펠리컨 가슴 위에 누우신 분이세요. 그분은 큰 소임(성모 마리아를 돌보는 일)을 예수님께로부터 받으셨지요."

그 빛의 주인공은 바로 예수님이 사랑하시던 제자 중의 하나인 요한이었다. 그는 예수님의 신임을 두텁게 받았으며 베드로와 마찬가지로 예수님의 말씀을 기록하여 후세에 전한 사람이었다. 그 빛이 요한인 걸 알게 된 단테는 세상 사람들과 마찬가지로 그의 승천설이 과연 사실인지 여부가 무척이나 궁금했다.

베아트리체는 눈 한 번 깜박이지 않고 시선을 세 영혼으로부터 떼지 않았다. 그때 그 큰 빛 안으로부터 말소리가 들려왔다.

"육체가 어찌 됐든 그게 무슨 문제란 말인가. 내 육체는 땅속에서 이미 흙이 되었노라. 지상의 육체를 입은 채 승천하신 분은 오직 두 분뿐이다. 한 분은 바로 하느님의 독생자시요 우리의 스승님이신 예수 그리스도시며, 또 한 분은 예수님의 어머니시요 모든 인류의 어머니이신 성모 마리아님이시다. 지상에는 나의 승천 여부에 대해 무척

펠리컨
그리스도를 상징하는 새. 펠리컨은 죽어 가는 새끼한테 자기 피를 먹여 살린다고 알려져 있다. 그리스도 역시 자기 피를 나누어 주어 인간을 정신적 죽음에서 구해 냈다. 요한복음 13장 23절에 다음과 같은 구절이 있다. "예수의 제자 중 하나 곧 그가 사랑하시는 자가 예수의 품에 의지하여 누웠는지라."

이 나 궁금해하는 자들이 많은데 세상에 돌아가면 이 사실을 꼭 그들에게 전해 주기 바란다."

그 소리와 함께 둥글게 원을 그리던 불꽃들이 일제히 춤을 멈추었다. 그리고 베드로와 야고보, 요한의 세 숨결이 조화를 이루어 내는 달콤한 소리의 어우러짐도 멈추었다. 지금의 상황은 마치 뱃사공이 바다에서 노를 저으며 파도를 헤쳐 나아가다가 위험을 알리거나 난관을 막기 위한 휘파람 소리에 갑자기 노 젓는 일을 멈추는 것과도 같았다.

불안을 느낀 단테가 베아트리체를 보기 위해 몸을 돌렸을 때 그의 눈엔 아무것도 보이지 않았다. 그녀의 온기가 아직 느껴지는 걸로 볼 때 그녀는 분명히 자기 옆에 있었는데 어찌된 일인지 그의 눈엔 아무것도 보이지 않았다.

갑자기 아무것도 보이지 않아 단테가 손을 내저으며 허둥대고 있을 때 그의 시각을 빼앗아 가 버린 눈부신 불꽃으로부터 목소리가 들려왔다. 사도 요한이었다.

요한
예수의 12사도 중 한 사람. 베드로, 야고보와 함께 예수로부터 각별한 사랑을 받았다. 예수가 십자가에 못 박혔을 때 사도 가운데 요한만이 예수를 끝까지 따랐다.

사도 요한과 야고보_ 윌리엄 블레이크의 작품
단테가 야고보와 사도 요한으로부터 가르침을 받는 장면이다.

"단테여, 걱정하지 말라. 나의 강렬한 빛으로 인해 일시적으로 그리 된 것이니 잠시만 기다리면 곧 회복될 것이다."

단테는 안도의 한숨을 내쉬었다. 이윽고 요한의 첫 질문이 시작되었다.

"하느님의 크신 은총으로 이곳까지 올 수 있었던 자여, 그대의 영혼이 지금 어디를 향하고 있는지 말해 보라."

단테는 요한의 질문에 기뻐하며 얼른 대답했다.

"저의 영혼은 오직 하느님 한 분만을 향하고 있습니다. 저는 이미 연옥에서의 체험과 레테강 물로 죄의 기억을 지웠고, 에우노에강에서 선행의 기억을 되살렸습니다. 저의 모든 사랑은 하느님의 사랑과 하나가 된 것입니다. 사도 요한께서 성경에서 말씀하셨듯이 하느님은 처음이요 끝이십니다. 하느님의 사랑이 제 마음속에 자리 잡게 된 것은 바로 하느님의 말씀이 기록된 성서와 교회의 가르침이었습니다. 저는 사랑의 대상을 선(善)으로 생각했습니다. 선은 마음속에 간직하면 할수록 더욱더 커졌으며 하느님에 대한 사랑 또한 이와 같았습니다. 하느님을 알면 알수록 저의 사랑이 더욱더 뜨겁게 불타올랐습니다."

단테는 계속해서 말을 이어 나갔다.

"제가 경험한 바로는 하느님의 사랑 안에서가 아닌 선은 모두가 거짓이었습니다. 그런 선행은 모두가 자기만족에 지나지 않았습니다. 하느님을 믿고 따르는 사람이라면 당연히 그분께 최상의 사랑을 드려야 마땅하다고 생각합니다."

그러면서 단테는 사도 요한에 대한 존경심을 표하는 것도 잊지 않았다.

"하느님의 진리에 대한 기록들을 많이 남겨 제게 깨우침을 주신 데 대해 깊은 감사를 드립니다."

사도 요한이 얼굴 가득히 흐뭇한 표정을 지으며 고개를 끄덕였다.

단테는 더욱 자신감을 갖고 막힘없이 계속해서 말을 이어 나갔다.

"그리고 또 한 가지, 인류 구원을 위해 독생자 예수 그리스도를 희생양으로 삼으신 하느님의 크신 사랑은 저의 마음속에 너무도 감동적으로 다가왔습니다. 예수 그리스도의 죽으심과 부활을 통해 영생의 소망을 간직하게 되었고, 또 하느님의 완전한 사랑을 깨닫게 되었습니다."

단테가 말을 마치자 하늘 전체는 감미로운 노랫소리로 가득 찼고 그

베드로와 야고보, 요한을 만나는 단테
귀스타브 도레의 작품이다.

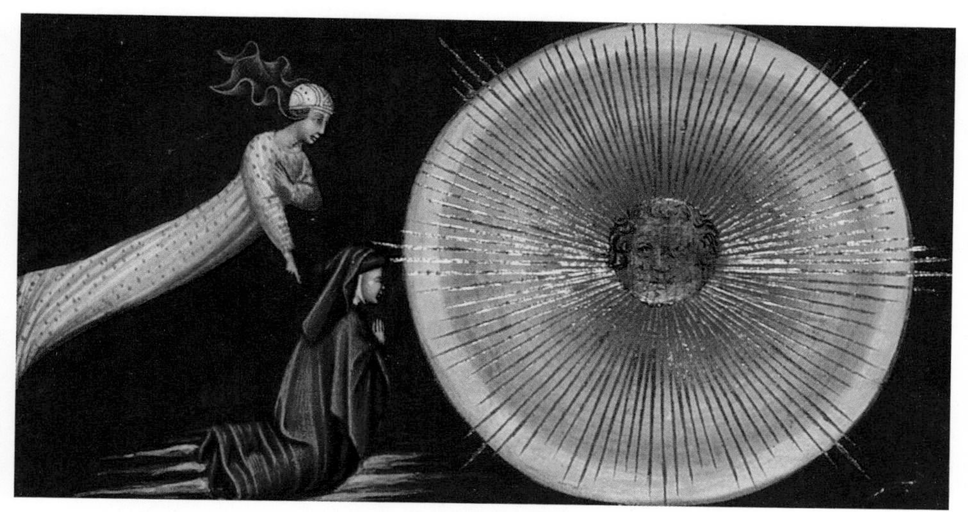

아담의 빛을 만나는 단테와 베아트리체_ 조반니 디 파올로의 작품

와 함께 단테의 시력이 회복되었는데 단테가 보니 베아트리체는 그들과 함께 찬미의 노래를 부르고 있었다.

"거룩하다, 거룩하다, 거룩하도다!"

베아트리체는 1천 킬로미터 이상을 더 환히 비추는 찬연한 눈으로 단테의 시각을 덮고 있던 티끌들을 모두 다 걷어내 주었다. 단테는 이전보다 훨씬 더 시력이 좋아졌다. 시력을 회복하고 나서 단테가 처음으로 본 것은 어느새 자기들 곁으로 다가와 있는 네 번째 불빛이었다.

깜짝 놀란 단테가 누구인지 베아트리체에게 묻자 그녀는 얼굴 가득 사랑을 담은 채 대답했다.

"저 빛 속에 계신 분은 인류의 첫 번째 사람인 아담이십니다. 저분께서는 자신을 창조하신 하느님을 항상 저렇게 환희에 찬 눈빛으로 우러러보고 계십니다."

베아트리체의 말을 듣고 난 단테는 마치 바람맞은 나뭇가지와도 같은 자세로 머리를 깊이 숙이며 아담에게 경의를 표했다. 그러고 나서 인류의 원조인 그와 함께 이야기를 나누고 싶은 마음에서 얼른 굽혔던 상체를 바로 세우고 입을 떼려고 하자 이미 단테의 마음속을 헤아리고 있던 아담이 먼저 말문을 열었다.

"오, 아들아! 내가 낙원에서 추방된 이유는 선악과를 맛본 것 자체가 아니라 내게 주어진 하느님의 경계를 넘어선 죄, 즉 하느님과 동등하고자 했던 교만 때문이었느니라. 그런 크나큰 죄를 지었기에 이곳 천국에 오르기까지 참으로 오랜 세월이 필요했다."

아담은 지난 과거를 떠올려 보려는 듯이 허공을 올려다보며 말을 이었다.

"나는 너의 여인 베아트리체가 베르길리우스를 움직여 주었던 림보에서 태양이 사천삼백두 번 회전하는 동안 천국 입성의 날을 갈망하

낙원에서 추방되는 아담과 하와_ 미켈란젤로의 작품

고 있었다. 그리고 또 나는 지상에 있던 동안 태양이 구백삼십 번 제 길로 돌아오기까지 살았었다."

아담의 말대로라면, 예수님의 죽으심은 천지창조로부터 5,232년 후가 된다. 그리고 베아트리체가 림보에 있는 단테를 구하기 위해 베르길리우스를 만났을 때는 이미 아담이 천국에 오른 지 1,267년이 흘렀고, 따라서 천지창조로부터 지금까지는 무려 6,499년이 지나 있었다.

"그렇게 오랜 세월을 두고 나는 죄를 참회했다. 내가 바다 위로 높이 치솟은 산에서 나의 순수가 치욕으로 변하기까지는 하루의 첫 번째 시간에서 여섯 번째에 앞선 시간이니 그 사이에 태양은 약 90도로 바뀔 동안이었다."

창조주 하느님의 빛

"성부와 성자와 성령께 영광을!"

영광의 찬미 소리가 천국의 곳곳에서 울려 퍼지자 단테는 그만 황홀경에 빠졌다. 베아트리체는 그런 단테를 가장 빠른 속도로 회전하고 있는 원동천으로 끌어 올렸다.

단테는 베아트리체를 바라보다가 그녀의 눈동자에 비친 아주 예리한 한 점의 불꽃을 보았다. 하느님의 불꽃이었다. 만일 정면으로 보면 눈이 멀 것만 같은 강렬한 불빛이었다.

이 불빛을 중앙에 두고 하나의 둥그런 불 테두리가 원동천보다도 더 빠른 속도로 돌고 있었다. 이 테두리는 점점 더 커지는 여덟 개의 또 다른 둥근 원들에 의해 감싸여 있었다. 그러나 바깥쪽에 있는 원일수록 점점 더 느린 속력을 내고 점점 밝아지고 있었다.

베아트리체는 그에 대해 궁금해하는 단테에게, 그 중앙에 보이는 불꽃은 하느님이시고, 그분에 의해 우주 만물이 다스려지고 있으며, 그

창조주 하느님의 빛_ 윌리엄 블레이크의 작품

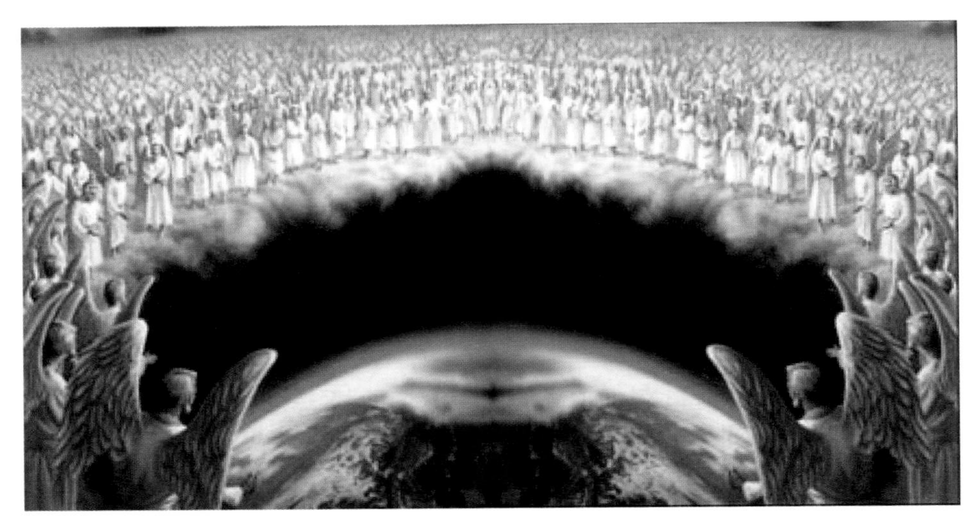

천사들의 '호산나' 찬양

분께 가까이 있는 세계일수록 더욱 열렬한 사랑의 충동을 받게 되므로 가장 빠르게 움직이는 것이라고 설명해 주었다.

베아트리체의 설명이 끝나자 아홉 개의 원은 마치 작열하는 쇳덩이에서 튕겨 나가는 불꽃처럼 수없이 많은 불빛으로 반짝이기 시작했다.

바로 그때 '호산나(우리를 구원하소서)'를 외치는 천사들의 아름다운 찬미 소리가 하늘에 울려 퍼졌다.

베아트리체는 단테에게 천사들로 이루어진 이 합창대에 대해 설명해 주었다.

"이 천사들의 합창대는 세 무리로 구분되어 있지요. 저기 보이는 첫째 원이 세라핌이고 둘째 원이 케루빔입니다. 저 천사들이 저렇게 온 힘을 다해 하느님의 주위를 빠른 속도로 돌고 있는 것은 하느님을 닮고 싶은 의지가 강하게 솟구치기 때문입니다. 그리고 그 다음, 세라핌과 케루빔의 밖을 돌고 있는 세 번째 천사는 좌품천사인 트로니입니다."

그러고 나서 베아트리체는 단테의 얼굴을 바라보며 말했다.

"당신이 저에게 말씀하지 않아도 저는 당신이 궁금해하는 게 뭔지 이미 다 알고 있습니다. 모든 장소와 시간을 굽어보시는 하느님께 당신의 소망이 비쳐지기 때문이지요."

"그렇다면 그 소망을 당신이 좀 이루어 줄 수 있겠소?"

베아트리체는 고개를 끄덕였다.

"그러지요. 하느님께서 이곳 천국을 창조하신 것은 그분의 선이나 행복을 쌓으시기 위함이 아닙니다. 하느님께서는 이미 완전한 선이시기 때문이지요. 하느님께서 지상에 거룩한 빛을 비춰 주시는 까닭은 사람들이 모두 당신을 닮길 바라시기 때문입니다. 사랑의 본질이신 하느님께서는 그분의 의지에 따라서 창조를 하실 수도 안 하실 수도 있습니다. 다시 말하면 창조는 결코 필연적인 결과가 아닌 것이지요. 하느님께서는 순수한 의지대로 피조물들에게 당신의 사랑을 베풀어 주신 것이고 그 피조물들은 하느님의 사랑을 받지 않으면 존재할 수가 없습니다."

단테는 고개를 끄덕이며 마음속으로 성서의 한 구절을 떠올렸다.

'땅이 혼돈하고 공허하며 흑암이 깊음 위에 있고 하느님의 영은 수면 위에 운행하시니라.'(창세기 1장 2절)

베아트리체는 계속해서 말을 이었다.

"하느님은 물질이 아니십니다. 물질은 누군가에 의해서만 움직일 수 있으나 하느님께서는 원동자(原動子)이십니다. 물질은 영(靈)보다

덜 고상하지만 하느님께서는 영보다 더 고상하심은 물론 가장 존귀하십니다. 순수한 형식과 순수한 물질이 결합하여 존재의 완전한 상태를 이룬 것은 마치 시위가 셋인 활이 화살 셋을 쏘는 것과 마찬가지입니다."

단테가 물었다.

"당신이 말하는 그 '활'이란 신성(神聖)을 말하는 것이오? 그리고 시위는 성부·성자·성령을, 또 화살 셋은 형상과 물질, 혼합물을 말하는 것이 맞나요?"

베아트리체는 고개를 끄덕였다.

"그리고 유리나 호박(琥珀), 수정에 빛이 찬란하게 비칠 때 전체에 틈이 전혀 없듯이 하느님에 의해 창조된 그 세 개의 피조물은 시작이나 끝의 구별이 없이 일시에 완성되어 빛을 발했던 것입니다."

천사들은 모두 다 의로운 존재들이냐고 단테가 묻자 베아트리체가 고개를 저었다.

원동자(原動子)
_ 치마 다 코넬리아노의 작품
자신은 움직이지 않고 다른 것을 운동하게 하는 힘을 가진 존재로, 세계를 최초에 움직이게 한 것, 즉 하느님을 이른다.

"천사들이라고 해서 모두 다 의로운 것은 아닙니다. 천사들 중의 일부는 타락하여 하느님을 배반하고 떠났지요."

단테가 깜짝 놀라 주위를 둘러보며 말했다.

"아니, 천사들 중에도 하느님을 섬기지 않고 배반한 자들이 있었단 말이오?"

"지금 이곳에는 없습니다. 그들은 반역죄를 저지르는 순간 땅·물·불·바람을 이루는 원소가 되어 지상으로 쫓겨났습니다. 그리고 이곳 천국에는 의로운 천사들만 남게 되었지요. 당신도 보다시피 그들은 지금 쉼 없이 하느님의 주위를 돌며 하느님의 곁을 떠나지 않고 있습니다."

단테는 하느님을 배신하여 지상으로 쫓겨난 천사들을 생각하며 혀를 찼다.

"쯧쯧! 특별히 하느님의 은총으로 천국에서 태어난 자들이 그런 죄를 저지르다니!"

타락천사_ 피터르 브뤼헐의 작품 (534쪽그림)▶
타락한 천사들과 천국의 천사들이 싸우는 장면을 묘사한 그림이다.

승리의 천사들

새벽하늘이 밝아 오자 하늘에서 가장 밝은 빛을 내던 별도 그 빛을 잃었다. 그 순간 단테의 마음을 사로잡던 승리의 천사들이 찬란한 점에서 벗어나 차츰 단테의 시야에서 사라져 갔다. 그와 함께 빛들 또한 그의 시야에서 사라져 버렸다. 갑작스러운 어둠이 찾아든 것이다.

단테는 놀라움과 사랑의 힘에 이끌려 베아트리체를 바라보았다.

'오, 내 사랑 베아트리체! 당신의 아름다움을 어찌 인간의 언어로 형용하리요!'

그녀의 아름다움은 인간이 표현할 수 있는 언어의 한계를 완전히 초월해 있었다.

그때 베아트리체가 단테에게 말했다.

"이제 우리는 원동천을 벗어나서 가장 순수한 빛이 차고 넘치는 정화천에 올라와 있습니다. 정화천은 빛과 사랑을 의미하지요. 다시 말하면 사랑을 불태우시는 하느님 마음의 빛인 것입니다. 그리고 지복에는 세 단계가 있습니다. 그것은 사랑이 가득한 지성적인 빛이요, 기쁨이 가득한 진실하고 선한 사랑이며, 일체의 감미로움을 초월하는 기쁨입니다."

단테의 입에서 자신도 모르게 감격의 기도가 터져 나왔다.

'오, 사랑과 기쁨의 근원이신 하느님이시여! 저를 사랑으로 보살피사 거룩한 이곳으로 이끄셨습니다. 이처럼 보잘것없는 저의 소원을 이루어 주시다니 그 크신 하느님의 은혜에 대해 무어라 감사의 말씀 올려야 할지요. 온 천하에 주님의 영광이 차고 넘치길 기도하나이다.'

단테의 기도 소리를 듣고 베아트리체는 부드럽게 미소 지으며 다시 설명했다.

"이제부터 당신은 천국 병사의 첫째와 둘째 군대를 보게 될 것입니다. 그 하나는 지옥의 대마왕 루시퍼와 싸운 의로운 천사들로, 그들은 오직 하느님을 바라봄만으로 행복을 느끼고 있습니다. 그리고 또 다른 하나는 지상에서 세속적인 악마와 싸운 복된 영혼들로, 그들은 최

타락천사들이 천국으로부터 추방되는 모습_ 조반니 디 파올로의 작품

천국_ 틴토레토의 작품,
천국을 묘사한 그림으로 루브르 박물관에 소장되어 있다.

후의 심판 때 입을 그 육신의 옷을 입은 상태로 나타날 것입니다. 왜냐하면 그들을 가려 주는 빛이 없기 때문이지요."

순간적으로 번쩍이는 강렬한 번갯불을 보고 나면 그 어떤 빛도 눈에 들어오지 않듯이 홀연히 어떤 빛의 장막이 자신을 감싸고 비추는 바람에 단테는 아무것도 볼 수가 없었다.

그때 어디선가 온화하면서도 은근한 목소리가 들려왔다.

"이곳 천국을 평화롭게 하시는 사랑의 하느님께서는 이곳에 들어오는 모든 영혼을 반갑게 맞아 주십니다. 사랑의 불을 붙일 초는 언제든지 준비되어 있습니다."

이 간결한 말이 그의 귀에 들리는 순간 단테는 그 어떤 초자연적인 힘을 얻어 아무리 강렬한 섬광이라도 극복할 수 있게 되었음을 깨달았다.

시력을 되찾은 단테는 가장 먼저 찬란한 빛의 강물을 보았다. 그 모습은 마치 요한 묵시록의 한 구절을 그대로 옮겨 놓은 듯했다.

'또 그가 수정같이 맑은 생명수의 강을 내게 보이니 하느님과 및 어린양의 보좌로부터 나와서 길 가운데로 흐르더라. 강 좌우에 생명나무가 있어 열두 가지 열매를 맺되 달마다 그 열매를 맺고 그 나무 잎사귀들은 만국을 치료하기 위하여 있더라.'(요한묵시록 22장 1~2절)

마치 봄의 기적과도 같은 현란한 색을 칠한 두 언덕 사이로 불꽃들이 눈부시게 타오르며 강물처럼 흐르고 있었다. 이 강물로부터 살아 있는 불꽃들이 나와서 꽃들을 쏘아 올리고 그 위에 올라앉고 있었다. 그들은 마치 황금 고리에 둘러싸인 루비들처럼 보였다. 그 모습이 얼마나 아름답던지 마치 황금에 홍옥을 아로새겨 놓은 듯했다. 그리고 이어서 어떤 천사의 불꽃은 영혼들의 향기에 취한 듯 그들 안에 묻혔고 어떤 천사는 솟아올랐는데 그 모습은 마치 물고기가 폭포를 타고 오르는 것과도 같았다.

"저 빛의 흐름 속에 잠기는 듯 솟아오르는 천사들과 복된 영혼들의 웃음은 사실 그들 실체의 그림자에 불과하지요. 저 빛들은 본래 저렇

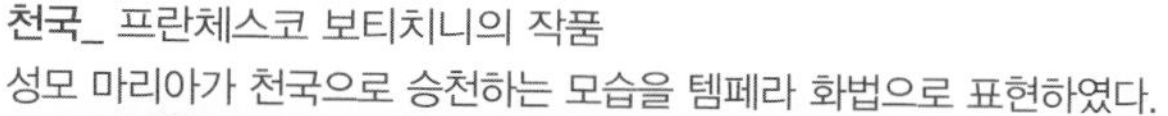
천국_ 프란체스코 보티치니의 작품
성모 마리아가 천국으로 승천하는 모습을 템페라 화법으로 표현하였다.

게 희미한 것이 아니라 당신의 시력이 저 높은 곳까지 미치지 못하기 때문입니다. 그러므로 당신은 그 어떤 것이라도 볼 수 있는 시력을 갖춰야만 합니다."

단테는 재빨리 생명수가 흐르고 있는 곳으로 몸을 기울였다. 그런 다음 정신을 집중하여 눈의 초점을 맞추고 물결 사이로 몸을 굽혀 빛의 강물을 마셨다. 그러고 나자 조금 전까지만 해도 강처럼 길게 보이던 것이 둥글게 보였다. 시력이 약해 형체를 알 수 없었던 것들이 이제는 그의 눈앞에 너무도 선명하게 나타났다. 복된 영혼들과 천사들이 축제를 벌이는 모습과 천상의 아름다운 두 궁궐의 모습도 보였다.

"오, 하느님의 빛이시여! 제가 당신의 빛을 받고 당신의 왕국에서 승리의 천사를 보았나니 저에게 힘을 주셔서 본 대로 말할 수 있게 하소서."

인간이 하느님의 모습을 보게 되면 마음의 평화를 얻게 마련이다. 인간에게 하느님의 모습을 비춰 주는 빛이 저 위에 있었다. 그 빛은 둥근 모양이었는데 그 테두리는 태양의 둘레보다도 훨씬 더 넓었다. 맨 아래층이 이처럼 엄청난 빛을 발산하고 있는데 저 꼭대기에서는 과연 어떤 일이 일어나고 있을지 예측하기조차 힘들었다.

단테의 시력은 이제 그 넓이와 높이에 상관없이 선명히 바라볼 수 있게 되었고 그 기쁨의 질과 영까지 모두 취하고 있었다. 하느님께서 직접 다스리시는 곳은 자연의 법칙과는 달리 멀고 가까운 차이도, 크고 작음의 차이도 없었다.

그 빛 속에서 복된 영혼들은 장미꽃 형태를 이루었다.

베아트리체가 하느님의 영광이 차고 넘치는 황금빛의 장미꽃 속으

천상의 단테_ 귀스타브 도레의 작품
단테는 천국에서 눈을 뜰 수 없을 정도의 황홀감에 사로잡힌다.

로 단테를 데리고 들어가더니 말했다.

"보세요, 새하얀 옷을 입은 이들이 얼마나 많은가를! 복된 영혼들이 손에 손에 종려나무 가지를 들고 드넓은 거리를 한가롭게 거닐고 있군요. 그런데 한번 잘 살펴보세요. 이곳의 자리는 거의 다 차서 빈 자리가 많이 남아 있지 않습니다. 그러나 지상은 지금 온통 죄악으로 얼룩져 있어서 이곳에 올 자격이 있는 사람들 또한 거의 없습니다."

큰 장미꽃 속으로 들어간 천사들은 사랑이 충만한 하느님의 옥좌가 있는 곳으로 오르내리고 있었다. 그 모습은 마치 벌들이 꿀을 따기 위해 꽃과 벌집을 드나드는 것과도 같았다. 밝고 환하게 타오르는 천사들의 얼굴은 하느님을 향한 사랑의 표시였다. 그리고 황금빛 날개는 지혜를, 그 밖에 눈보다도 더 새하얀 부분들은 순결함을 나타내는 것이었다.

천사들은 장미꽃 속을 드나들며 끊임없이 날갯짓을 했다. 그 날갯짓을 통해 하느님께로부터 받은 평화와 사랑을 이곳저곳에 나눠 주고 있었다. 하느님의 영광과 기쁨이 차고 넘치는 이 왕국에는 신구약 시대에 구원받은 영혼들이 살고 있었는데 이들은 오직 하느님만을 사랑하고 바라볼 뿐이었다.

'이들에게 사랑의 빛을 비춰 주시는 하느님이시여! 삼위이신 성부와 성자와 성령의 빛이시여! 사랑의 본체시여! 지금 이 시간도 죄악의 늪에서 헤매는 지상의 인간들을 굽어 살피소서!'

단테는 갑자기 머릿속을 스치는 의문에 대해 질문하고자 베아트리체 쪽을 돌아다보았다.

그런데 아, 이게 어찌된 일인가! 당연히 그 자리에 있어야 할 베아트리체의 모습은 보이지 않고 백발이 성성한 흰옷 입은 노인이 그 자리에 서서 단테를 바라보고 있었다.

베아트리체는 단테에게 이별의 말도 없이 사라진다.

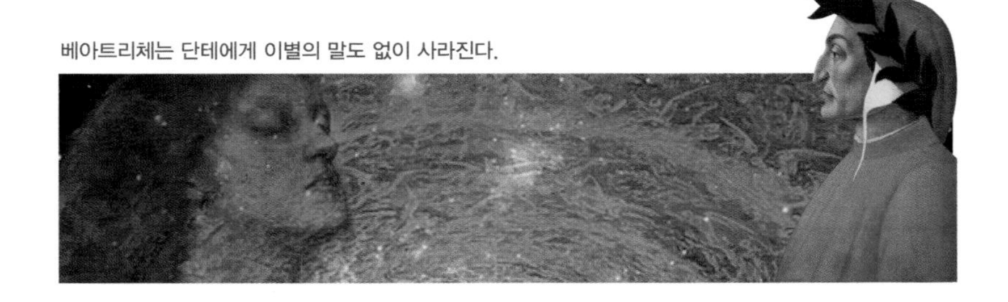

새로운 안내자 베르나르도

노인의 눈과 볼에는 마치 자애로운 아버지의 모습과도 같이 사랑과 정으로 넘쳐 나고 있었다. 단테가 다급한 목소리로 노인에게 물었다.

"베아트리체는 어디에 있습니까?"

그러자 노인은 부드러운 음성으로 대답했다.

"그대의 소원을 풀어 주기 위해 그녀가 나를 이곳까지 오게 했느니라."

단테는 노인의 말엔 아랑곳하지 않고 마치 어머니를 잃은 아이처럼 다급한 목소리로 다시 한번 더 물었다.

"베아트리체는 어디에 있느냐고 물었습니다!"

그러자 노인이 손을 들어 위쪽을 가리키며 말했다.

"눈을 들어 저기 맨 위층에서부터 세 번째 원을 보아라. 그러면 자신의 공덕으로 마련된 옥좌에 앉아 있는 그녀가 보일 것이다."

그는 노인의 말에 따라 위를 올려다보았다. 베아트리체는 그곳에서 하느님의 빛으로 둘러싸여 있었다. 단테와 베아트리체 사이의 거리는 너무도 아득하여 천둥 번개 치는 저 하늘에서부터 저 깊고 깊은 바닷속까지의 거리에 비할 바가 못되었지만 지상에서와는 달리 거리를 느낄 수 없는 천상이었기에 바로 눈앞에서처럼 그녀의 모습을 또렷이 볼 수 있었다.

"오, 고귀한 희망의 여인이여! 당신의 도움으로 인해 내 소망은 이제 굳건하게 이루어졌소. 내가 지옥과 연옥을 거쳐 이곳 천국에 이르기까지 모든 것을 볼 수 있었던 것은 오직 나를 향한 당신의 사랑 때문이었소. 당신은 온 힘과 정성을 기울여 나를 속박에서 자유의 몸으로 이끌어 주었소."

단테는 베아트리체를 향해 목이 터져라 큰 소리로 외쳤다. 그는 그녀에게 마지막 염원을 보냈다.

"베아트리체, 당신의 큰 사랑을 내 안에 심어 당신이 치료해 준 내

단테와 베아트리체_단테는 베아트리체의 사랑에 마지막 염원을 보낸다.

영혼이 육체의 옷을 벗게 되는 날, 당신에게 기쁨이 되게 해 주시오."

단테의 말이 끝나자 그녀는 저 멀리서 밝고 환한 사랑의 미소를 보내왔다. 그리고 아무 말 없이 영원한 빛 속으로 다시 돌아갔다.

그러자 거룩한 노인이 단테에게 말했다.

"희망의 여인 베아트리체는 그대가 이 천국을 무사히 순례할 수 있도록 도와주라고 나를 이곳에 보냈다. 그대가 복된 영혼들의 영광을 두 눈으로 똑똑히 확인할 수 있도록, 그리고 하느님을 직관할 수 있도록 도와주는 것이 내 임무니라."

"수고스럽게도 저를 위해 안내자가 되어 주신다니 뭐라 감사드려야 할지 모르겠습니다. 그런데 어르신께서는 뉘신지요?"

노인은 미소를 띠며 대답했다.

"나는 성모 마리아님의 충성스러운 종 베르나르도니라."

그 순간 단테는 깜짝 놀라 온몸이 굳어버리는 것만 같았다.

"누, 누구시라고요?"

"프랑스 다종의 귀족이었던 베르나르도니라. 사람들은 나를 관상박사라고 부르기도 했지."

베르나르도는 그를 바라보며 말했다.

"은총의 아들이여! 그대가 정령 천국의 참모습을 알고 싶다면 눈을 들어 저 위를 바라보라. 그대가 머물러 있는 흰 장미꽃의 노란 꽃술에서 저 밑바닥에 있는 지상만 바라본다면 천국의 참모습은 영원히 볼 수 없을 것이다. 만일 그렇게 된다면 지금까지의 힘든 순례가 무슨 소용이 있겠느냐?"

단테가 흠칫 놀라며 얼른 베르나르도를 바라보았다.

"자, 눈을 들어 가장 멀리 있는 원을 보거라. 그러면 그곳에서 하늘의 영광이시며 우리의 어머니이신 성모 마리아님을 볼 수 있을 것이다. 천상의 백성들은 모두 사랑의 빛이신 그분께 충성을 다하고 있느니라."

단테가 눈을 들어 바라보니 흰 장미 맨 위쪽에 유난히 밝은 빛으로 다른 빛들을 압도하고 있는 모습이 보였다. 아침에 떠오르는 해가 석양에 지는 해보다 더 밝고 찬란하듯이 유난히 밝은 그 빛으로 인해 사방의 다른 빛들이 기운을 잃은 듯 희미해 보였다. 한가운데에서는 천 명도 넘는 천사들이 날개를 펴고 춤을 추며 찬미의 노래를 부르고 있었는데 각각 그 모습과 빛이 달랐다. 그들 가운데 아름다운 빛 하나가 상냥하게 미소를 지어 보였다.

단테는 사랑과 기쁨에 도취되어 정신없이 성모 마리아를 바라보았다.

베르나르도 (1090~1153)

베르나르도는 신학자로, 처음 시토의 베네딕트회 수도원에 들어갔다가 후에 클레르보에 새 수도원을 세워 원장이 되어 모범적인 수도 생활을 지도했다. 유럽 여러 나라의 권력자들을 신앙생활에 귀의시킴으로써 정치적인 영향력도 컸다. 그는 신앙에 이성이 개입하는 것을 극도로 기피하여 명상으로 말미암은 하느님과의 감각적 일치를 인간이 도달해야 할 최고의 단계로 삼았고, 이것을 일컬어 '그리스도와의 영적 혼인'이라 하였다. '자유 의지를 버리면 구원의 길이 없다. 그러므로 구원 작업은 이 두 가지의 상호 작용 없이는 성취될 수 없다'고 했다. 한편으로 '하느님 아버지, 당신의 뜻이 이러하오니 곧 무엇이든 저희는 마리아님을 통하여 가지게 되나이다.'라며 예수 그리스도와 성모 마리아에 대한 깊은 신심을 가지고 있었다.

성인과 현자와 함께 있는 성모 마리아_ 필리프 바이트의 작품
단테는 베르나르도를 통해 성모 마리아를 본다.

베르나르도 또한 깊은 사랑이 담긴 시선을 성모 마리아 쪽으로 보냈다.

성모 마리아를 오랫동안 응시하던 베르나르도가 단테를 돌아다보며 엄숙한 표정으로 말했다.

"성모 마리아님께서는 하와로부터 비롯된 인류의 상처를 치유해 주신 분이시다. 저분은 예수님의 구원 사업에 동참하심으로써 전 인류의 고통을 나누어 지셨지. 그럼에도 불구하고 당신의 발치에 서 있는 하와를 저렇게 그윽한 사랑의 눈길로 바라보고 계시다."

그때 성모 마리아와 하와에 이어 세 번째 여인이 보였다. 그녀는 베아트리체와 나란히 앉아 있었다. 야곱에게 시집갔던 라반의 딸 라헬이었다.

베르나르도는 이야기를 계속했다.

"그대는 위대한 꽃잎들을 보게 될 것이다. 아름다운 꽃잎 밑에 더욱

무염 시태_ 수르바란의 작품
성모 마리아는 잉태하는 순간부터 하느님의 은혜와 특권으로, 그리고 예수 그리스도의 공로로 원죄의 흠이 없이 보존되었다는 교리.

아름다운 꽃잎이 겹겹이 서 있는 모습을 말이다."

단테가 고개를 갸우뚱하며 물었다.

"그런데 어찌하여 저렇게 복된 영혼들의 아름다운 꽃잎들이 구약 시대와 신약 시대로 나뉘어져 있는 것인지요?"

그러자 그가 대답했다.

"그것은 바로 구약 시대와 신약 시대라는 시대적 차이 때문이다. 구약 시대나 신약 시대나 예수 그리스도를 믿는 신앙은 하나니라. 하지만 장차 오실 예수님을 기다리는 구약 시대의 사람들과 이미 오신 예수님을 따르는 신약 시대 사람들이 서로 같을 수는 없는 것이다. 그래서 저렇게 따로따로 나뉘어져 있는 것이다. 저곳에 있는 자들은 이미 오신 예수님을 굳게 믿고 따른 자들이다. 저들은 지상에 있을 때부터 성령의 은총을 가득 입었지."

대답을 마치고 나서 베르나르도가 손가락으로 한 곳을 가리키며 말했다.

성녀들과 함께 있는 성모 마리아_ 조반니 디 파올로의 작품

"그리고 저 오른쪽의 빈자리는 바로 유다 광야에서 '회개하라, 천국이 가까이 왔다.'라고 외쳤던 세례자 요한님의 자리이다."

세례자 요한은 정의로움을 실천에 옮기다가 순교한 사람이었다. 그는 헤롯왕이 자기 동생 빌립의 아내 헤로디아를 취한 불륜을 지적했다가 옥에 갇히게 되었다.

그 후 헤로디아의 딸 살로메의 간청으로 목이 잘려 쟁반에 올려지는 수모를 당하고 지옥의 림보까지 내려가게 되었던 것이다.

"그분은 예수님의 구속(救贖)으로 구원될 때까지 2년 동안이나 지옥에 머물러 있었다. 예수님께서 그분에 대해 '여자가 낳은 자 중에 세례 요한보다 큰 이가 일어남이 없다.'라고 말씀하실 정도였느니라."

단테의 궁금증을 어느 정도 풀어 주고 난 베르나르도는 한가운데를 양편으로 나누고 있는 층계 아래를 손가락으로 가리켰다. 그곳에

세례자 요한의 순교
_ 베르나르디노 루이니의 작품
신약 성서에 나오는 '세례 요한'이다. "죄를 회개하라"라고 외치며 유대인들을 일깨우고 많은 사람에게 요단강 물에서 세례를 주는 세례 운동을 펼쳤는데 이때 예수님도 그에게 세례를 받았다. 뒤에 요한은 헤롯왕이 동생 빌립의 아내 헤로디아와 결혼한 것을 비난하다가 참수형을 당하였다.

는 어린아이의 영혼들이 하느님의 은총에 따라 여러 층으로 나뉘어 위치하고 있었다.

단테는 또 다른 의문이 들어서 그에게 물었다.

"아기들의 영혼은 쌓은 공도 없는데 어떻게 의롭고 거룩한 영혼들만 머무는 이곳으로 들어올 수 있었을까요?"

그러자 베르나르도는 미소를 지으며 대답했다.

"저곳은 아직 이성이 갖춰지지 않은 어린 영혼들이 앉아 있는 곳이다. 아기들은 아직 자신이 쌓은 공이 없기에 저렇듯 예수님의 사랑으로 이루어지는 구원 덕분으로 저곳에 불림을 받게 된 것이다. 그것은 자유 의지에서 오는 진정한 선택을 가지기 전에 육체를 떠난 영혼들이기에 가능한 것이니라. 저들은 하느님의 특별한 은총으로 다시는 굶주리지도 목마르지도 않을 것이며 태양이나 그 어떤 뜨거운 열로도 저들을 괴롭히지 못할 것이다. 이제는 죽음도 없고 슬픔도 울부짖음도 고통도 없을 것이다."

아담으로부터 아브라함 시대까지는 앞으로 오실 예수 그리스도를 믿는 부모들의 신앙에 따라 아기들이 구원을 받을 수 있었으나 그 이후로는 그렇지 않았다. 하느님과 아브라함의 계약에 의해 남자들은 불완전하나마 세례 의식으로서 할례를 받아야만 천국에 오를 수 있었다. 그러나 예수님께서 지상에 오신 이후인 신약 시대에 이르러서는 예수 그리스도의 완전한 세례를 받지 않으면 비록 죄가 없는 아기라 할지라도 지옥의 림보에 가서 머물러야만 했다.

예수 그리스도 조각상

구세주의 어머니, 성모 마리아

"어서 고개를 들고 저 성스러운 성모 마리아님을 보라. 저분은 예수 그리스도와 가장 닮으신 분이다. 오직 저분의 빛을 받아야만 예수님을 뵐 수 있는 자격이 갖춰지느니라."

베르나르도가 큰 소리로 외치자 단테는 마치 저 높은 지고천까지 오를 수 있는 자격을 부여받은 것 같은 기쁨으로 성모 마리아의 얼굴을 바라보았다.

그때 단테는 그분의 모습에서 찬란한 무지개가 세상을 비추는 듯한 아름다움을 보았다. 지금까지 보았던 그 어느 것도 이처럼 그를 황홀하게 한 적은 없었으며 이처럼 예수 그리스도와 닮은 모습 또한 본 적이 없었다.

성모 마리아의 앞에서 여러 천사가 날개를 활짝 펴고 찬양의 노래를 불렀다.

"은총이 가득하신 마리아님, 항상 기뻐하소서!"

성 가족_ 안드레아 만테냐의 작품
예수 그리스도를 안고 있는 성모 마리아와 어린 세례 요한의 모습이다.

찬양하는 천사들 가운데 가브리엘 대천사의 모습도 보였다.

이 거룩한 찬미에 성모 마리아께서 화답하니 모든 천사와 성인의 얼굴이 더욱 밝게 빛났다. 마치 떠오르는 태양 빛에 의해 새벽 별이 반짝이듯 성모 마리아로부터 빛을 받음으로써 더욱 성스럽게 변모된 베르나르도에게 단테는 가르침을 구했다.

"거룩하신 베르나르도님, 영원하신 자리를 떠나 이 아래에까지 내려오셔서 저를 보살펴 주시니 참으로 감사드립니다. 그런데 찬미가에 화답하고 계시는 성모 마리아님 앞에서 날개를 활짝 펴고 있는 저 천사들은 누구입니까?"

그 천사들은 어디선가 본 듯도 하였지만 너무나도 강렬한 빛에 싸여 있어 좀처럼 알아볼 수가 없었다. 모든 천사나 영혼 들 안에 있는 늠름함과 우아함이 그 천사들에게서 드러나고 있었다.

"우리도 저 천사들처럼 되기를 소망하고 있다. 저기 성모 마리아님의 가장 가까운 곳에서 큰 기쁨을 누리고 계신 두 분은 인류의 아버지이신 아담과 그리스도교의 첫 창시자인 베드로이시다."

단테는 그제야 고개를 끄덕였다. 아담은 비록 교만과 탐욕으로 선악과를 맛보아 인류에게 원죄의 짐을 안겨 주었지만 그는 장차 오실 메시아를 믿었던 첫 번째 사람이었다. 또 오른편에 서 있는 베드로 역시 그리스도를 세 번이나 부인하는 죄를 범했으나 자신을 희생하고 반석으로 삼아 예수 그리스도의 교회를 세운 선구자였다.

베드로와 아담과 함께 있는 성모 마리아_ 조반니 디 파올로의 작품

"그리고 또 한 분은 예수님께서 가장 사랑했던 제자 요한으로, 창과 못에 찔려 흘리신 그리스도의 보혈을 얻은 아름다운 신부(교회)의 슬픈 나날들을 죽기 전에 예언했던 분이시다."

사도 요한은 사랑의 사도로서 그의 이름은 '주의 은총, 주의 은총을 간직한 사람, 계시를 받고 있는 사람, 하느님의 선물을 받은 사람' 등 네 가지의 뜻을 가지고 있다.

"사도 요한님은 천국에 대해 '눈부신 보석으로 채워져 있고, 이상한 광휘로 빛나고 있으며, 영원한 온갖 즐거움이 넘쳐흐르고 있는 곳'이라고 말씀하셨다."

성모 마리아 곁에는 이스라엘 백성을 이끌고 홍해를 건넜던 모세의 모습도 보였다. 또 베드로 맞은편에는 성모 마리아의 어머니인 안나의 모습도 보였는데 따님에게서 잠시도 눈을 떼지 않고 앉아서 호산나를 부르며 딸을 바라보는 행복에 젖어 있었다.

아담의 뒤에는 믿음의 여인 루치아가 앉아 있었다.

"루치아는 그대가 암흑 가운데서 방황하고 있을 때 희망의 빛 베아트리체에게로 달려가 그대를 구하도록 하신 분이다."

"이제 천국의 모습을 바라볼 시간도 얼마 남지 않았다. 그러니 이제부터 제일의 사랑이신 하느님께 눈을 돌리도록 하자. 그대는 저 거룩한 빛을 깊이 꿰뚫어 볼 수 있어야 한다. 하지만 지금 그대의 능력만으로는 하느님이 계신 곳까지 오르기가 힘들 것이다. 그러므로 기도로써 은총을 불러일으켜야 한다. 그대를 도울 힘을 갖고 계신 성모 마리아의 은총에 힘입어야 한다. 그대여, 이제부터 경건한 마음자세로 나를 따르도록 해라."

베르나르도는 정화된 거룩한 몸가짐을 위해 성모 마리아께 봉헌의 기도를 올렸다.

"동정녀 마리아, 당신의 아들의 딸(성모 마리아가 하나의 피조물로서 자신의 창조주를 낳은 불가사의를 함유한다.)이시여! 예수 그리스도께서는 하느님과 일체시니 당신의 아드님이 곧 하느님이시기도 합니다. 하느님의 영원한 계획으로 선택된, 모든 피조물 가운데 가장 높으신 분이여! 하느님께서는 세상을 창조하시면서부터 당신이 구세주의 어머니가 되실 것을 이미 섭리하셨나이다."

베르나르도는 격정과 기쁨에 찬 목소리로 성모 마리아를 찬미했다.

가브리엘 대천사로부터 하느님의 전갈을 받았을 때 동정녀 마리아는 그 섭리에 대해,

"나는 남자를 알지 못하니 어찌 이 일이 있으리이까. 주의 여종이오니 말씀대로 내게 이루어지이다(누가복음 1장 34~38절)." 하고 순종했었다.

베르나르도는 계속해서 성모 마리아를 찬미하기 시작했다.

◀**성 루치아의 순교_** 세바스티아노 리치의 작품
루치아는 시칠리아섬의 시라쿠사에서 태어난 여인으로, 디오클레아누스 황제의 박해로 순교한 초대 교회의 선봉장이다. 하느님께 종신 서원을 한 그녀는 귀족 아들의 구혼을 거절했고, 이에 불만을 품은 그 귀족의 고발로 가톨릭 신자임이 발각되어 붙잡히게 되었다. 시라쿠사 지사는 그녀에게 온갖 수단으로 배교를 강요했다. 심지어는 육체적 능욕까지 보이려고 했으나 실패했을뿐더러 장작을 쌓고 불태워 죽이려고 했으나 살아남는 등 늘 하느님의 보호하심을 받았다. 하지만 결국 잔악한 인간들에 의해 목이 베어졌고, 그런 상태에서도 수 시간 동안이나 살아 있는 기적을 보여 주었다고 한다.

초원의 성모_ 라파엘로의 작품
처녀의 몸으로 하느님의 아들 예수 그리스도를 잉태한 성모 마리아가 어린 예수와 어린 세례 요한을 그윽한 눈으로 내려다보고 있다.

수태고지_ 레오나르도 다 빈치의 작품
하느님의 사자인 대천사 가브리엘이 동정녀 마리아에게 그리스도의 회임을 알리는 장면이다.

"당신은 인간의 본성을 고귀하게 하신 높은 분이시기에 하느님께서는 스스로 인간이 되기를 꺼리지 않으셨사옵니다. 당신의 배 속에서 따스함을 준 사랑이 다시 불타올랐으니 그 따스함으로 이렇게 무량한 평화 속에서 꽃이 피어나고 있사옵니다. 당신은 우리에게 한낮의 횃불이시며 저 아래 세상에서는 영원한 희망의 살아 있는 샘이시옵니다. 당신은 그렇게 위대하시고 강하셔서 당신께 회귀하지 않고 은총을 구하려는 자는 날개 없이 날고자 하는 것과도 같사옵니다."

성모 마리아를 향한 베르나르도의 찬미의 노래는 끝이 없었다.

전지전능하신 하느님과의 만남

이윽고 베르나르도는 단테에 대한 얘기를 꺼냈다.

"이 사람은 우주의 가장 깊은 구덩이에서부터 여기까지 오르면서 영혼들의 삶을 하나하나 목격했습니다. 그가 힘을 얻기 위해 당신의 은총을 갈구하오니 마지막 축복을 향해 눈을 더욱 높이 들어 올릴 수 있도록 하느님 아버지께 간구하여 주옵소서."

하느님을 뵙고자 하는 단테의 조급한 마음은 그 어느 것에도 비교할 수 없을 정도로 간절했다. 베르나르도의 말에 용기를 얻은 단테는 직접 성모 마리아를 향해 간곡하게 부탁했다.

"사랑하는 나의 어머니 마리아님이시여! 당신은 무엇이든지 뜻대로 하실 수 있는 구세주의 어머니시오니 저로 하여금 인간의 허물을 벗고 천국의 더없는 기쁨을 맛볼 수 있도록 은총을 베풀어 주소서."

옆에 있는 베르나르도도 그를 도왔다.

"이 사람이 하느님을 뵙고 새롭게 태어날 수 있는 계기가 되게 하

성모 마리아와 단테_ 윌리엄 블레이크의 작품
단테는 용기를 내어 성모 마리아를 통해 하느님 뵙기를 간청한다.

소서. 이곳 천국에서 하느님의 지고한 사랑을 체험하고 자기정화 과정을 거쳐 다시 지상에 돌아가면 하느님의 사랑을 온전히 지킬 수 있도록 은혜 내려 주소서. 이 사람을 육신의 충동에서 지켜 주소서. 저의 기도를 위해 베아트리체와 모든 성인 성녀 들이 두 손 모아 기도하고 있음을 보소서."

구세주의 어머니 성모 마리아는 진정 어린 마음으로 기도하는 베르나르도를 그윽한 사랑의 눈길로 바라보았다. 그러고는 눈길을 돌려 영원하신 빛의 하느님을 바라보았다.

단테는 어느 새 자신의 마지막 열망이었던 하느님을 향해 질주하고 있었다.

'내가 지금 하느님을 만나러 가고 있다니!'

정말이지 단테는 도저히 믿기지 않는 현실 앞에서 꿈인지 생시인지 알아보기 위해 자신의 허벅지를 꼬집어 보기도 했다.

베르나르도는 잠시도 쉬지 않고, 감격에 젖어 어찌할 바를 모르고

단테는 드디어 성모 마리아의 도움으로 하느님을 만나러 간다.

있는 단테를 지켜보고 있었다. 그는 얼굴에 인자한 미소를 띠며 단테에게 위를 올려다보라고 눈짓을 보냈다.

단테는 말없이 위를 올려다보았다. 그 순간 단테의 시선은 영원한 진리이신 하느님의 숭고한 빛 속으로 들어갔다. 아! 그때 그가 본 것들을 어찌 말로 표현할 수 있을까! 정말이지 그곳은 인간의 언어로는 도저히 표현할 수 없는, 그야말로 인간의 상상을 초월하는 환상의 세계였다.

단테는 성모 마리아께 간절한 목소리로 거듭 청했다.

"오, 지고한 빛이시여! 너무나 높은 사랑이시여! 인간의 생각을 초월하여 너무도 찬란히 빛나는 빛이시여! 당신께서 보여 주신 것들이 비록 잠시일지라도 제 마음속에 머물러서 당신의 영광된 빛 중에서 어느 하나만이라도 후세에 전할 수 있도록 은총 베풀어 주소서."

지상에서는 빛을 보면 볼수록 눈이 부셔서 나중에는 아무것도 보이지 않게 되지만 천국에서 본 하느님의 영광의 빛은 보면 볼수록 눈이 밝아져서 오히려 더 잘 보였고 기쁨이 더욱 충만해졌다.

"영원한 빛을 응시하도록 허락하신 풍요의 은총이시여! 저는 이제 감히 당신의 영원하신 빛에 눈길을 고정시키고 있나이다."

그 빛 속에 그렇게 젖어 들면 누구라도 눈을 다른 데로 돌리려는 생각은 아예 가능하지 않을 것이다. 그 영원한 빛의 깊은 곳으로부터 그는 정확히 볼 수 있었다. 우주의 조각조각 흩어져 있는 모든 것이 한 권의 책 속에 하느님 아버지의 사랑으로 묶인 것을.

단테는 하느님의 은총 앞에 무한의 경외감을 갖는다.

하느님의 빛
단테가 베르나르도의 안내로 하느님의 영광을 체험한다.

이곳 천국의 영광에 오른 영혼들의 빛도 영원하신 하느님의 빛에 비하면 티끌보다도 더 작은 존재에 지나지 않았다. 우주적 형상을 본 단테는 그 엄청난 광경 앞에서 무한한 기쁨을 느낄 수 있었다. 그가 이처럼 넋을 잃고 하느님의 빛을 뚫어지게 바라보게 된 것은 계속 보면서도 더 보고 싶은 뜨거운 열망 때문이었다.

그런데 순간적으로 단테에게 놀라운 변화가 일어났다. 하느님을 우러러보면 볼수록 점점 시력이 좋아지더니 육신의 눈으로는 보이지 않던 하느님의 거룩한 모습이 차츰 뚜렷해지기 시작했다.

단테의 시야에 들어온 하느님의 빛은 마치 무지개와도 같았다. 성부께서는 빛을 내시고 성자는 반사되는 사랑의 불길이었다.

아, 말이란 생각에 비하여 얼마나 모자라고 미약한 것인가! 인간의 짧은 언어로 하느님에 관한 것을 말하려 하는 것은 마치 원의 둘레를 측정하려고 온갖 헛된 열정을 쏟아부었던 기하학자의 모습과도 같았다.

하느님께서는 당신 안에 스스로 계시고 스스로 당신을 아시며 성부와 성자께서 사랑하시는 성령이셨다. 한순간 삼위일체의 빛 안에서 잉태되어 반사된 또 하나의 빛이 온통 단테의 시선을 독차지해 버렸다. 그것은 사람의 형상으로 오신 예수 그리스도의 빛이었다.

단테는 두 눈을 크게 뜨고 그 빛을 자세히 살펴보았다. 그러나 단테의 머리로는 그리스도의 인성이 신성에 어떻게 합일되는지 그 성육신(成肉身 ; 하느님의 아들 예수가 인간을 구원하기 위해 인간의 몸으로 세상에 태어남을 일컫는 말)의 신비를 표현할 수가 없었다. 그것은 표현의 한계를 벗어나는 영역이었기 때문이다.

삼위일체의 거룩하고 투명한 빛의 본체로서 빛나는 지존하신 환상 앞에서 단테는 힘을 잃었다. 그러나 이미 단테의 열망과 의지는 같은 방향으로 움직이는 바퀴처럼 해와 별들을 움직이는 사랑이 돌리고 있었다.

단테의『신곡』'천국'의 의미

기독교에서 말하는 천국 또는 하늘나라는 신약 성서의 마태복음서에 나오는 말로서 누가, 요한, 마가복음서에서는 하느님 나라라고 한다. 복음서 저자들에게 하늘나라 또는 하느님 나라는 죽어서 가는 저세상이 아니라 미래적이면서 현재적인 하느님의 다스림을 뜻한다. 즉 예수 그리스도의 성육신으로 임하였고 누룩이나 겨자씨처럼 자라 가는 하느님의 다스림이요, 앞으로 오게 될 하느님의 다스림이 하늘나라 또는 하느님 나라이다.

단테의 『신곡』에서는 프톨레마이오스의 천동설 우주관을 배경으로 지구를 중심으로 원형으로 둘러싼 하늘의 층계로 형태가 구상되었다. 기독교 개혁교단 측은 천국은 가야 할 곳이 아닌 하느님의 말씀이 있는 곳이라고 한다.

단테와 그의 동행자는 차례차례로 여러 구역을 지난 뒤에 드디어 낙원에 도착한다. 단테의 동행자는 이미 베르길리우스가 아니며, 그를 대신하여 베아트리체가 '후광에 감싸여' 단테를 천국으로 인도하게 되는데, 단테는 그녀를 눈으로 똑똑하게 확인함으로써가 아니라 그녀로부터 나오는 신비한 힘에 의해서 옛날의 사랑에 대한 원초적인 힘을 느낄 수 있게 된다.

천국을 가리키는 천사

La Divina Commedia

부록

단테의 생애와 작품 세계

단테 알리기에리의 생애

단테는 1265년 이탈리아 중부의 피렌체에서 태어났다. 사실 단테라는 한 개인에 관한 기록은 거의 없다. 그는 자신에 대한 기록을 거의 남기지 않았기 때문이다. 유년 시절 단테의 삶에 관해서는 무엇보다도 소년 시절에 경험한 베아트리체와의 인연을 주제로 하는『새로운 인생』에서 어느 정도 찾아볼 수 있다.

단테는 아홉 살 때 여덟 살 소녀 베아트리체를 처음 만나 연모의 정을 느꼈고, 열여덟 살 때 다시 만나 그리움으로 애를 태웠다. 그러나 그녀는 다른 남자와 결혼을 했고, 젊음과 아름다움이 한창 피어날 스물네 살의 나이에 세상을 떠났다.

그 무렵 단테는 아레초의 기벨린당원들과 캄팔디노에서 혈전을 벌이고 나서 피사에 대항하여 싸우고 있었다. 전장에서 그녀의 죽음 소식을 전해 들은 단테는 깊은 고뇌에 빠졌다. 그때부터 단테는 아리스토텔레스, 키케로, 보에티우스, 토마스 아퀴나스 등을 깊이 연구하며 윤리학, 철학, 신학에 심취하기 시작했고, G. 카발칸티와 더욱더 우의를 다지며 고뇌와 방황에서 벗어나기 위해 끊임없이 노력을 기울였다.

그리고 1298년, 그는 피렌체의 도나티 가문의 딸 젬마와 결혼하여 세 아들을 두었다. 그중 둘째 아들인 피에트로는 아버지 단테의 문학을 깊이 연구하여 학자가 되었다.

그후 단테는 현실 정치에 몸을 담고 본격적으로 활동하기 시작했다. 당시 피렌체는 중산층을 옹호하는 겔프당과 상류층의 대변자 기벨린당 사이에 피비린내 나는 전쟁이 벌어지고 있었다. 단테는 겔프당에 속해 있었다. 여러 분야에 걸쳐 해박한 지식을 갖추고 있었던 그는 정계에서 중추적인 역할을 담당했다.

겔프당의 승리로 전쟁은 끝났지만 겔프당 내부에서 권력 다툼이 벌어져 흑당과 백당으로 나뉘어 혈전을 벌이는데, 단테는 당시 교황청과 단지오 왕가의 간섭에서 벗어나 피렌체의 독립을 주장했던 백당을 지지했다. 그로 인해 단테는 교황의 분노를 사게 되고 1302년 흑당에 의해 피렌체에서 추방되기에 이르렀다.

그후 단테에게 '자신의 죄를 인정한다고 공식적으로 선언하면 피렌체로 돌아갈 수 있다'는 조건부 사면령이 내려졌지만, 그것이야말로 자신에겐 더할 수 없는 치욕이라 생각하고 응하지 않았다.

이에 격분한 흑당은 결국 단테와 그의 아들에게 사형을 선고하는 궐석 재판을 단행하기에 이르렀고, 그후 단테는 라벤나의 영주 폴렌타의 비호를 받으며 『신곡』의 마지막 부분을 완성했다.

『신곡』은 단테의 문학적·종교적 사상의 결정체로, 〈지옥 편〉은 1304~1308년에, 〈연옥 편〉은 1308~1313년에, 〈천국 편〉은 1314~1321년에 각각 완성되었다.

단테는 공교롭게도 『신곡』을 탈고하던 해인 1321년 9월 14일, 56세의 나이로 라벤나의 영주 폴렌타의 외교 사절로 베네치아에 다녀오는 도중에 말라리아에 걸려 세상을 떠났다.

청년 시절에는 '청신체파'라는 혁신적인 문학 운동을 주도하였고, 아홉 살에 만난 소녀 베아트리체를 향한 사랑의 감정을 표현한 시와 산문을 모아 『새로운 인생』(1294년)을 펴냈다.

스물네 살의 젊은 나이로 세상을 떠난 베아트리체는 단테가 『신곡』을 저술하는 결정적인 요인으로 작용했으며 이 작품에서 그녀를 사랑과 구원의 여인으로 형상화했다.

단테는 호메로스, 셰익스피어, 괴테와 더불어 세계 4대 시성 중의 한 사람으로 이탈리아가 낳은 당대 최고의 시인이었다. 그뿐만 아니라 위대한 사상가였고 활동적인 정치가였으며 종교적 명상가이기도 했다. 그는 괴테의 말마따나 영원불멸의 거작이자 인간이 만든 가장 위대한 작품인 『신곡』을 자신의 조국 이탈리아에 바침으로써 이탈리아 국민 문학의 시조이자 르네상스의 선구자, 그리고 유럽 근대 문학의 효시로 추앙받고 있다. 대표적인 작품 『신곡』 외에도 『새로운 인생』, 『속어론』, 『향연』, 『제왕론』 등의 작품을 남겼다.

단테의 작품세계

단테 생가의 18세기 『신곡』 소장본

단테는 망명 중에 이탈리아 곳곳을 돌아다니며 여러 편의 시와 논문을 썼는데 그중에서 가장 유명한 것이 이 『신곡』이라는 장시(長詩)다. 내용은 단테가 베르길리우스에 이끌려서 슬픔과 괴로움이 가득한 지옥을 순례하고, 천국에 가기 전에 죄를 정화하는 연옥을 지나, 아홉 살 때부터 자신이 흠모하고 사랑했던 여인 베아트리체의 안내를 받아 천국에 이르게 되고, 또다시 성 베르나르도란 세 번째 안내자의 도움을 받아 지상 낙원에 이르게 되는 기독교 사상에 기반을 둔 이야기인데, 그 생생한 묘사가 근세 문학을 낳게 하였다.

1304년부터 쓰기 시작하여 단테가 생을 마감하던 1321년에 완성된 이 『신곡』은 밀턴의 『실낙원』이나 버니언의 『천로역정』과 더불어 제1급에 속하는 그리스도교 문학의 대표작이다.

〈지옥 편〉, 〈연옥 편〉, 〈천국 편〉 3부로 이루어진 원작 『신곡』은 각 편이 모두 33곡으로 되어 있다. 그러나 〈지옥 편〉에는 작품 전체에 대한 서곡이 있어서 34곡이라고 해야 보다 정확할 것이다. 따라서 3부 모두를 합하면 100곡이 된다.

앞에서도 말했듯이 단테는 자신의 작품을 'Commedia(희곡)'라고 했다. 참으로 비참하고 고통스러운 내용을 다루고 있는 〈지옥 편〉에 비해 〈천국 편〉은 매우 쾌적하고 행복한 내용을 다루고 있기 때문에 '슬픈 시작'에서 '행복한 결말'에 이른다 하여 이 같은 제목이 붙여진 것이다.

단테는 자신의 아내가 아닌 한 여성에 대한 애틋한 사랑을 원동력으로 삼아 이 『신곡』을 썼으나 근본적으로 그는 여성 경시론자였다. 단테는 자신의 아내에 대해서는 시 속에서 입도 뻥긋하지 않았다. 아내와의 사랑은 그만큼 그에게 상상력을 자극하지 못했다. 그는 오로지 '내 마음의 여주인'인 베아트리체를 정열적으로 사랑했다. 찬양받아 마땅한 여성, 아침 햇살과 같이 해맑은 그녀는 살아생전에는 다른 남자와 결혼했으나 사후에는 하늘에 올라가게 된 동정녀 마리아와도 같은 존재였다.

『신곡』에서 방탕한 생활, 이성과 덕이 부재한 생활을 뜻하는 '어두운 숲'은 세 마리의 짐승, 즉 표범, 사자, 늑대에 의해 지배되고 있다. 여기서 표범은 정욕을, 사자는 교만을, 늑대는 탐욕을 상징한다. 그러나 베르길리우스에 의해 인도된 단테는 결국 이 숲에서 벗어나 지상 낙원에 이르게 되는데, 이렇듯 탄탄한 구조와 내용 설정은 『신곡』의 난해함에도 불구하고 독자들에게 상당한 지적 호기심과 풍부한 감정을 유발시키는 힘을 갖고 있다.

미켈란젤로는 단테를 일컬어 "지구 위를 걸었던 사람 중에 가장 위대한 사람"이라고 극찬했고, 괴테는 단테의 『신곡』을 "인간이 만든 것 중 최고의 작품"이라고 극찬했다.

『신곡』은 토마스 아퀴나스의 신학, 스콜라 철학, 프톨레마이오스의 우주관, 신비주의, 그리스 로마 신화·성서 등 폭넓은 내용을 담고 있다. 그뿐만 아니라 중세 르네상스 문화의 선구적 요소라고 할 수 있는 낭만주의와 인간적 신뢰, 사랑을 바탕으로 한 이지적 비판 의식 등이 나타나 있다. 또한 단테 자신의 말에서도 알 수 있듯이 『신곡』은 현실 세계의 사물을 빌려 하느님의 존엄과 심판, 그리고 사랑과 구원의 진리를 투영하고 있다. 특히 현세의 인간들에게 하느님에게로 이르는 길을 제시해 주고 있다.

그러나 무엇보다도 『신곡』이 오늘날 여느 작품들과 차별될 수 있는 위대함은 이 작품이 단순히 인간의 죄에 대한 신의 처벌과 구원의 문제만을 다룬 것이 아니라 현세를 날카롭게 직시하는 사회 개혁적 내용을 저변에 깔고 있기 때문일 것이다. 바로 이런 점들이 『신곡』을 오늘날까지 세계 문학의 최고봉으로 우뚝 서게 한 중요한 요소가 아닐까 싶다.

단테의 생가

이탈리아를 대표하는 세계적인 시인 단테의 생가를 찾아가려면 시뇨리아 광장에서 우피치 미술관을 등지고 광장 오른쪽 끝까지 걸어가면 된다. 그리고 두오모 방면으로 난 작은 골목으로 들어가면 골목 우측으로 단테가 다니던 단테 예배당(산타마가리타 교회)이 나타나는데, 그곳을 지나면 작은 삼거리 광장 어귀에 단테의 생가가 보인다. 생가 외부는 화려하지 않으면서도 고풍스럽고 소박한 3층 벽돌집인데 벽면에는 단테를 기리기 위한 흉상이 돌출되어 있다.

단테 예배당(산타마가리타 교회)

단테 예배당에서 열린 베아트리체의 결혼식에 참석한 단테

단테 예배당 내부 전경

단테 생가 전경

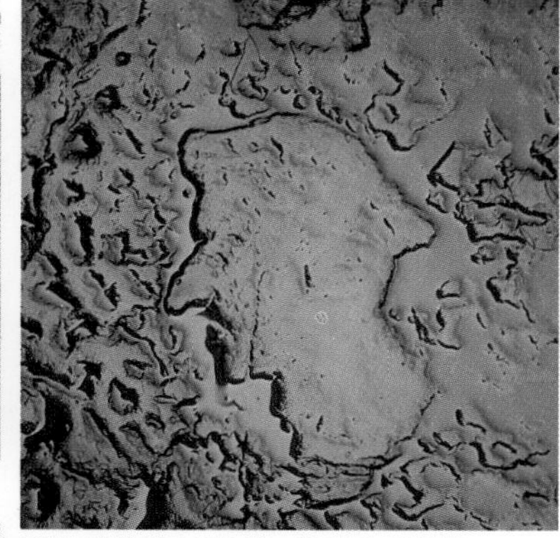
마당 블록에 나타나는 단테의 옆얼굴

단테 생가 벽면에 있는 단테의 흉상

생가 내부에 있는 단테의 마스크 밀랍

단테가 쓰던 침대

생가 앞마당에 들어서서 마당에 물을 뿌리면 마당에 깔린 블록에 단테의 옆얼굴이 나타난다. 그냥 보면 보이지 않다가 물을 뿌리면 마법처럼 나타나므로 관객들로 하여금 신비감과 함께 즐거움을 더해 준다. 내부에는 작은 박물관이 있어서 단테의 서재와 침실, 그리고 그의 일생과 작품을 묘사한 그림과 공예품 들이 단테가 살았던 13세기 당시의 모습으로 잘 보존되고 있다.

『신곡』의 지도

저승 세계의 여행을 주제로 한 단테의 『신곡』은 베르길리우스, 베아트리체, 베르나르도의 안내에 따라 지옥-연옥-천국의 순으로 여행을 한다. 단테는 그곳에서 신화 또는 역사에 등장하는 수백 명의 인물을 만나 이야기를 나누며 기독교 신앙에 바탕을 둔 죄와 벌, 기다림과 구원에 관해 철학적, 윤리적 고찰을 할 뿐 아니라 중세 시대의 신학과 천문학적 세계관을 광범위하게 전하고 있다.

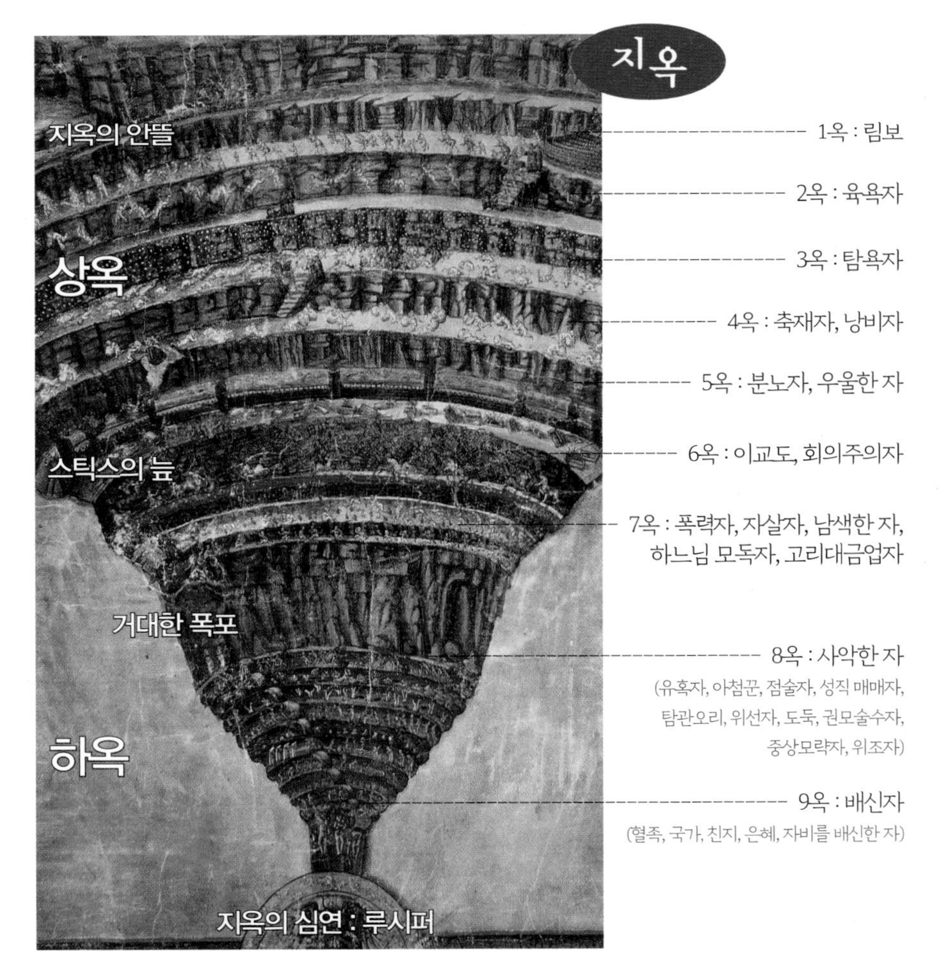

연옥

지상 낙원 : 단테와 베아트리체가 만난다.

7권역 : 애욕의 죄인들

제6권역 : 탐욕의 죄인들

제5권역 : 인색과 낭비의 죄인들

제4권역 : 태만의 죄인들

제3권역 : 분노의 죄인들

제2권역 : 질투의 죄인들

제1권역 : 교만의 죄인들

연옥문 : 연옥문 앞에서 단테의 이마에 새겨진
일곱 개의 P자는 각 권역을 지날 때마다
천사들에 의해 하나씩 지워진다.

천국

정화천
아홉째 하늘 : 원동천
여덟째 하늘 : 항성천
일곱째 하늘 : 토성천
여섯째 하늘 : 목성천
다섯째 하늘 : 화성천
넷째 하늘 : 태양천
셋째 하늘 : 금성천
둘째 하늘 : 수성천
첫째 하늘 : 월성천
지상 낙원
연옥

명화로 보는
단테의 신곡

초판 1쇄 발행 | 2018년 12월 20일
특별판 1쇄 발행 | 2022년 1월 27일
특별판 3쇄 발행 | 2022년 9월 15일

편 역 자 | 이선종
펴 낸 이 | 박경준
펴 낸 곳 | 미래타임즈

편 집 | 김보영
표지디자인 | 공간42
홍 보 | 김선영

주 소 | 경기도 고양시 일산동구 장진천길 22-71
전 화 | 031-975-4353
팩 스 | 031-975-4354
이 메 일 | thank@miraetimes.com
출판등록 | 2001년 7월 2일(제2001-000321호)

ISBN 978-89-6578-181-3(03920)
값 | 27,000원